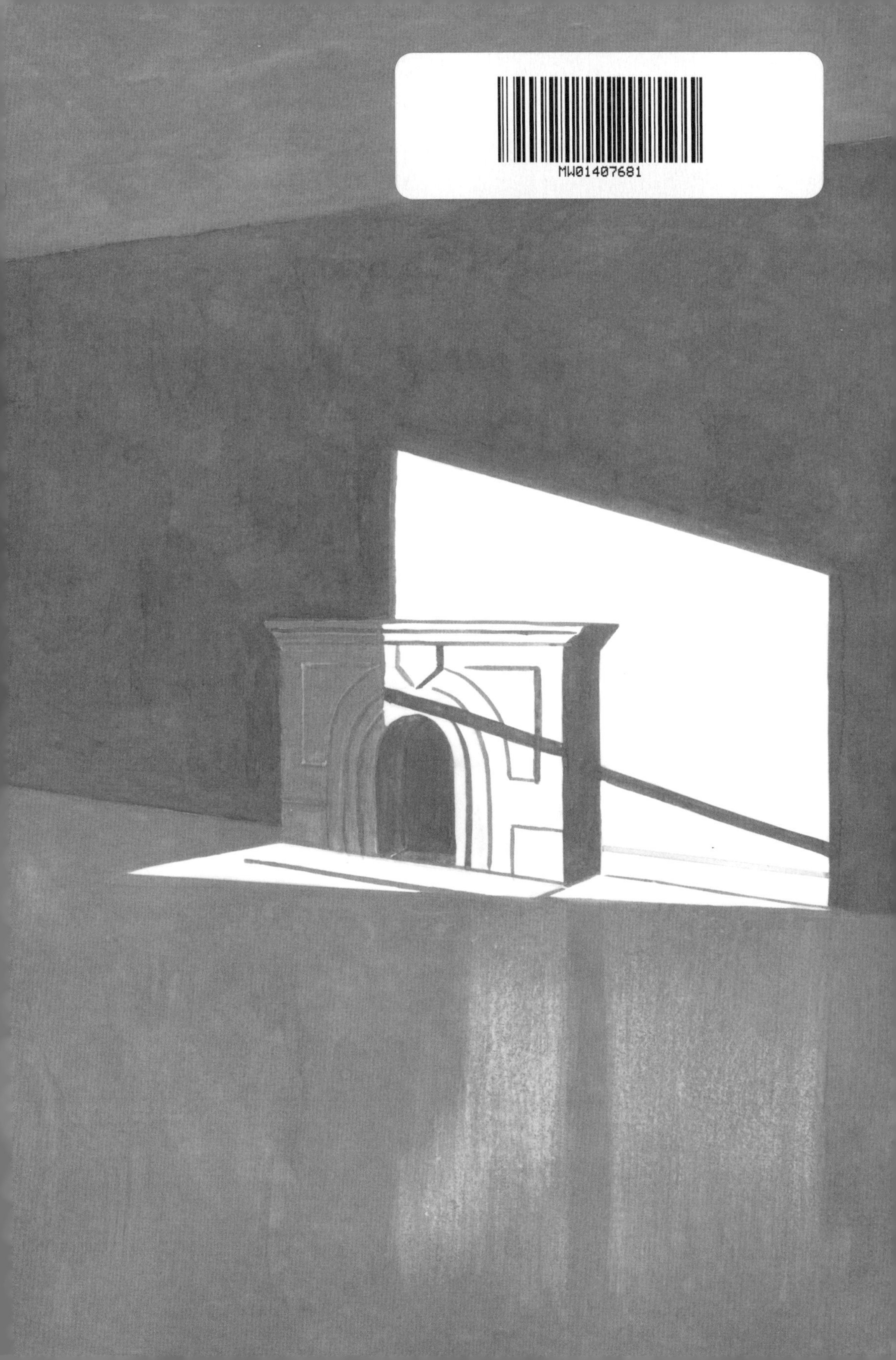

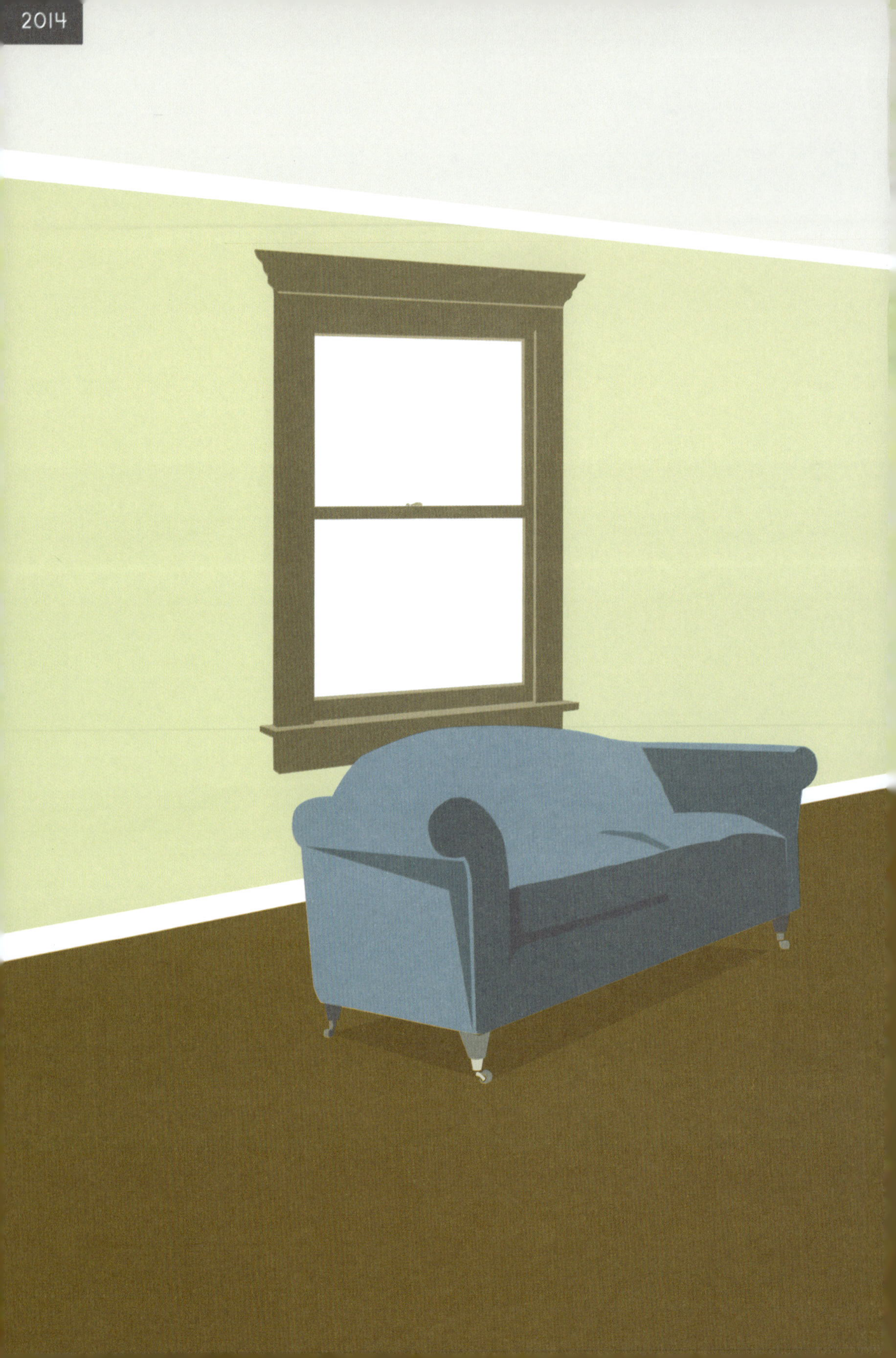

A propósito de *Aquí*

Una novela gráfica rompedora

Este extraordinario libro, en el que el autor trabajó durante quince años, abarca desde los orígenes de la Tierra hasta más allá de la extinción de la humanidad.

Chris Ware
Miércoles, 17 de diciembre de 2014

Recuerdo exactamente dónde estaba: sentado en un sofá andrajoso, en el salón de mi casa de alquiler de Austin, Texas, y era 1989. Acababa de salir el noveno número de la revista de cómics experimental *RAW*, editada por Art Spiegelman y Françoise Mouly. Me lo había comprado en una tienda de cómics local y me lo había llevado a casa para leerlo, a salvo del escrutinio del Departamento de Bellas Artes de la Universidad de Texas. Para un joven estudiante de pintura que deseaba contar historias serias en tiras cómicas, la aparición anual de la revista en la que se había publicado por entregas *Maus*, de Spiegelman, era todo un acontecimiento, como una exposición en una galería de arte, pero explorando un medio que, por ese entonces, aún no había recibido ninguna legitimidad estética.

Me topé con una historia corta que llamó mi atención, «Aquí». Si bien muchas de las tiras cómicas características de *RAW* podían calificarse de expresionistas en lo experimental o de sofisticadas en lo estilístico, esa en concreto era afable y accesible, incluso hogareña. A lo largo de seis páginas en blanco y negro, el autor se limitaba a reproducir la esquina de una habitación desde un punto de vista fijo, proyectando una serie de momentos, fiestas, personas, animales, biología, geología —aparentemente, todo lo que define la vida humana y le da sentido— en ventanas de espacio etiquetadas con años (1971, 1957, 1999, 100097 a.C.). Cumpleaños, muertes, dinosaurios. El universo en treinta y seis viñetas.

Dejé la revista a un lado.

Era la primera vez que algo me descolocaba por completo. Sentado en aquel sofá, percibí que el tiempo se extendía de manera infinita, adelante y atrás, y, en medio de todo ello, sentí también los momentos más grandes entre los pequeños. Pero aquella historia corta no solo me descolocó a mí: «Aquí» hacía saltar por los aires los confines de la narrativa gráfica y expandía su universo con un destello incendiario, al introducir una dimensión nueva en la narración visual que se apartaba drásticamente de la lectura tradicional de las tiras cómicas (de arriba abajo y de izquierda a derecha). Además, tenía una estructura orgánica: no solo aludía al pasado de este medio, sino que también apuntaba a su futuro.

¿Y quién era el autor, Richard McGuire? Habrá quien conozca su obra por *The New Yorker*, publicación para la que McGuire lleva haciendo portadas casi dos décadas, o quien lo ubique como el creador de la animación de la película *Peur(s) du noir*. Incluso puede que algunos lo conozcan como el intérprete de la pegadiza línea de bajo en la canción *Cavern*, sampleada por Grandmaster Flash para crear *White Lines*. Sea como sea, en adelante a McGuire se lo conocerá como el autor de la novela gráfica *Aquí*, una obra literaria y artística nunca antes vista ni leída. Y es que un libro así surge una vez cada diez años, si no cada cien.

Aquí es el resultado de quince años de reflexión y trabajo cuidadosos. El libro abunda en el ADN de la historia breve original de McGuire a lo largo de cientos de páginas exuberantes, arrolladoras, complejas, enrevesadas y, aun así, nada pretenciosas. Se trata de una amalgama de tonos y texturas vibrantes, enfoques gráficos, líneas narrativas y superficies que, en su conjunto, da la sensación de ser el primer intento logrado de recrear visualmente la matriz de la memoria y de la concepción humana del tiempo. Si las primeras tiras eran una sonata para piano, esta novela gráfica es una sinfonía. Al enclavar con astucia el rincón de la habitación epónima en el medianil de la encuadernación del libro abierto, McGuire introduce al lector en el espacio mismo de la historia para emprender un viaje por el tiempo, desde los primeros días de la Tierra hasta más allá de la extinción de la humanidad.

En las páginas iniciales nos movemos entre 1957, 1942 y 2007, años reproducidos con unos novedosos tonos de rosa, verde y amarillo. Sin embargo, en la octava página saltamos de vuelta a 1957 (el año del nacimiento de McGuire) y vemos a una mujer que se plantea pequeñas grandes preguntas filosóficas sin pretenderlo: «Hum... ¿Por qué he venido aquí otra vez?» Misteriosamente, ha aparecido también un cuadradito gris en el que sale un gato caminando, delante de ella, con la fecha «1999». Luego, cuando pasamos la página, una acuarela lúgubre y algo desdibujada de un bosque nevado, al estilo de Sigmar Polke y con la fecha «1623», ocupa la doble página entera; encima se ha colocado un marco vertical rosa, más pequeño, con la misma mujer de 1957 y en un cuadrado diminuto, al otro lado, el mismo gato de 1999, lamiéndose la pata. Estos dos palimpsestos de espacio histórico solapan de forma precisa no solo la esquina de la habitación que en 1623 aún no se ha construido, sino también a la misma mujer y el mismo gato de las páginas anteriores. En resumen, lo que sabemos por nuestro recuerdo de las tres dobles páginas previas no existe todavía. Pero existe. O existirá, o ha existido.

Muchos artistas plásticos se detendrían ahí. Y si estas primeras viñetas fuesen cuadros, McGuire sería famoso. Pero apenas estamos en la página diez. El libro tiene trescientas cuatro páginas de tramas interconectadas, que se solapan, que son multivalentes y variadas, que abarcan la vida de nativos americanos y colonos y se mueven desde épocas prehumanas hasta futuros y especies proyectados. Enumerarlo todo sería como aislar las notas de una composición musical para intentar entender su poder emocional. Las rimas y las consonancias entre páginas, secciones e imágenes (tanto las visuales como las verbales) se combinan con una intensidad lírica y romántica a la par que distante y disonante. Y en todo momento subyace un rasgueo conformado por grandes preocupaciones vitales —amor, soledad, sexo, muerte— que se repite, reverbera, aumenta y, en última instancia, desemboca en lo que al mismo tiempo es una aprehensión científica y una evocación poética del mecanismo que aporta a la vida su angustia espiritual.

Pero ¿quién o qué es el personaje principal? ¿El hombre que sufre un ataque ante un chiste contado en las primeras páginas (y muere, momentos después, hacia la mitad del libro, tras rebotar la lectura adelante y atrás a lo largo de millones de años de historia)? ¿La pareja indígena que busca un sitio en el que copular? ¿El gato, el juego del hilo, el uapití, los constructores, los invitados de la fiesta, la mujer que llora? Podría decirse que es el espacio de la habitación, la geometría arbitraria impuesta por una mente humana a un espacio, a modo de refugio y como telón de fondo para este teatro de la vida. Pero también podría afirmarse que es el lector, esa conciencia en la que todo cobra sentido y que trata de encontrarse y entenderse a sí misma.

Este libro supone un gran paso adelante para la novela gráfica, aunque es mucho más que eso. Con aquellas primeras seis páginas de 1989, McGuire introdujo una forma nueva de hacer tiras cómicas, pero con este volumen de 2014 ha introducido una forma nueva de hacer un libro.

El científico Edward O. Wilson, en su obra *El sentido de la existencia humana*, lamenta que «los artistas creativos y los estudiosos de humanidades, en líneas generales, captan poco del continuo espacio-tiempo de la Tierra (inmenso, por lo demás), tanto en sus partes vivas como en las que no lo están». En fin. Espero que alguien le regale *Aquí* por Navidad. De hecho, espero que os lo regalen a todos. Os garantizo que recordaréis exactamente dónde estabais la primera vez que lo leísteis.

2014

Equipo de AQUÍ:
Min Choi: Diseñador de producción
Maëlle Doliveux: Colorista
Keren Katz: Desarrollo visual / Diseño plano

Agradecimientos

Muchas gracias a Leanne Shapton, Joel Smith, David Sandlin, Gabrielle Bell, Chris Ware, Françoise Mouly, Art Spiegelman, Jean Strouse, Marie d'Origny, The Cullman Center, Ben Katchor, Mark Newgarden, Paul Karasik, Bill Kartalopoulos, Bob Sikoryak, Ken Calderia, Lauren Redniss, Bernard Granger, Stephen Betts, Ellen Linder, Chris Gelles, Simon Prosser, Prithi Gowda, Peter Mendelsund, Tony Cenicola, Saul Leiter, Peter Cohen, Patrick Smith, Kjersti Skomsvold, Sam Alden, Alexander Rothman, Andrea Tsurumi, Andrew Dubrov, Li-Or Zaltzman, Duncan Tonatiuh, N. C. Christopher Couch, Altie Karper, Dan Frank, Andy Hughes, Kathleen Fridella, Chip Kidd, Andrew Wylie, Rebecca Nagel, Luke Ingram, a mi familia, Robert y Eleanor McGuire, Mary Andresini, Bob McGuire, Bill McGuire, Sue Wells, a la familia Wells, a la familia Andresini y a la familia Czapiga.

Un agradecimiento también, por haber concedido su permiso para reimprimir material previamente publicado, a:

Hal Leonard Corporation, por permitir la reimpresión de fragmentos de *Is That All There Is*, con letra y música de Jerry Leiber y Mike Stoller, copyright © 1966 de Sony/ATV Music Publishing LLC, copyright renovado. Todos los derechos administrados por Sony/ATV Music Publishing LLC, 424 Church Street, Suite 1200, Nashville, TN 37219. Copyright internacional garantizado. Todos los derechos reservados. Se reimprimen con el permiso de Hal Leonard Corporation. Por permitir la reimpresión de fragmentos de *Love Is Here to Stay*, de *Goldwyn Follies*, con música y letra de George Gershwin e Ira Gershwin, copyright © 1938 (renovado) Nokawi Music, Frankie G. Songs e Ira Gershwin Music. Todos los derechos de Nokawi Music administrados por Imagem Sounds. Todos los derechos de Ira Gershwin Music administrados por WB Music Corp. Todos los derechos reservados. Se utilizan con permiso. Se reimprimen con el permiso de Hal Leonard Corporation.

Alfred Publishing, por permitir la reimpresión de fragmentos de *Love Is Here to Stay*, con música y letra de George Gershwin e Ira Gershwin, copyright © 1938 (renovado) Ira Gershwin Music y George Gershwin Music. Todos los derechos en nombre de Ira Gershwin Music administrados por WB Music Corp. Todos los derechos reservados. Por permitir la reimpresión de fragmentos de *As Times Goes By* (de *Casablanca*), con letra y música de Herman Hupfeld, copyright © 1931 (renovado) WB Music Corp. Todos los derechos reservados.

AQUÍ
RICHARD MCGUIRE

salamandra
graphic

2014

Papel certificado por el
Forest Stewardship Council®

Penguin
Random House
Grupo Editorial

Título original: *Here* - Richard McGuire
Primera edición con esta encuadernación: agosto de 2024

© 2014, Richard McGuire
© 1989, *Here* (1989), Richard McGuire. Todos los derechos reservados.
© 2021, Guardian News & Media Ltd., por el texto de Chris Ware
© 2015, 2021, 2024, Penguin Random House Grupo Editorial, S.A.U.
© 2015, Esther Cruz Santaella, por la traducción
Rotulación y maquetación: La Salita Gráfica

Penguin Random House Grupo Editorial apoya la protección de la propiedad intelectual. La propiedad intelectual estimula la creatividad, defiende la diversidad en el ámbito de las ideas y el conocimiento, promueve la libre expresión y favorece una cultura viva. Gracias por comprar una edición autorizada de este libro y por respetar las leyes de propiedad intelectual al no reproducir ni distribuir ninguna parte de esta obra por ningún medio sin permiso. Al hacerlo está respaldando a los autores y permitiendo que PRHGE continúe publicando libros para todos los lectores. De conformidad con lo dispuesto en el artículo 67.3 del Real Decreto Ley 24/2021, de 2 de noviembre, PRHGE se reserva expresamente los derechos de reproducción y de uso de esta obra y de todos sus elementos mediante medios de lectura mecánica y otros medios adecuados a tal fin. Diríjase a CEDRO (Centro Español de Derechos Reprográficos, http://www.cedro.org) si necesita reproducir algún fragmento de esta obra.

Printed in Spain – Impreso en España

ISBN: 978-84-19409-77-5
Depósito legal: B-14506-2024

Impreso en Índice, S.L.
(Barcelona)

SG09775

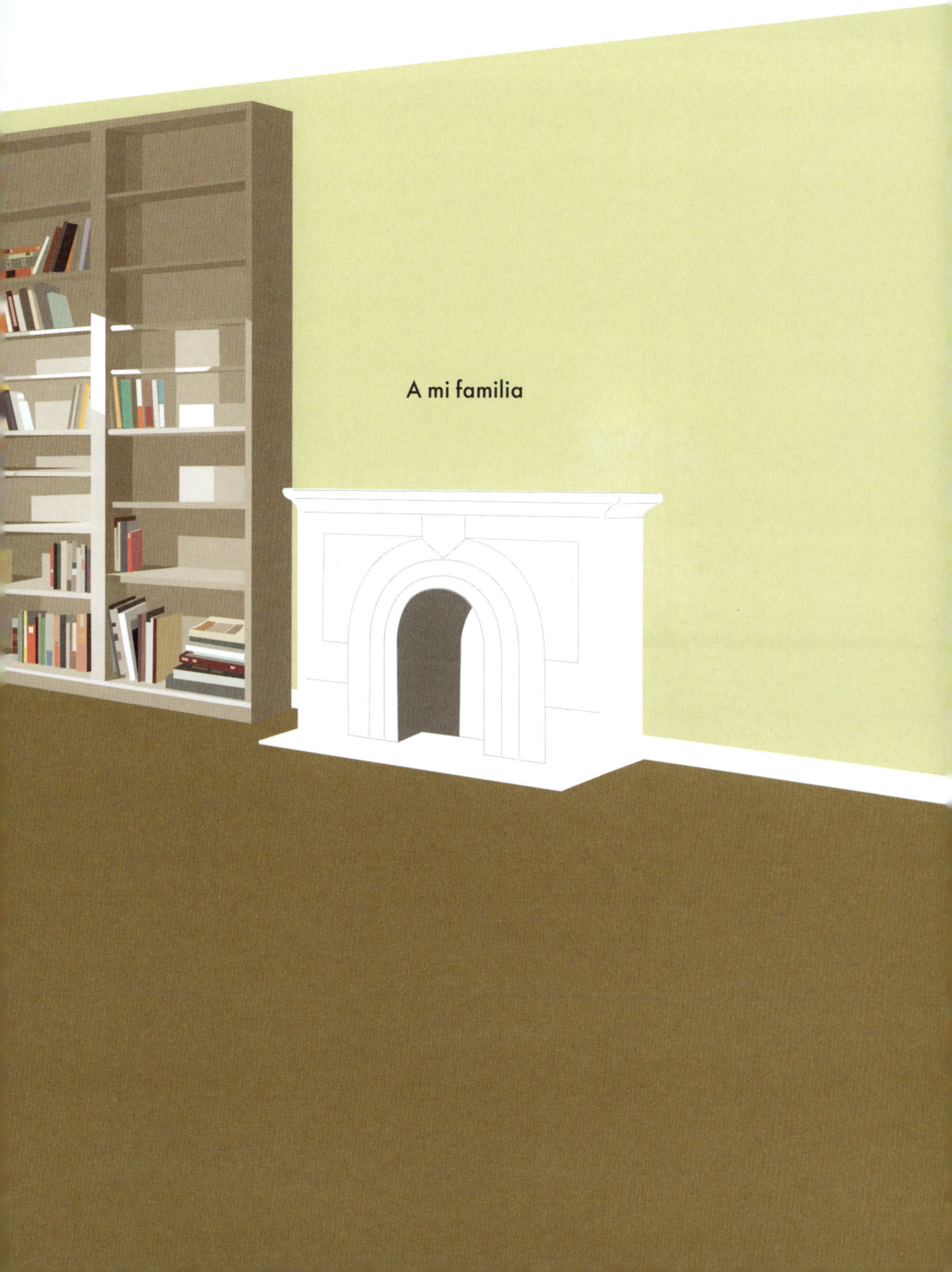

A mi familia

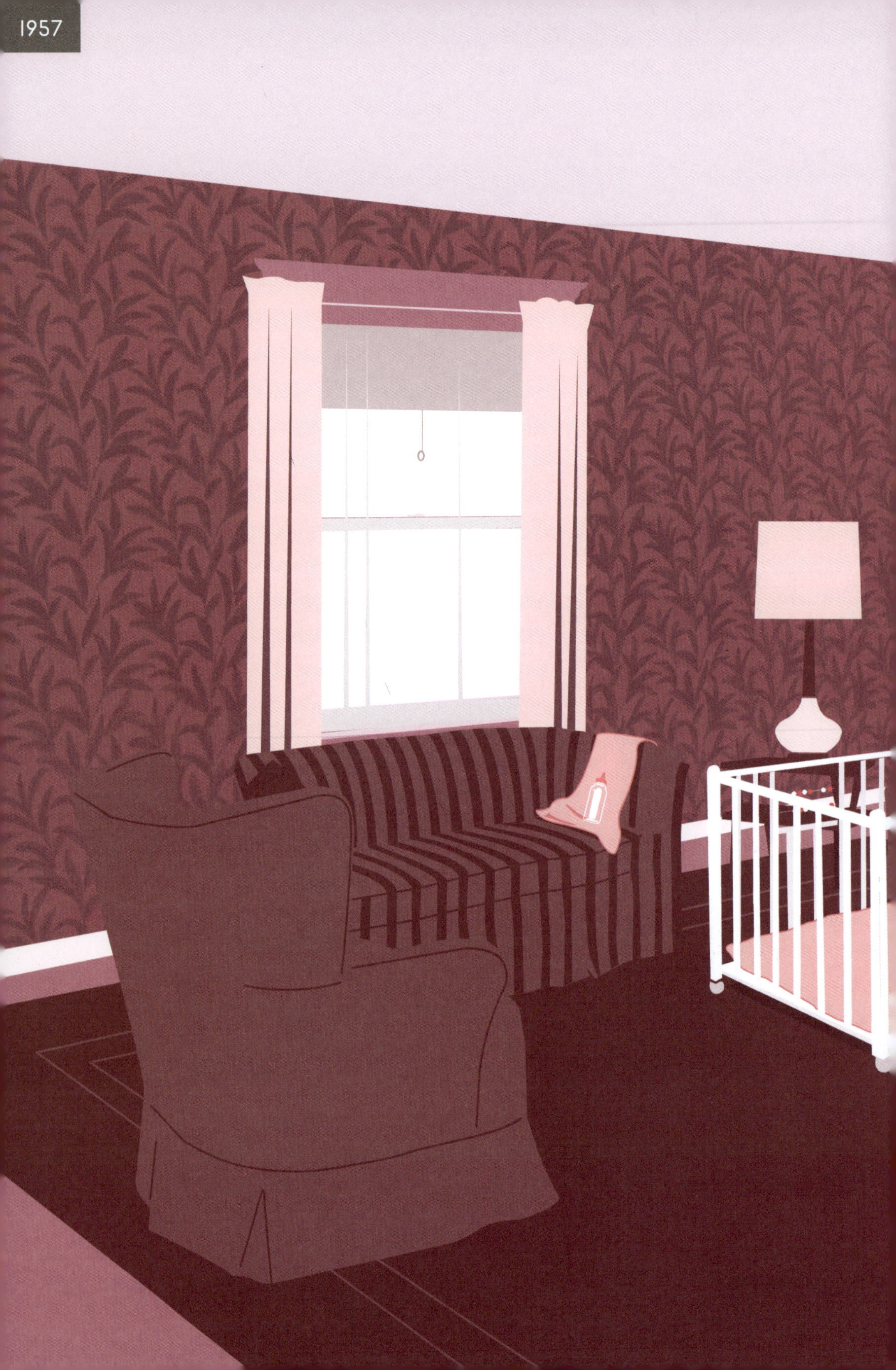

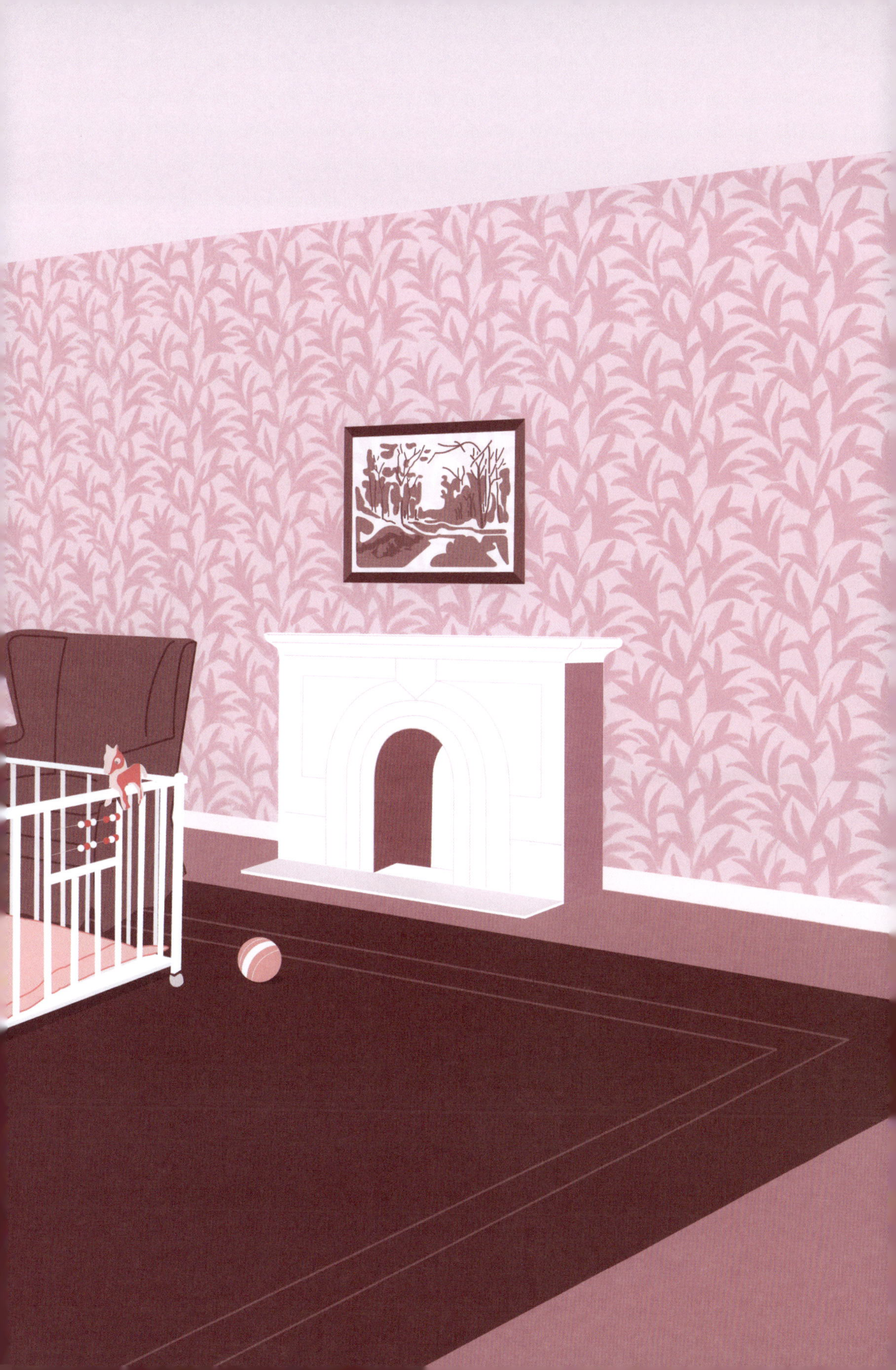

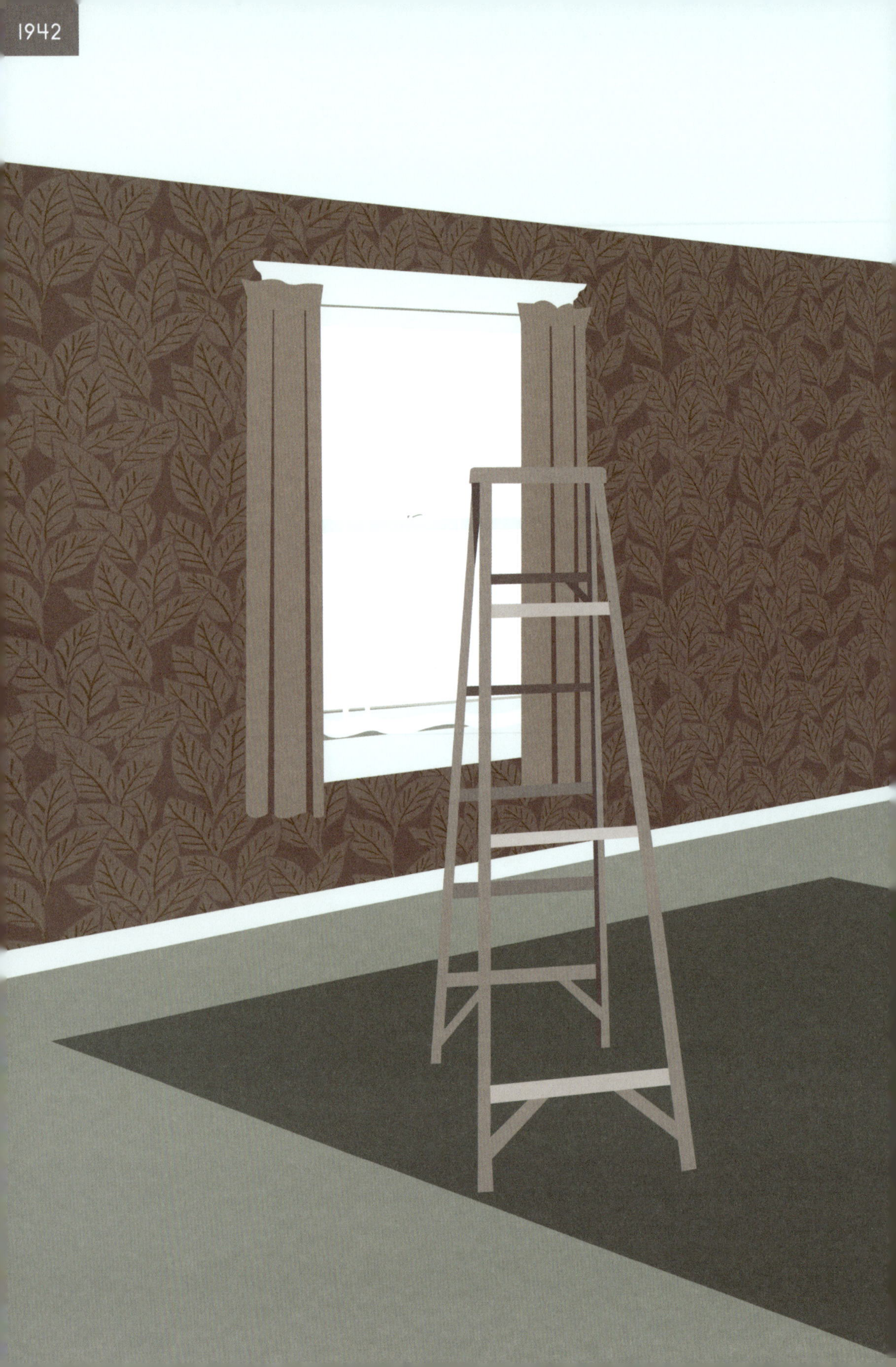

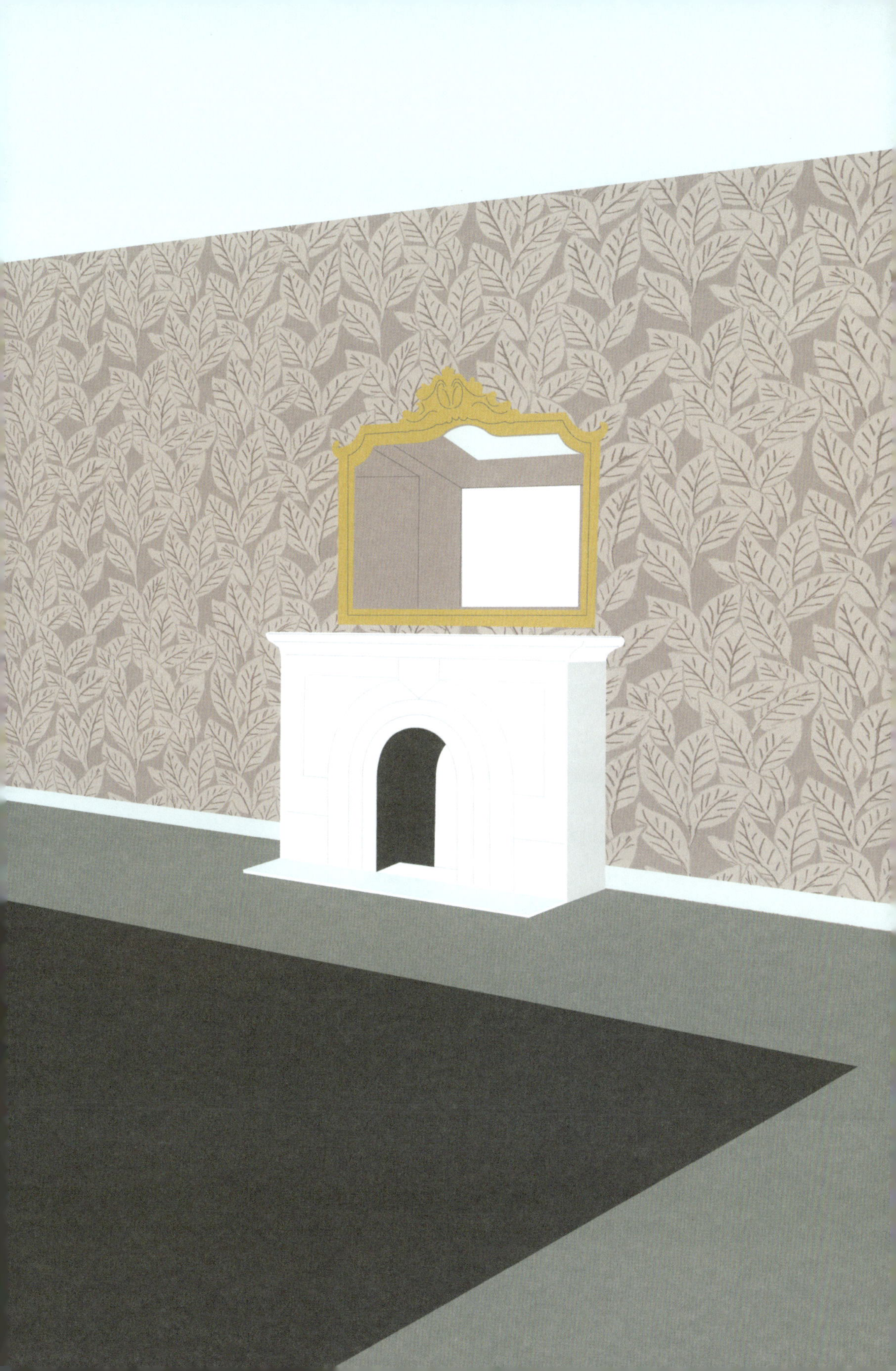

2007

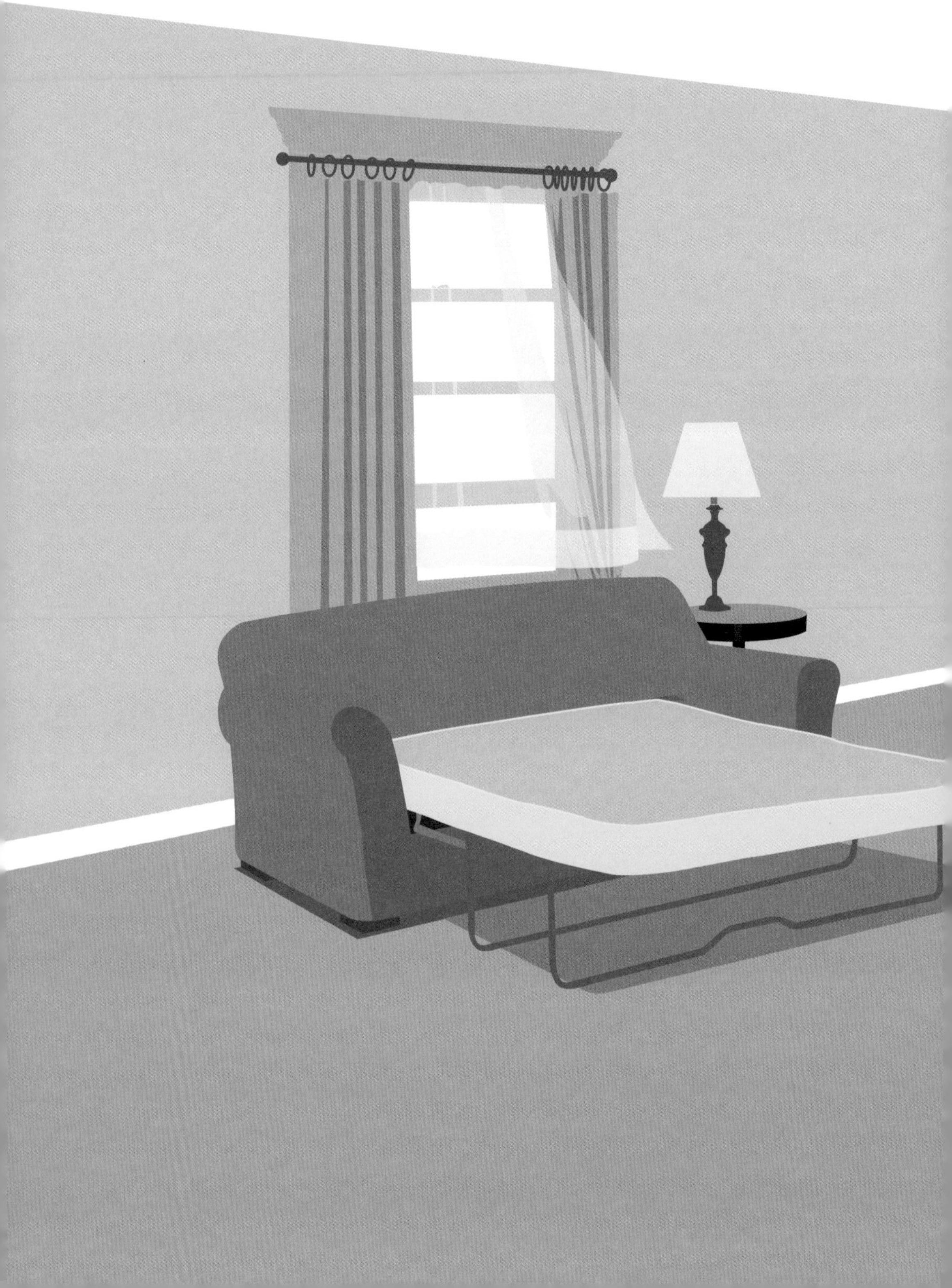

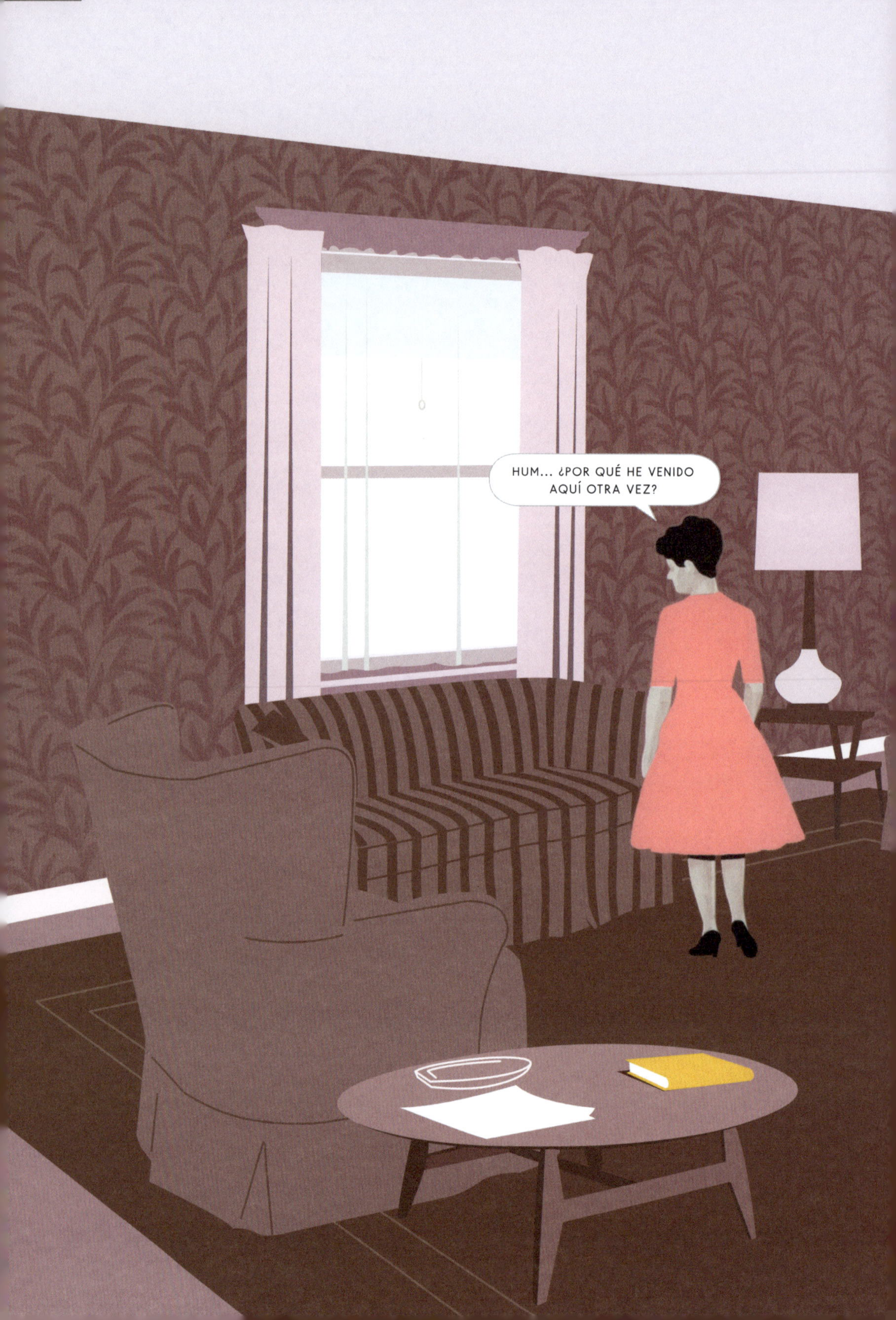
HUM... ¿POR QUÉ HE VENIDO AQUÍ OTRA VEZ?

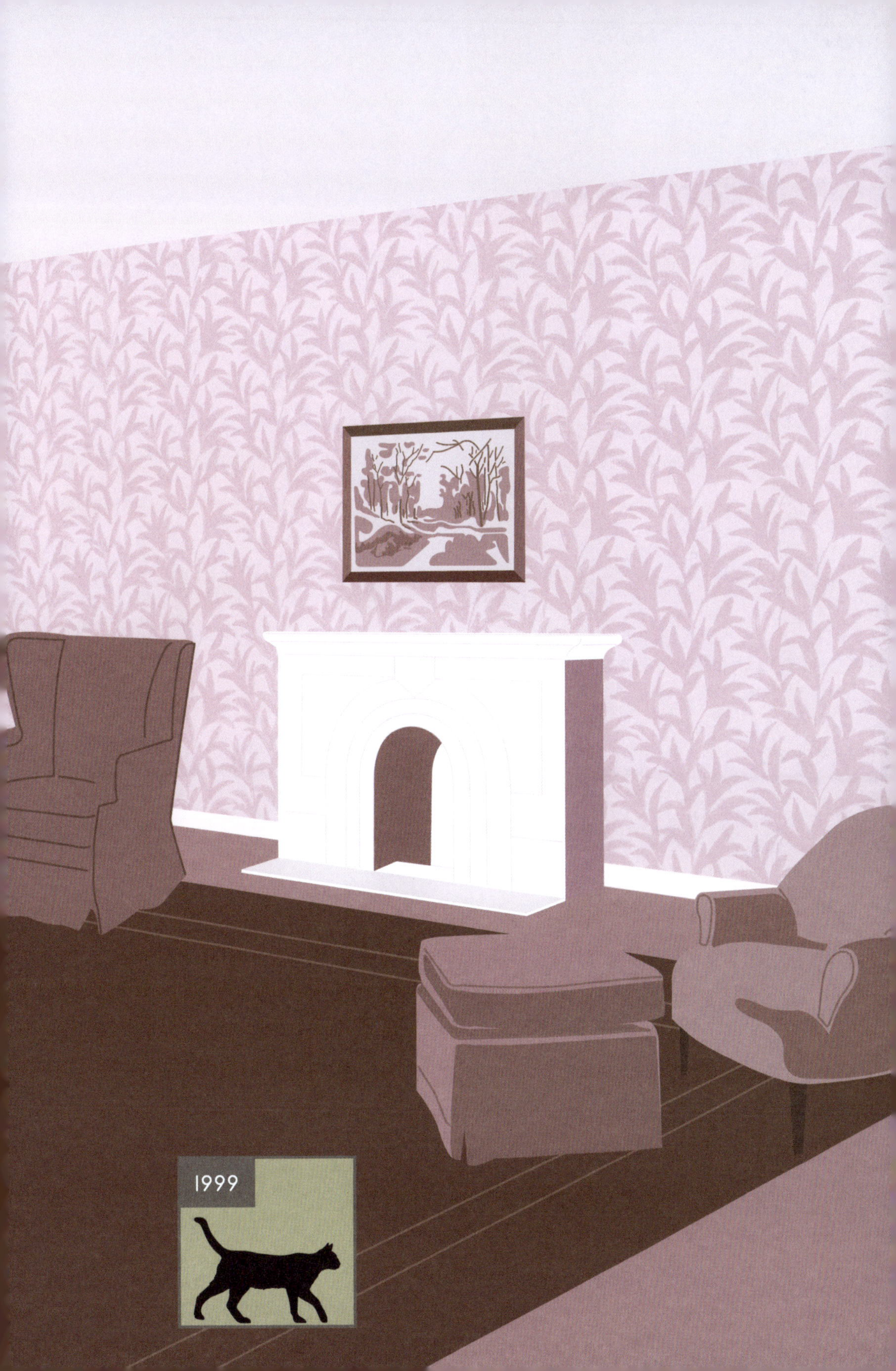
1999

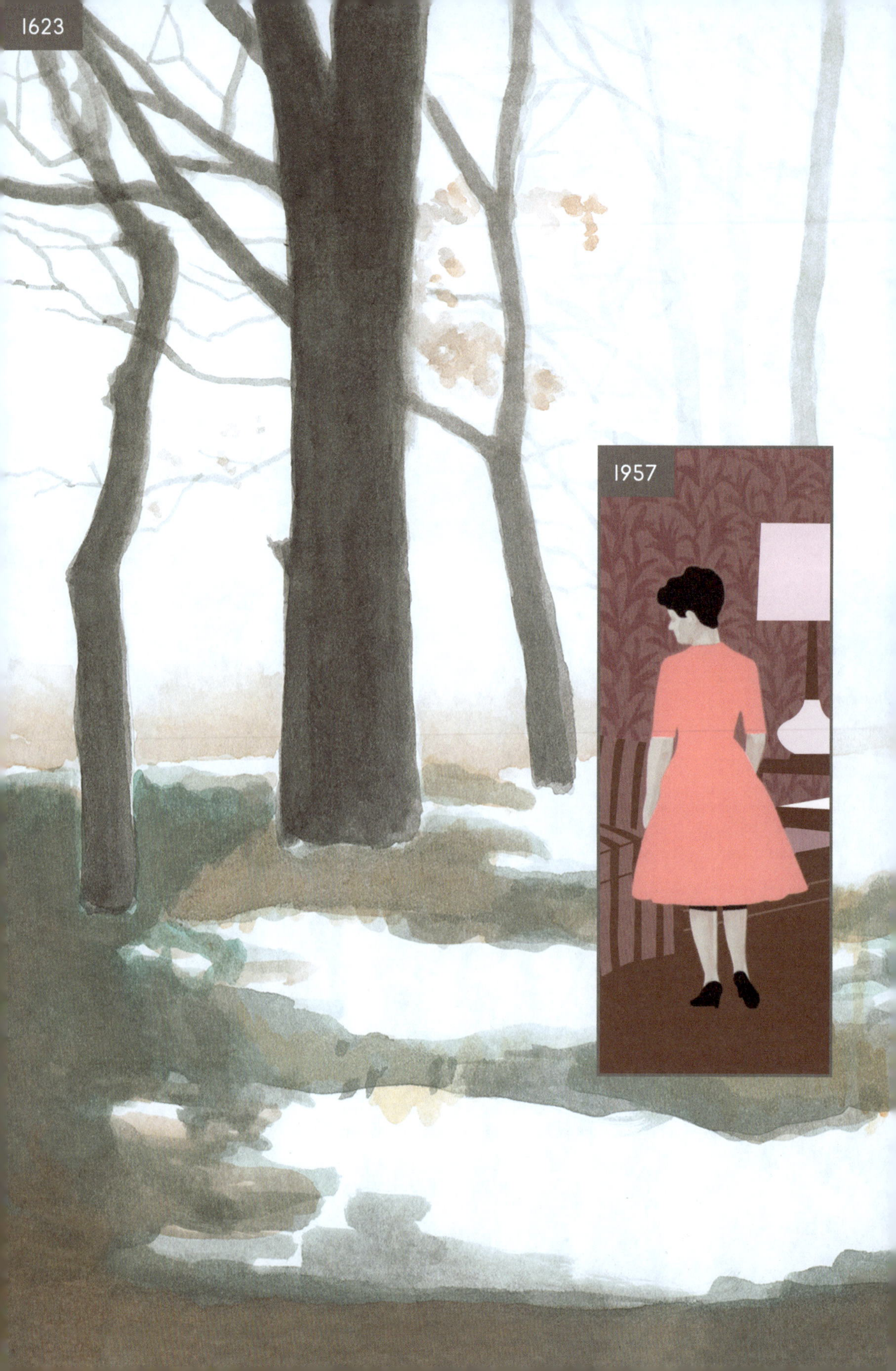
1623
1957

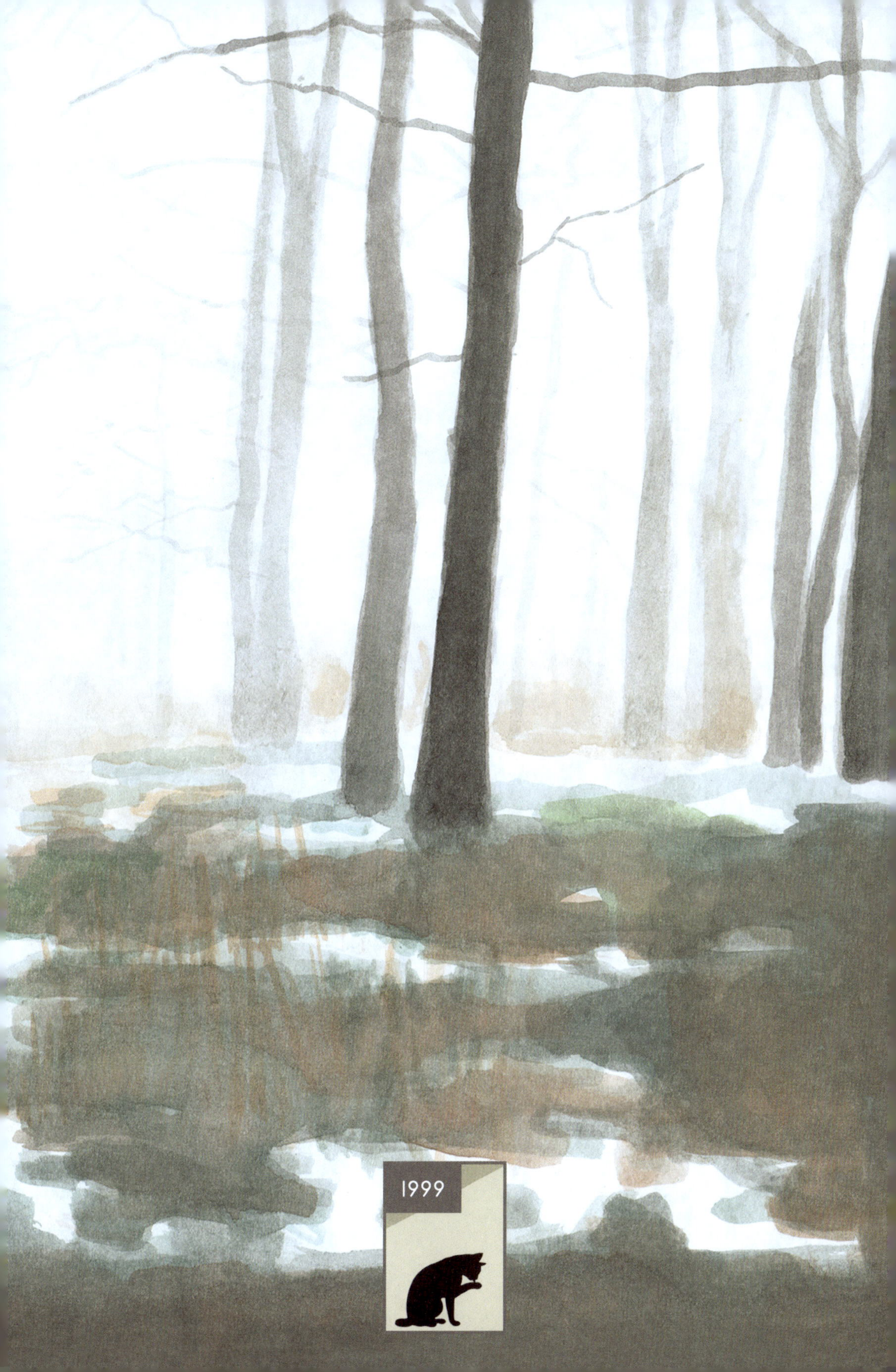
1999

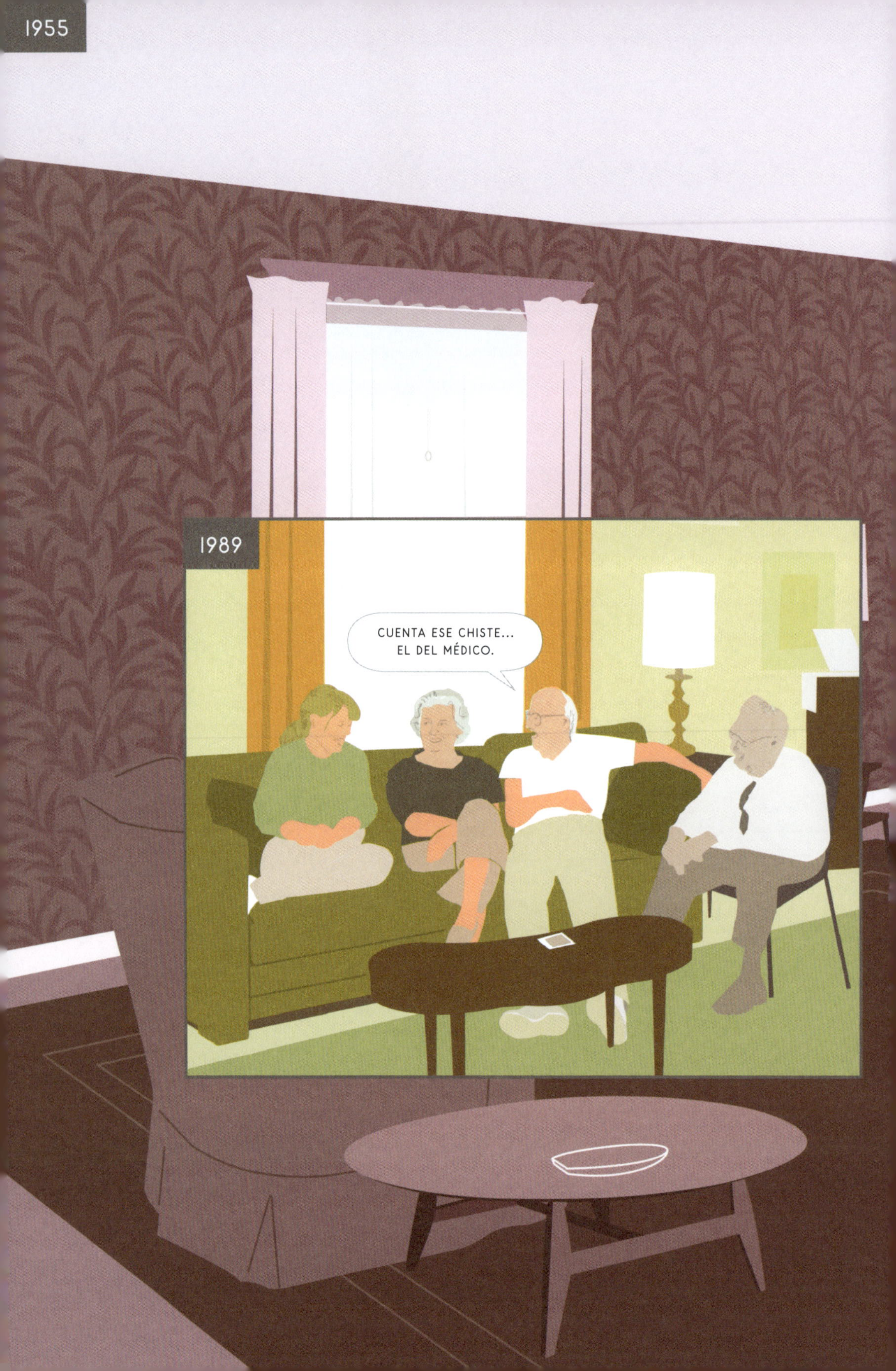
1955
1989
CUENTA ESE CHISTE...
EL DEL MÉDICO.

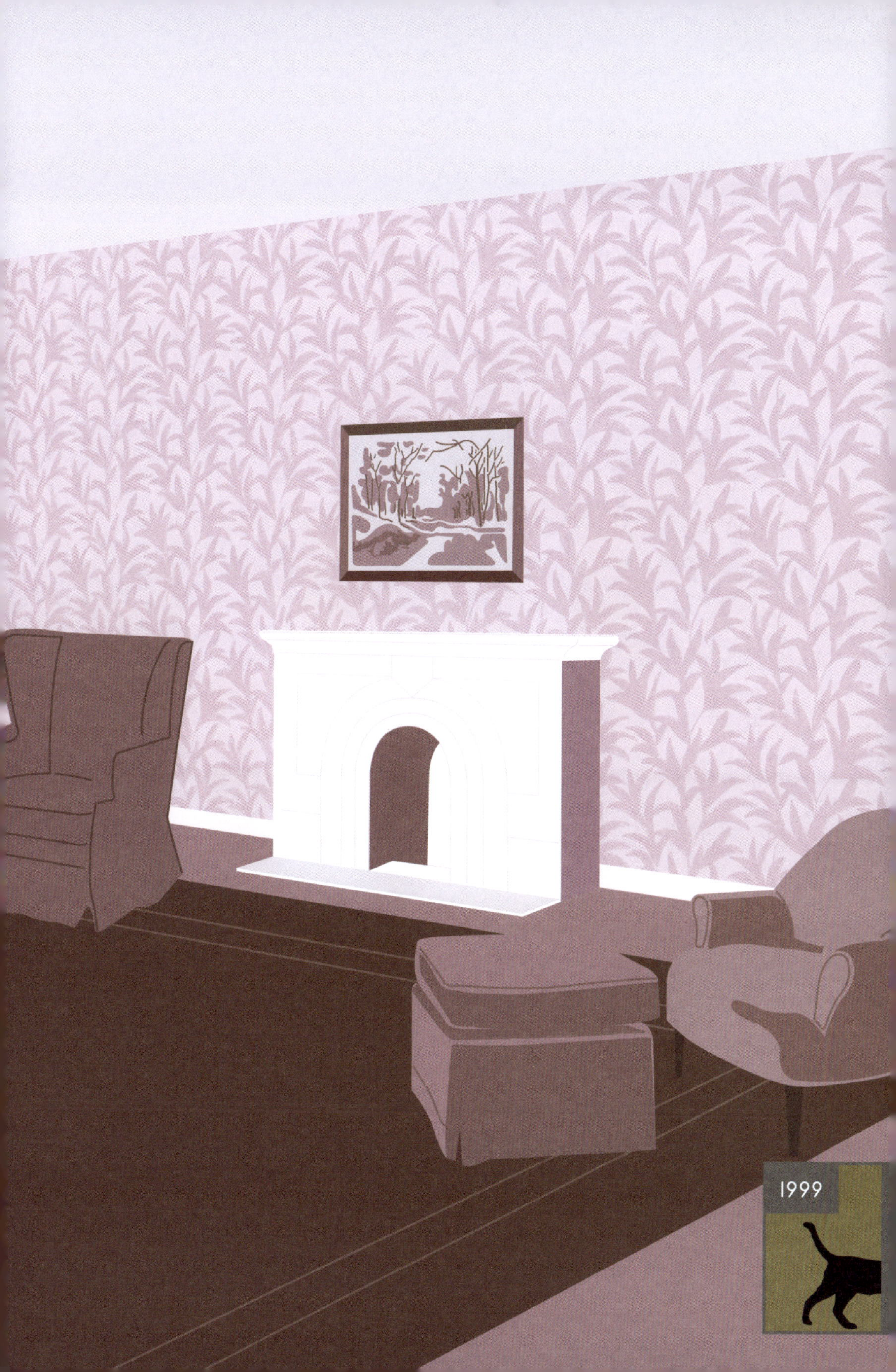
1999

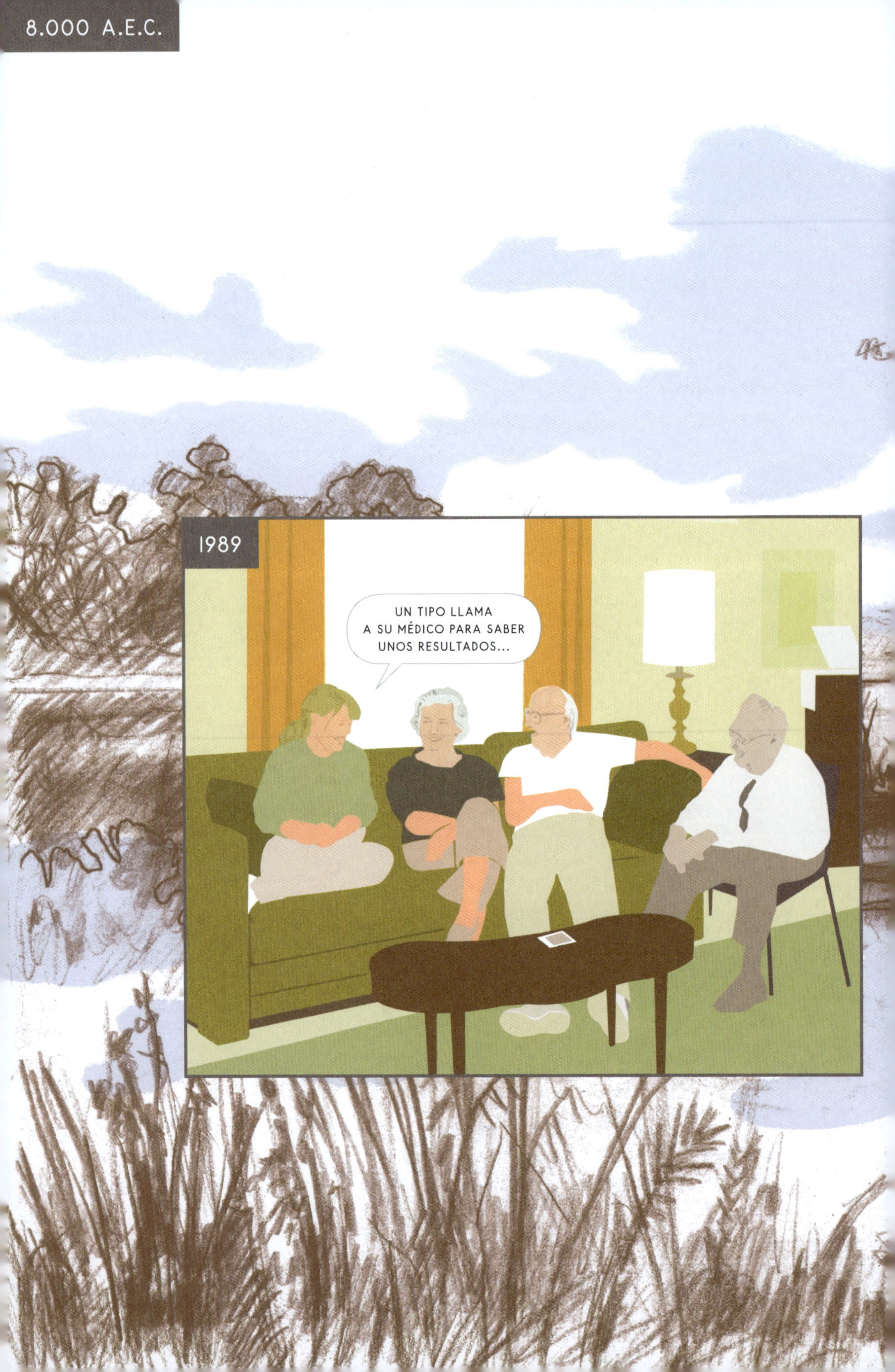
8.000 A.E.C.
1989
UN TIPO LLAMA A SU MÉDICO PARA SABER UNOS RESULTADOS...

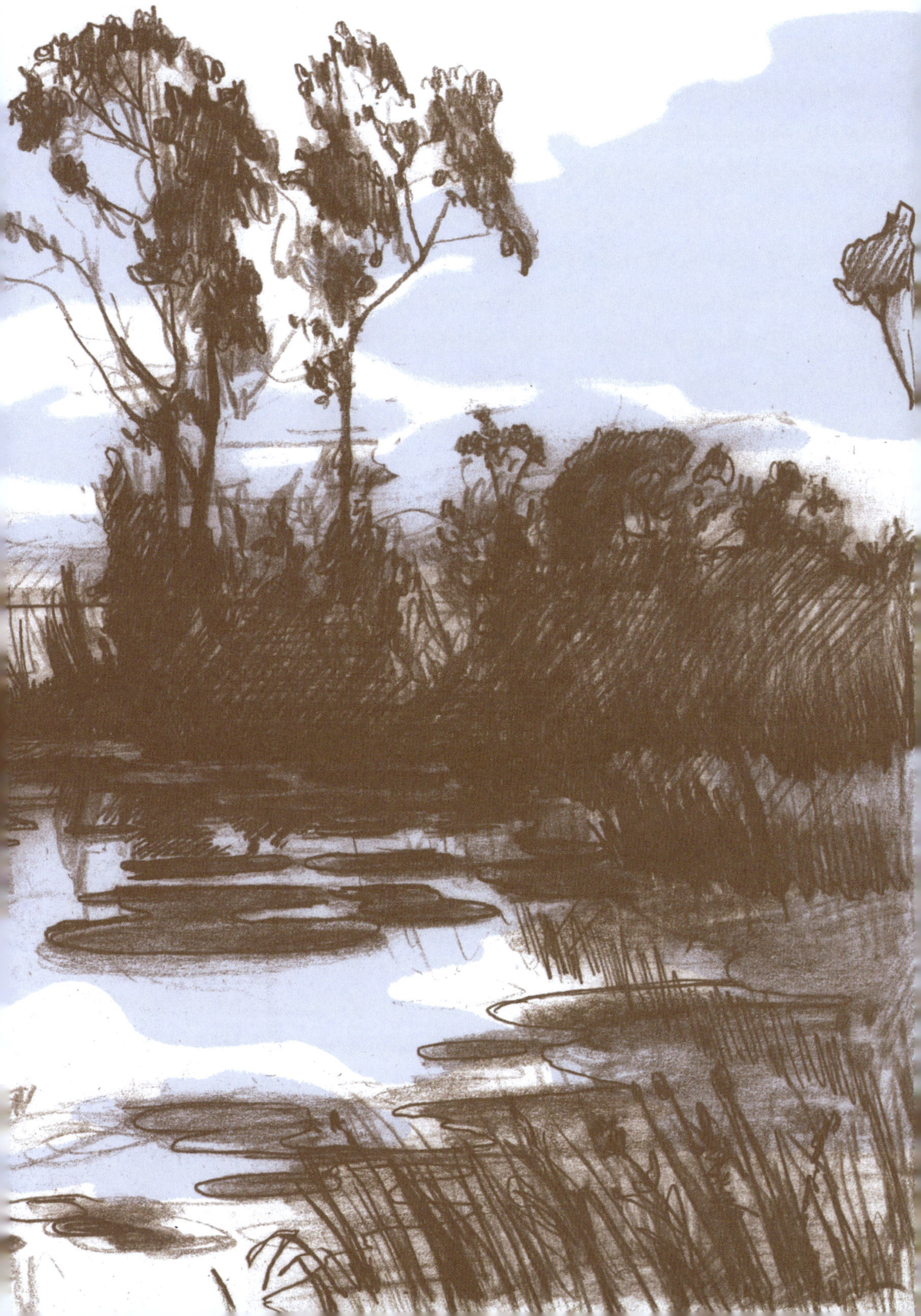

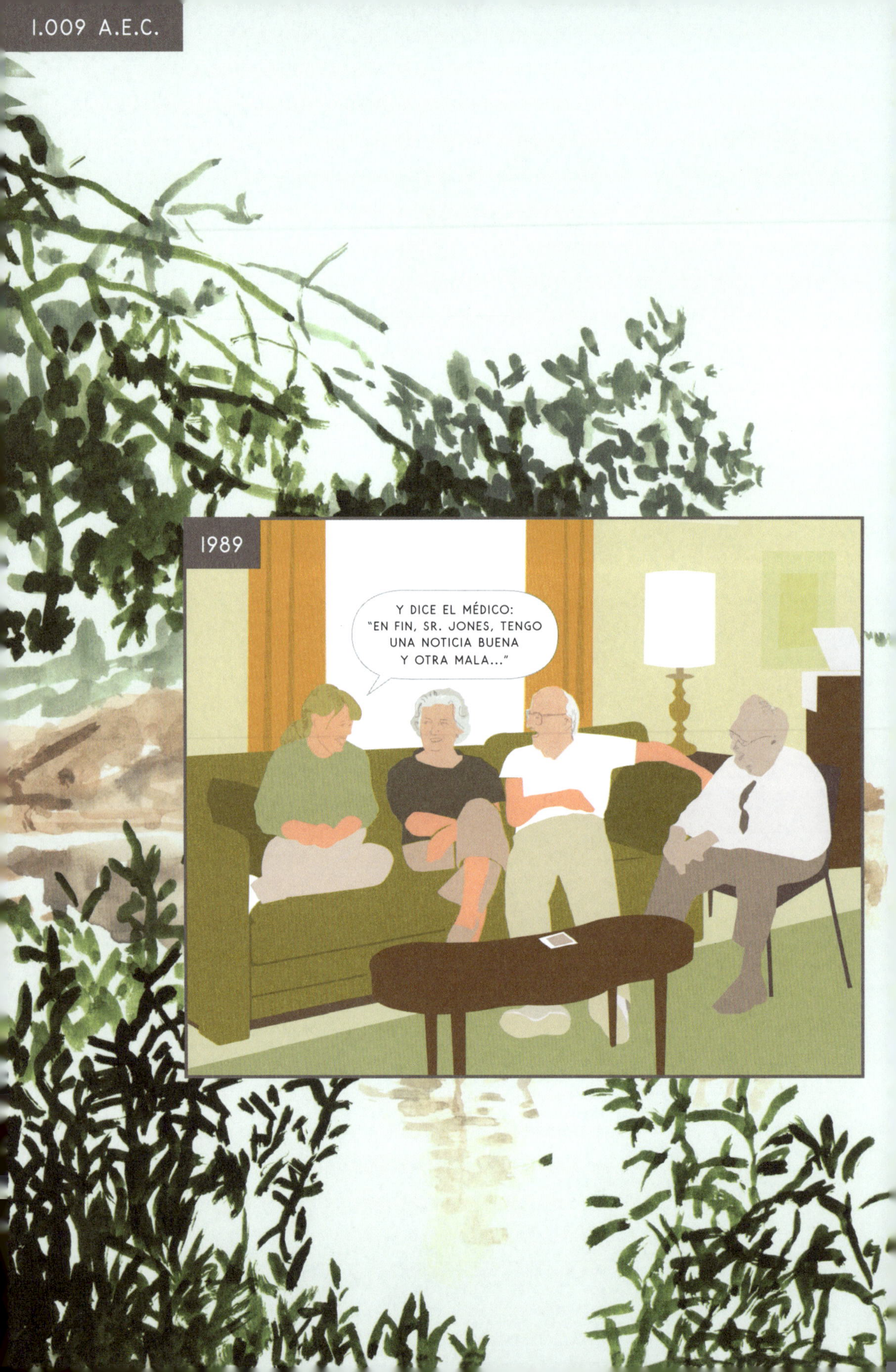
1.009 A.E.C.
1989
Y DICE EL MÉDICO: "EN FIN, SR. JONES, TENGO UNA NOTICIA BUENA Y OTRA MALA..."

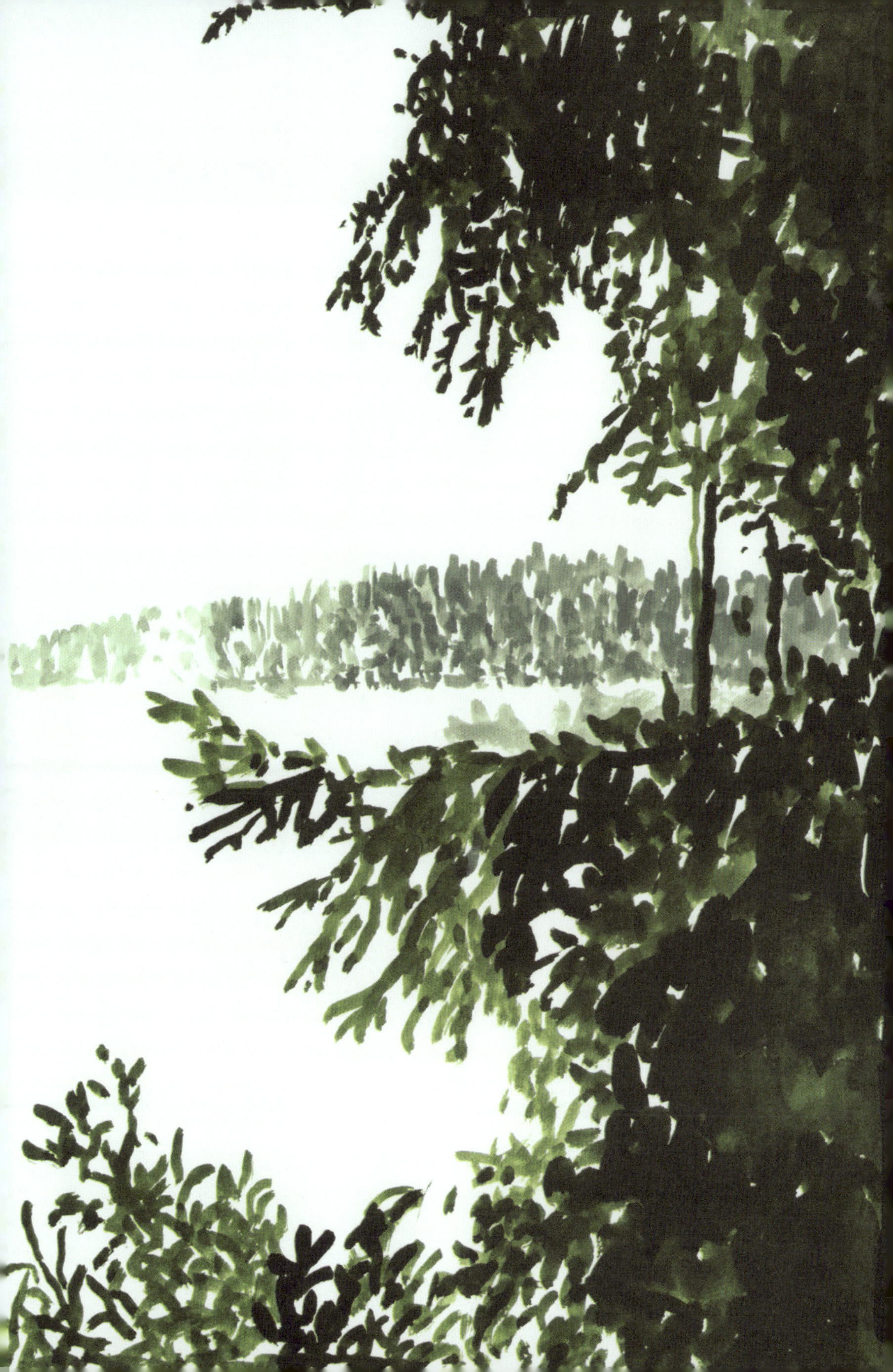

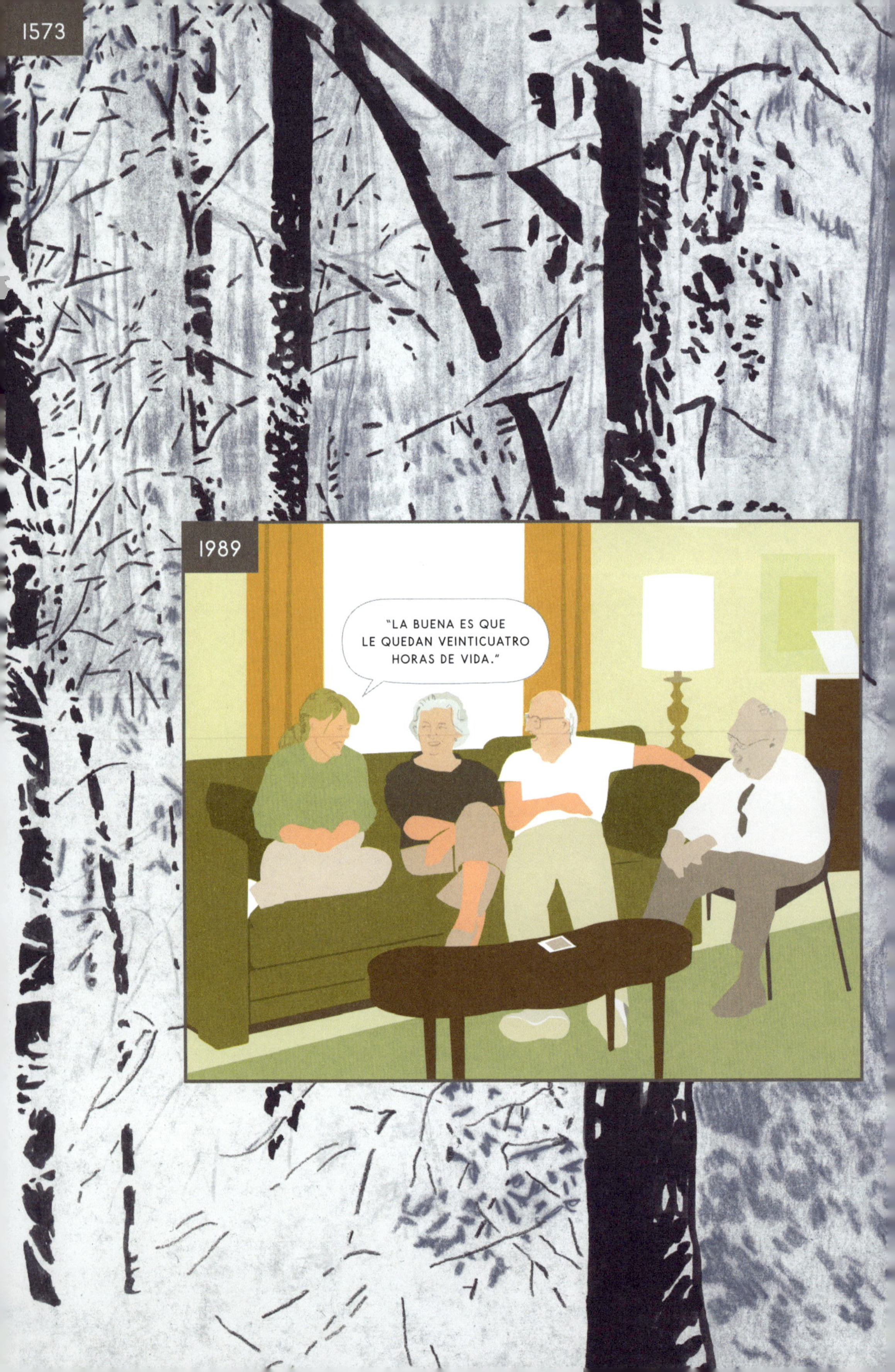
1573
1989
"LA BUENA ES QUE LE QUEDAN VEINTICUATRO HORAS DE VIDA."

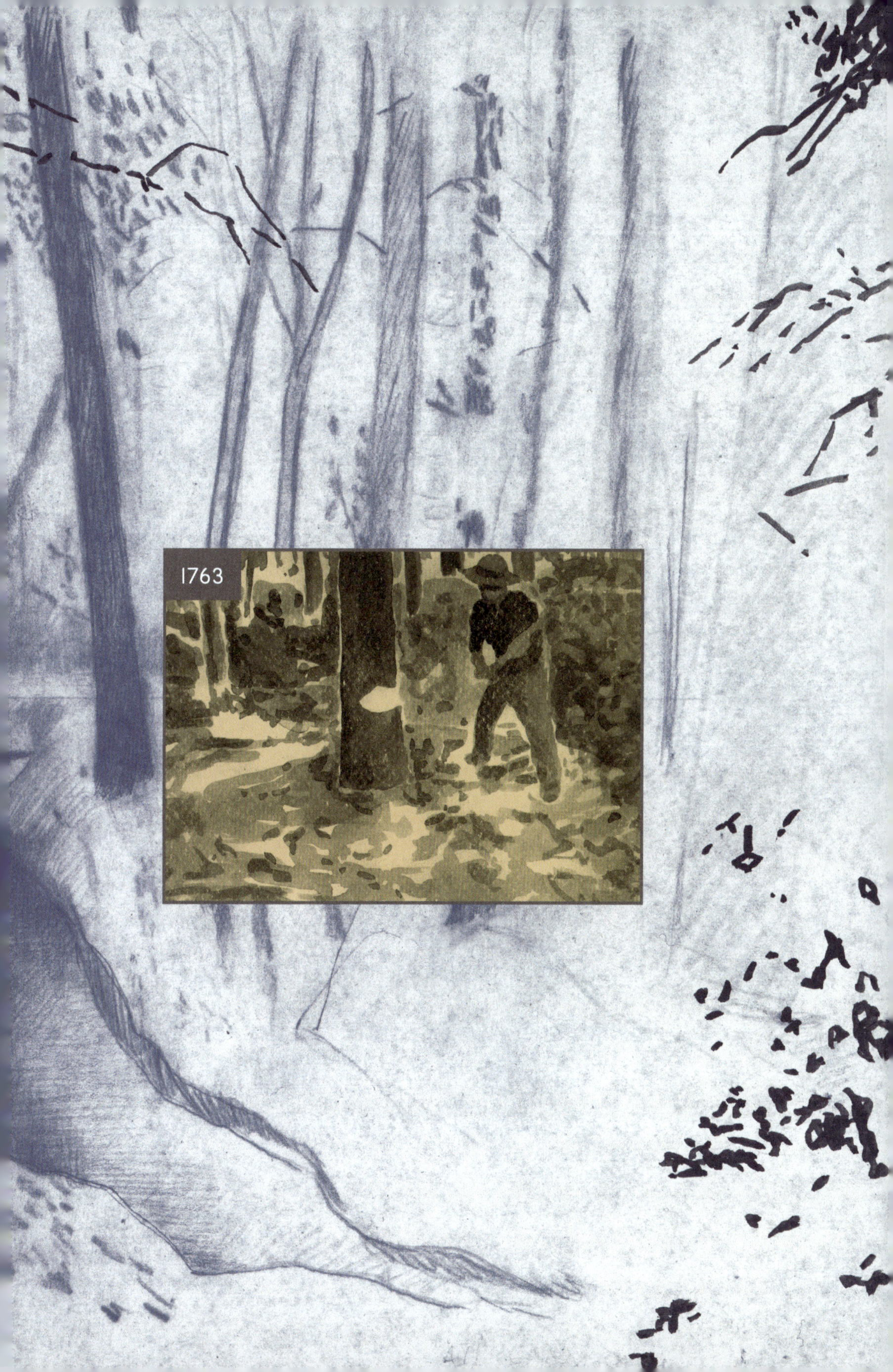
1763

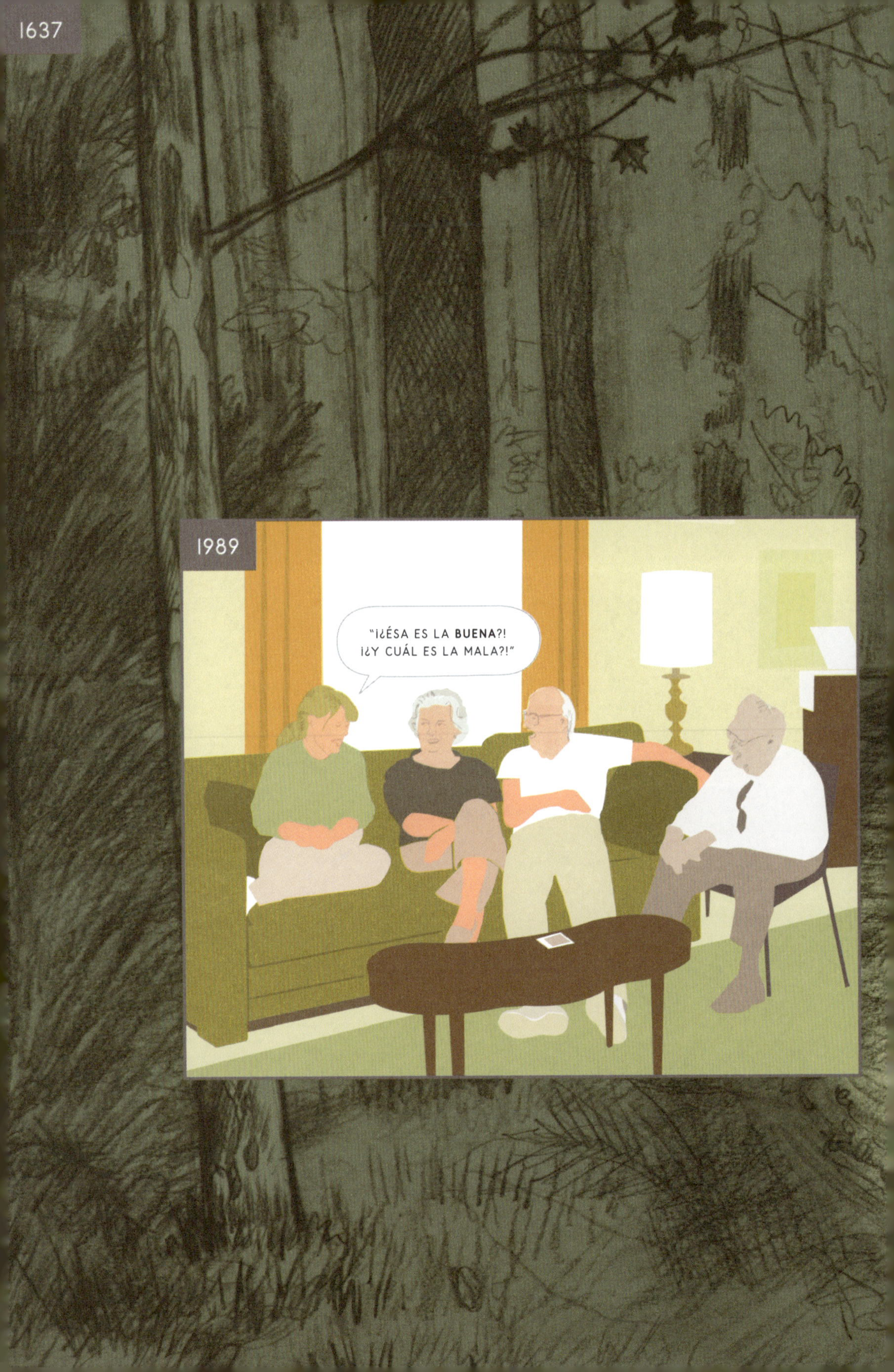
1637
1989
"¡¿ÉSA ES LA **BUENA**?!
¡¿Y CUÁL ES LA MALA?!"

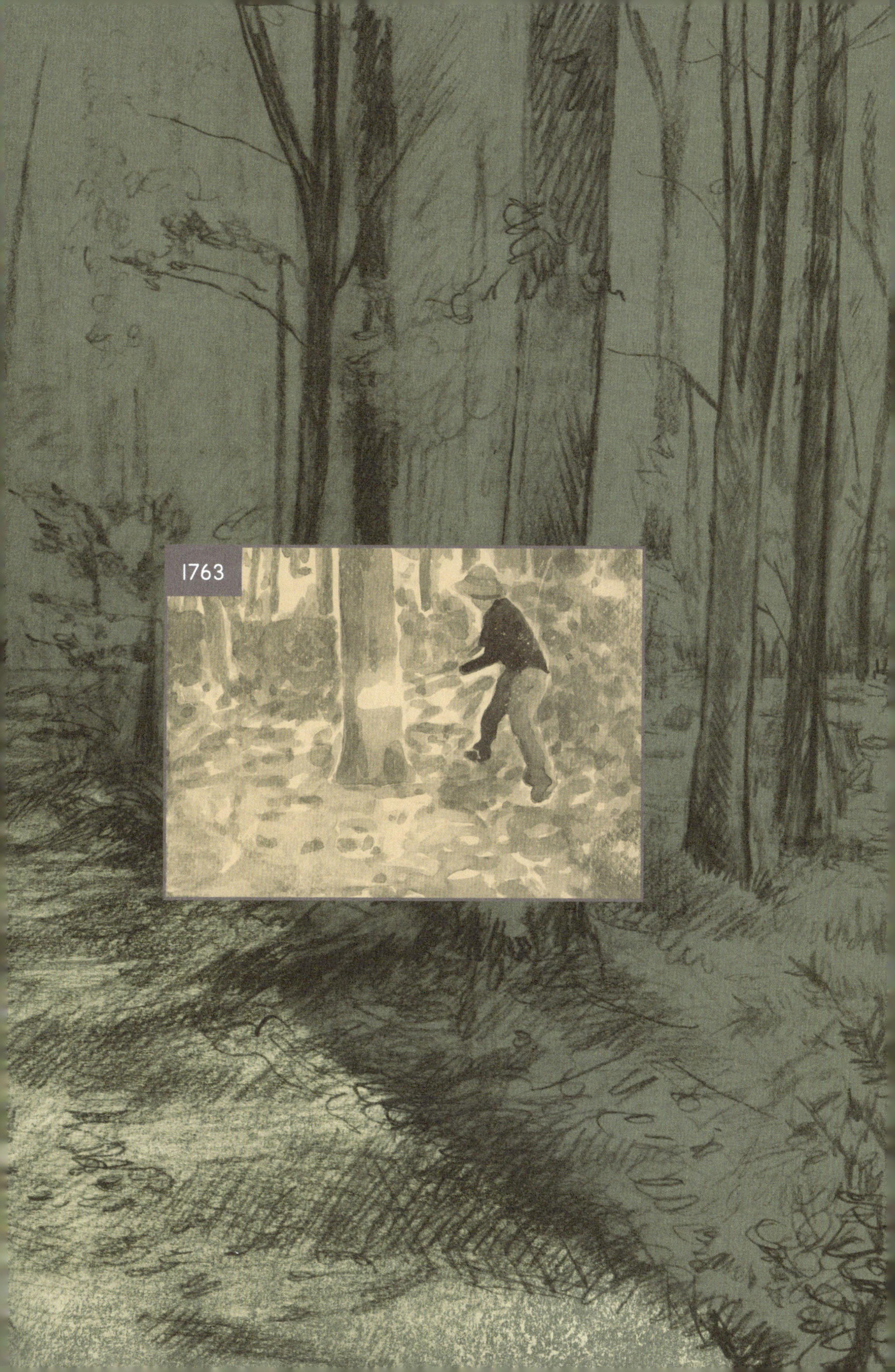
1763

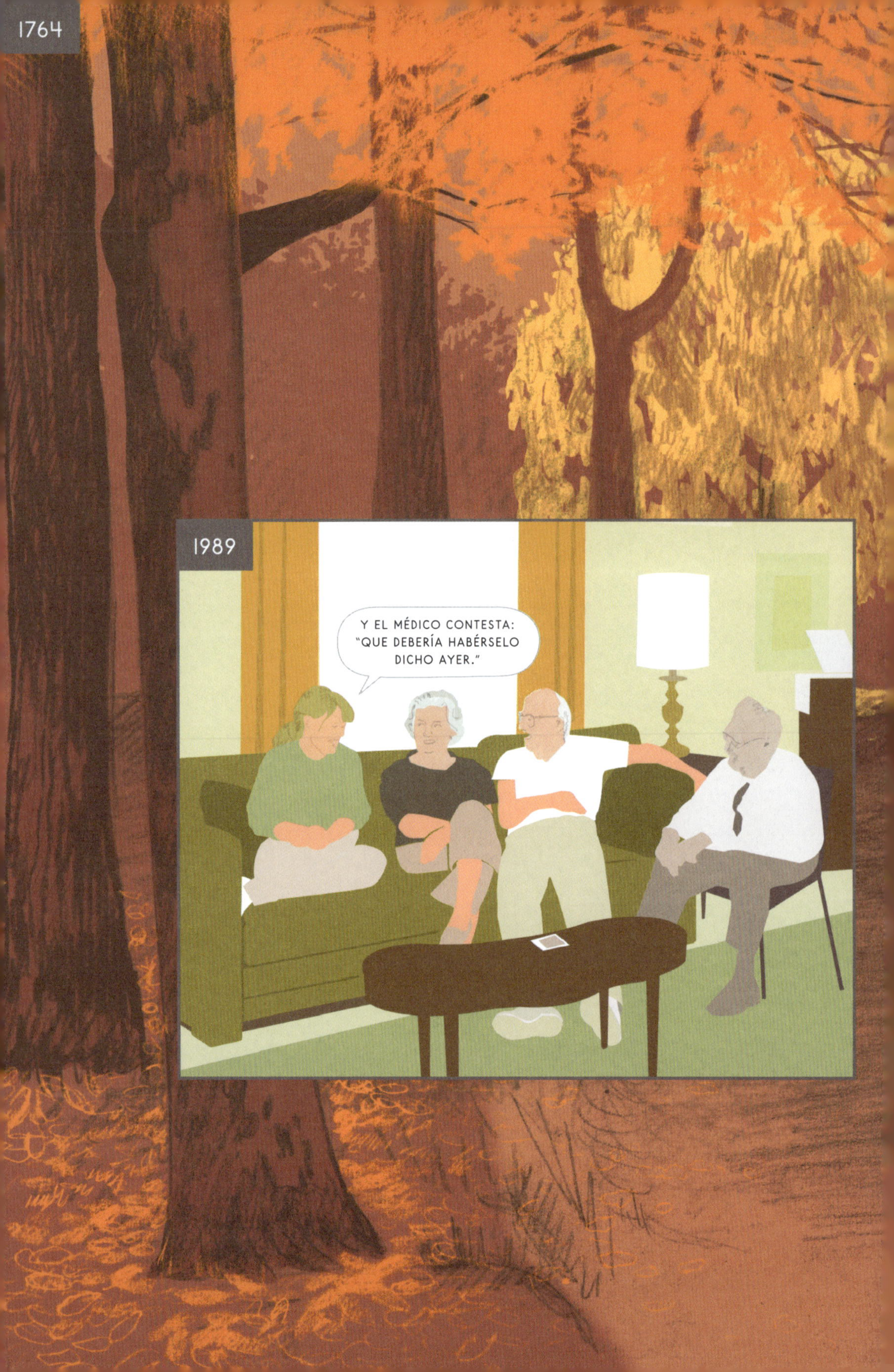
1764
1989
Y EL MÉDICO CONTESTA: "QUE DEBERÍA HABÉRSELO DICHO AYER."

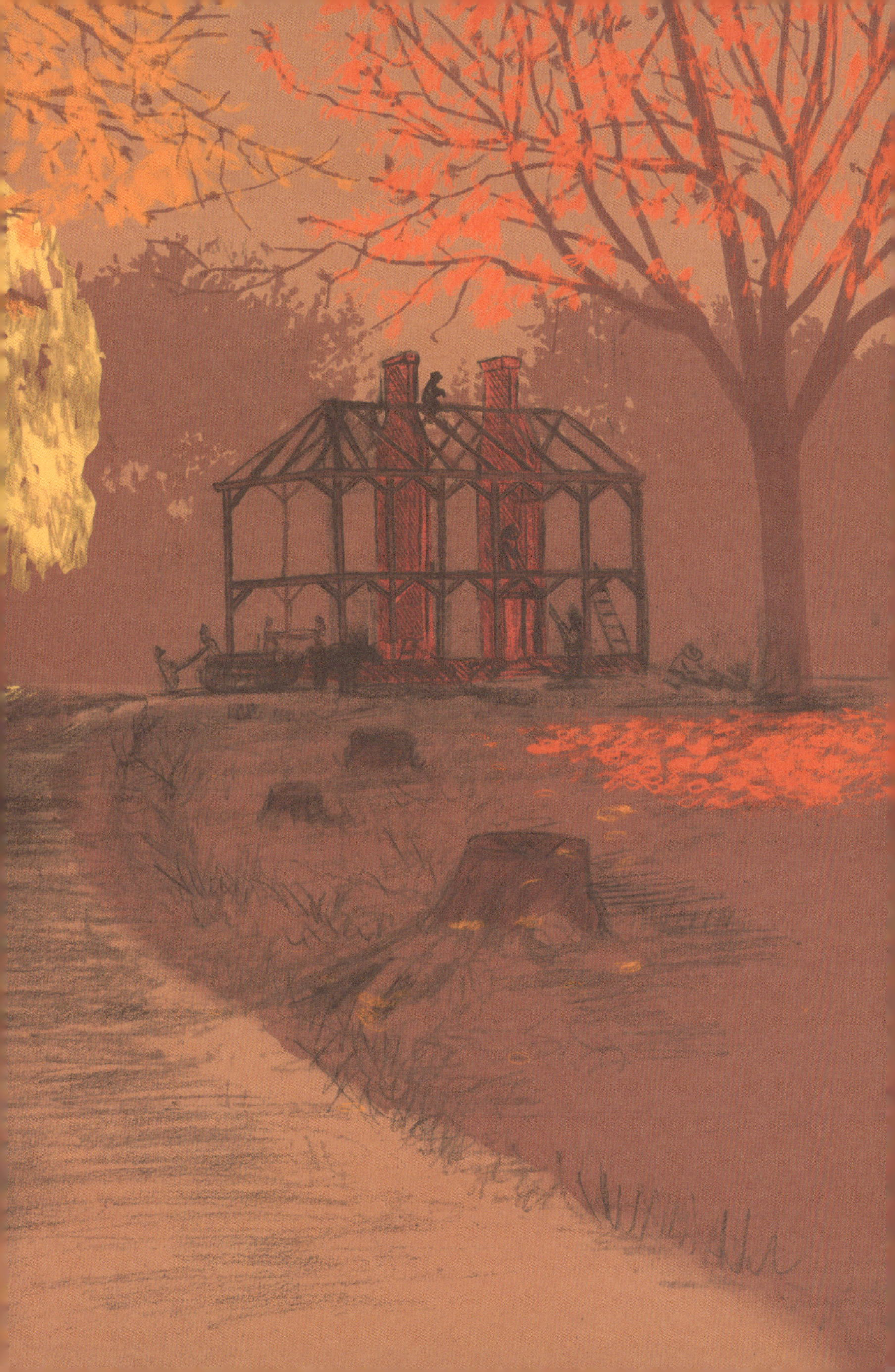

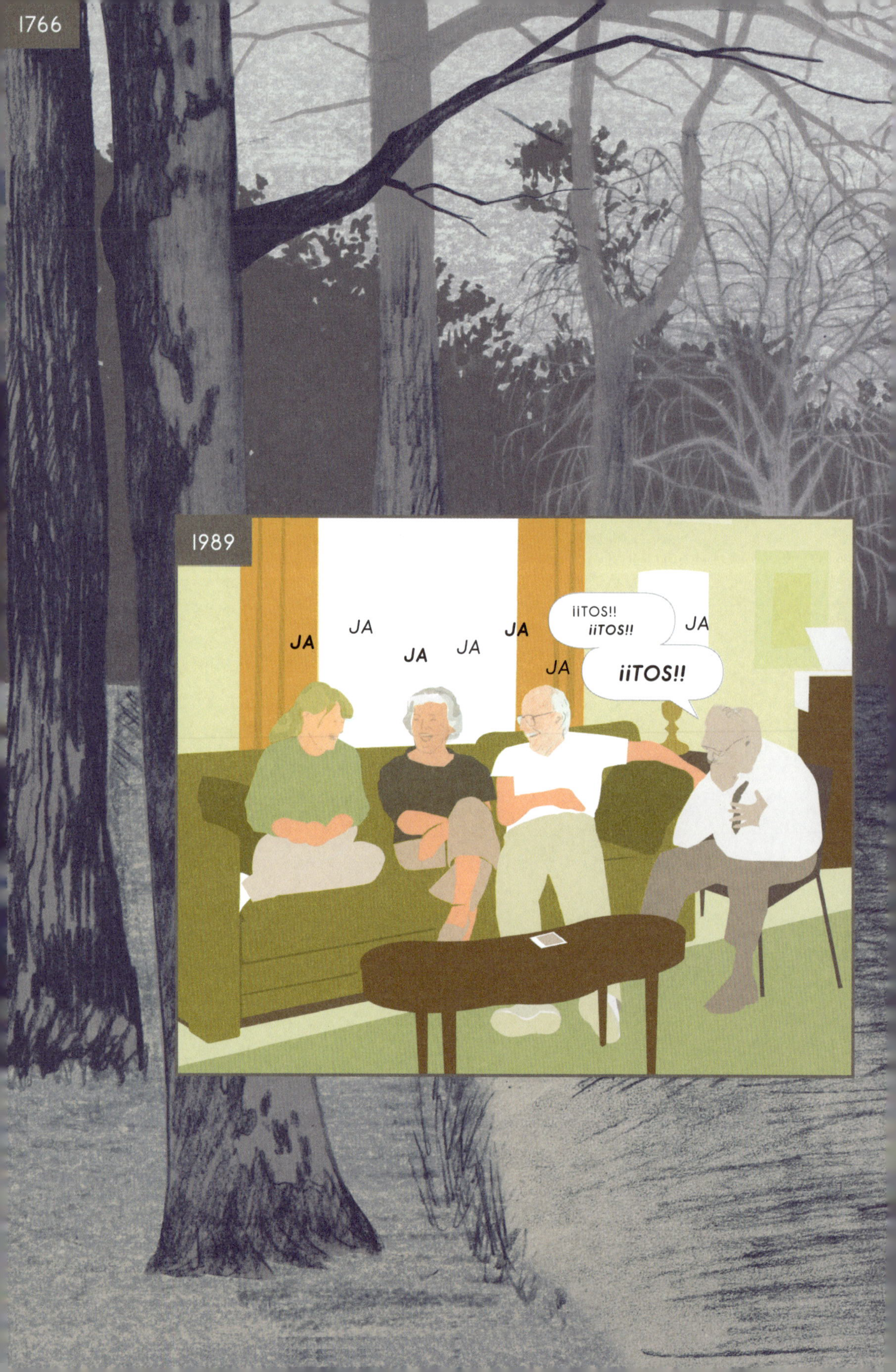
1766
1989
JA
JA
JA
JA
JA
JA
¡¡TOS!!
¡¡TOS!!
JA
¡¡TOS!!

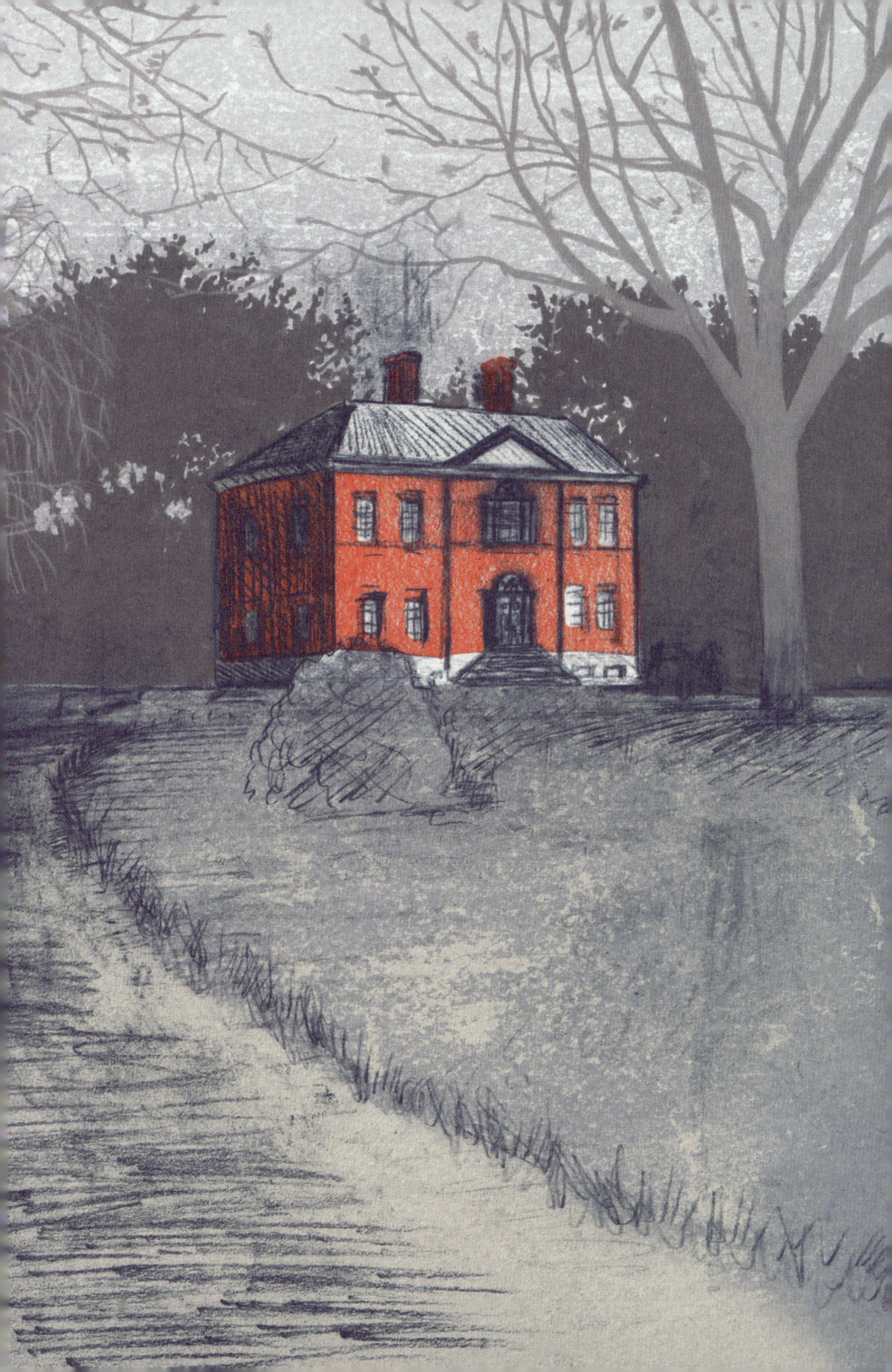

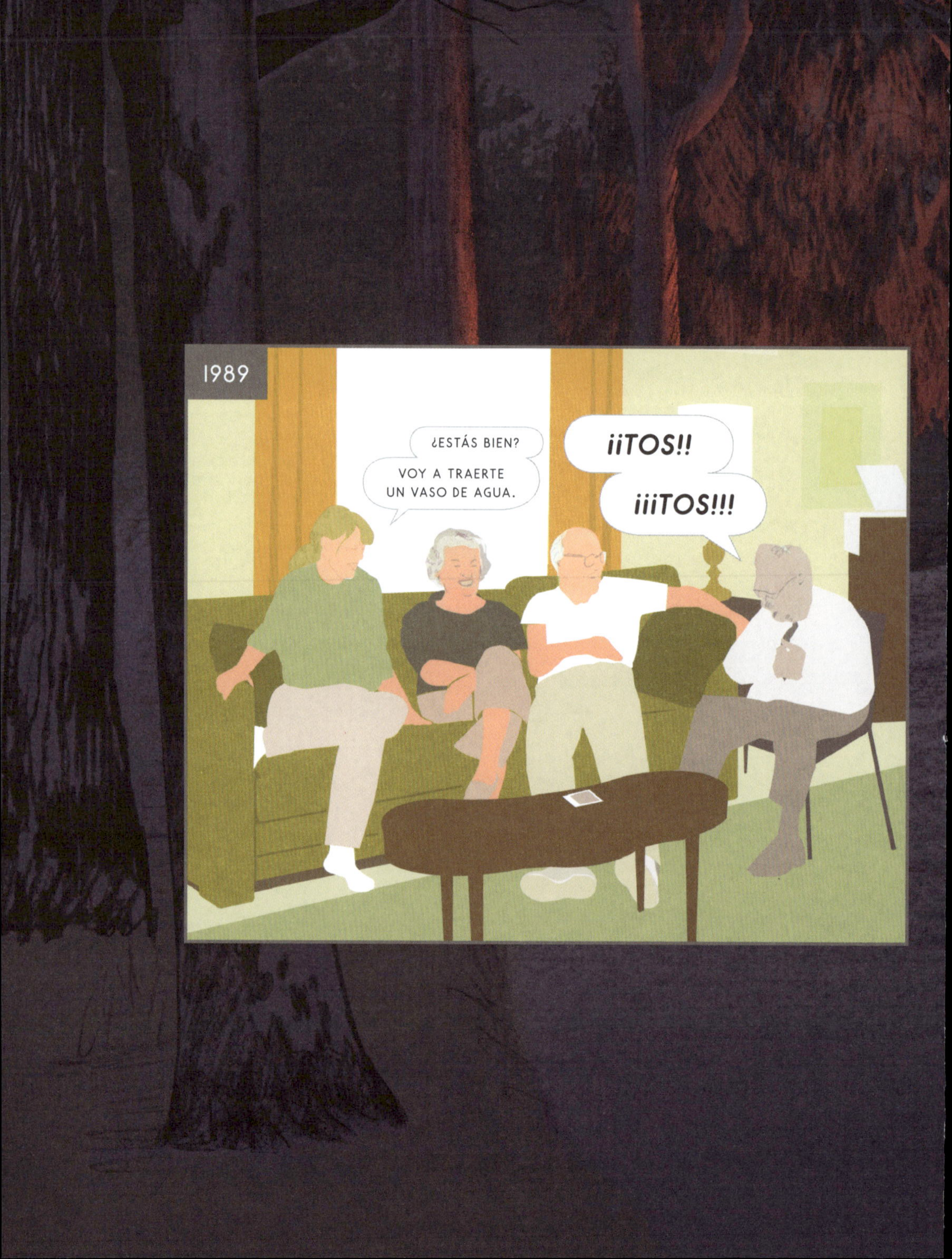
1989
¿ESTÁS BIEN?
VOY A TRAERTE UN VASO DE AGUA.
¡¡TOS!!
¡¡¡TOS!!!

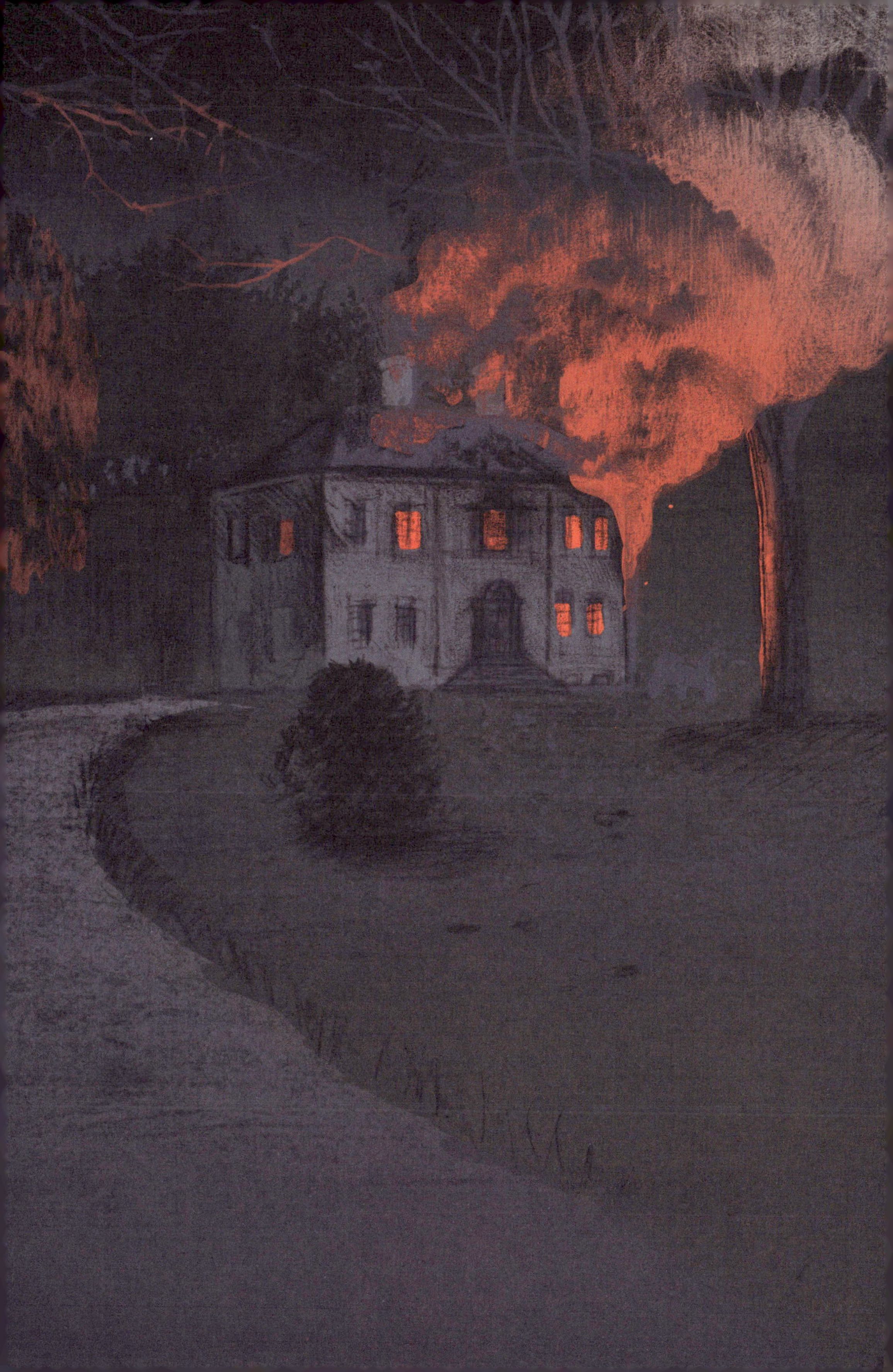

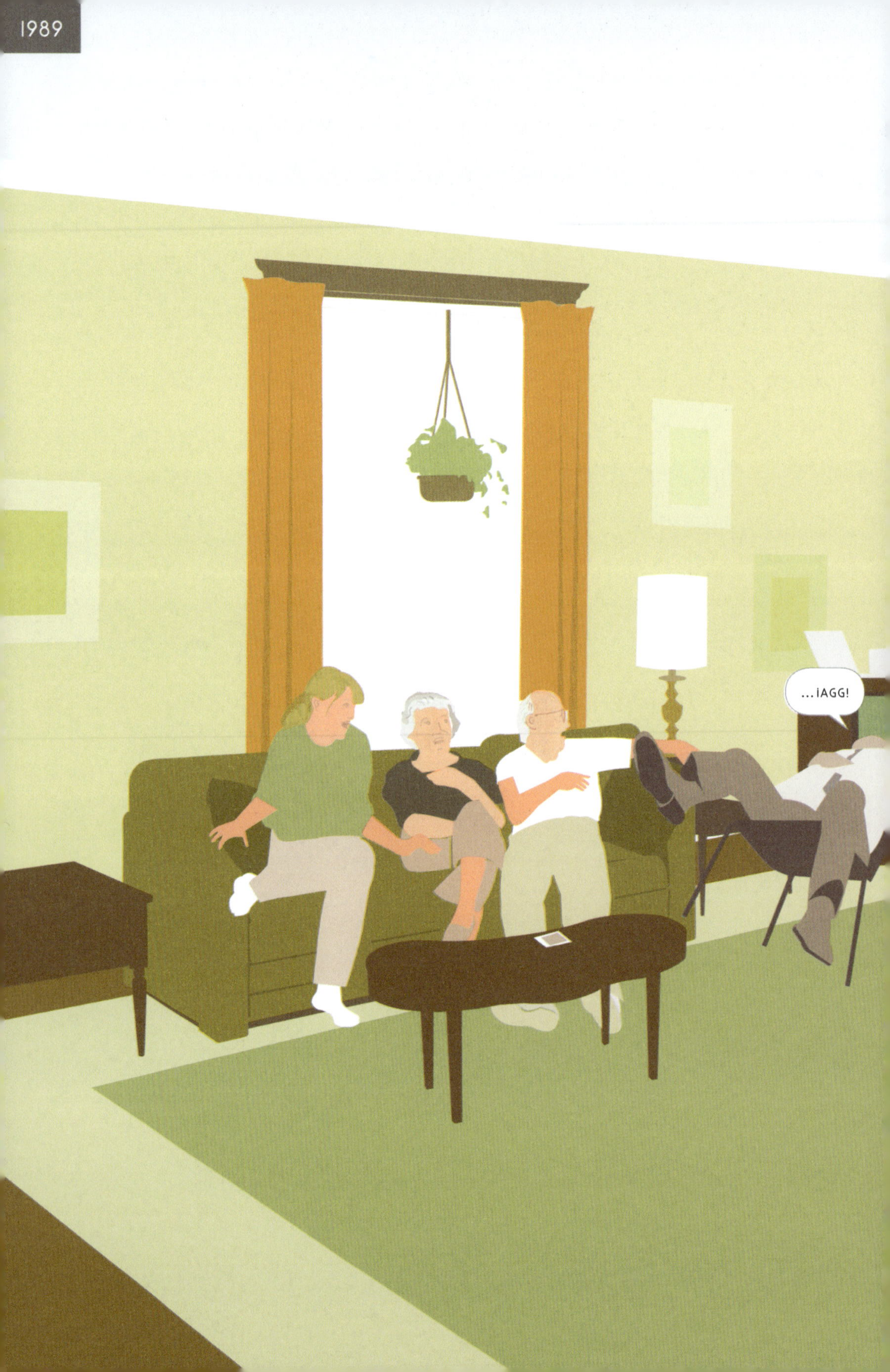
1989
...¡AGG!

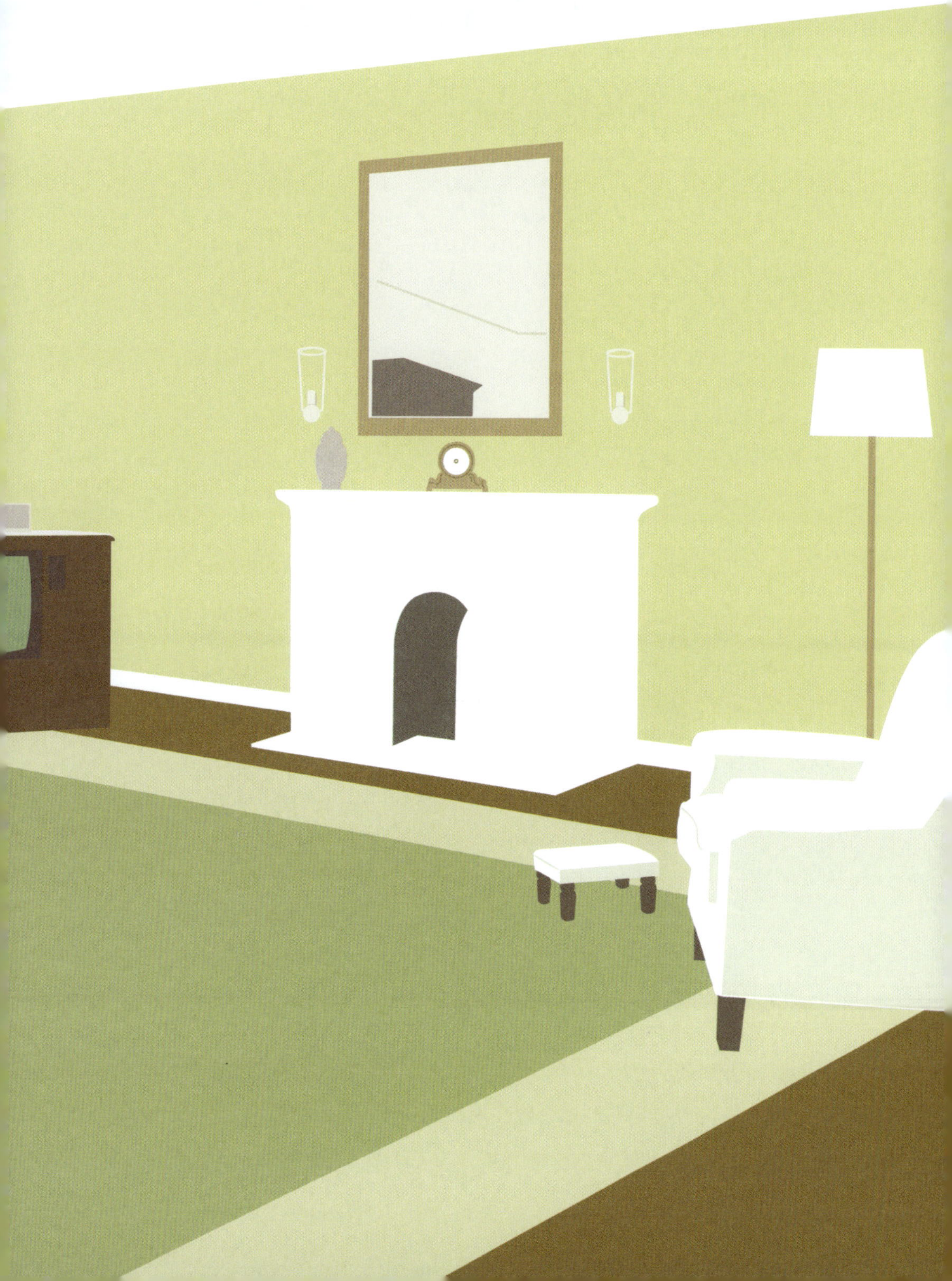

1959

MARY, PONTE DERECHA.
BOBBY, ESA PAJARITA.
BILLY, SÁCATE LA PIRULETA ESA DE LA BOCA.

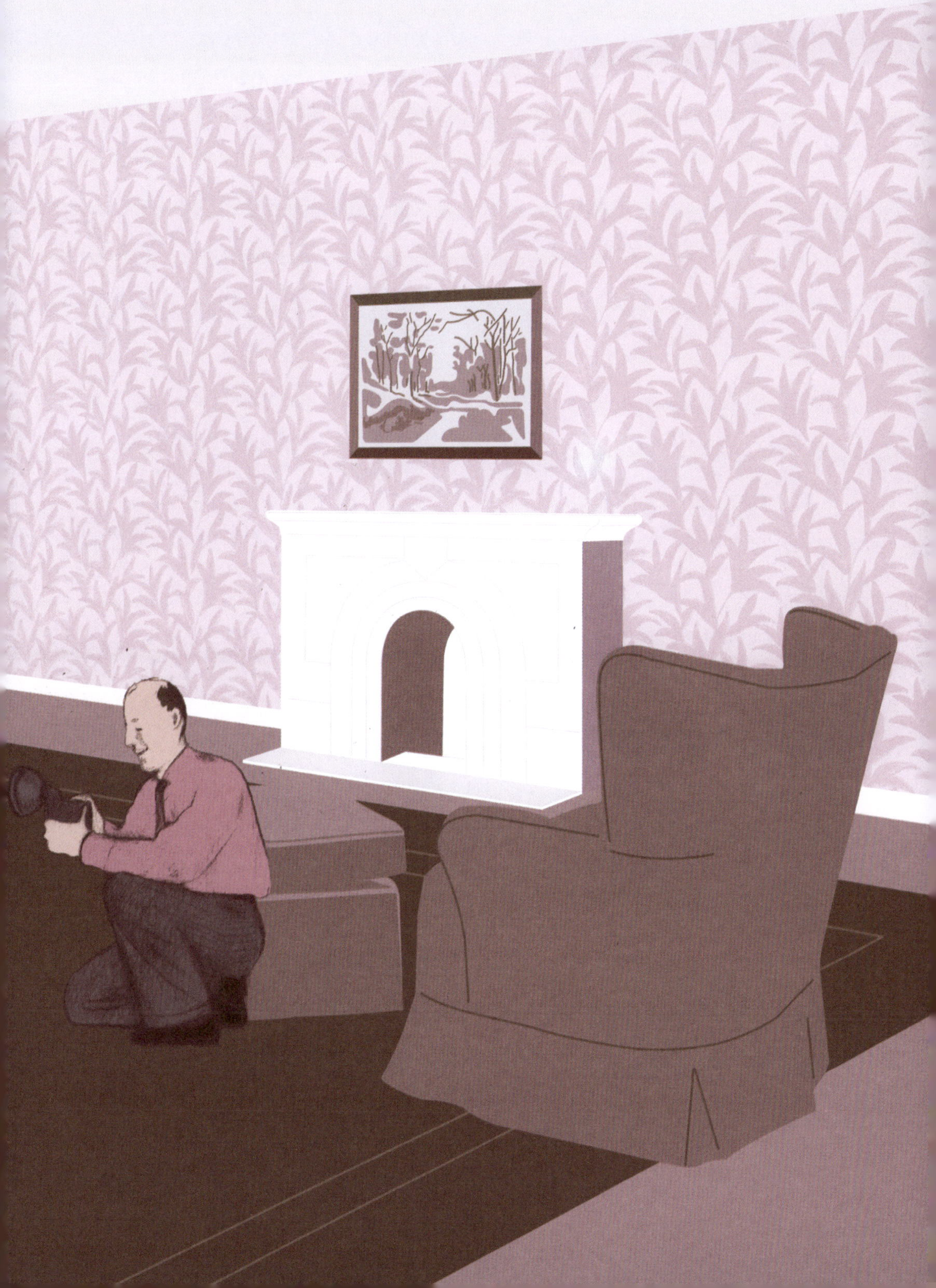

1959

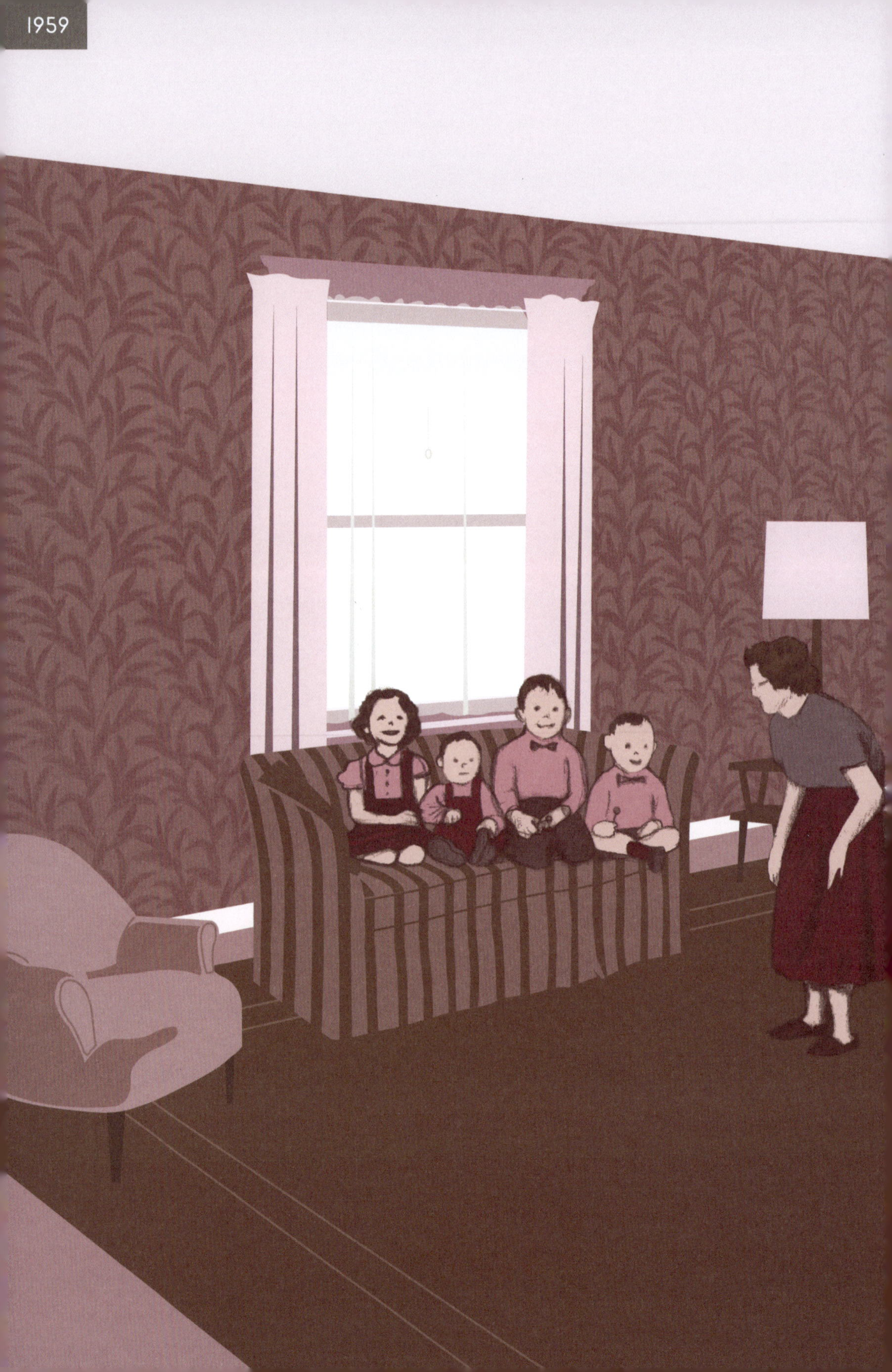

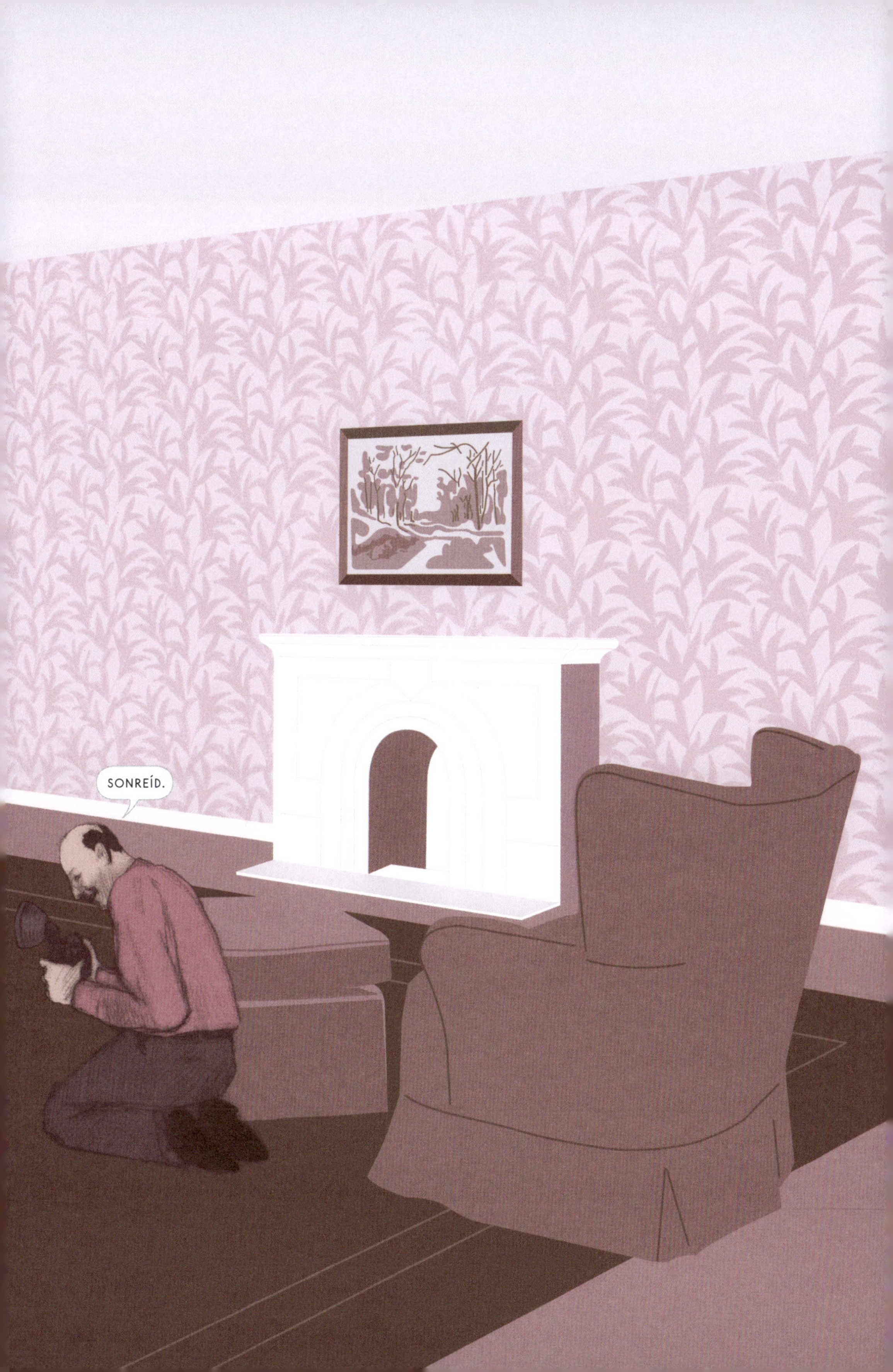
SONREÍD.

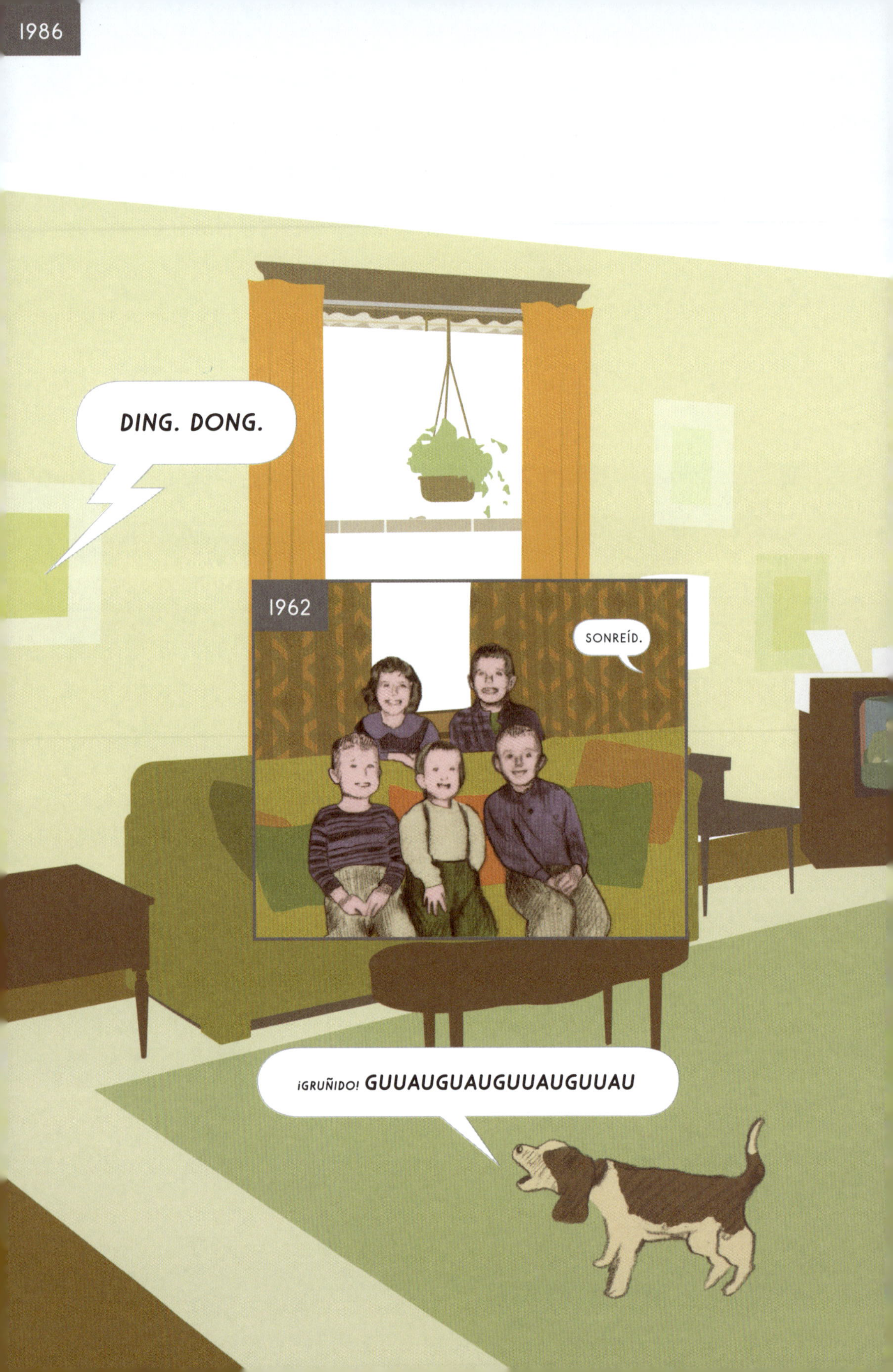
1986
DING. DONG.
1962
SONREÍD.
¡GRUÑIDO! GUUAUGUAUGUUAUGUUAU

EH... ¿DÓNDE ESTÁBAMOS?
1933
1991
ESTABA PENSANDO EN LO QUE DIJISTE.

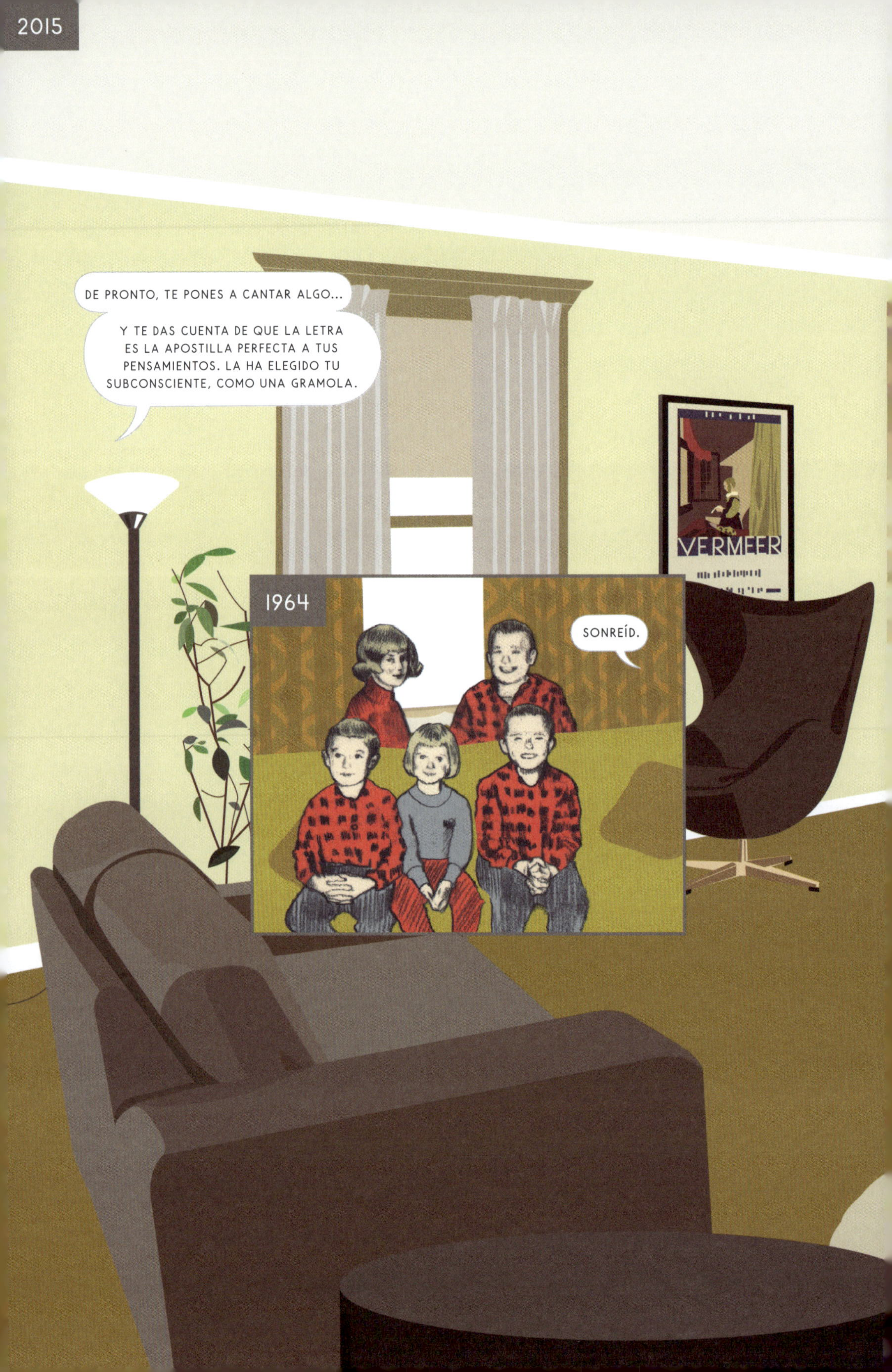
2015
DE PRONTO, TE PONES A CANTAR ALGO...
Y TE DAS CUENTA DE QUE LA LETRA ES LA APOSTILLA PERFECTA A TUS PENSAMIENTOS. LA HA ELEGIDO TU SUBCONSCIENTE, COMO UNA GRAMOLA.
VERMEER
1964
SONREÍD.

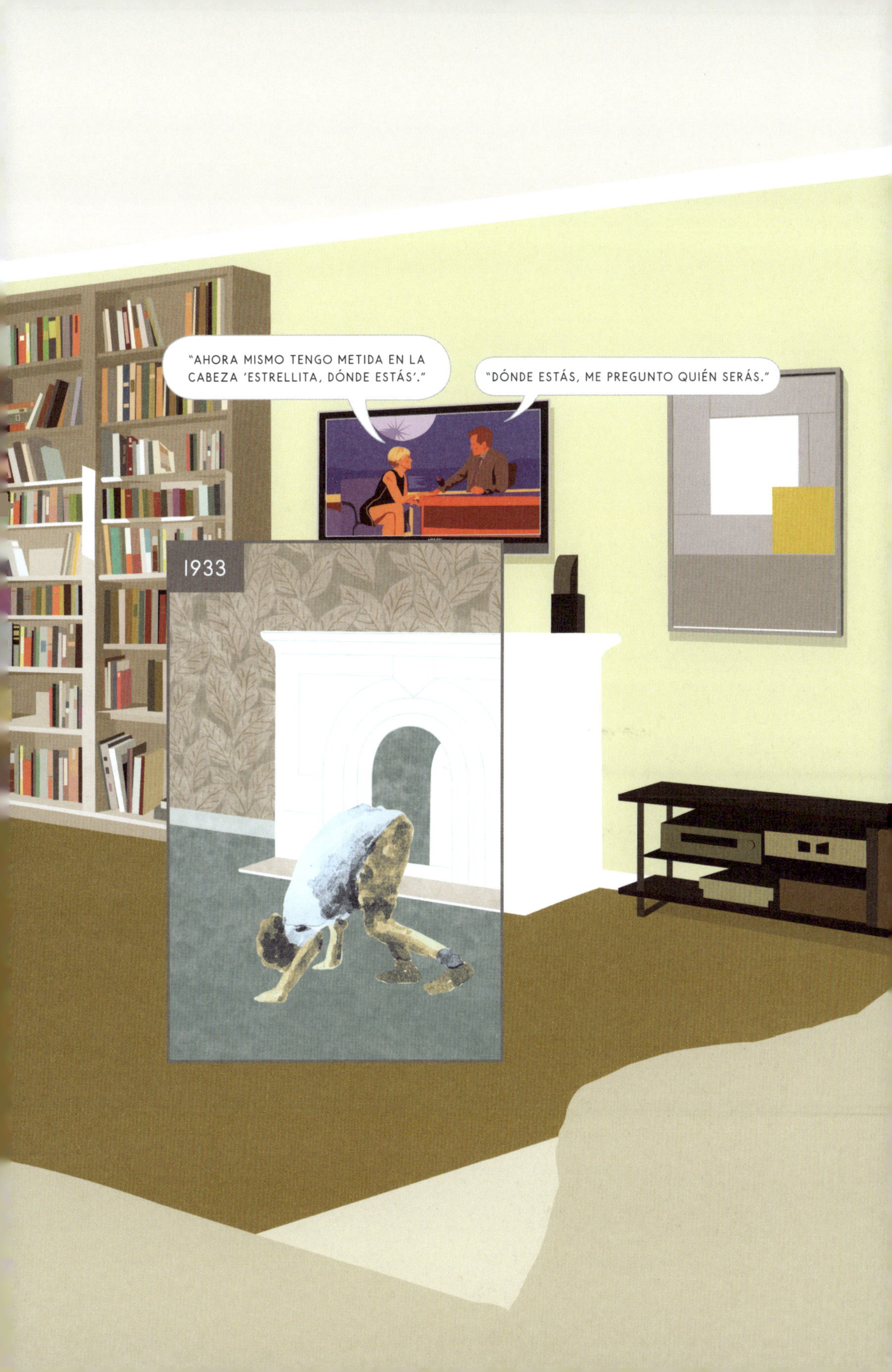
"AHORA MISMO TENGO METIDA EN LA CABEZA 'ESTRELLITA, DÓNDE ESTÁS'."
"DÓNDE ESTÁS, ME PREGUNTO QUIÉN SERÁS."
1933

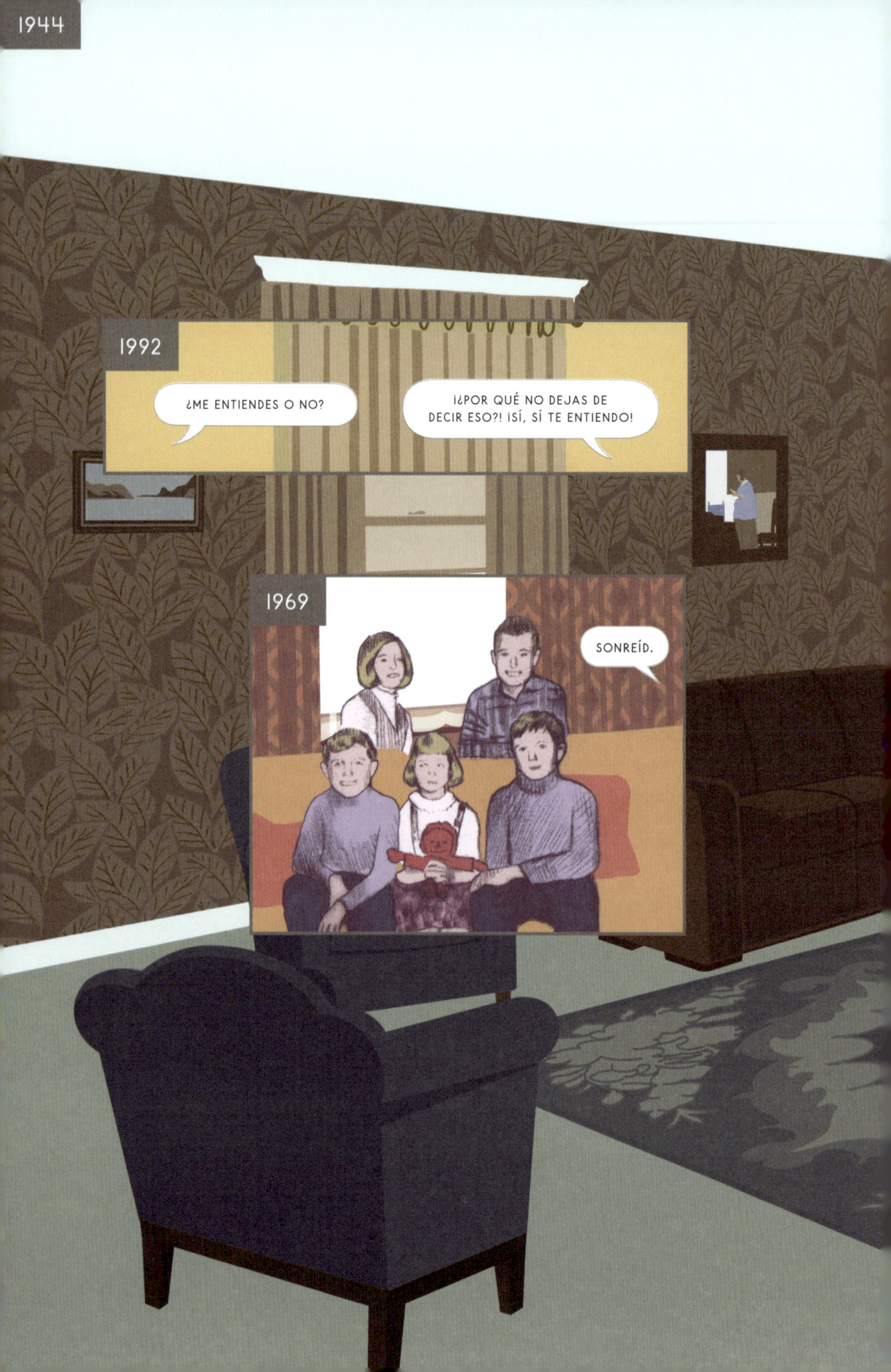
1944
1992
¿ME ENTIENDES O NO?
¡¿POR QUÉ NO DEJAS DE DECIR ESO?! ¡SÍ, SÍ TE ENTIENDO!
1969
SONREÍD.

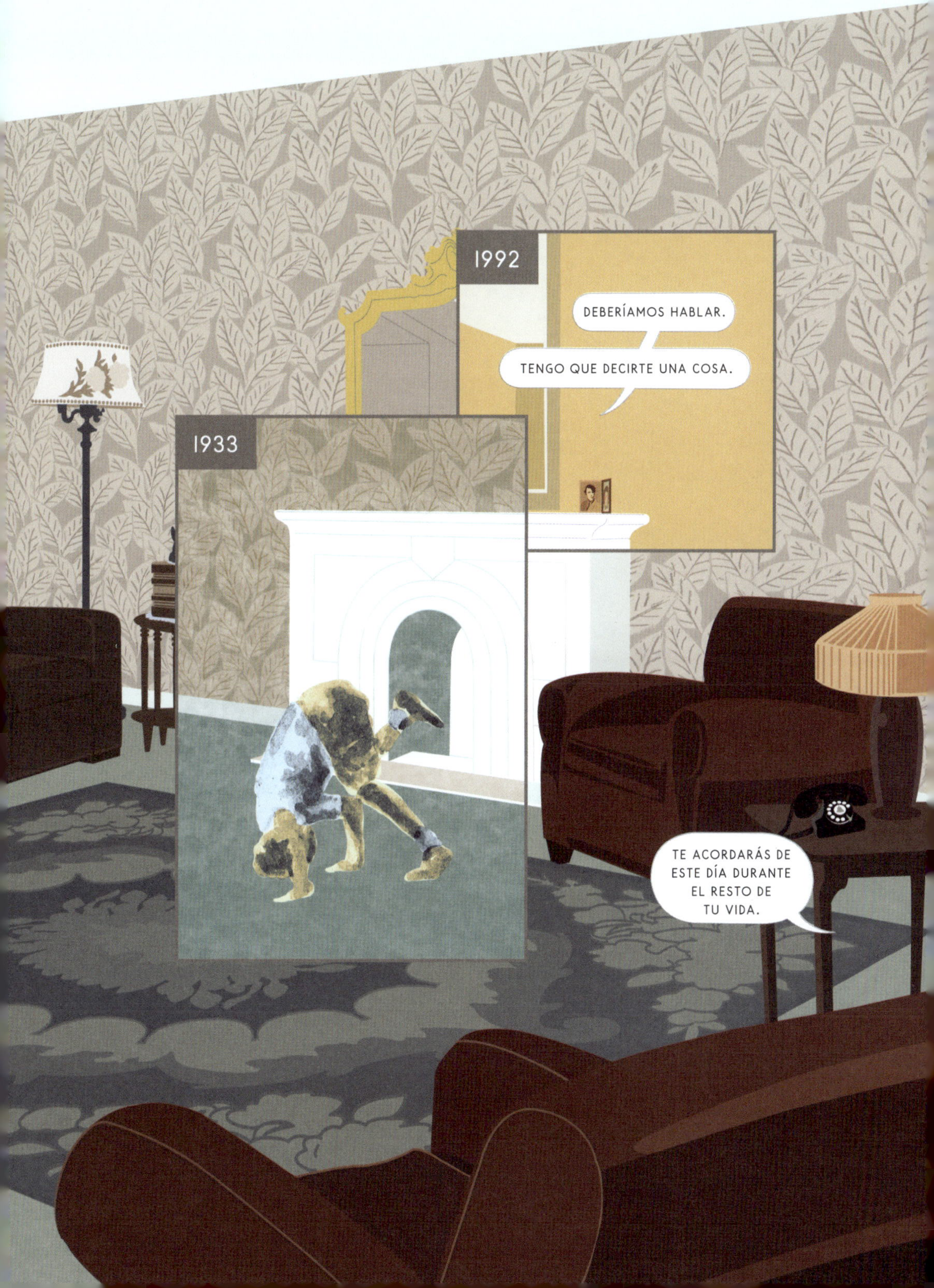
1992
DEBERÍAMOS HABLAR.
TENGO QUE DECIRTE UNA COSA.
1933
TE ACORDARÁS DE ESTE DÍA DURANTE EL RESTO DE TU VIDA.

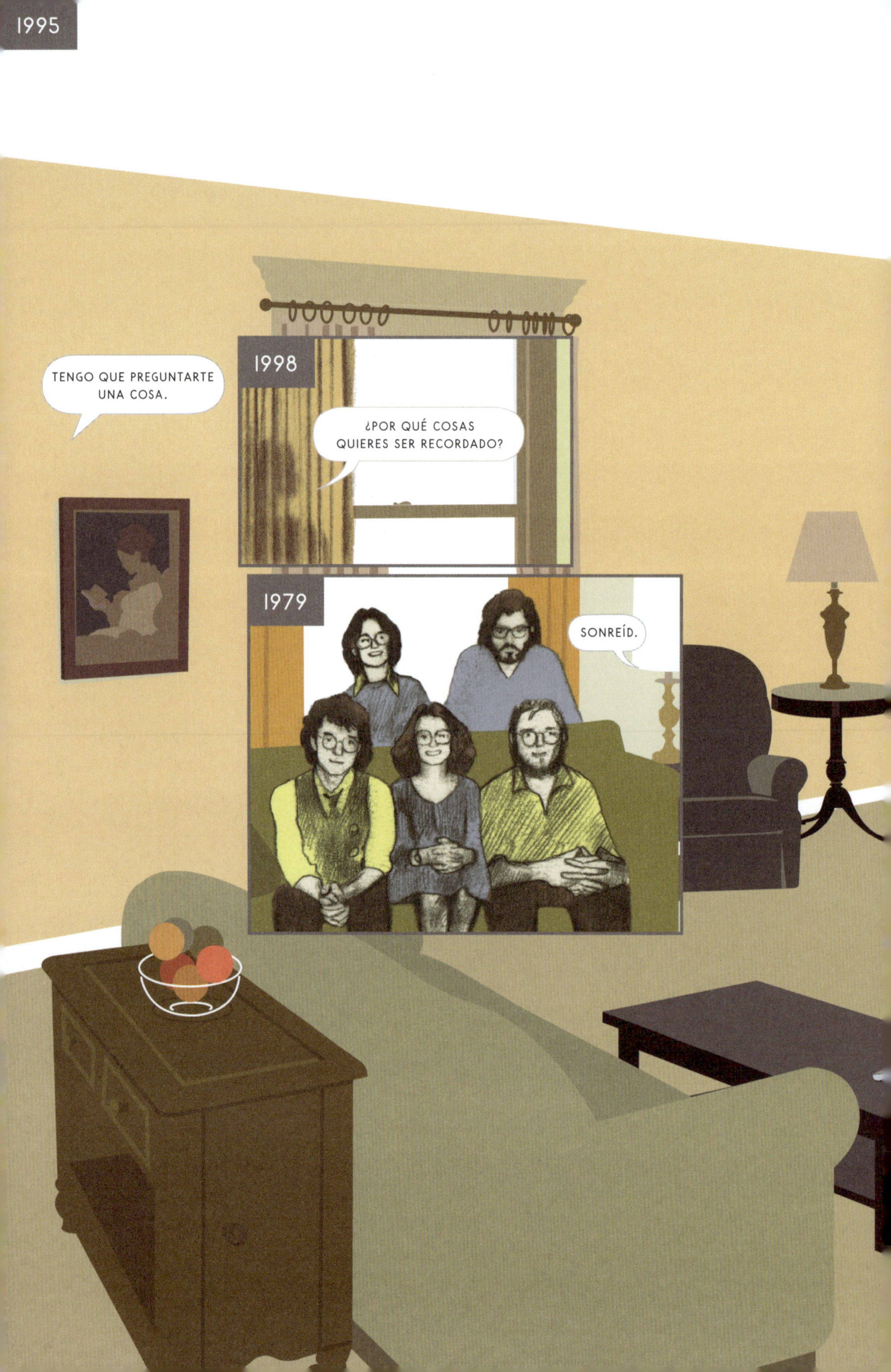
1995
TENGO QUE PREGUNTARTE UNA COSA.
1998
¿POR QUÉ COSAS QUIERES SER RECORDADO?
1979
SONREÍD.

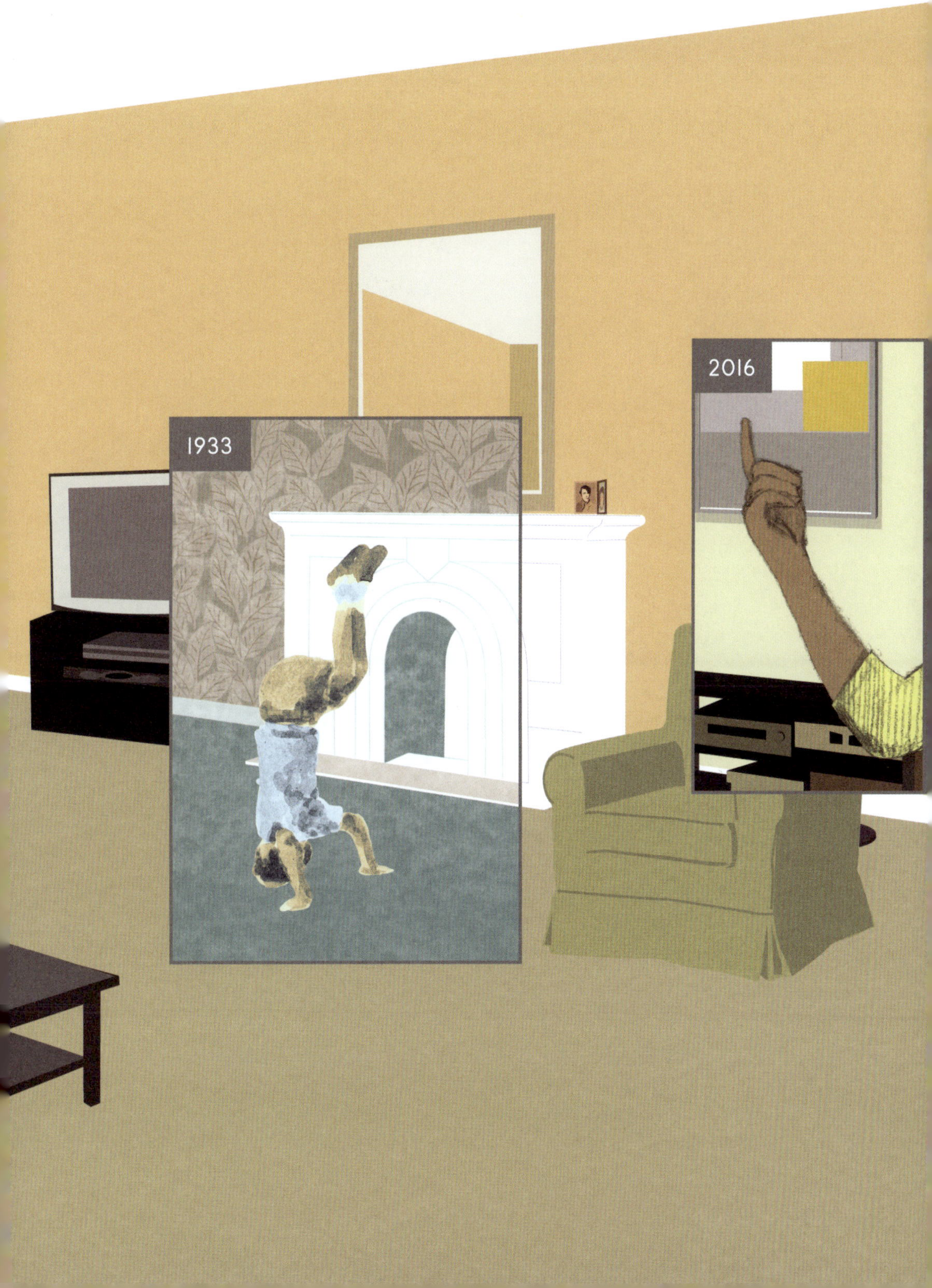
1933
2016

3.450 A.E.C.
1972
2014
¡¿Y CÓMO HA PASADO EL TIEMPO?!
2014
...PUES BAJANDO LA CALLE.
1983
SONREÍD.
2014

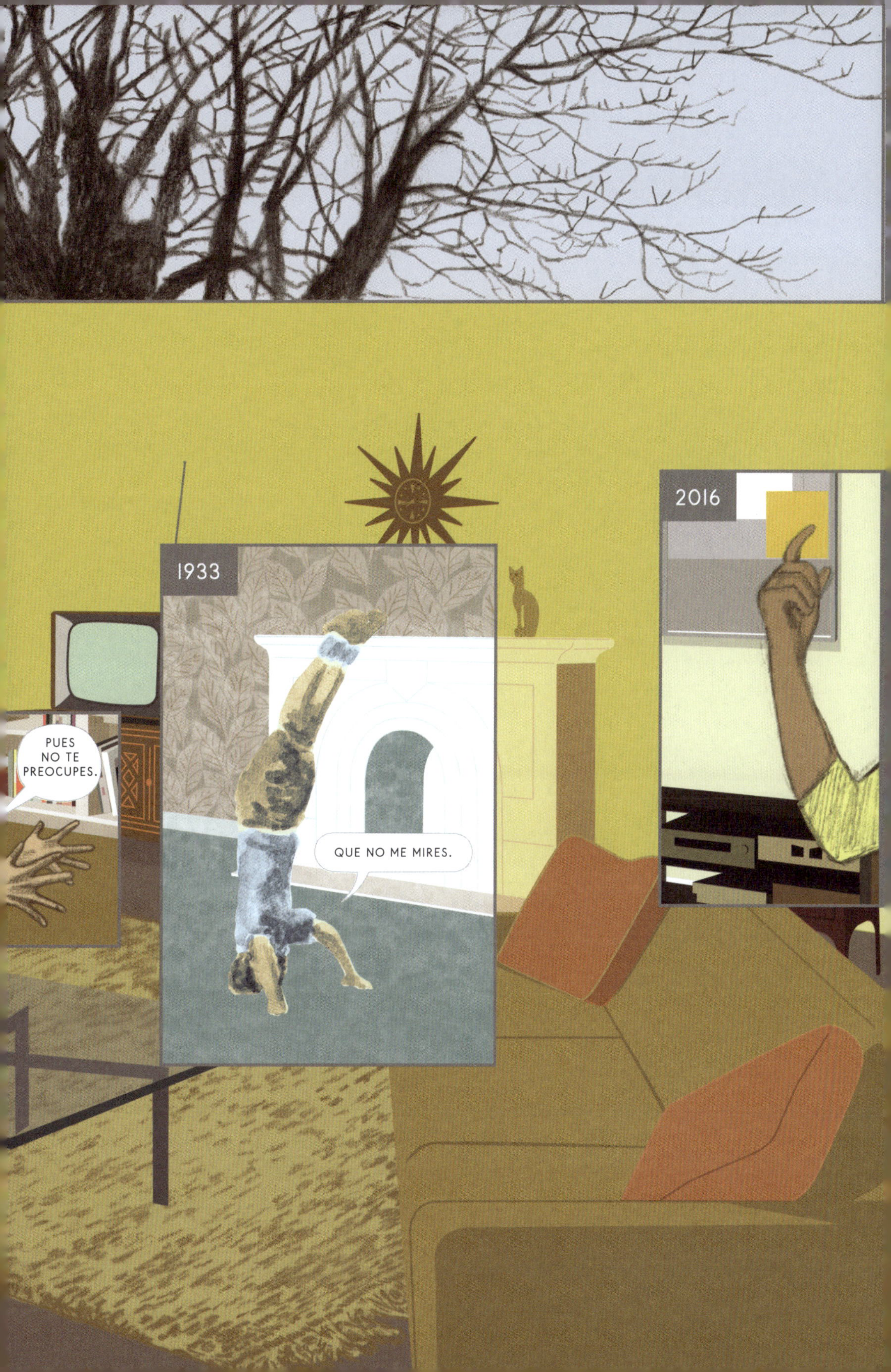
2016
1933
PUES NO TE PREOCUPES.
QUE NO ME MIRES.

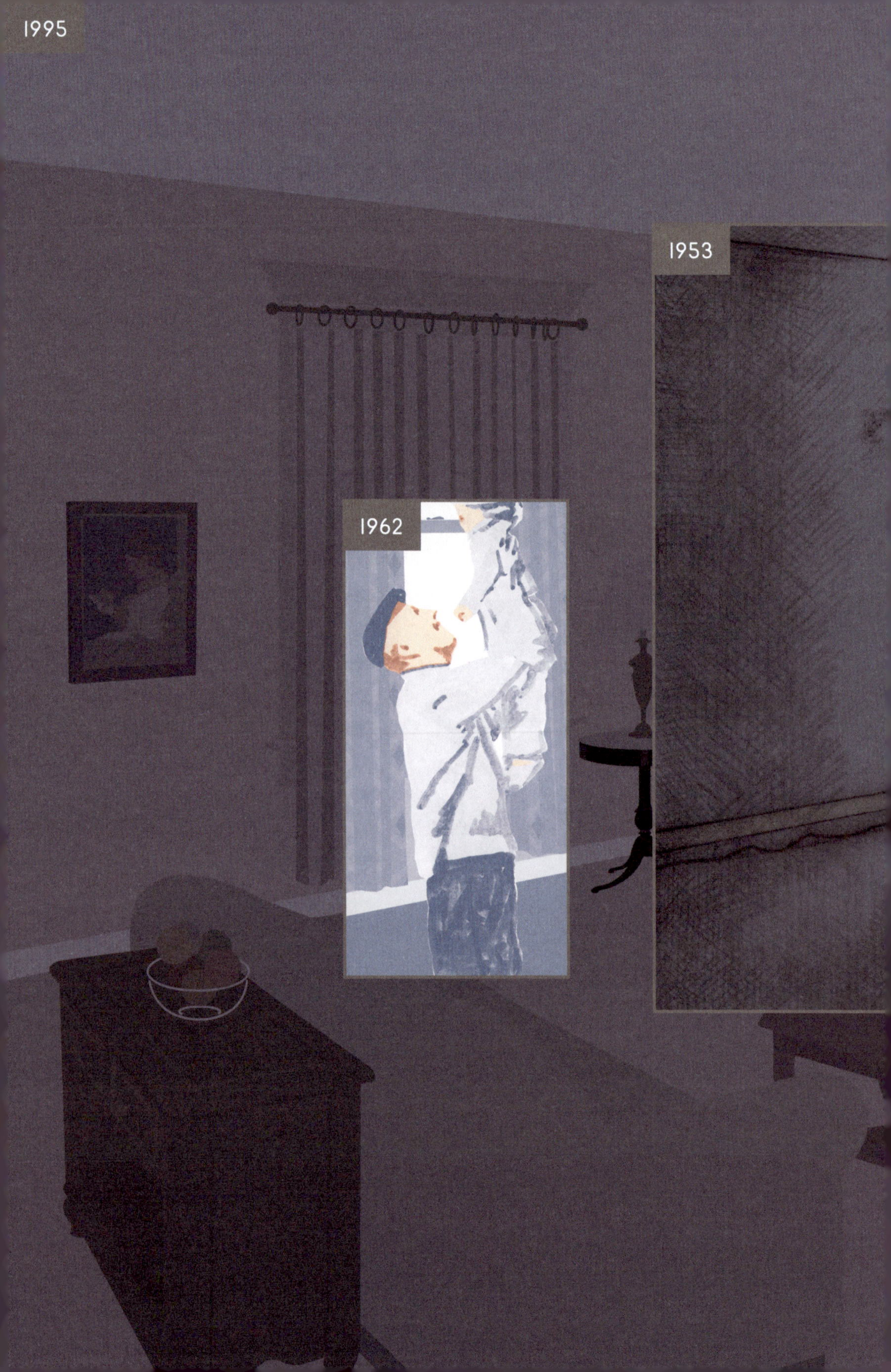
1995
1962
1953

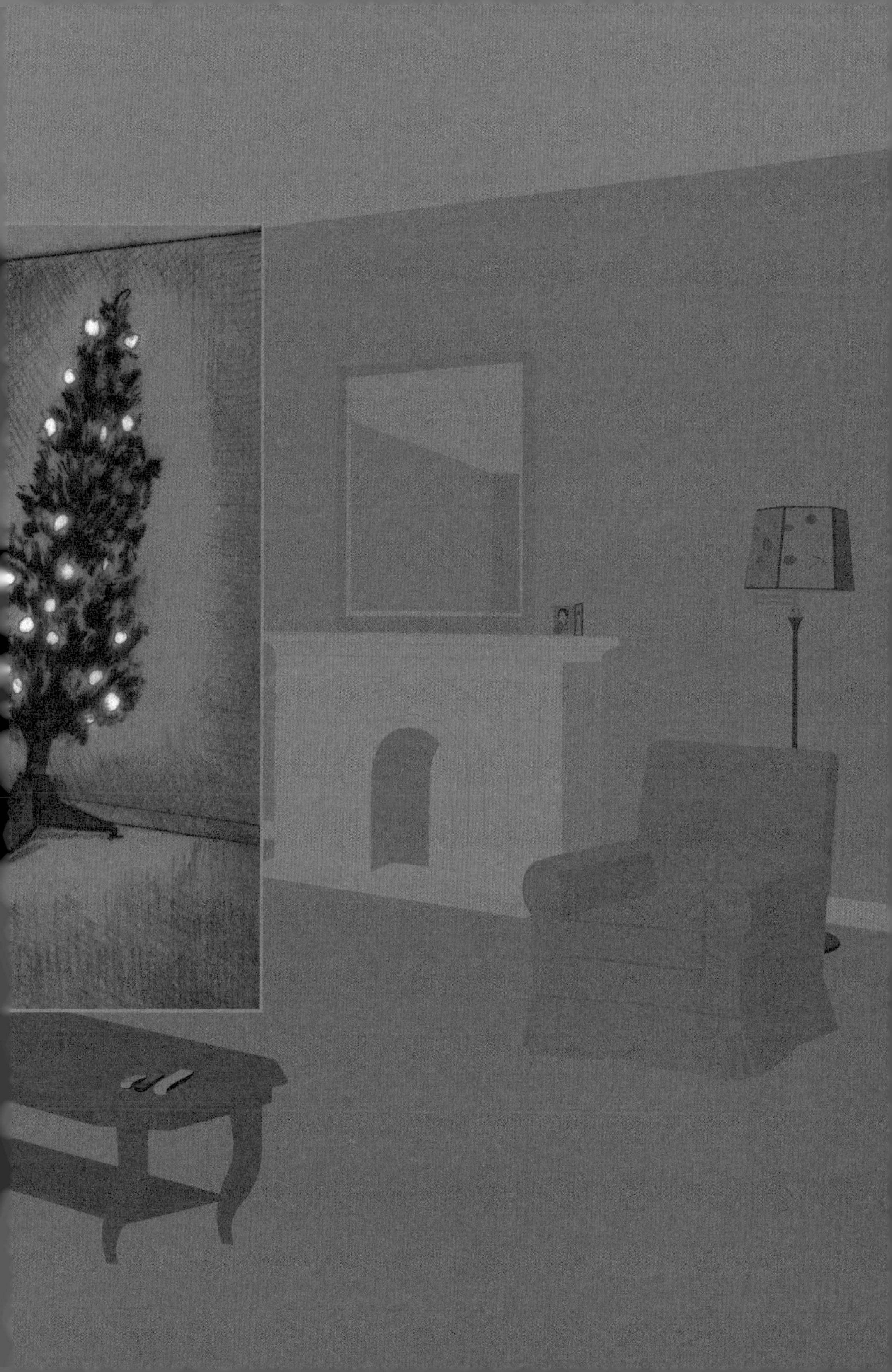

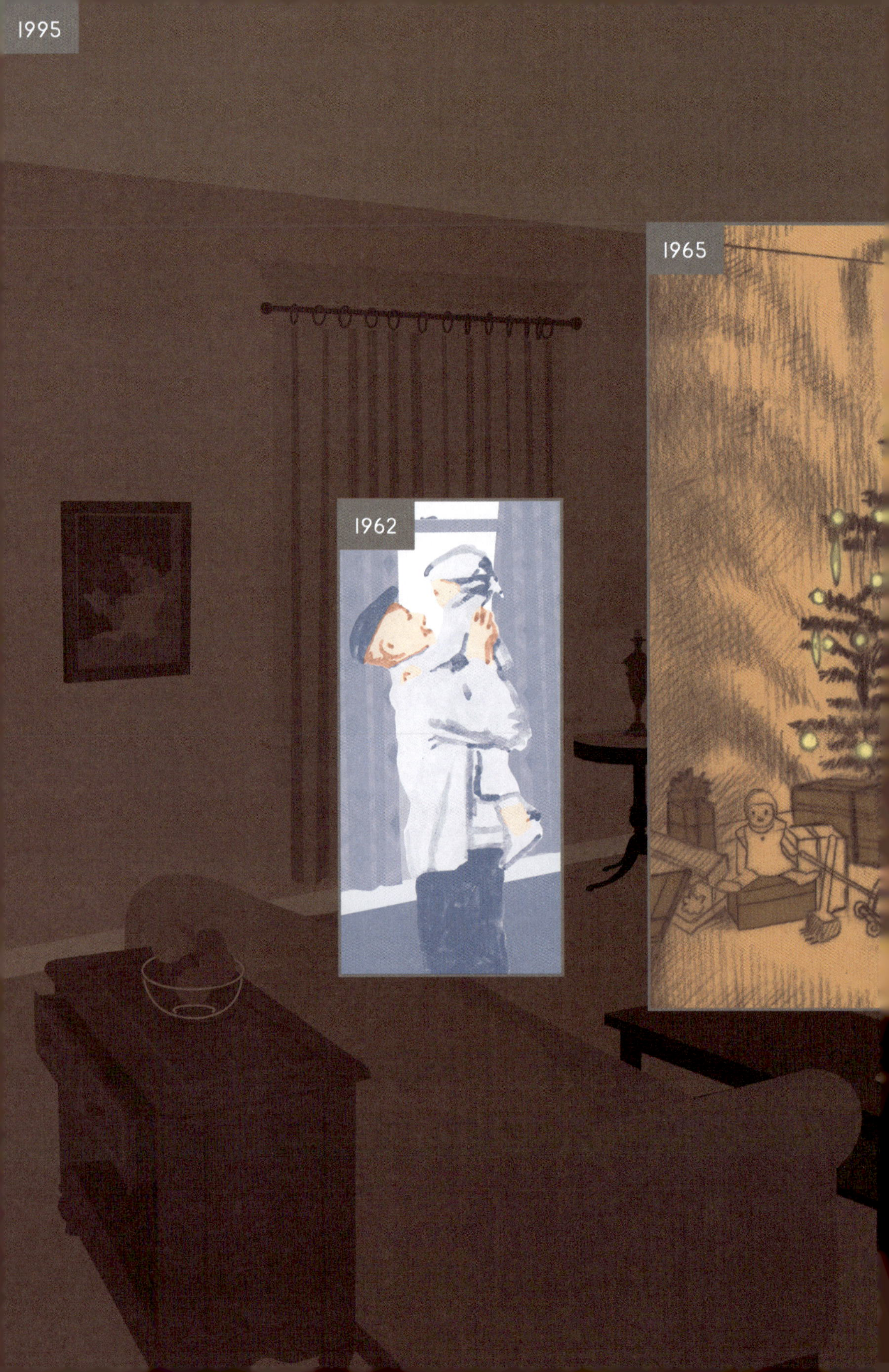
1995
1962
1965

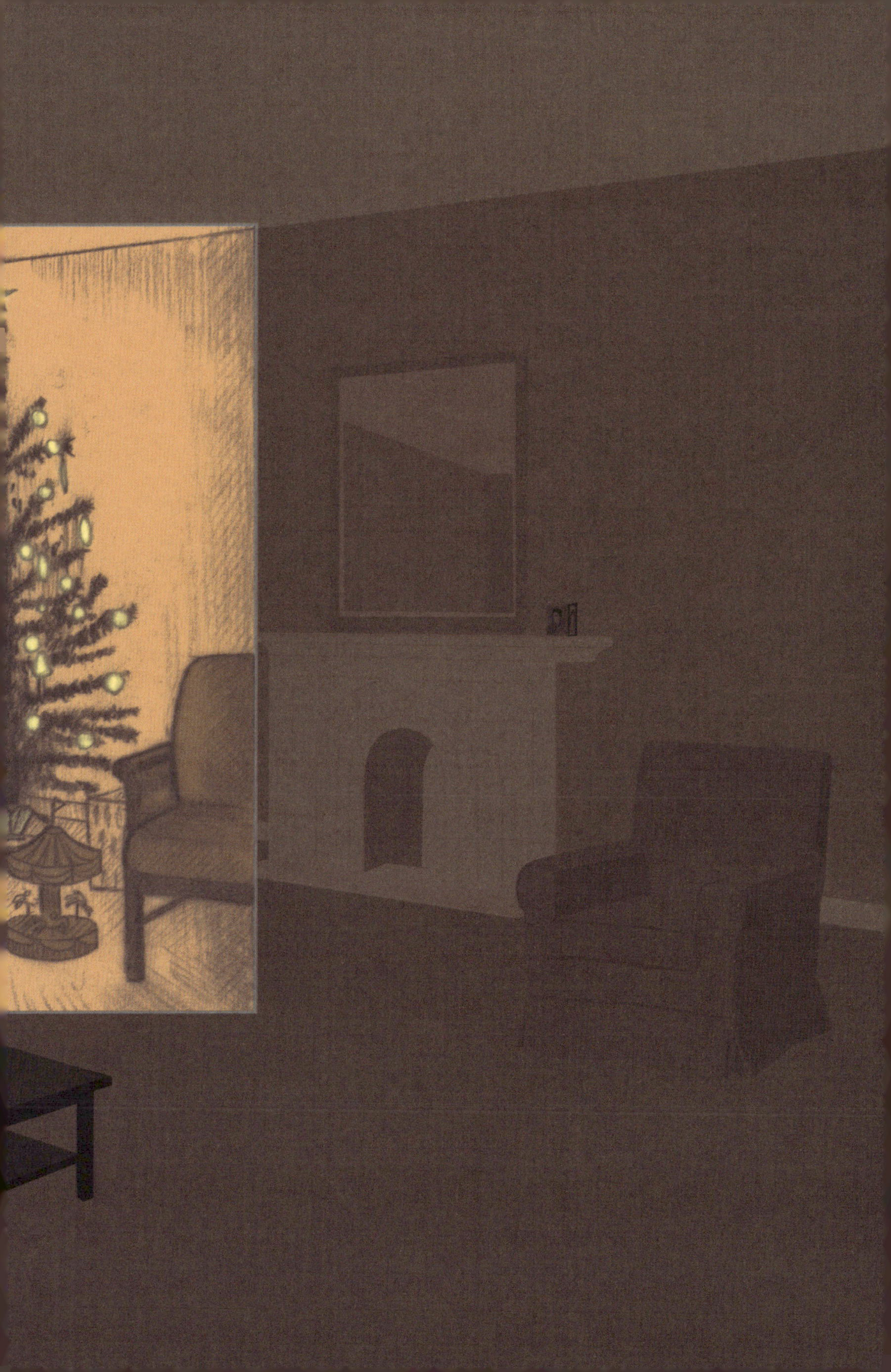

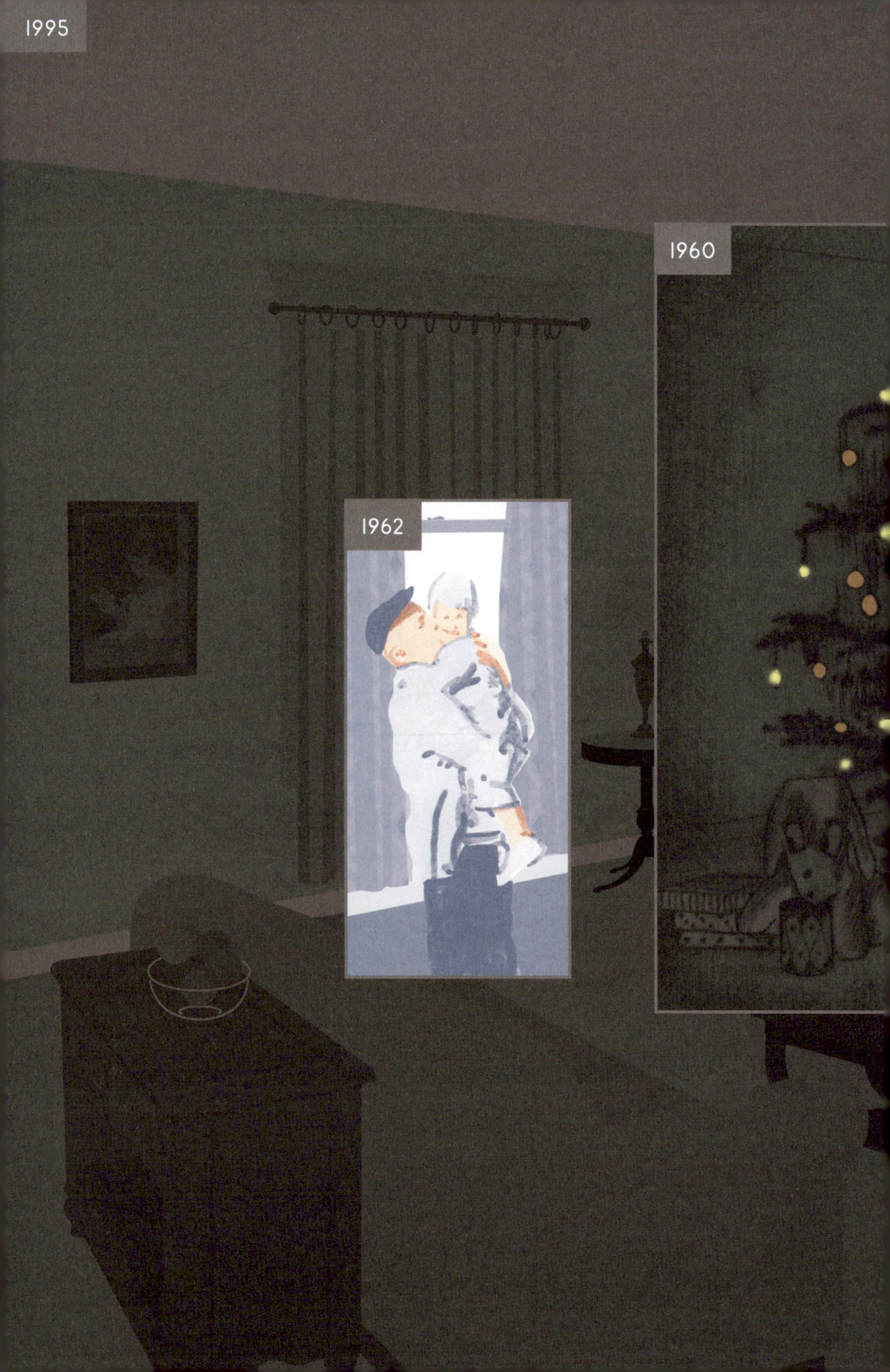
1995
1962
1960

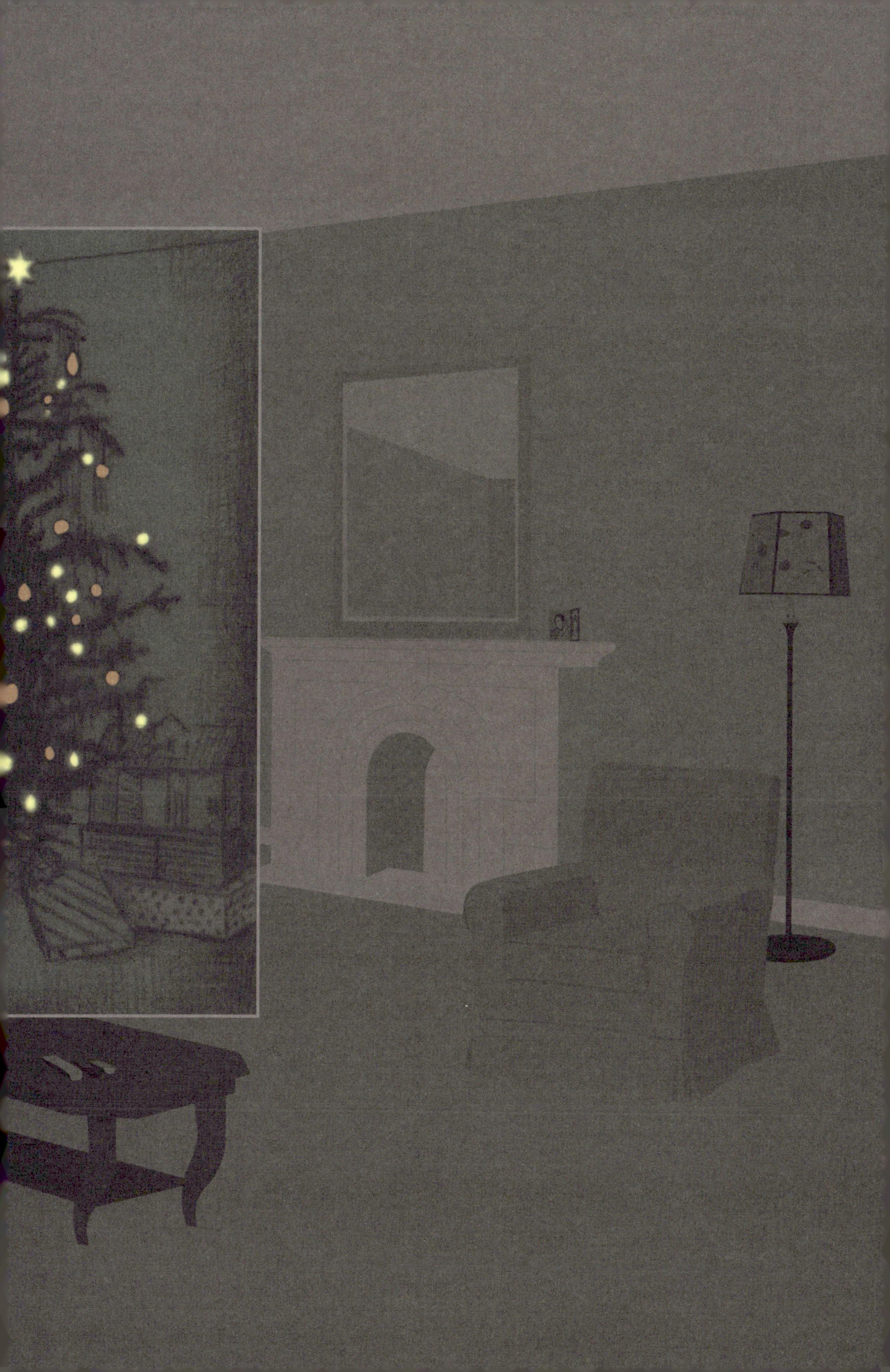

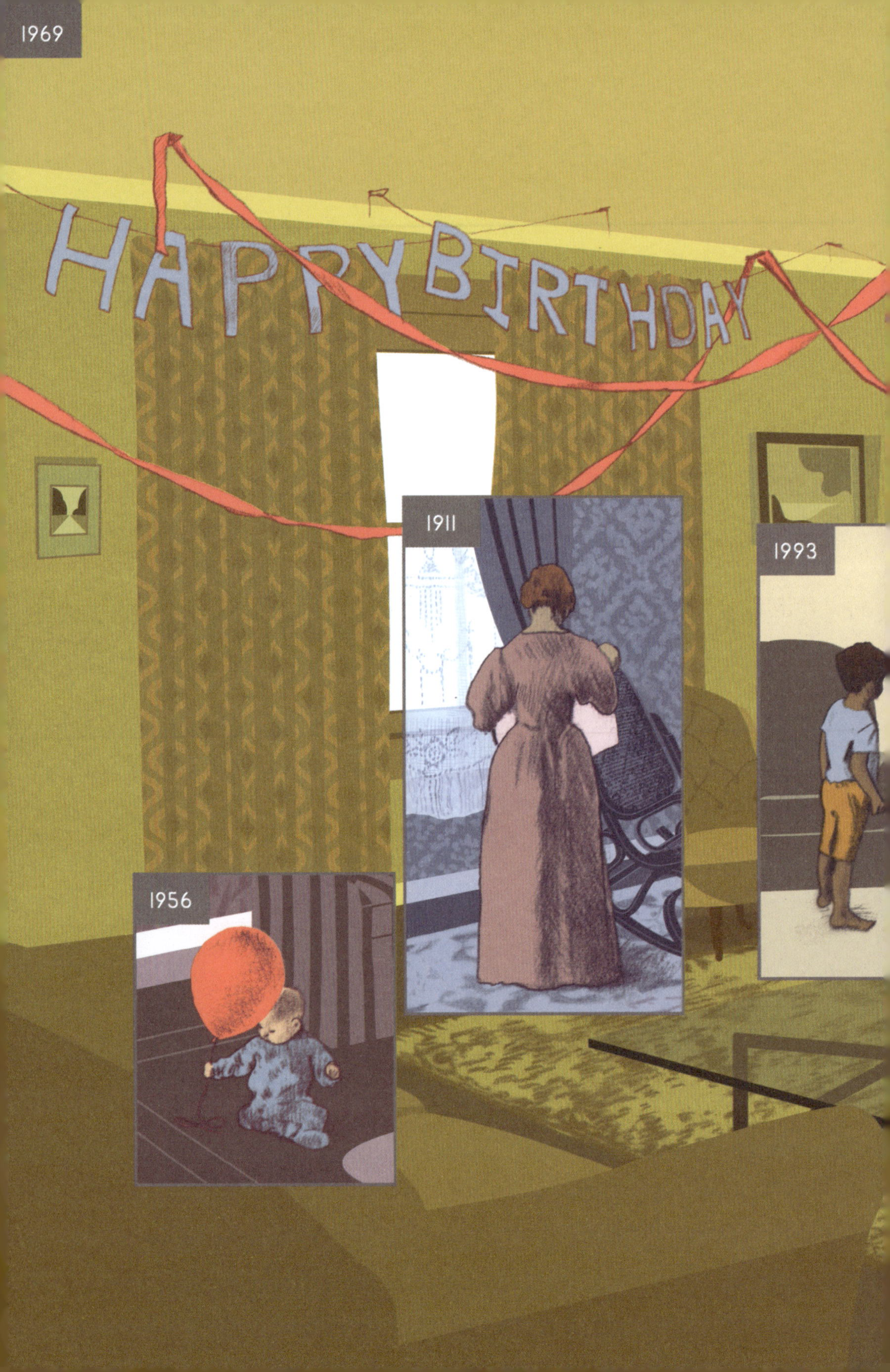
1969
HAPPY BIRTHDAY
1911
1993
1956

APPYBIRTHDAY
1999
"NO OS VAYÁIS, NIÑOS, VOLVEMOS ENSEGUIDA."
2017

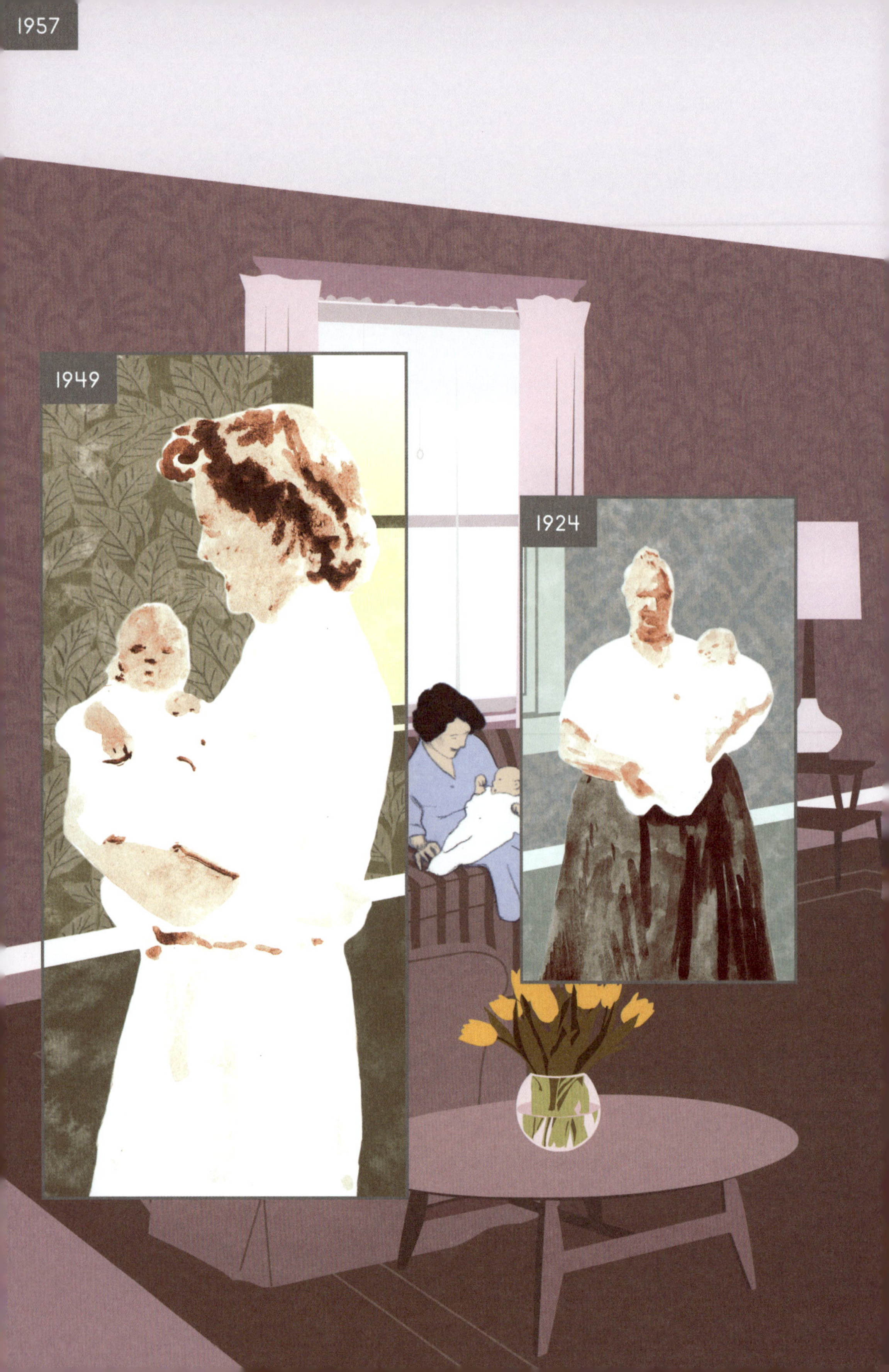
1957
1949
1924

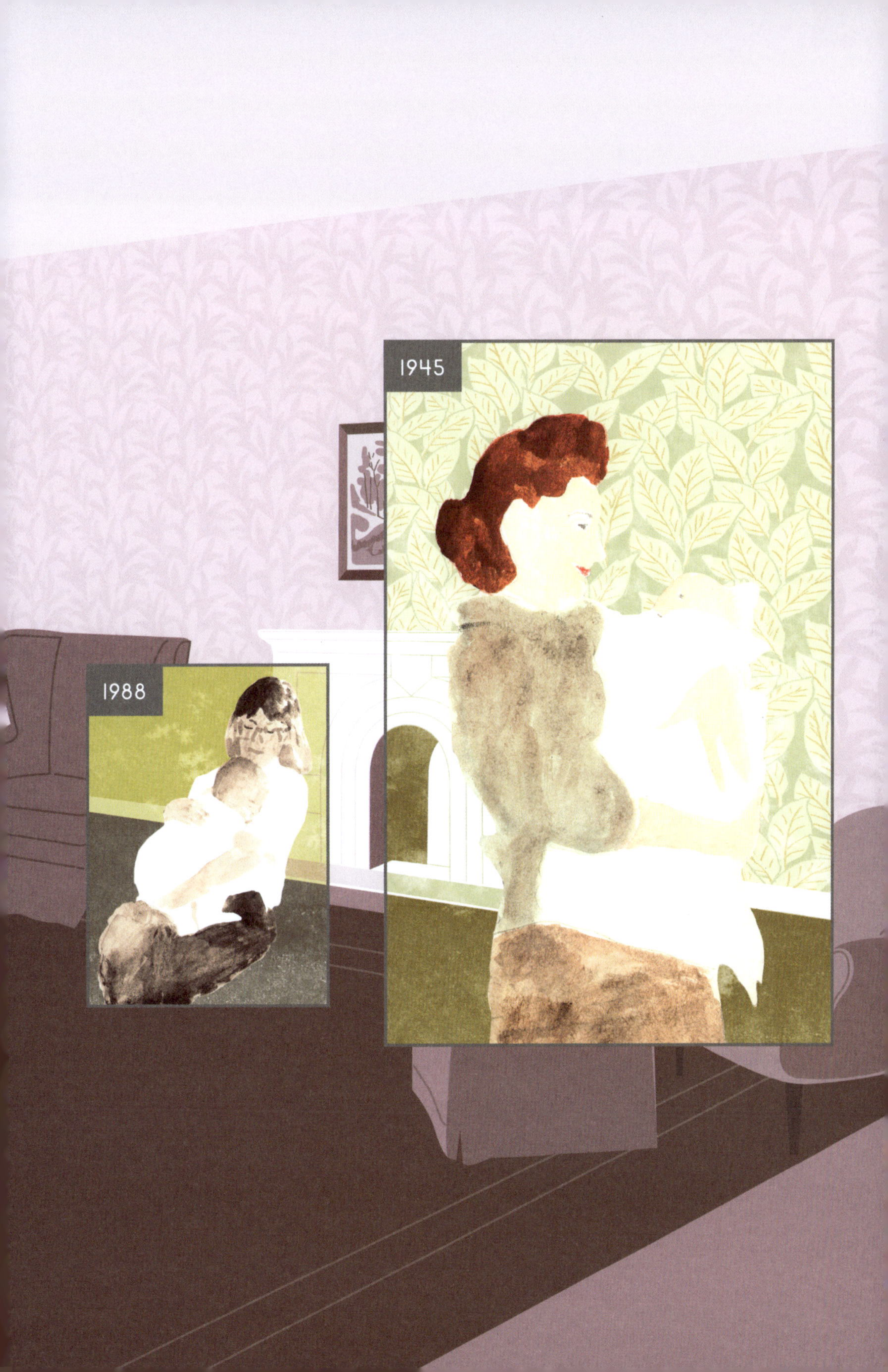
1988
1945

1986

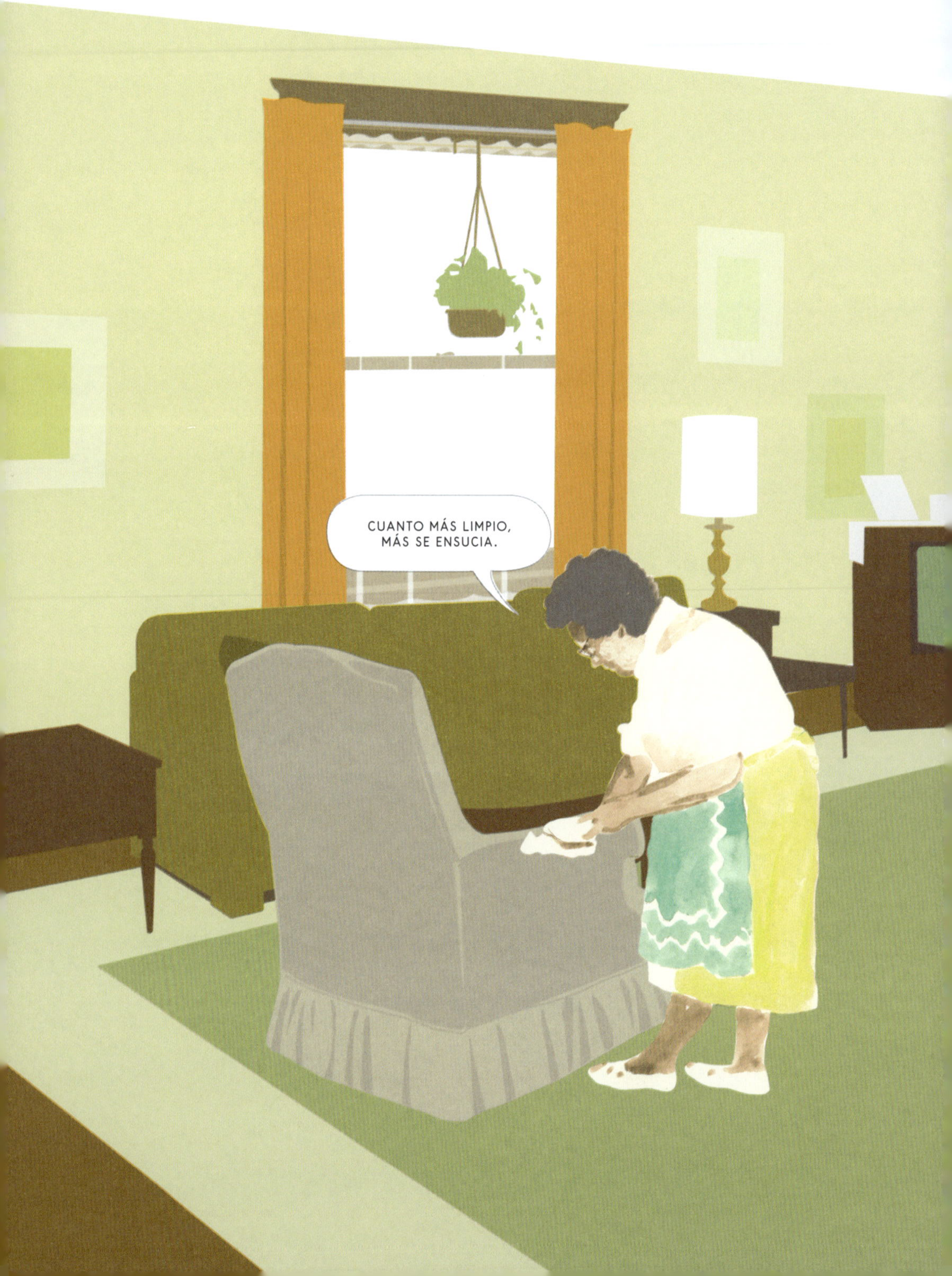

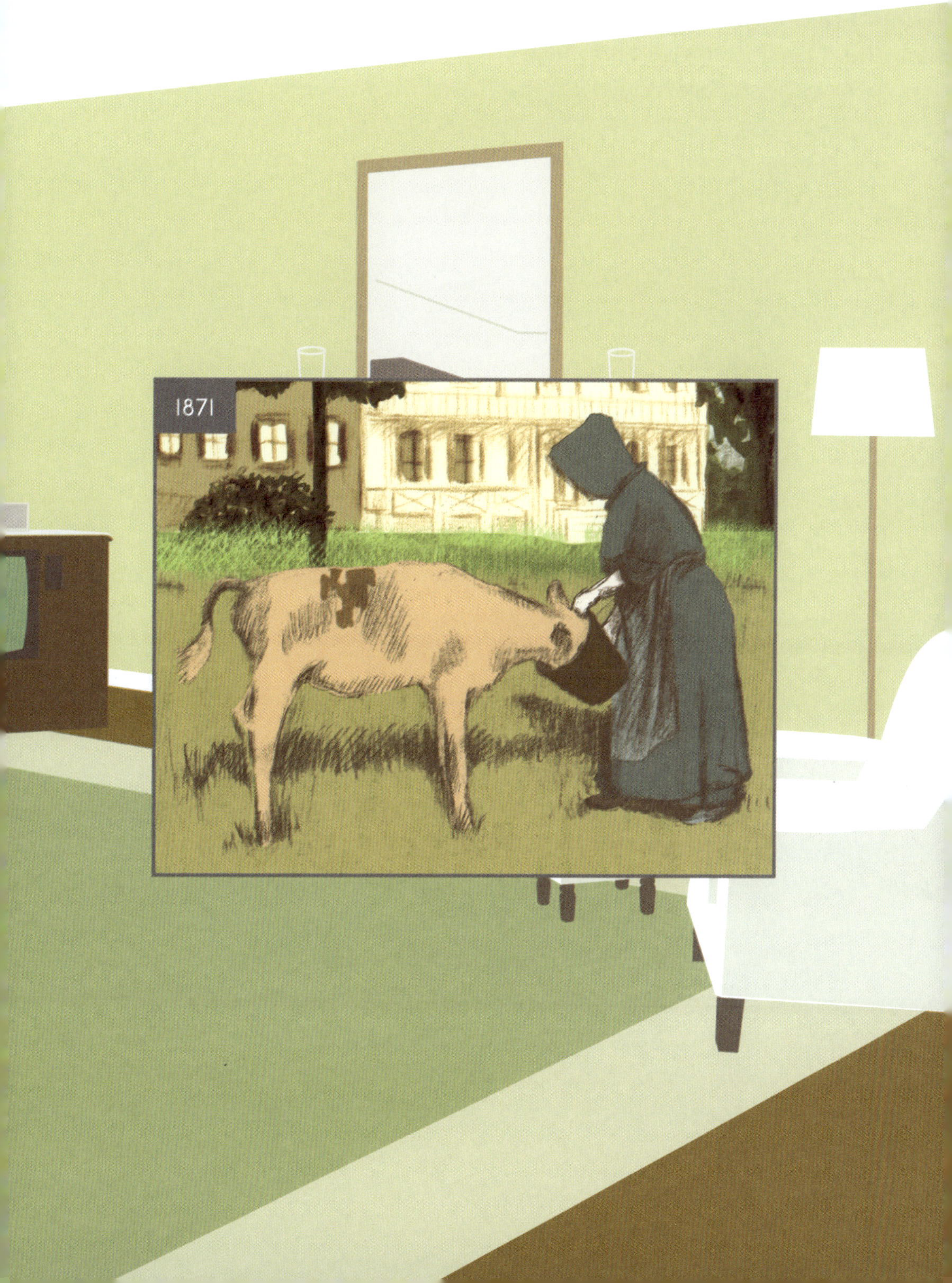
1871

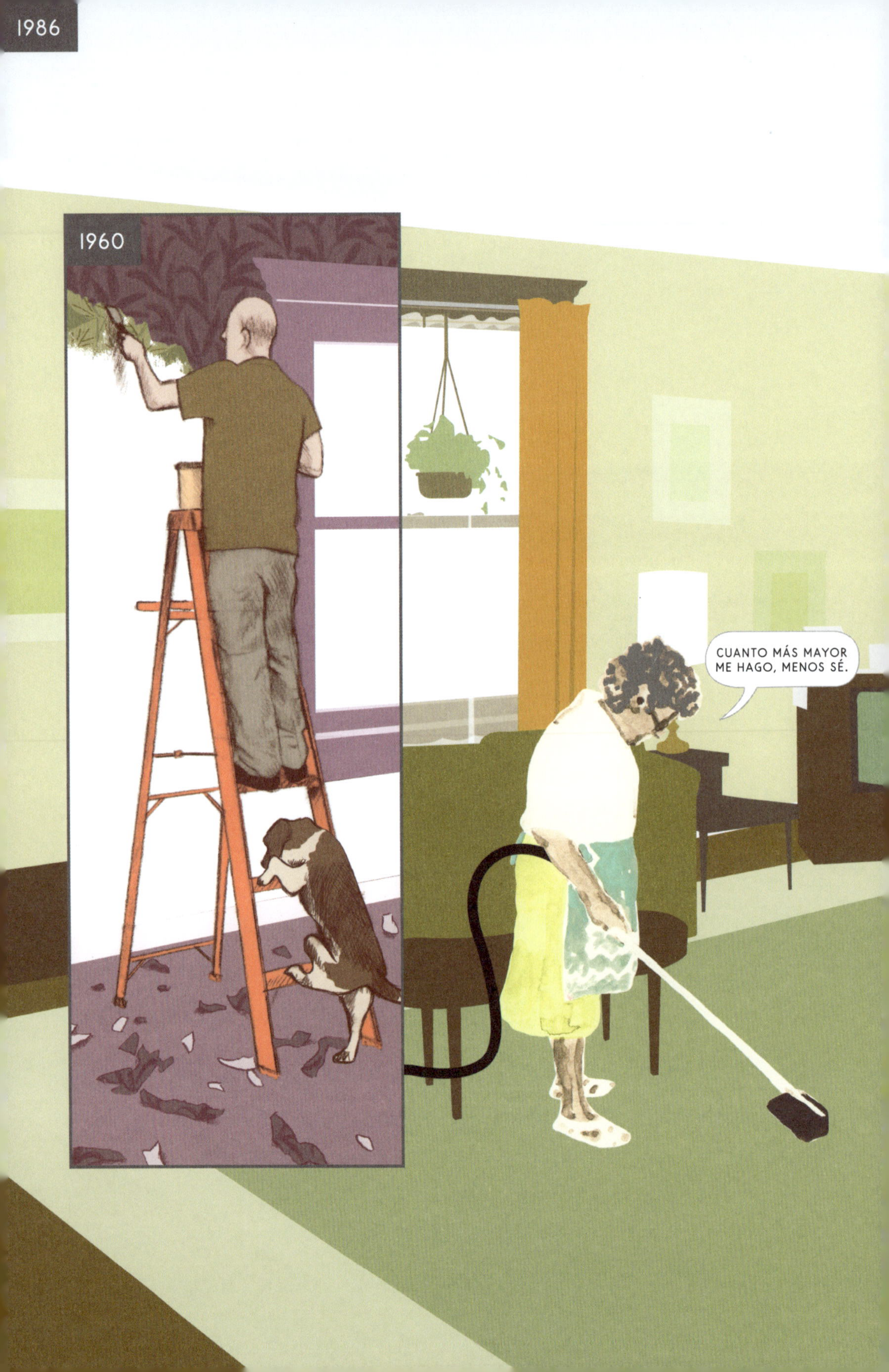
1986
1960
CUANTO MÁS MAYOR
ME HAGO, MENOS SÉ.

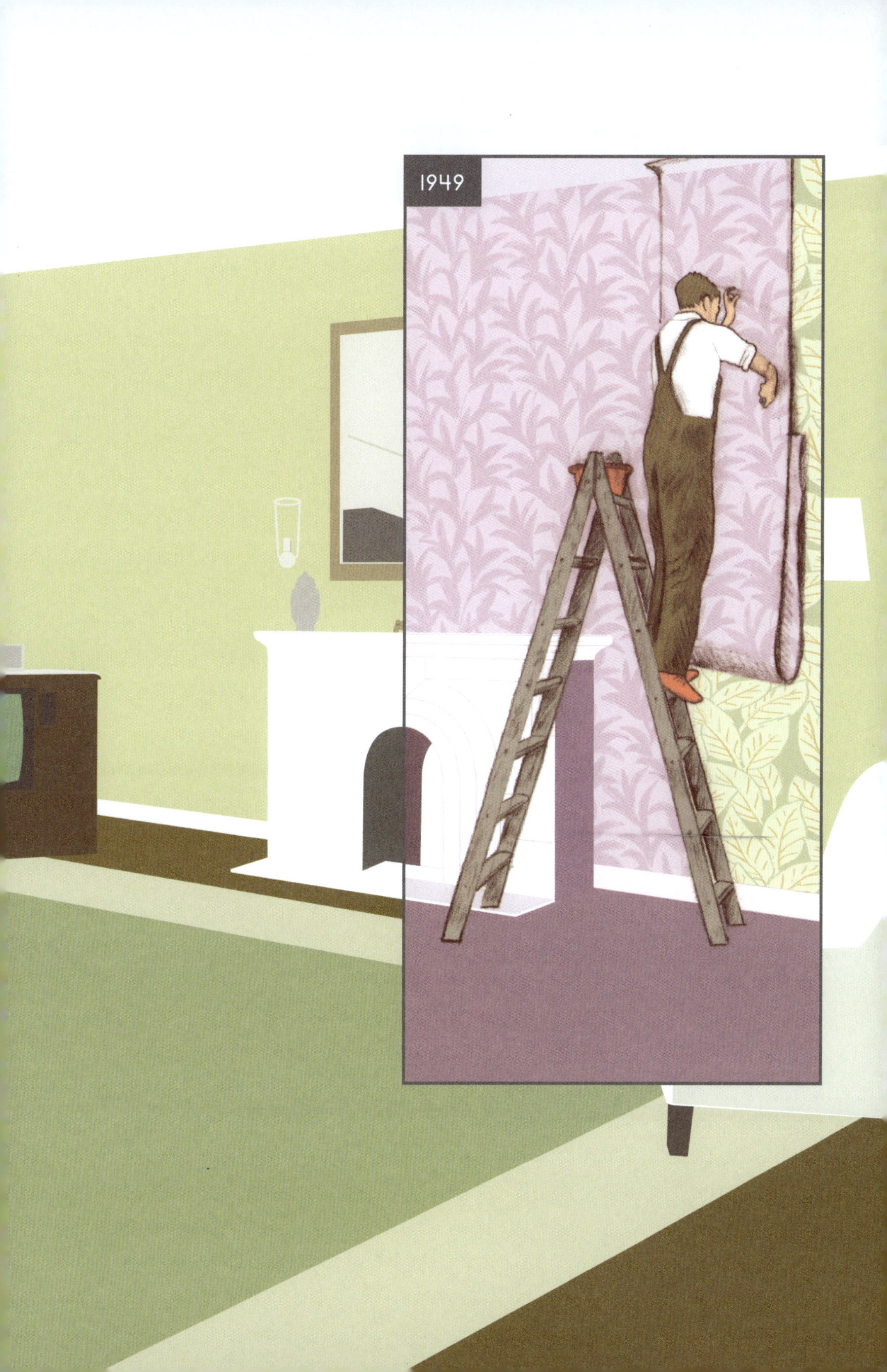
1949

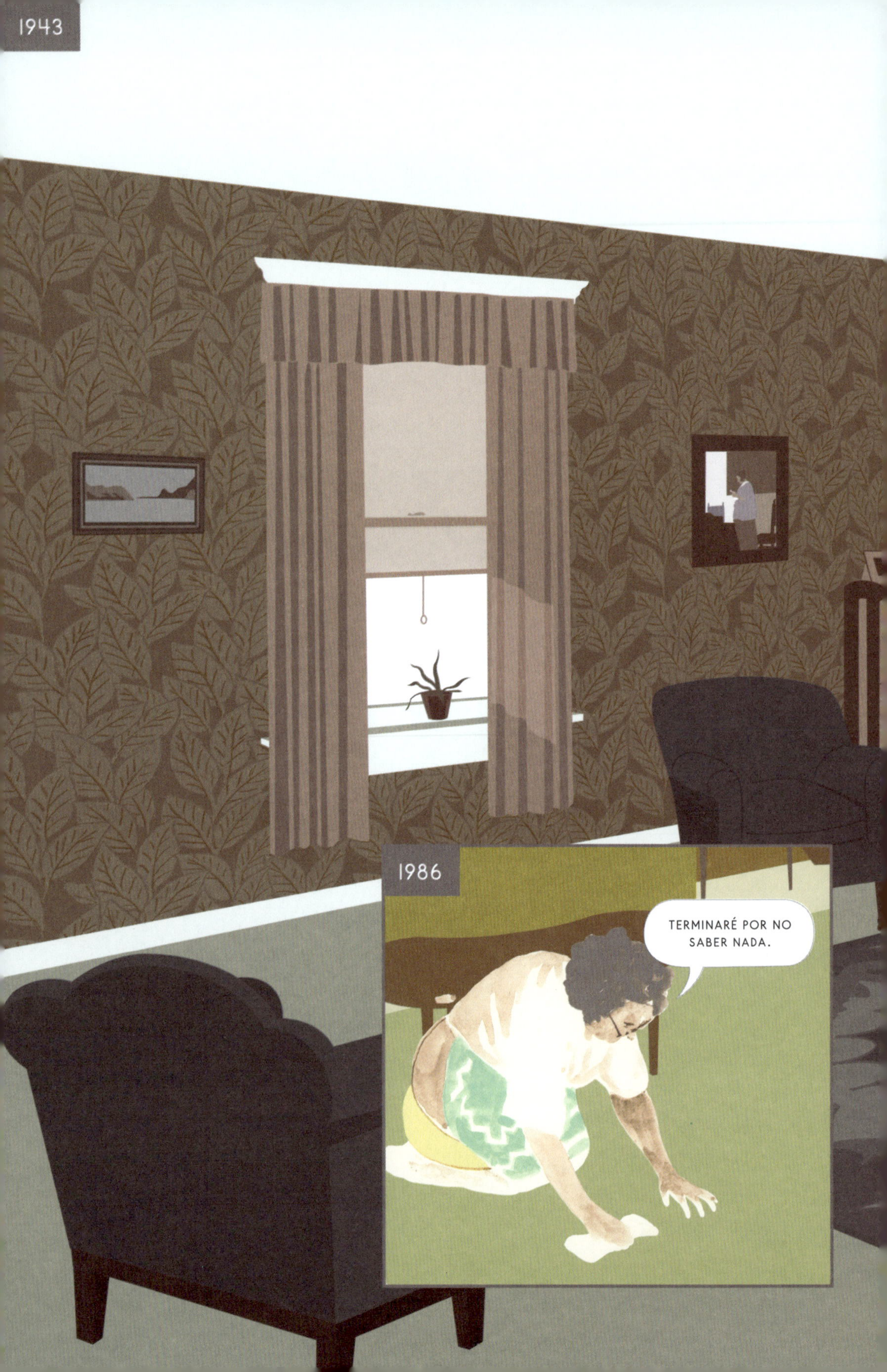
1943
1986
TERMINARÉ POR NO SABER NADA.

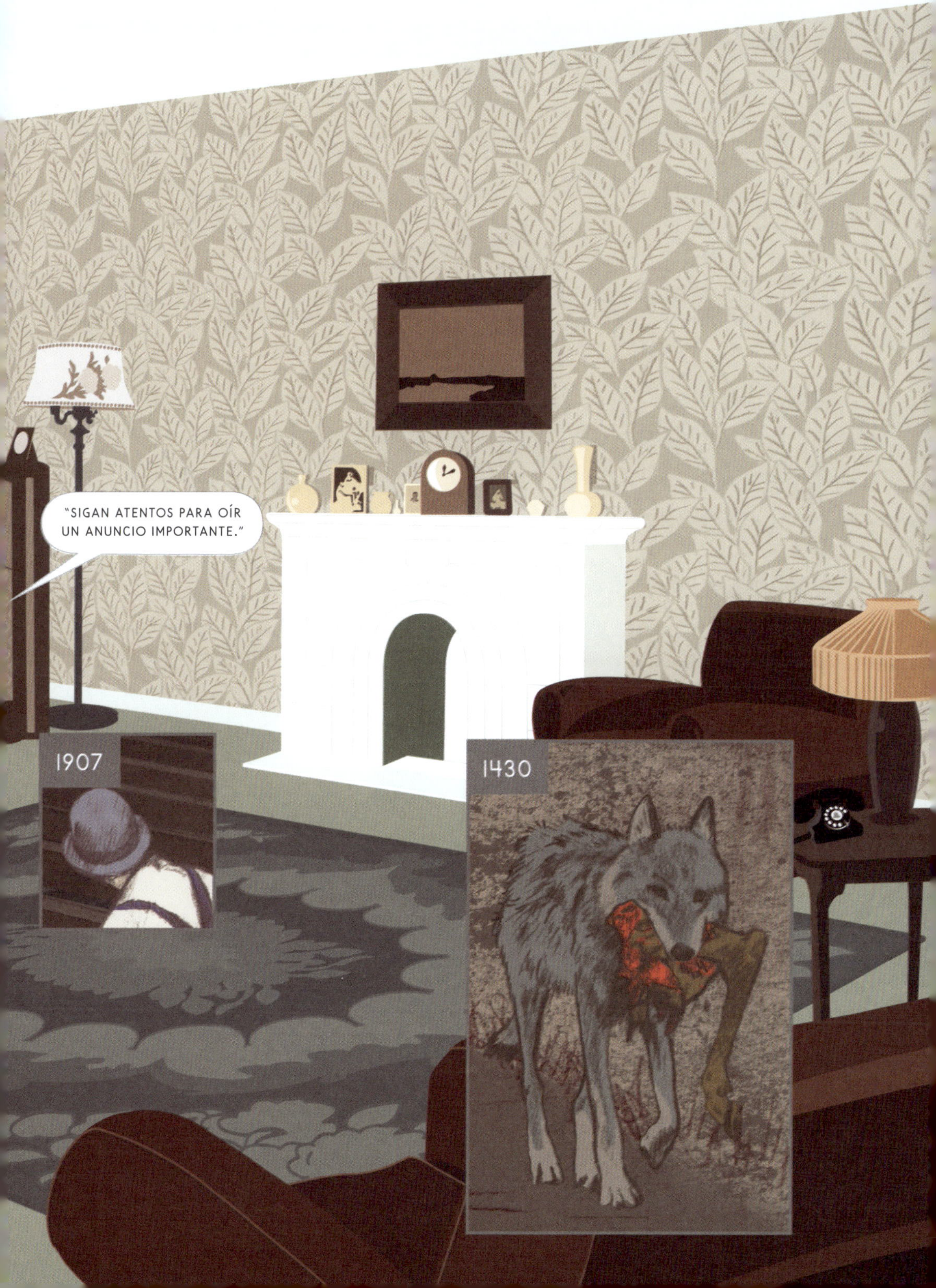
"SIGAN ATENTOS PARA OÍR UN ANUNCIO IMPORTANTE."
1907
1430

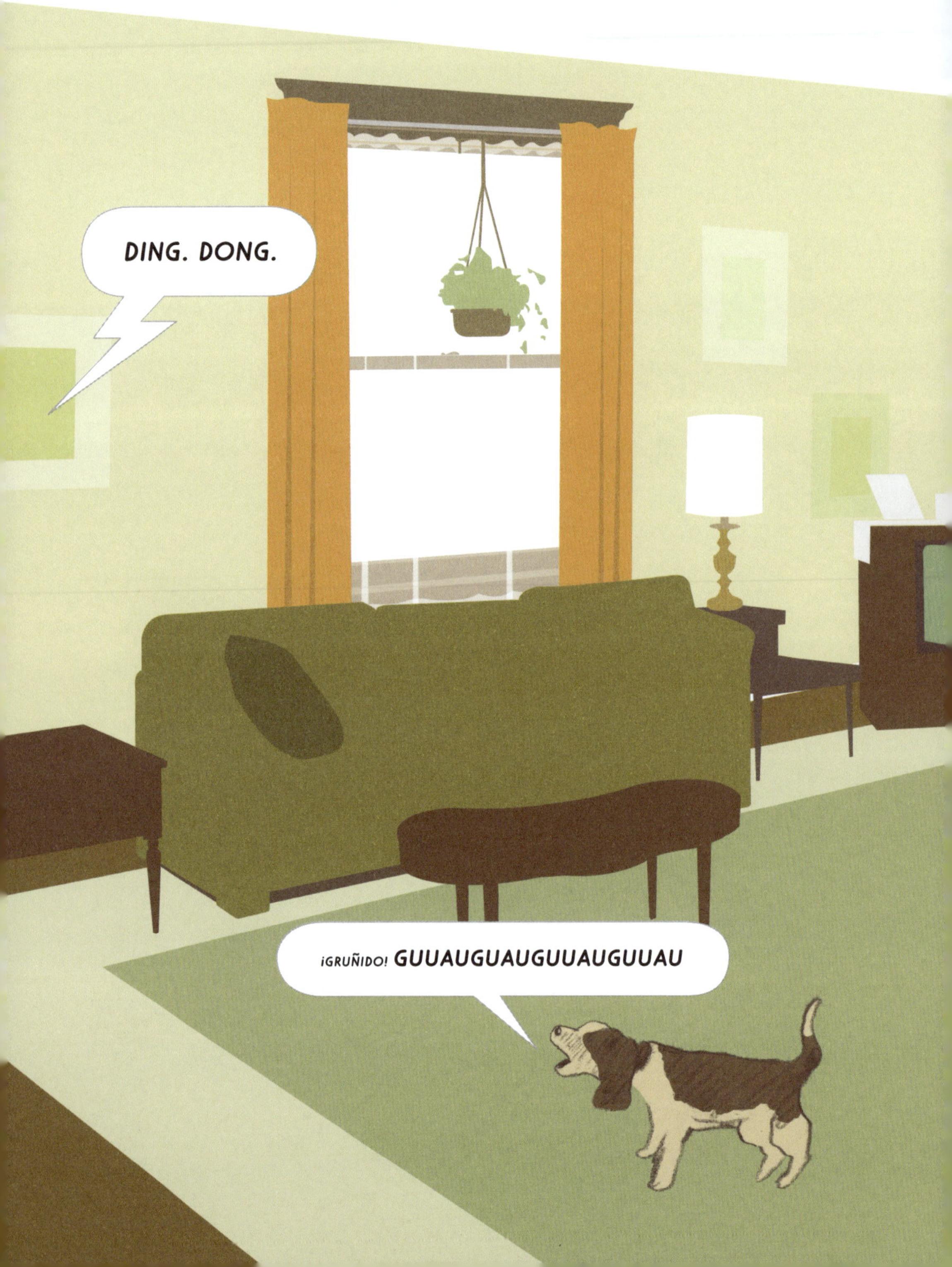
DING. DONG.
¡GRUÑIDO! GUUAUGUAUGUUAUGUUAU

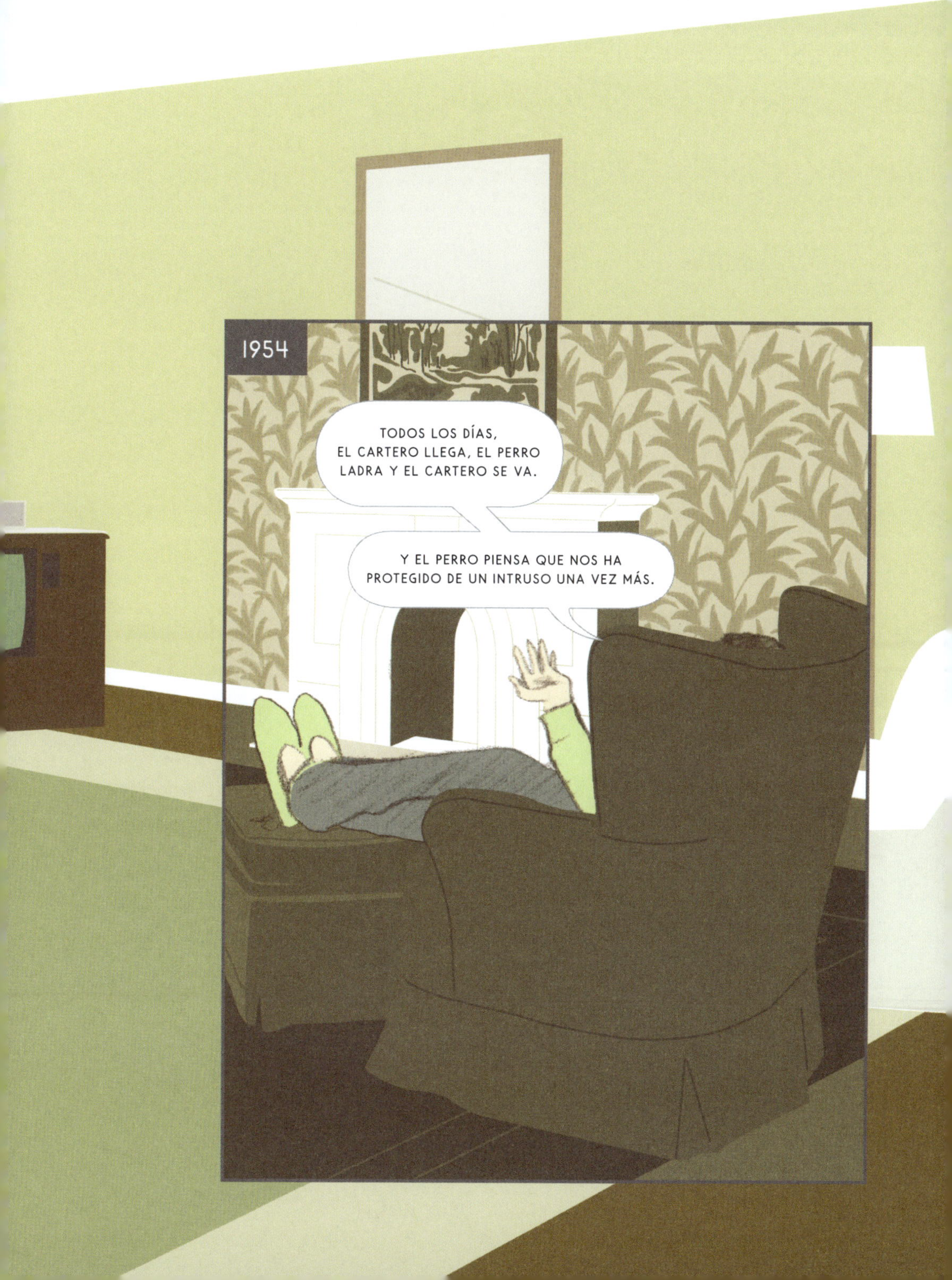
1954
TODOS LOS DÍAS, EL CARTERO LLEGA, EL PERRO LADRA Y EL CARTERO SE VA.
Y EL PERRO PIENSA QUE NOS HA PROTEGIDO DE UN INTRUSO UNA VEZ MÁS.

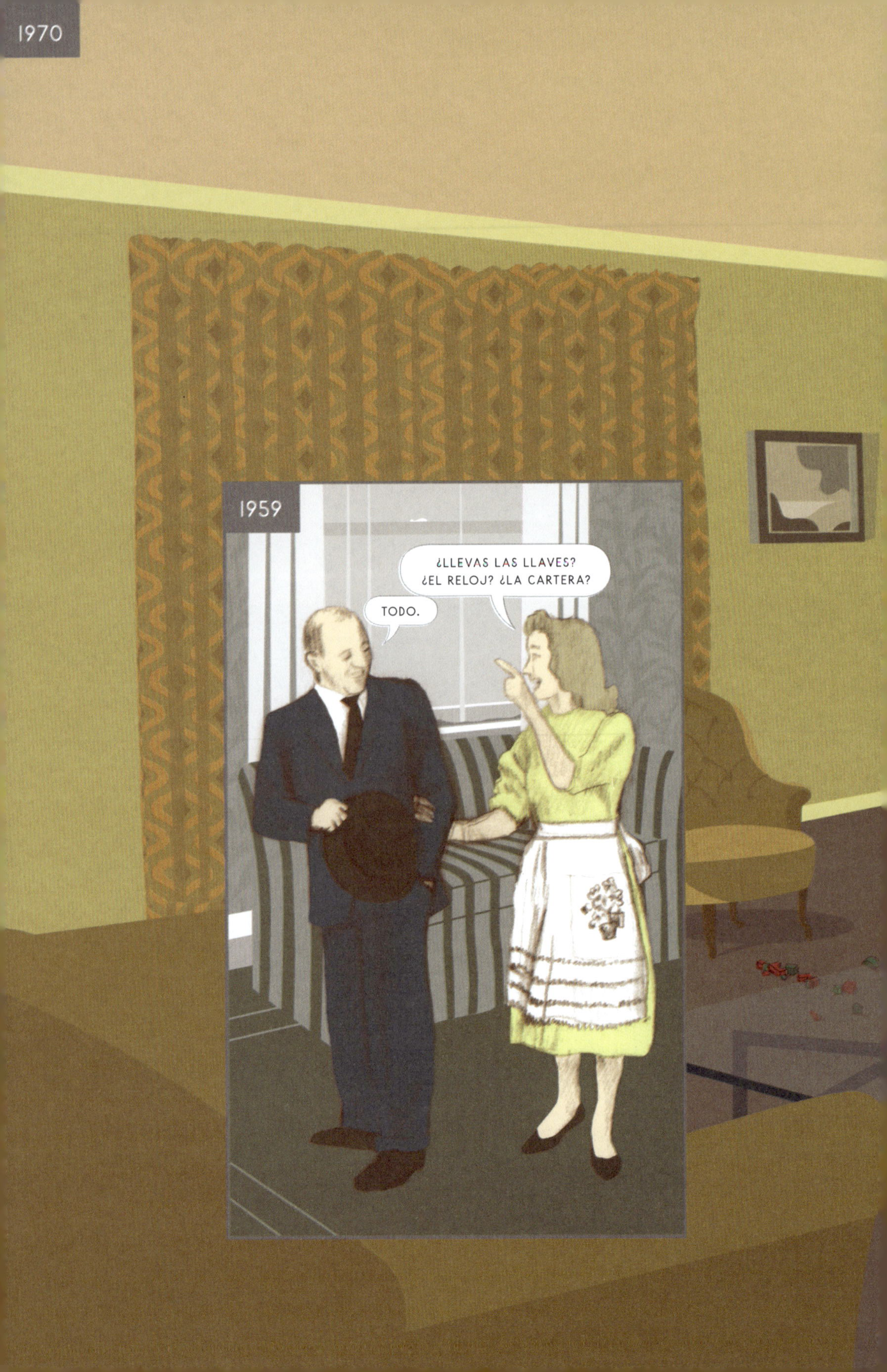
1970
1959
¿LLEVAS LAS LLAVES? ¿EL RELOJ? ¿LA CARTERA?
TODO.

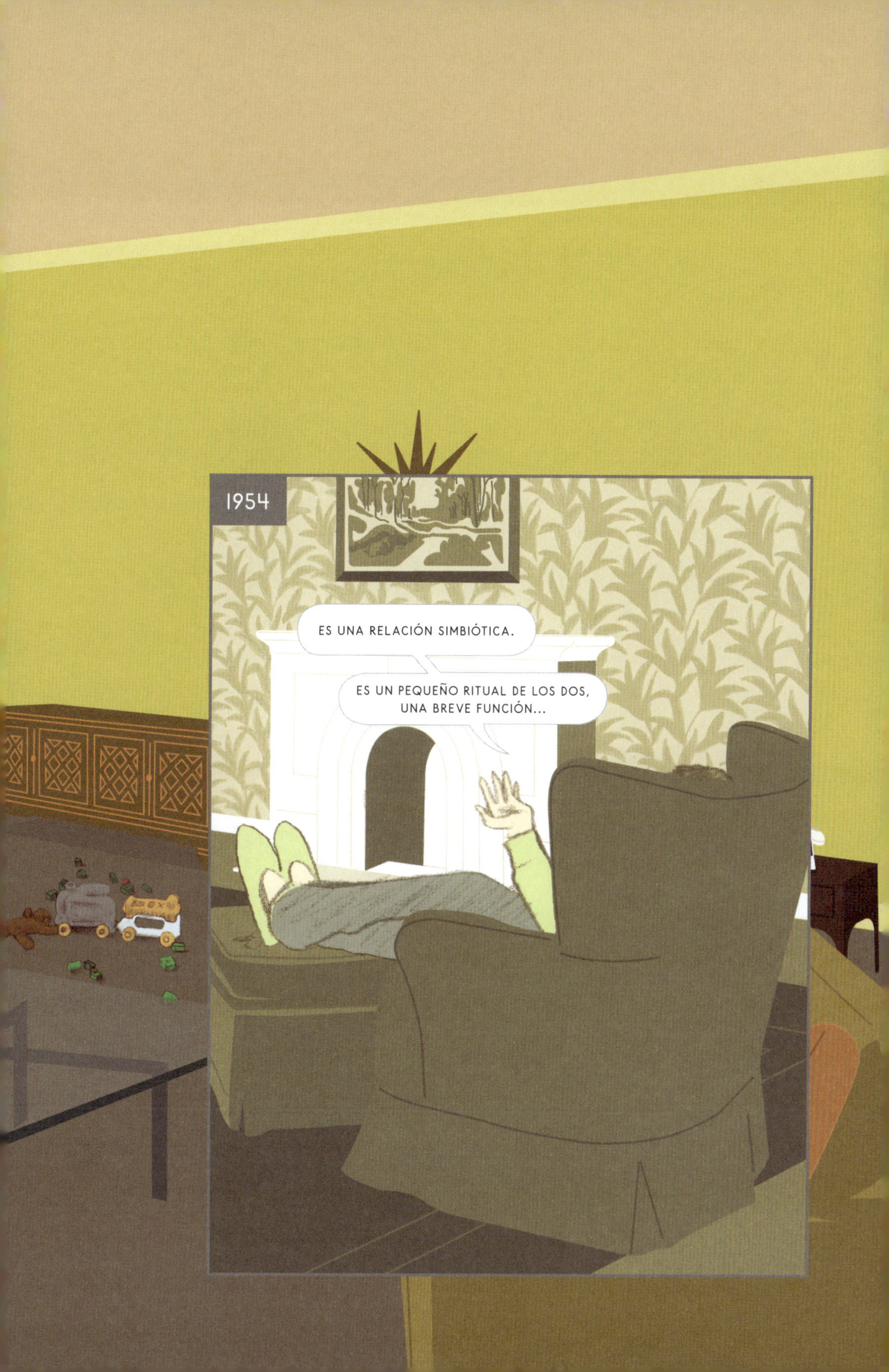
1954
ES UNA RELACIÓN SIMBIÓTICA.
ES UN PEQUEÑO RITUAL DE LOS DOS, UNA BREVE FUNCIÓN...

1953

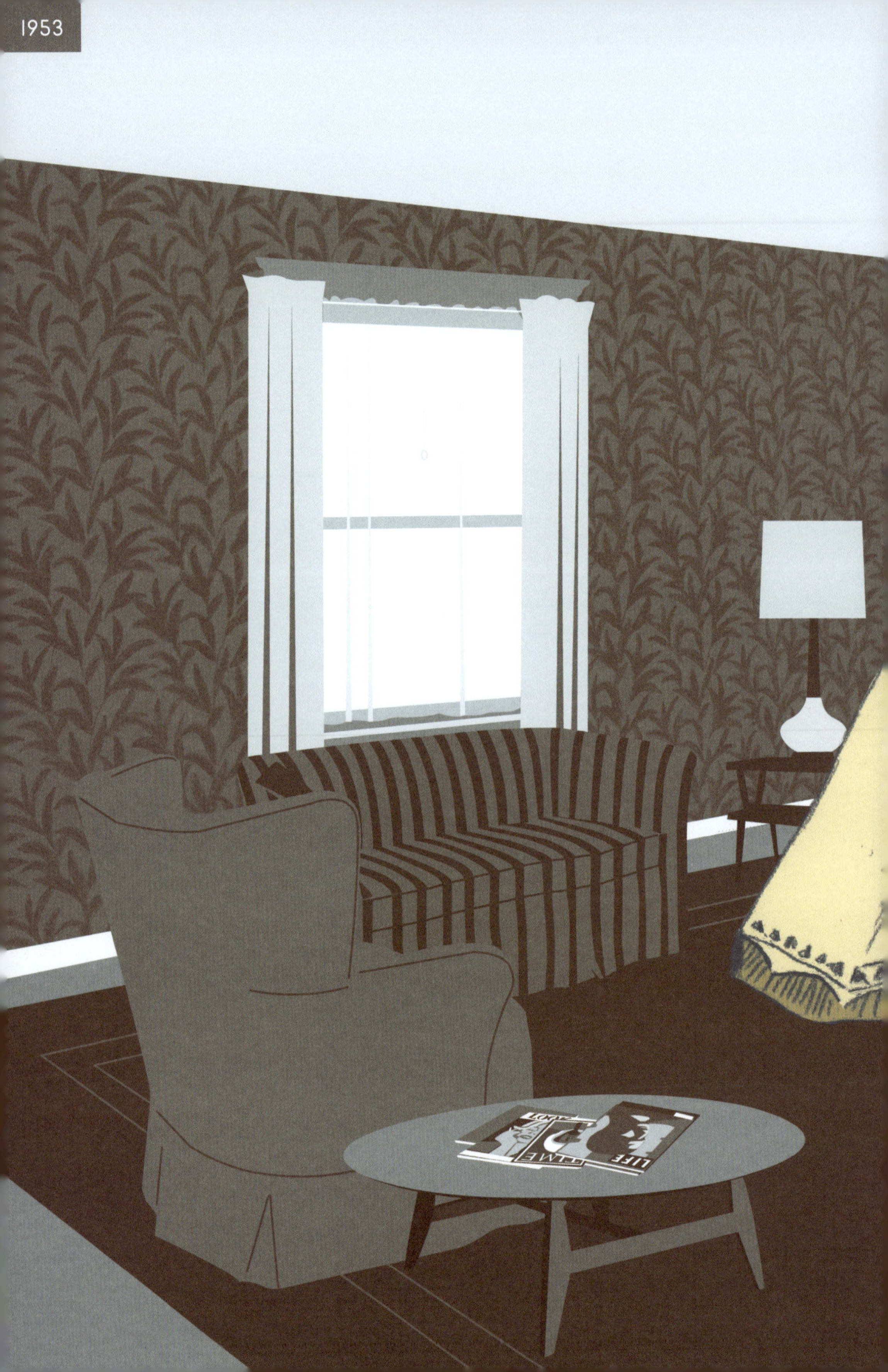
TIME
LIFE

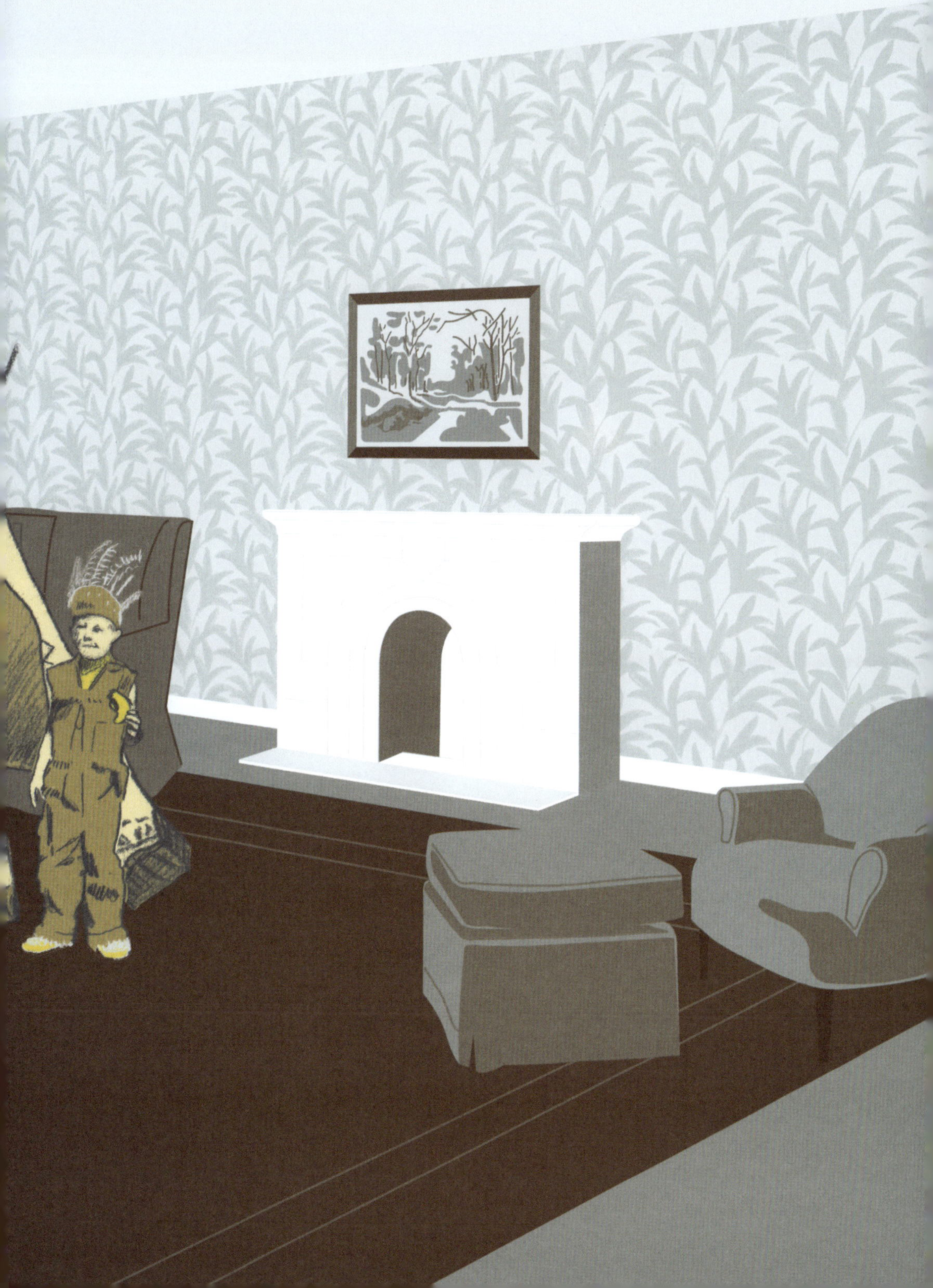

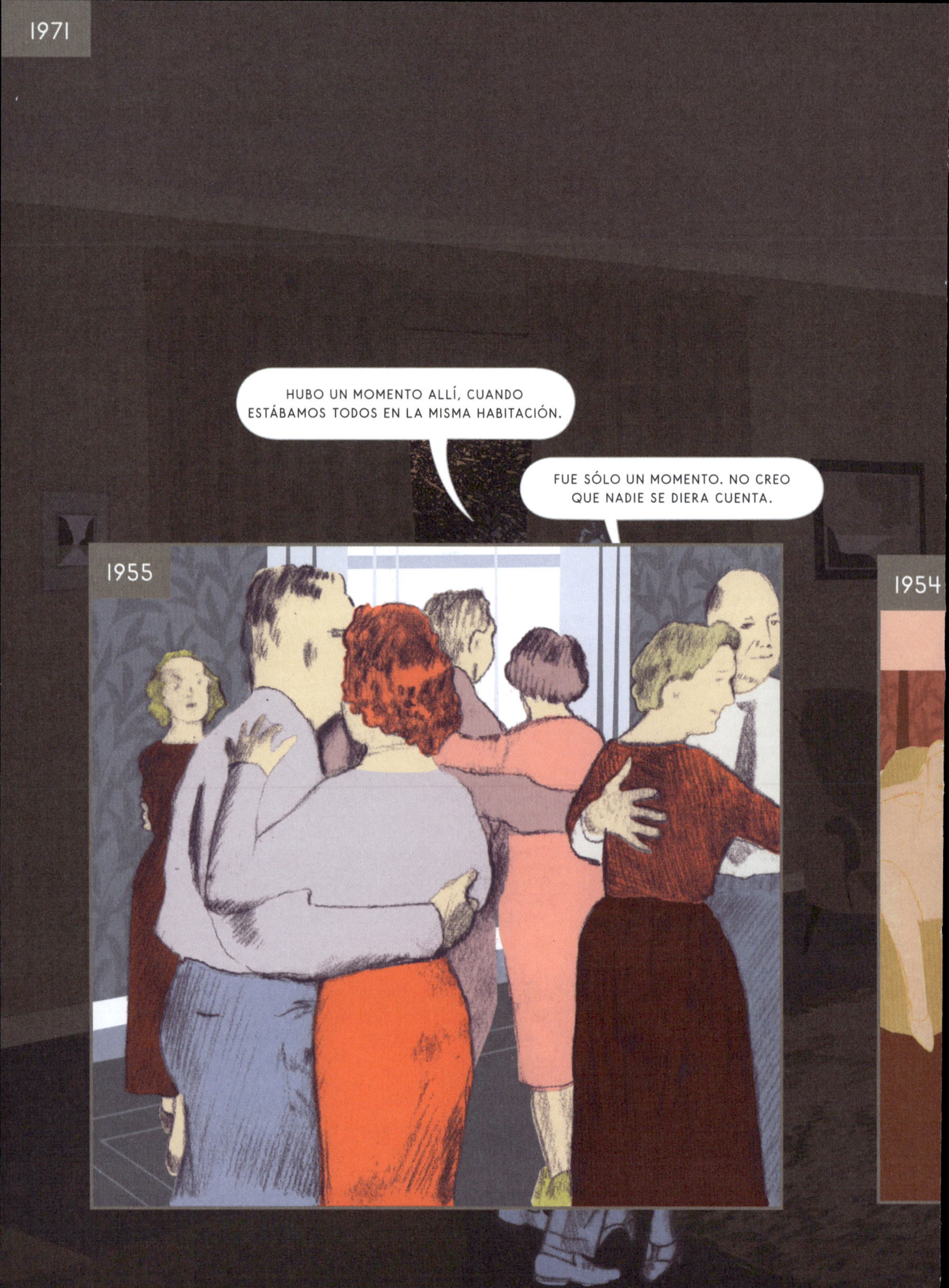
1971
HUBO UN MOMENTO ALLÍ, CUANDO ESTÁBAMOS TODOS EN LA MISMA HABITACIÓN.
FUE SÓLO UN MOMENTO. NO CREO QUE NADIE SE DIERA CUENTA.
1955
1954

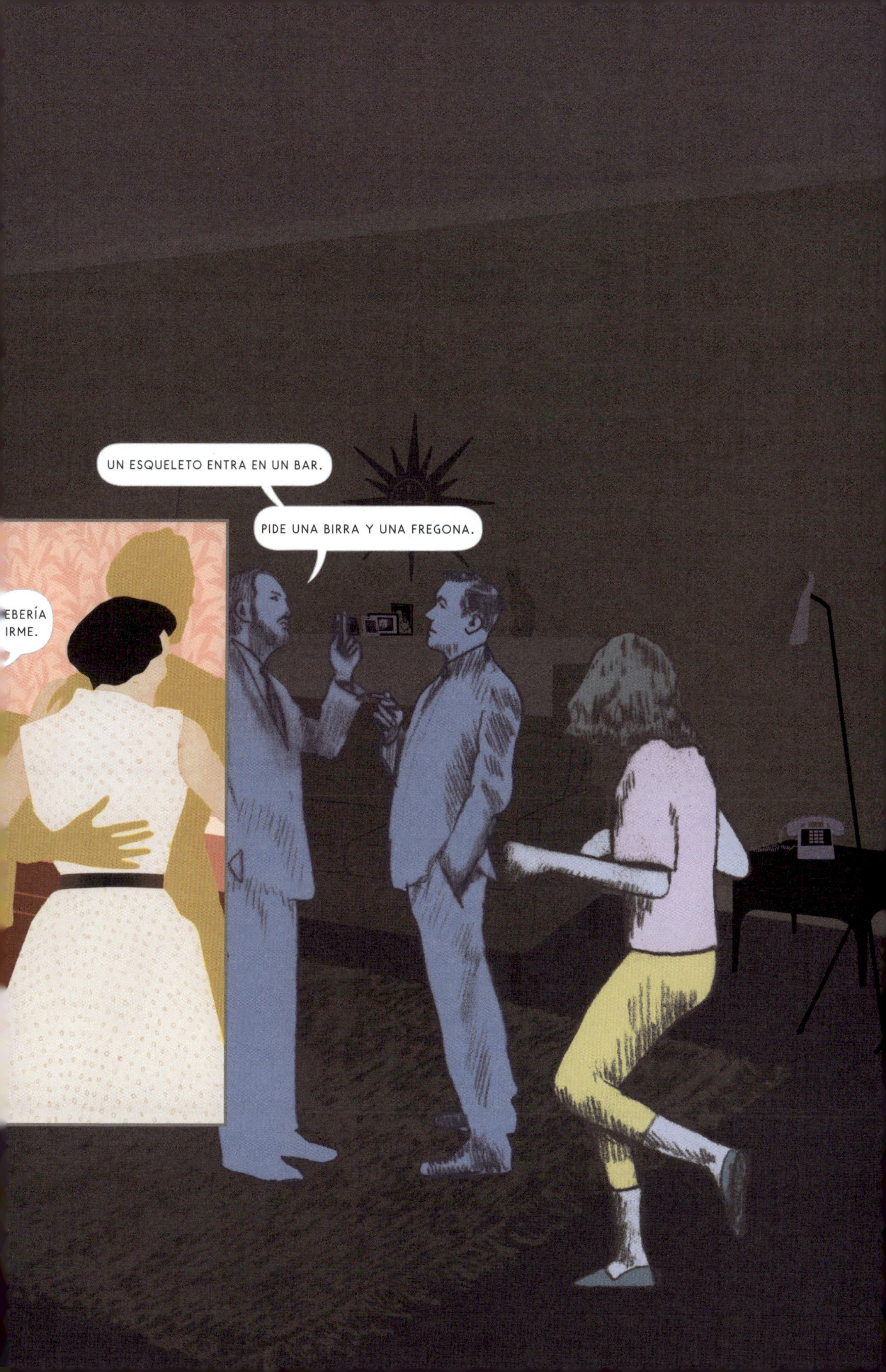
EBERÍA
IRME.
UN ESQUELETO ENTRA EN UN BAR.
PIDE UNA BIRRA Y UNA FREGONA.

1971
¡SIGO CON ESA CANCIÓN EN LA CABEZA!
DON'T REMIND ME.
1990
¿CUÁL ES LA GRACIA?
1960

Y DICE: SOY EL FANTASMA DE LAS...
¡ME HE PERDIDO EL CHISTE!
1950
1990
CREO QUE BEN FRANKLIN.
¿QUIÉN LO HA DICHO?

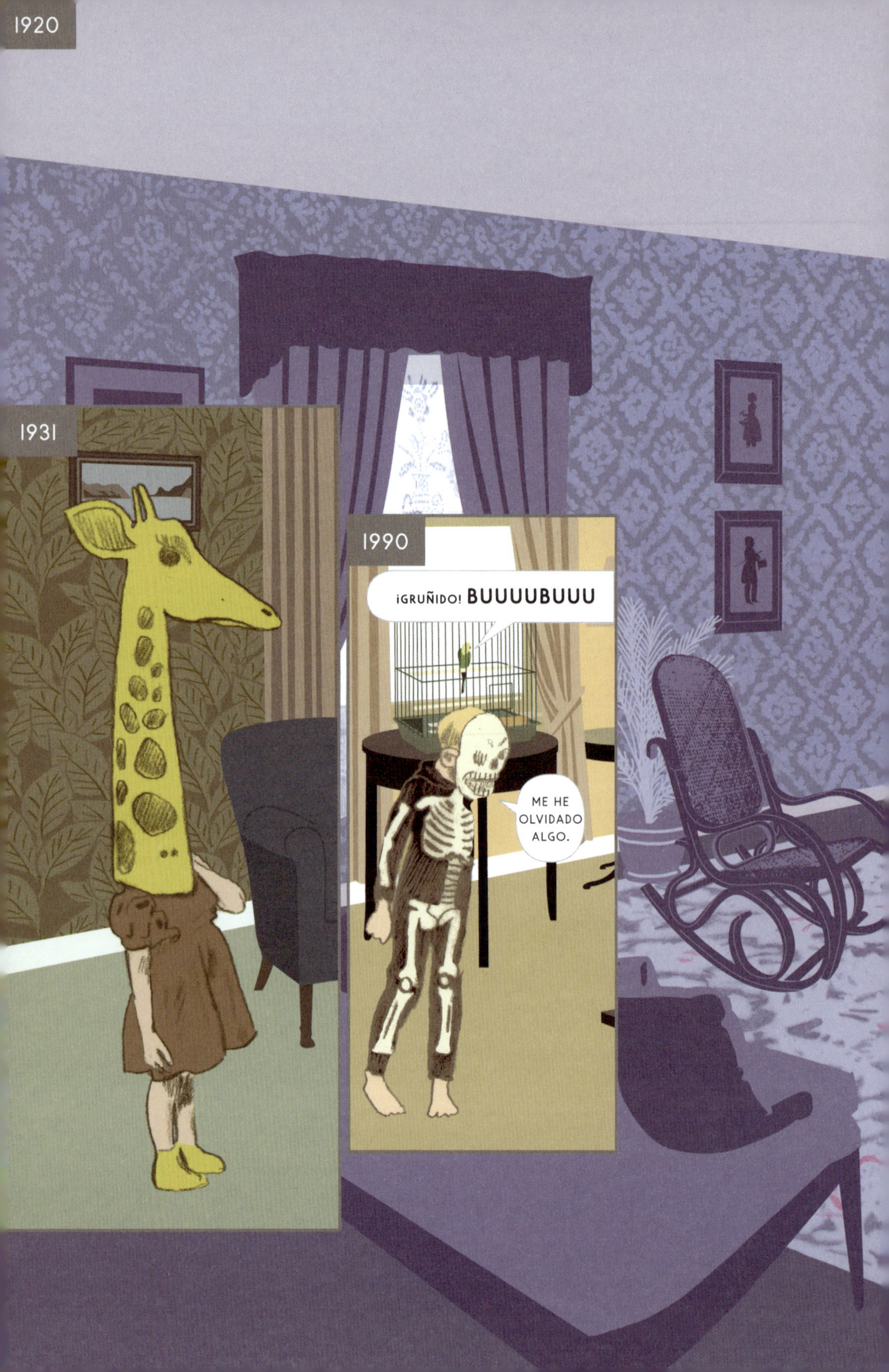
1920
1931
1990
¡GRUÑIDO! BUUUUBUUU
ME HE OLVIDADO ALGO.

1975
¿TETAS PARLANTES?
¡HE DICHO TELAS AISLANTES!
LO SIENTO.
HA SIDO MUY ESTÚPIDO POR MI PARTE DECIR ESO, ¿NO?

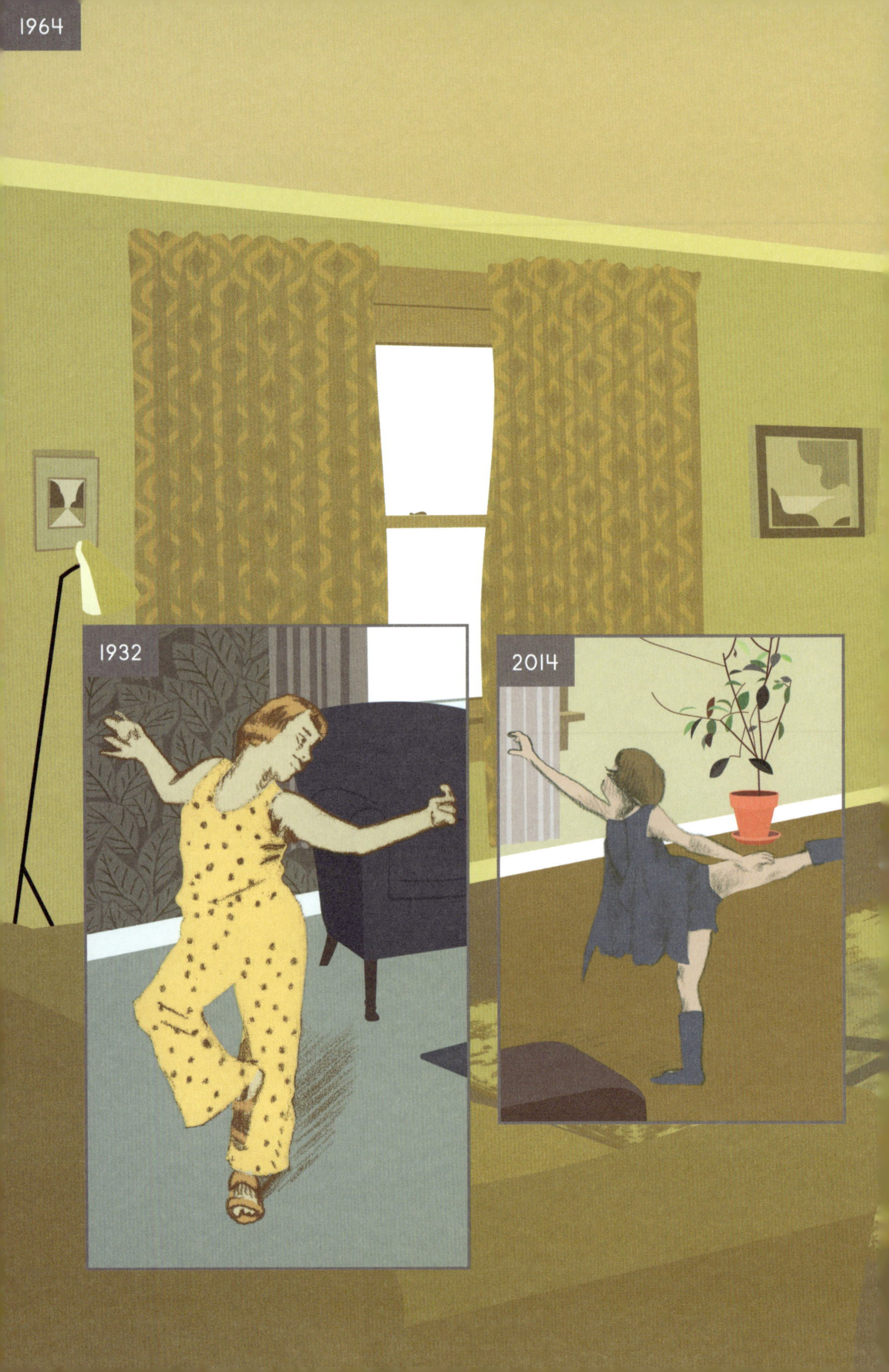
1964
1932
2014

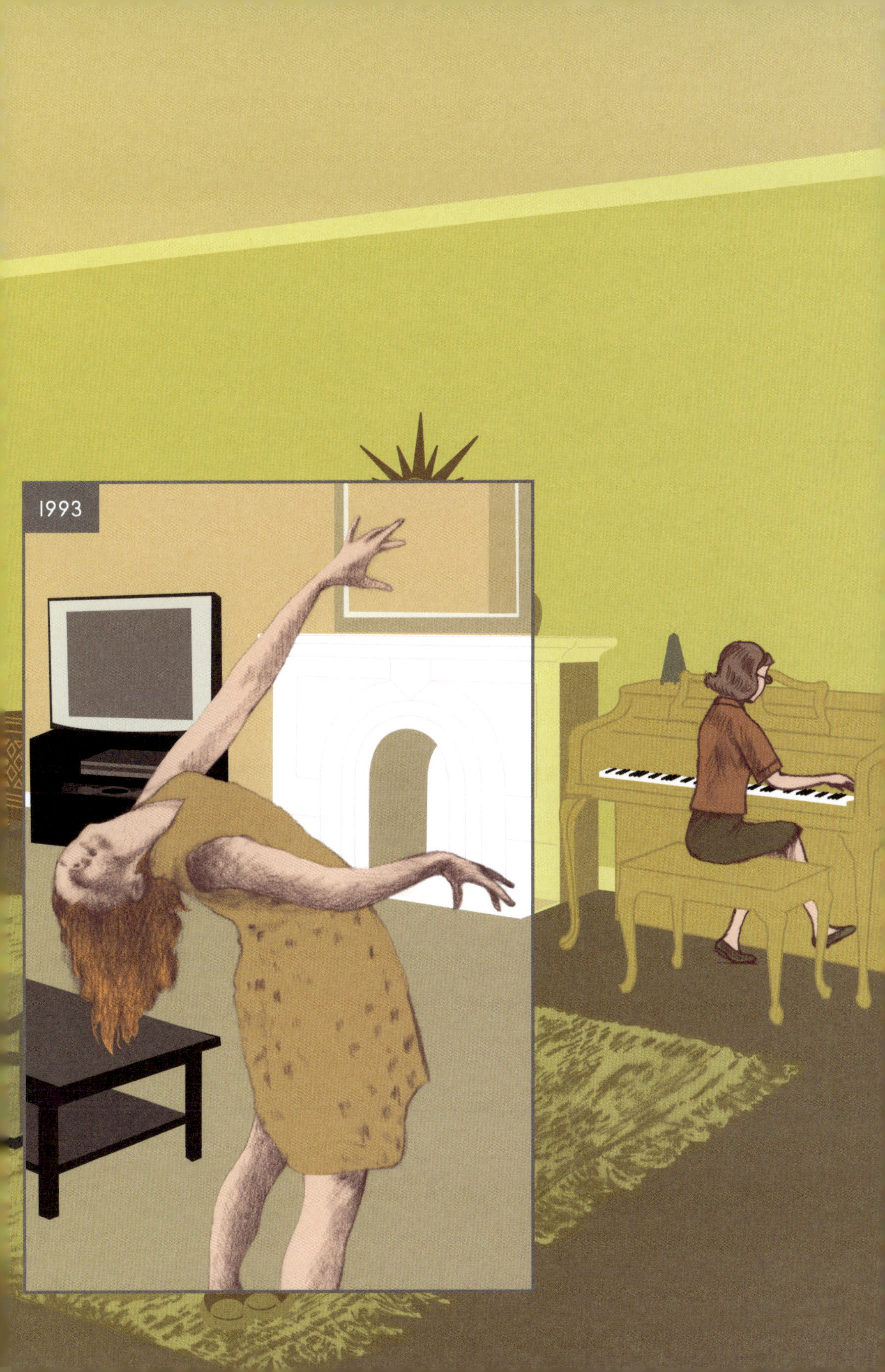
1993

2014

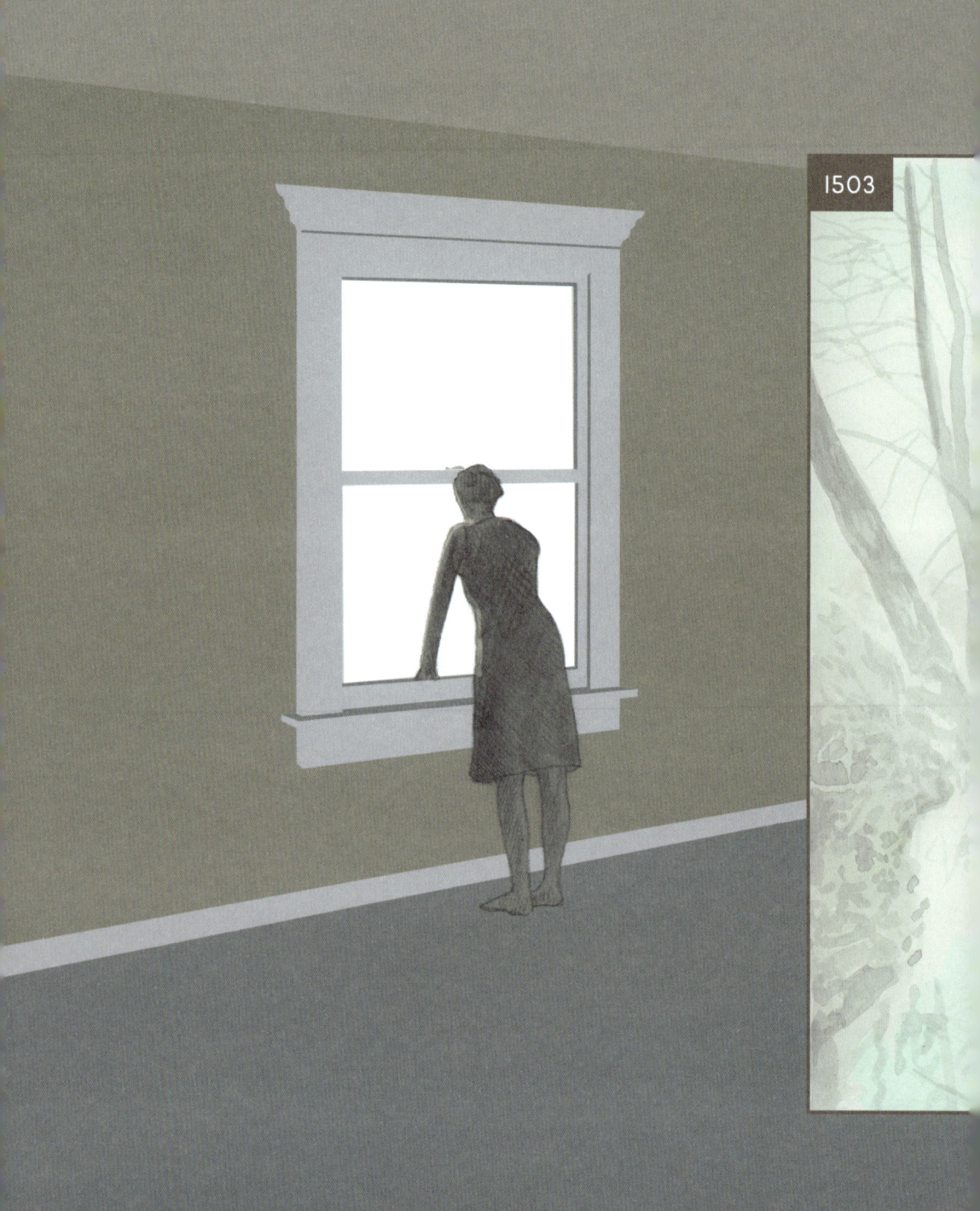

1503

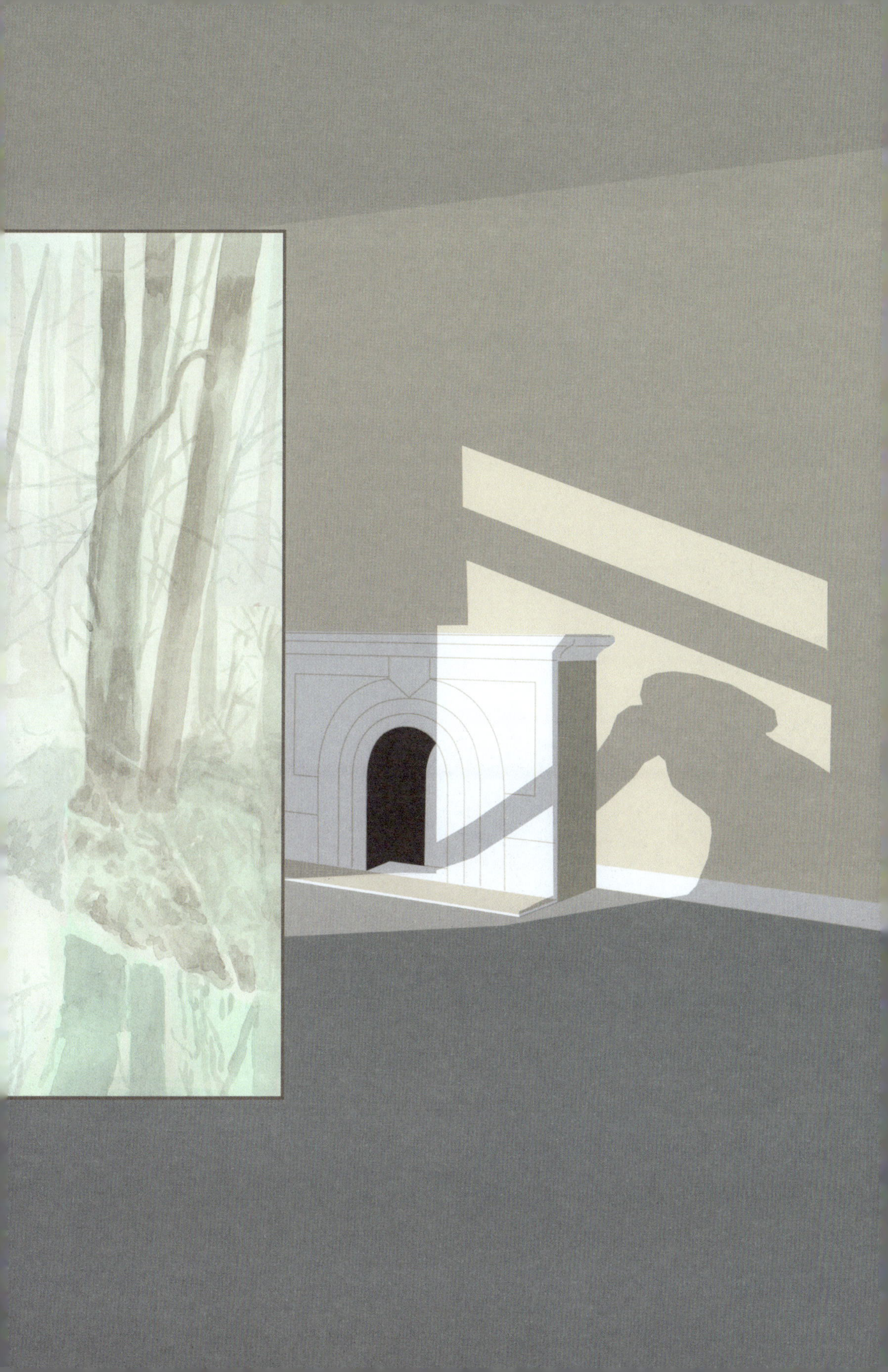

1999

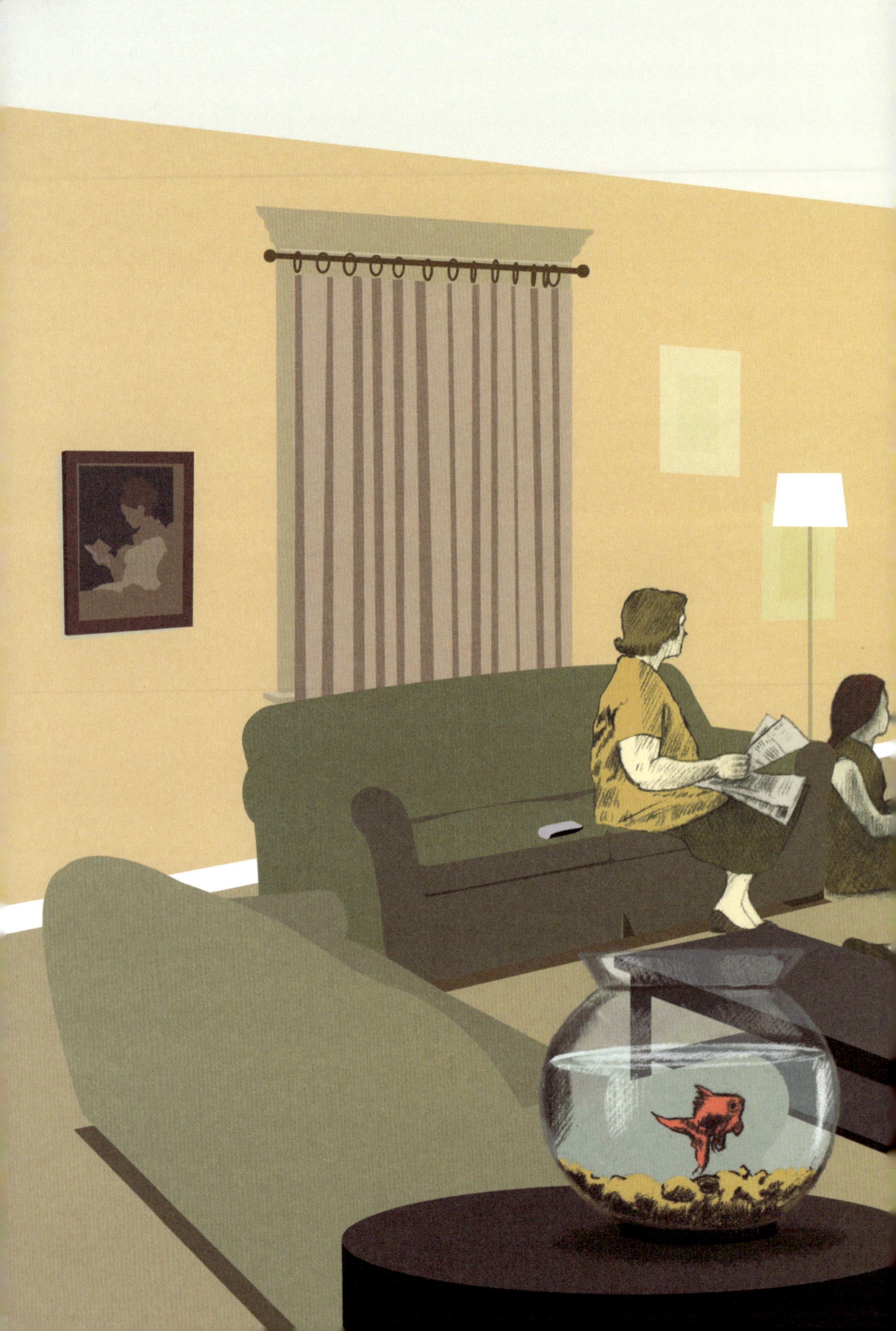

DENTRO DE 8 MILLONES DE AÑOS, CON CADA VEZ MENOS COMBUSTIBLE,
NUESTRO SOL IRÁ INFLÁNDOSE, CONVIRTIÉNDOSE EN UN **GIGANTE ROJO**
...ENGULLENDO LAS ÓRBITAS DE MERCURIO, VENUS Y **LA TIERRA.**
¡POR SUERTE, NO ESTARÉ PARA VERLO!

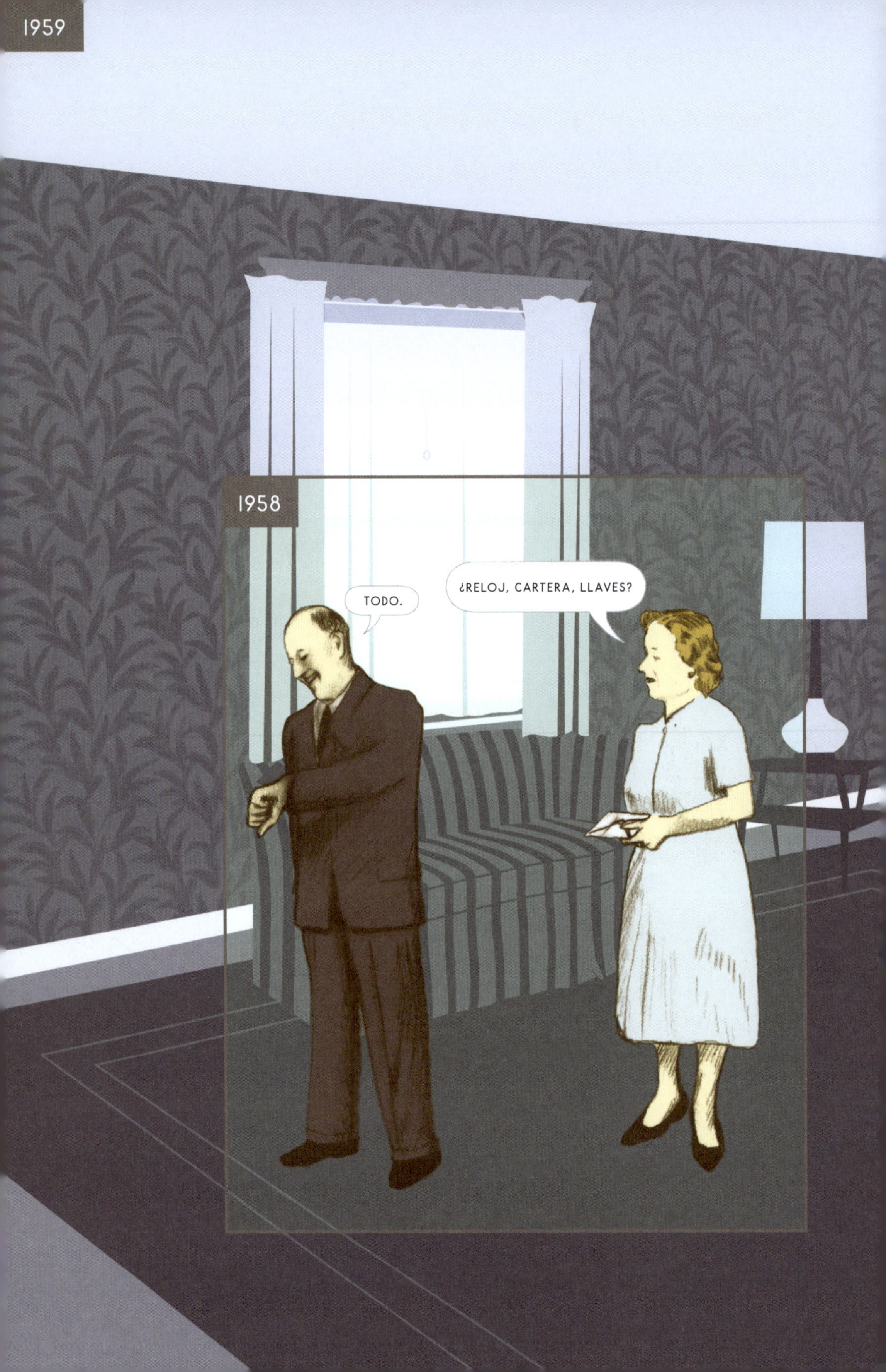
1959
1958
TODO.
¿RELOJ, CARTERA, LLAVES?

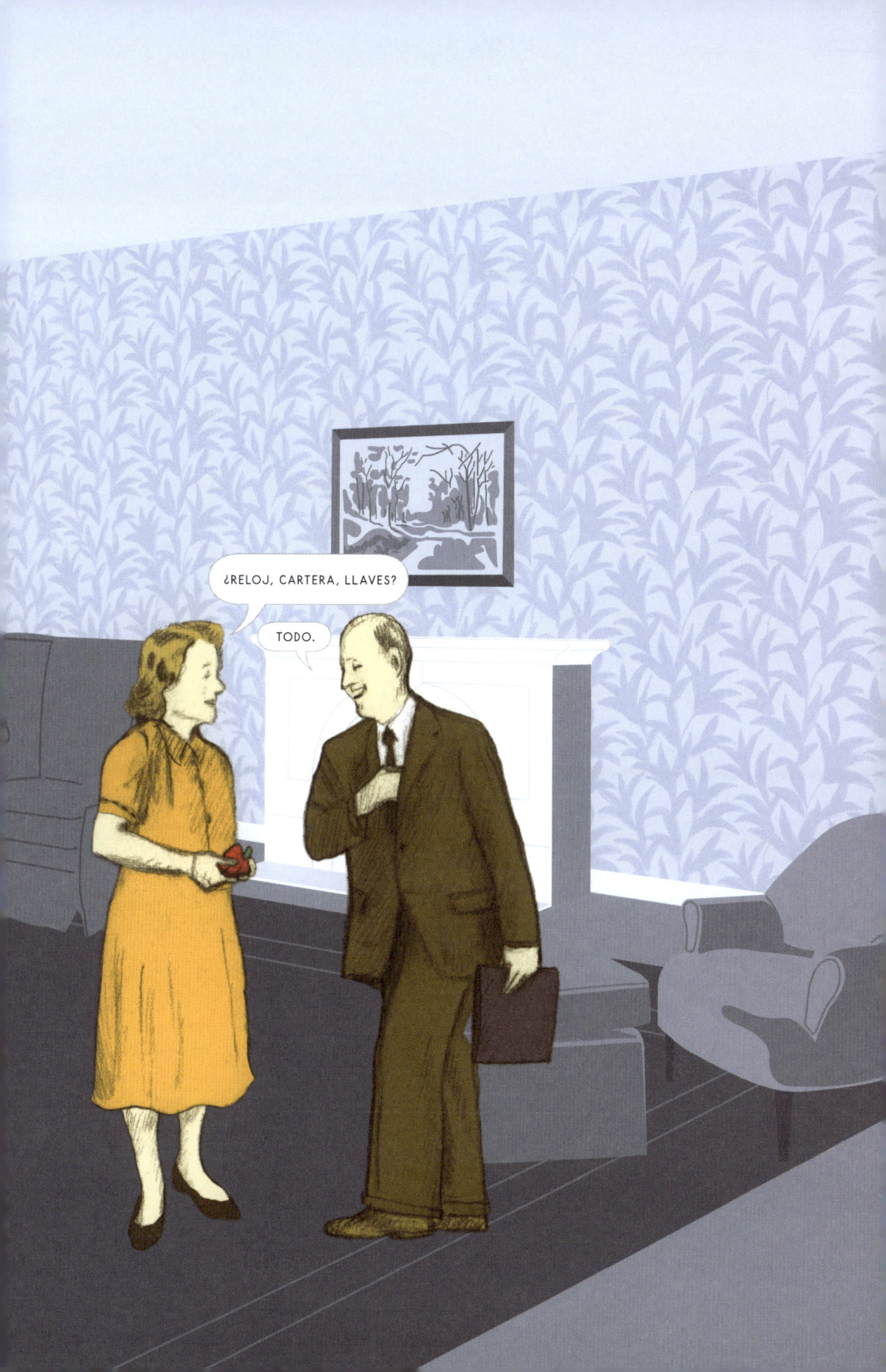
¿RELOJ, CARTERA, LLAVES?
TODO.

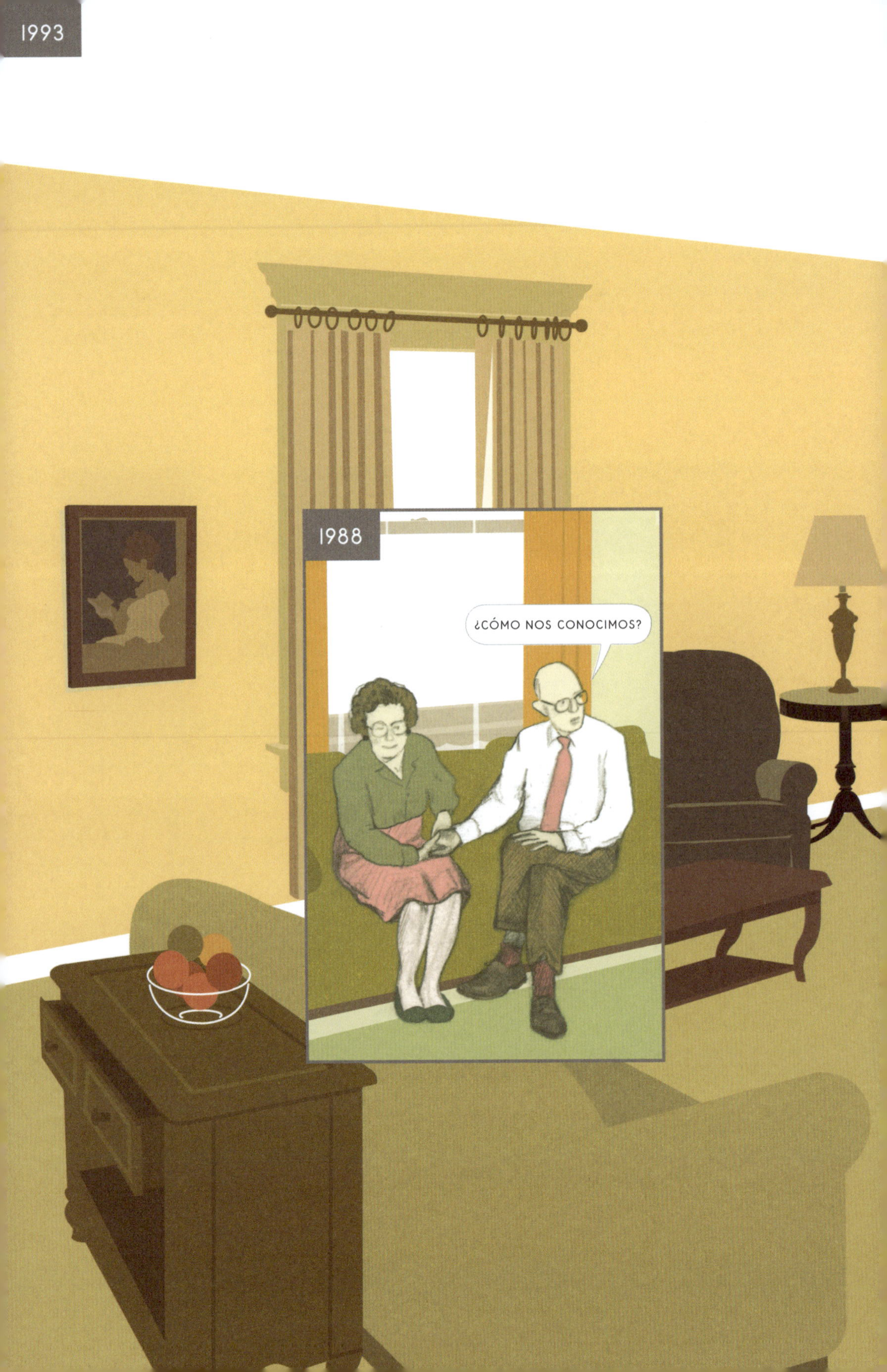
1993
1988
¿CÓMO NOS CONOCIMOS?

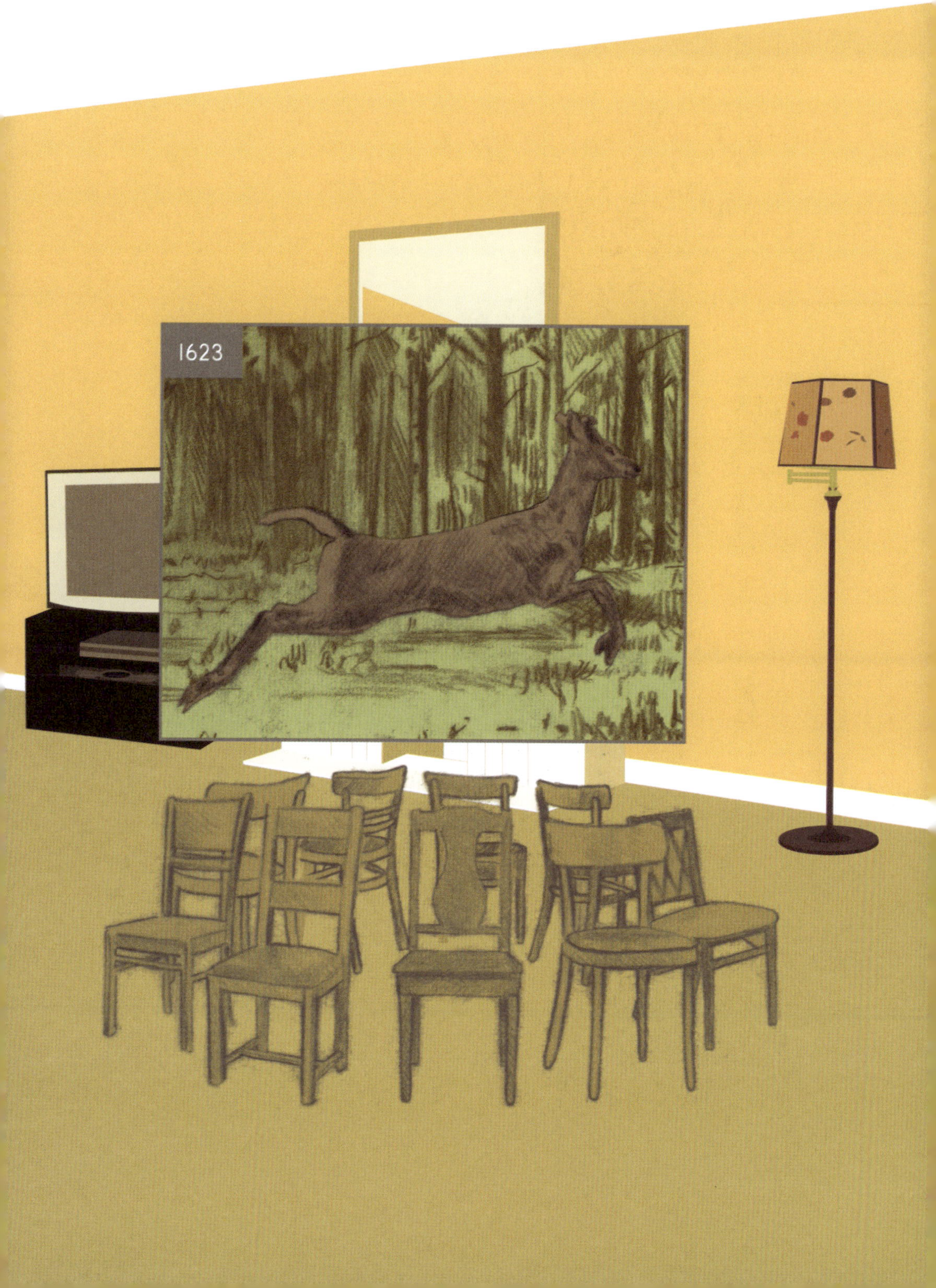
1623

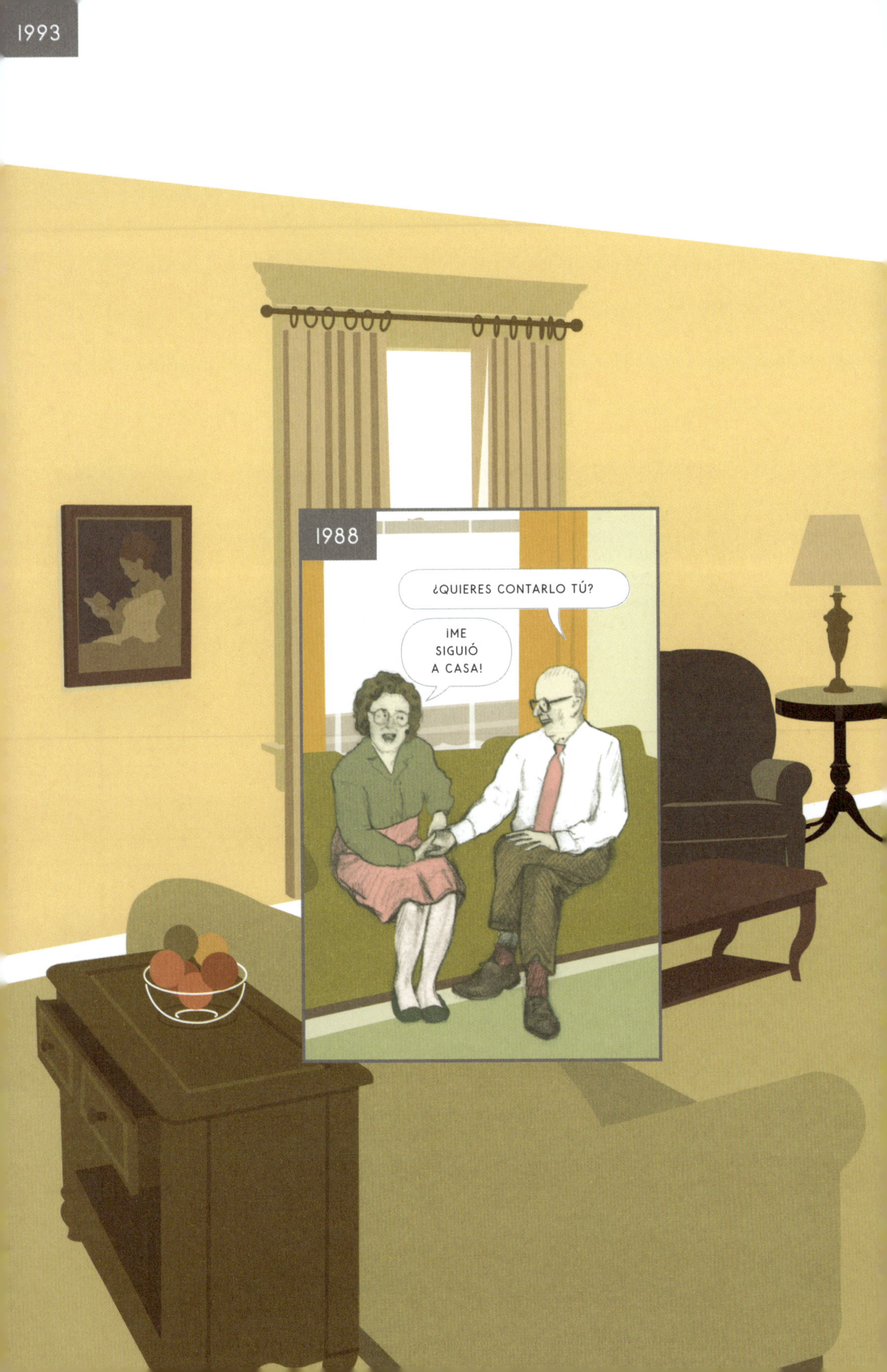
1993
1988
¿QUIERES CONTARLO TÚ?
¡ME SIGUIÓ A CASA!

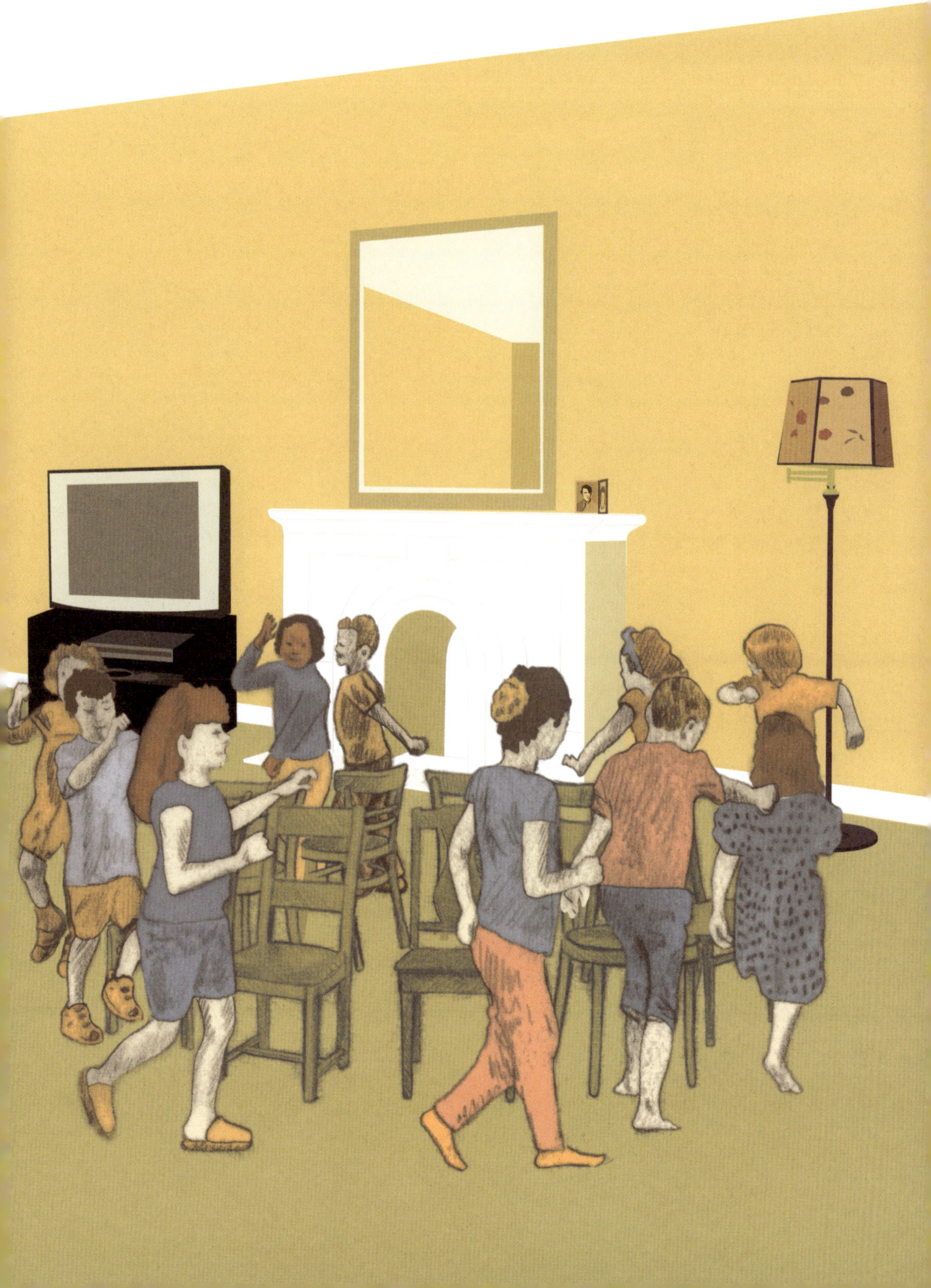

1933
1988
LA VEÍA PASAR CORRIENDO JUNTO A LA VENTANA DE MI TRABAJO. SIEMPRE A LA CARRERA.
SIEMPRE IBA TARDE AL TRABAJO.

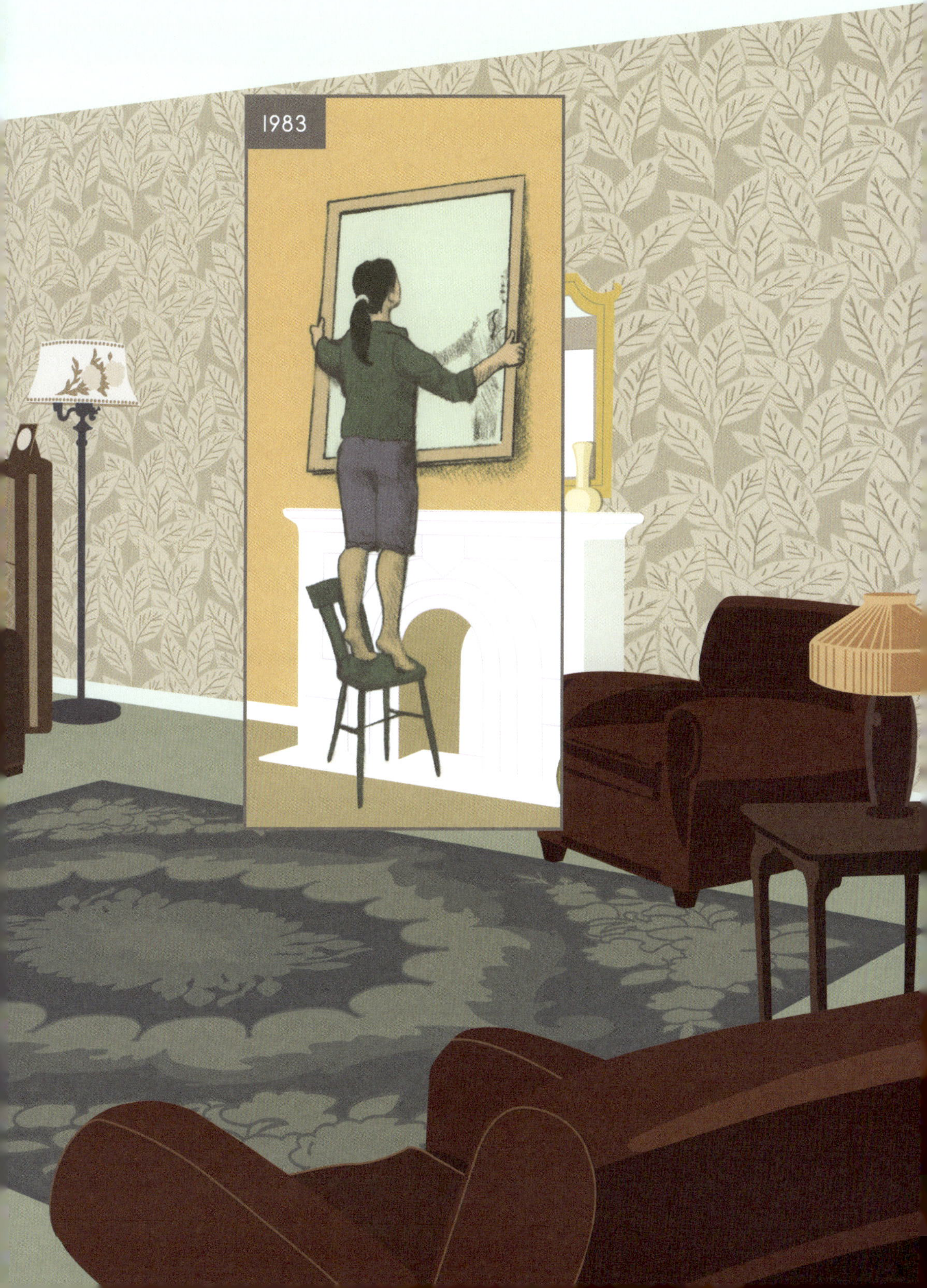
1983

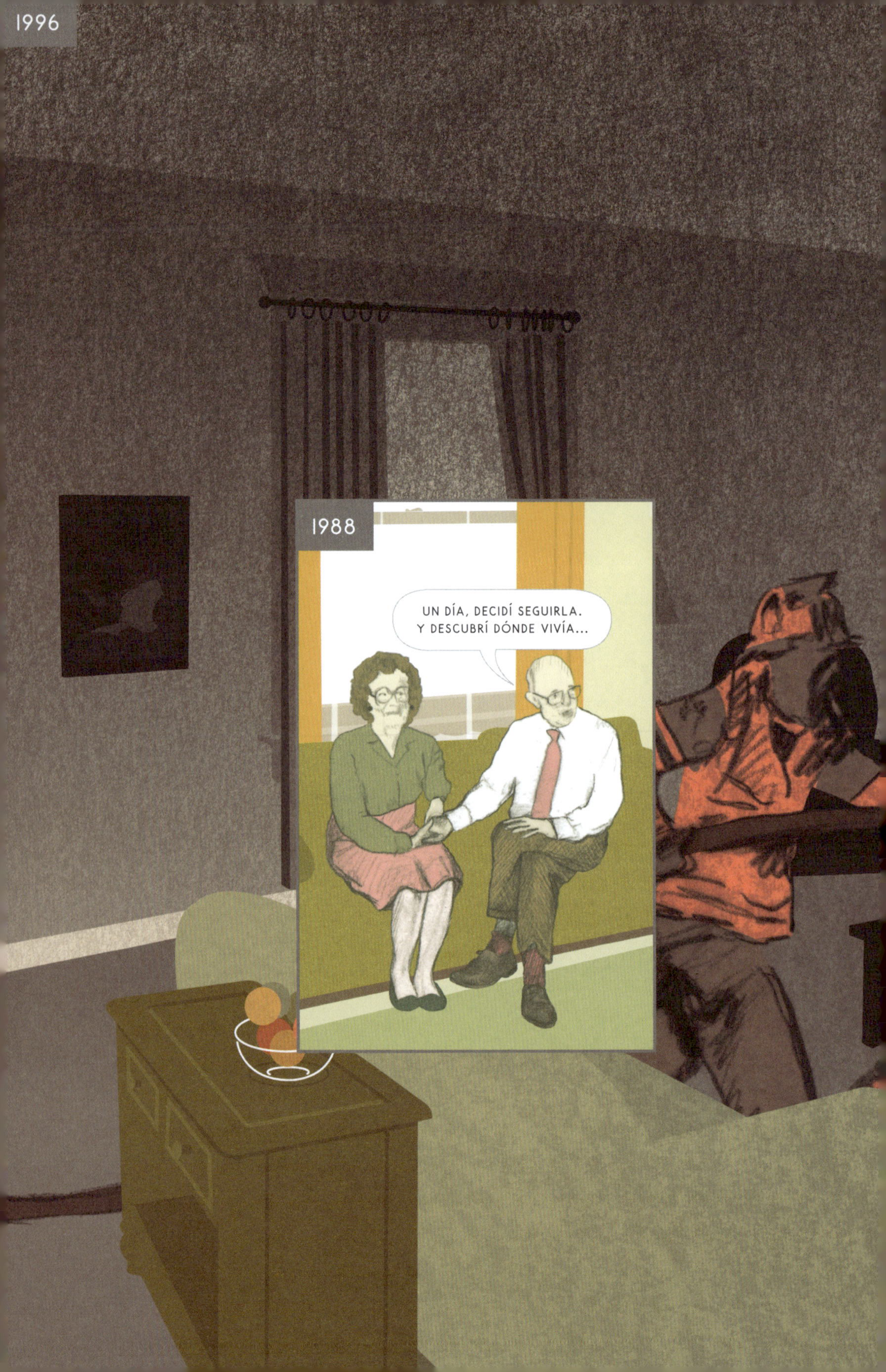
1996
1988
UN DÍA, DECIDÍ SEGUIRLA.
Y DESCUBRÍ DÓNDE VIVÍA...

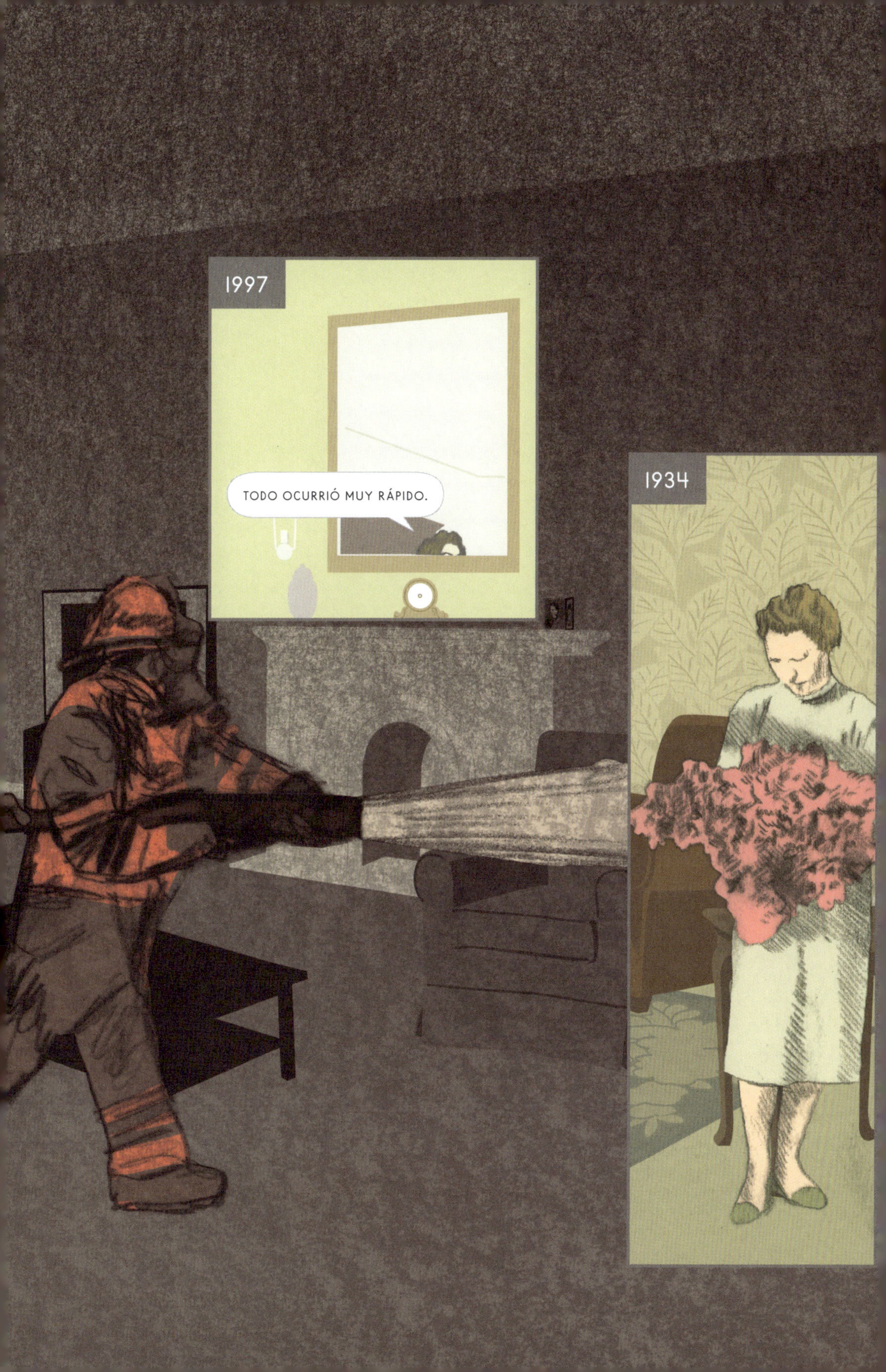
1997
TODO OCURRIÓ MUY RÁPIDO.
1934

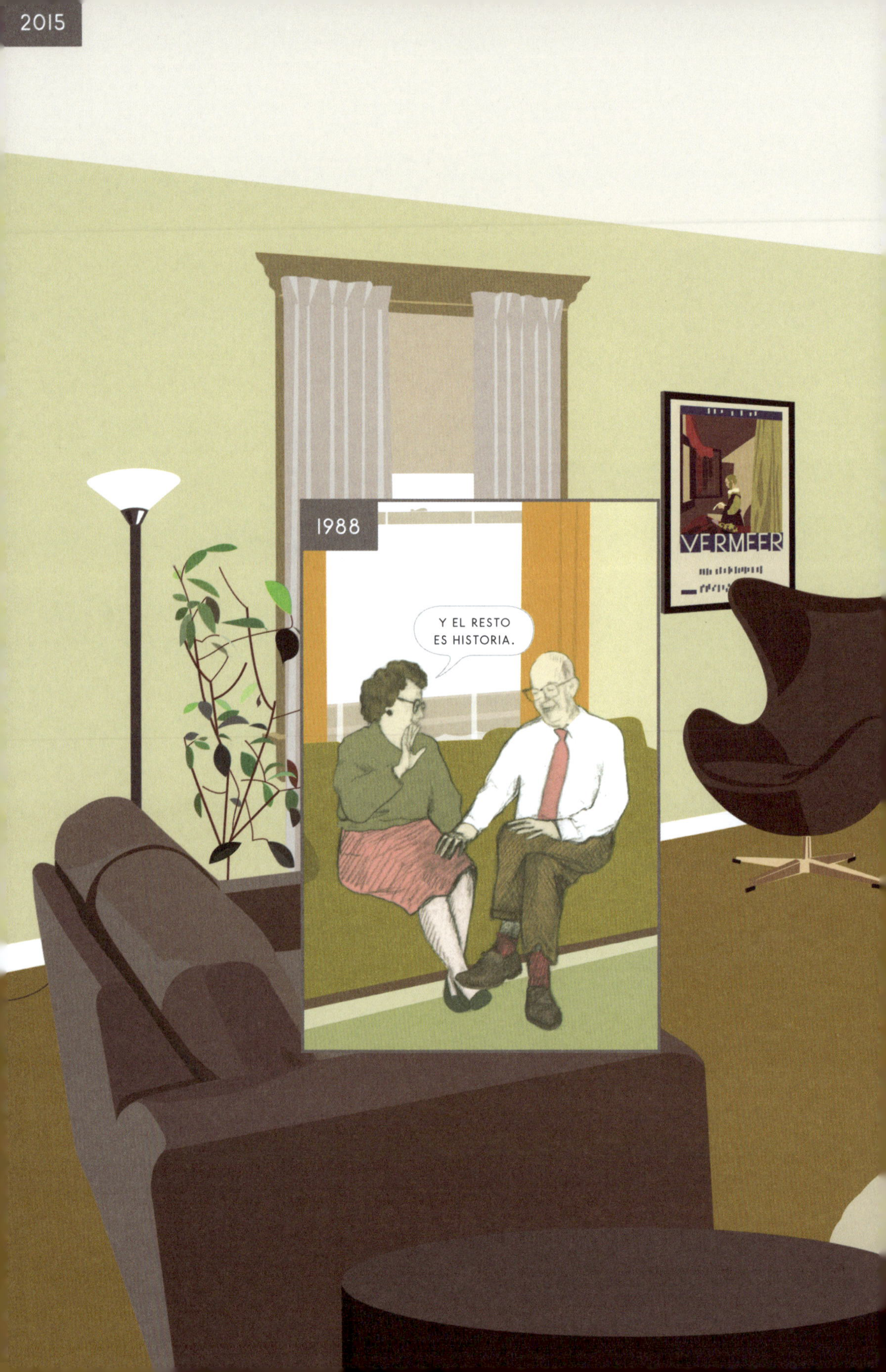
2015
1988
Y EL RESTO ES HISTORIA.
VERMEER

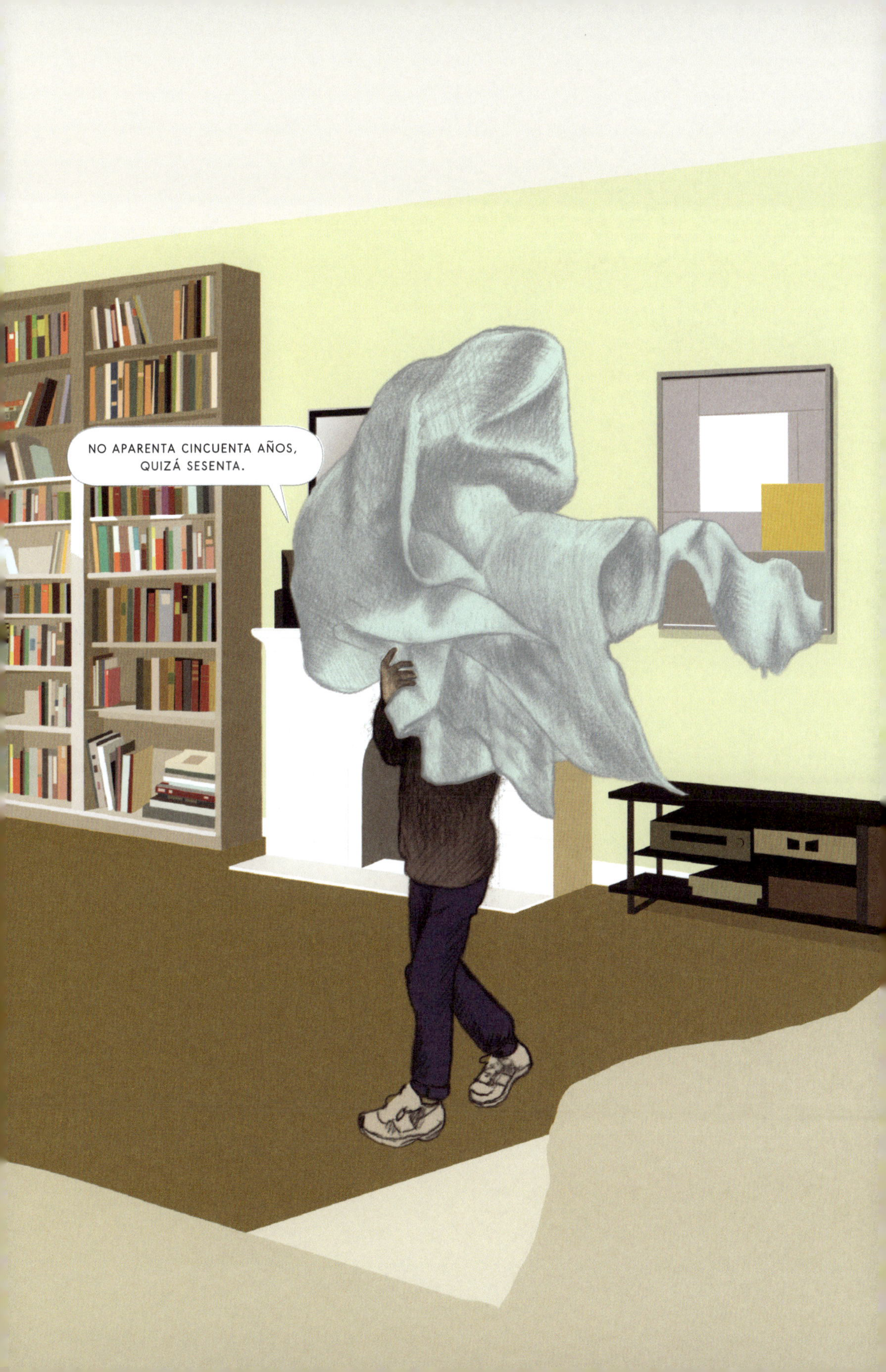
NO APARENTA CINCUENTA AÑOS, QUIZÁ SESENTA.

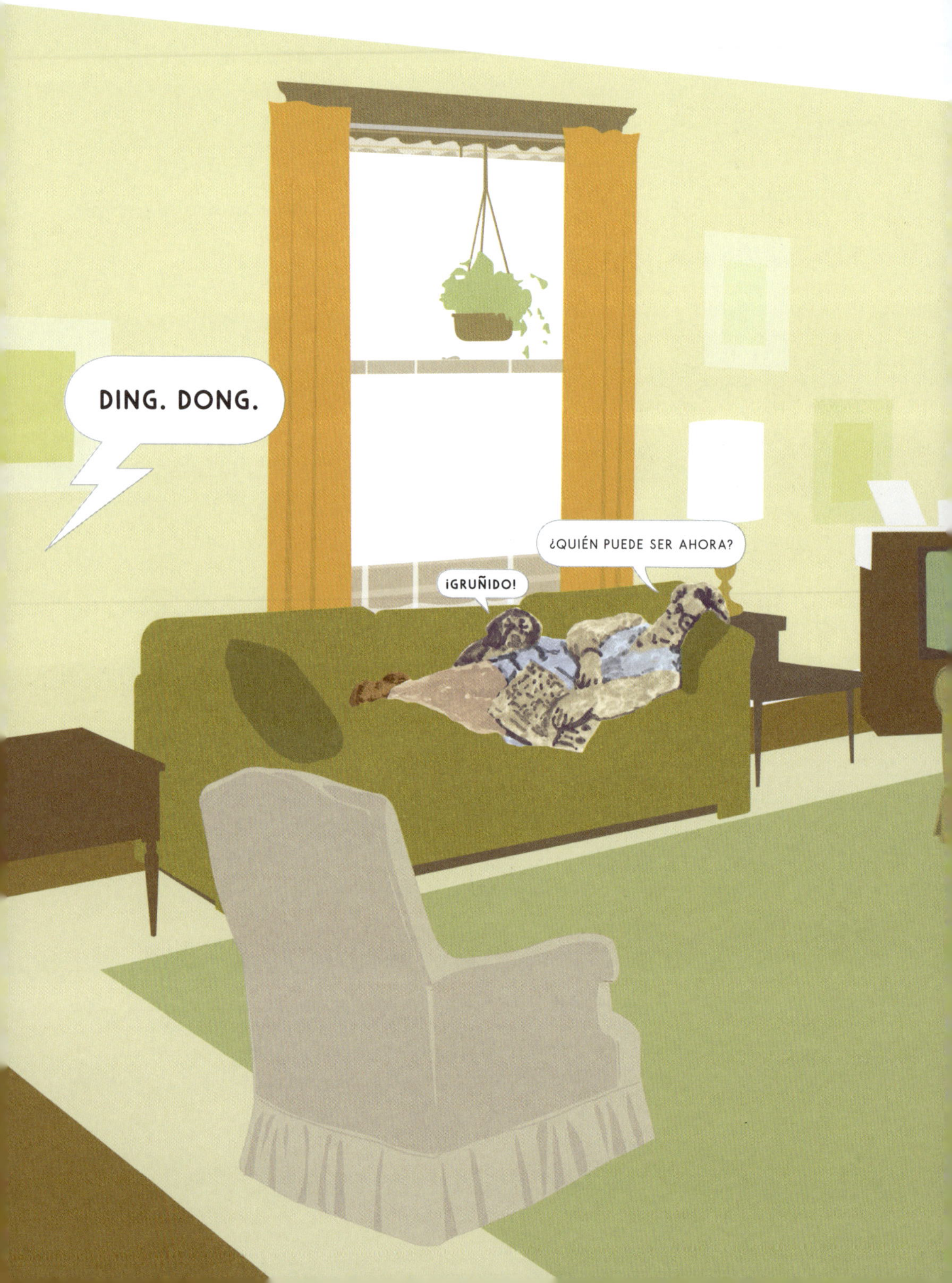
DING. DONG.
¿QUIÉN PUEDE SER AHORA?
¡GRUÑIDO!

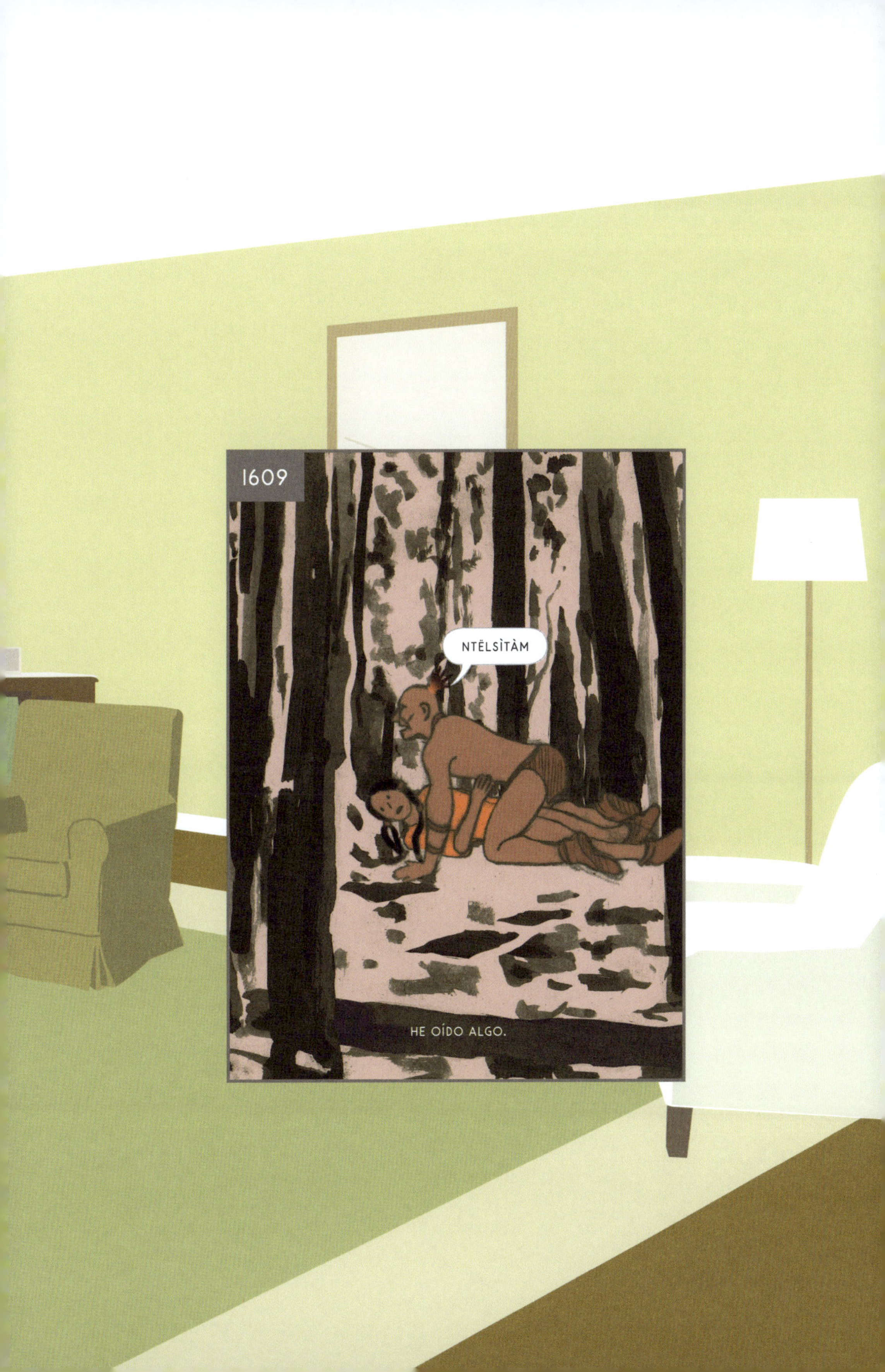
1609
NTËLSÌTÀM
HE OÍDO ALGO.

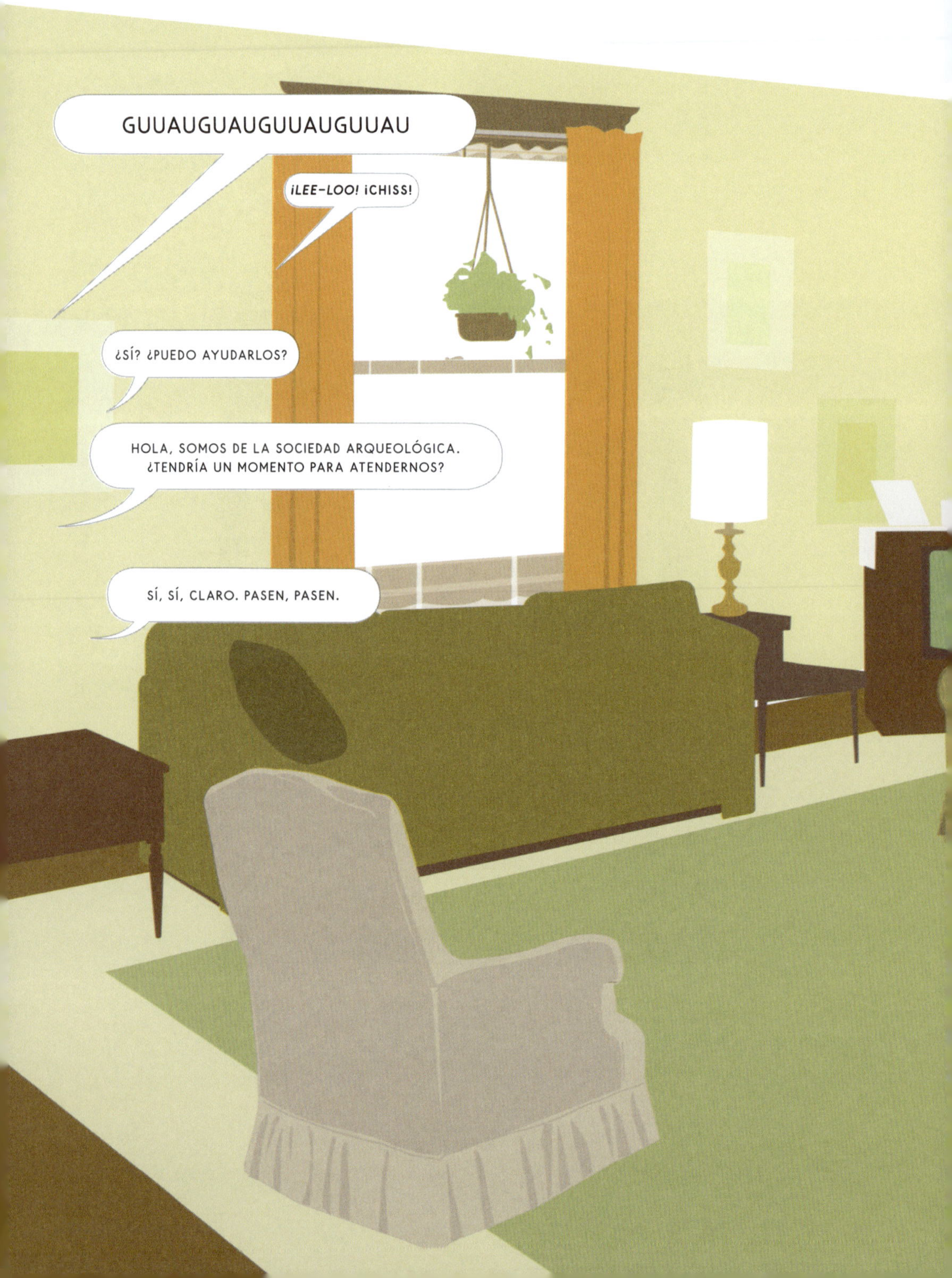
GUUAUGUAUGUUAUGUUAU
¡LEE-LOO! ¡CHISS!
¿SÍ? ¿PUEDO AYUDARLOS?
HOLA, SOMOS DE LA SOCIEDAD ARQUEOLÓGICA. ¿TENDRÍA UN MOMENTO PARA ATENDERNOS?
SÍ, SÍ, CLARO. PASEN, PASEN.

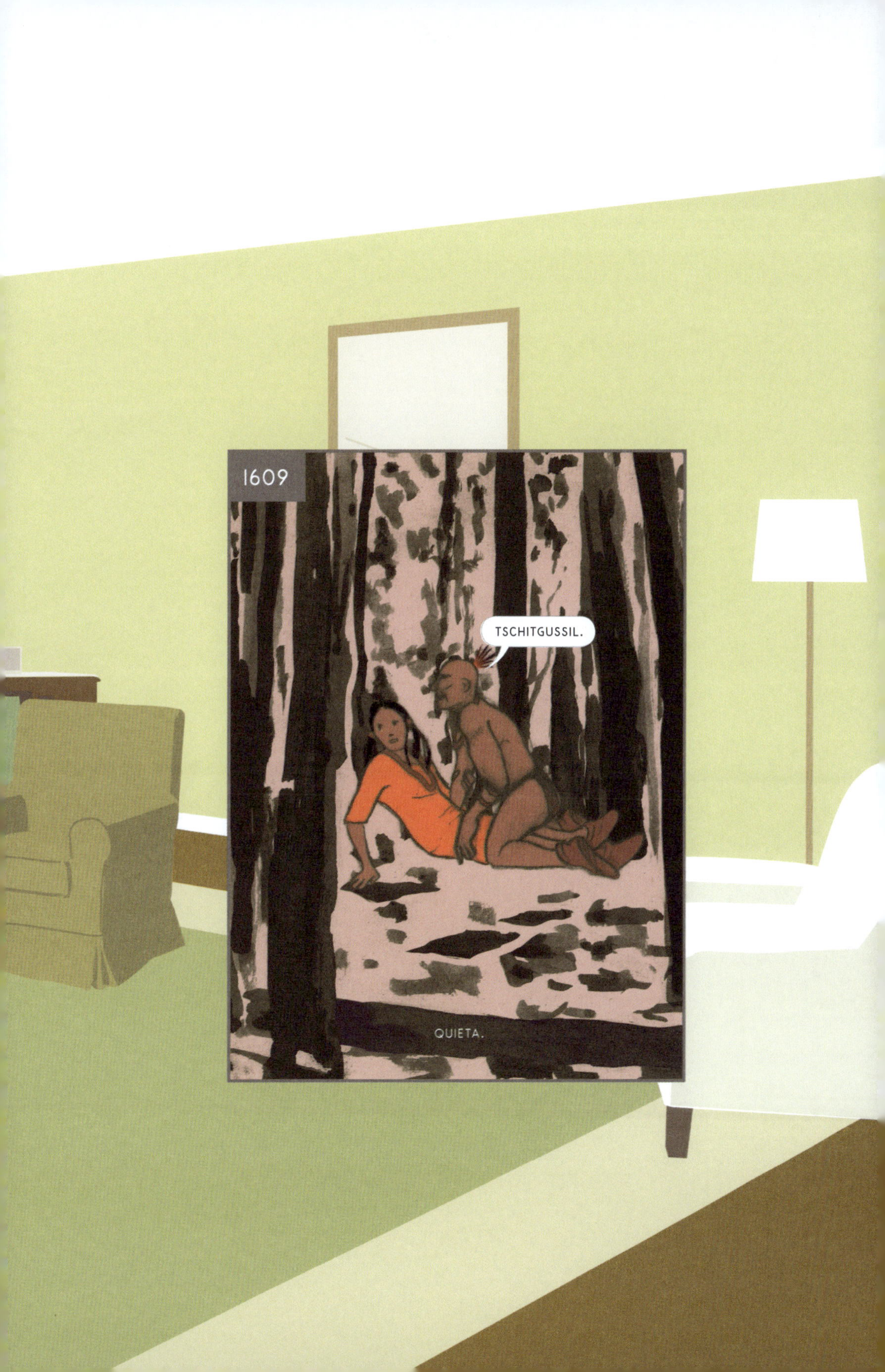
1609
TSCHITGUSSIL.
QUIETA.

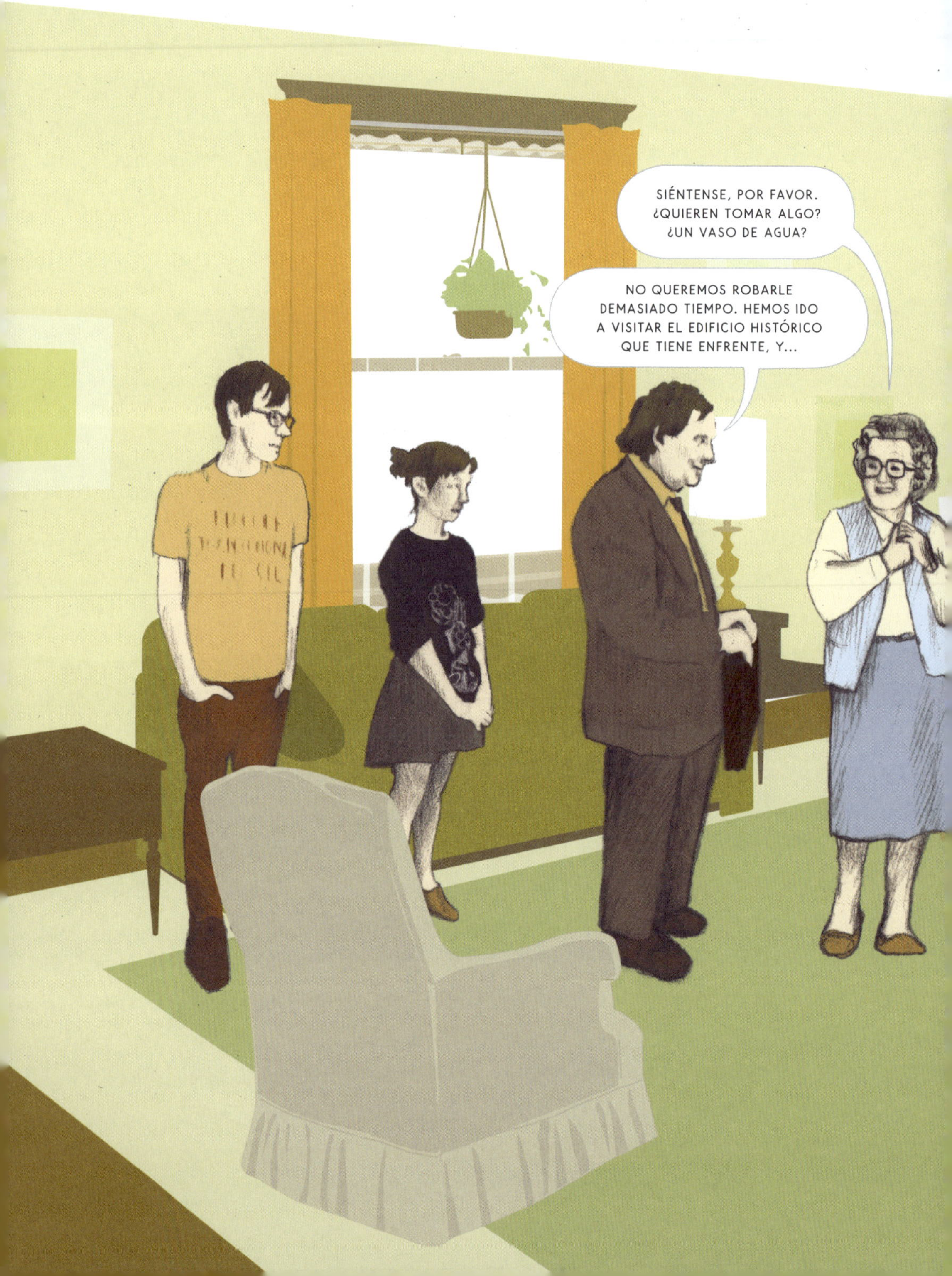
SIÉNTENSE, POR FAVOR. ¿QUIEREN TOMAR ALGO? ¿UN VASO DE AGUA?
NO QUEREMOS ROBARLE DEMASIADO TIEMPO. HEMOS IDO A VISITAR EL EDIFICIO HISTÓRICO QUE TIENE ENFRENTE, Y...

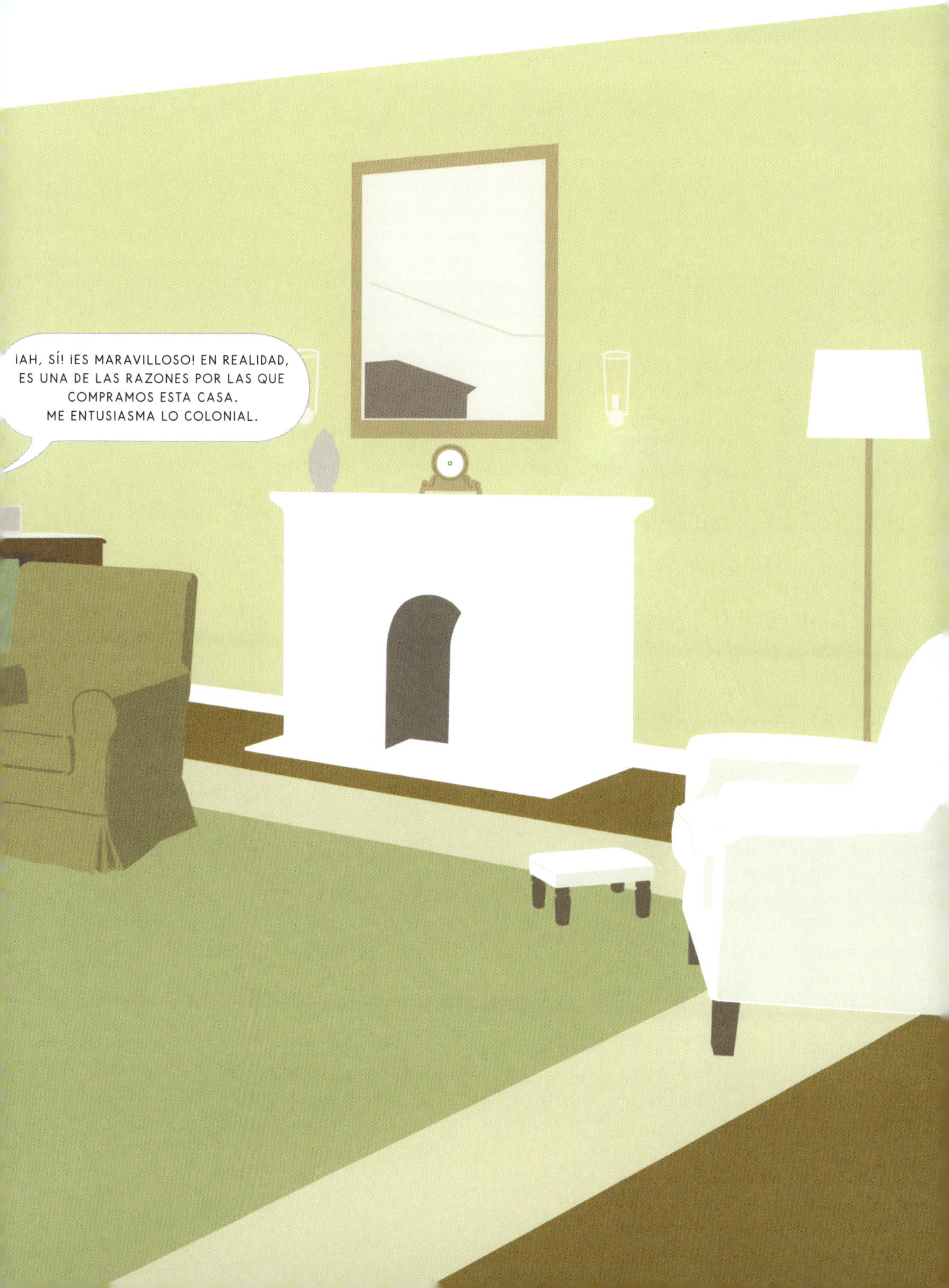
¡AH, SÍ! ¡ES MARAVILLOSO! EN REALIDAD, ES UNA DE LAS RAZONES POR LAS QUE COMPRAMOS ESTA CASA. ME ENTUSIASMA LO COLONIAL.

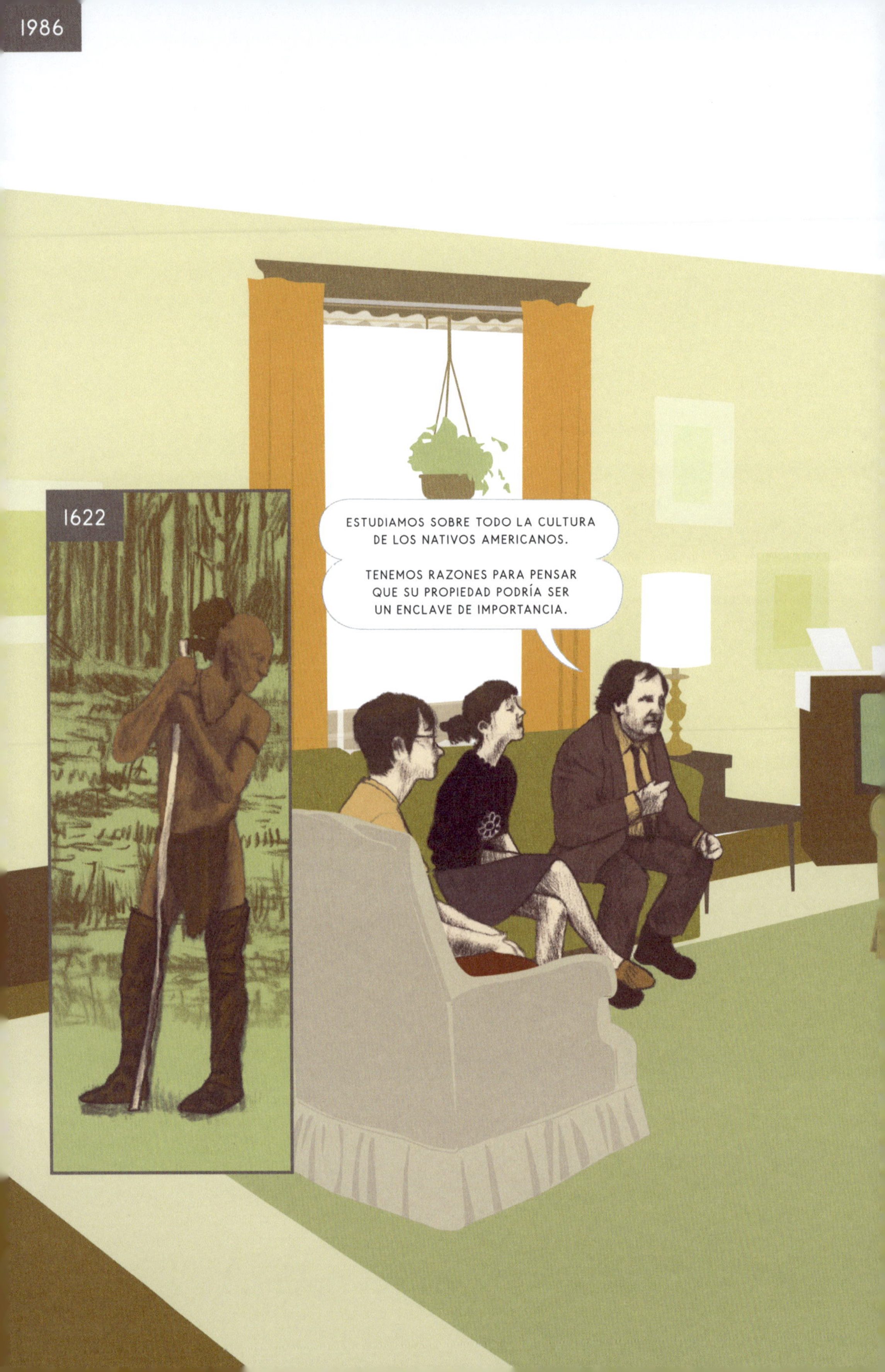
1986
1622
ESTUDIAMOS SOBRE TODO LA CULTURA DE LOS NATIVOS AMERICANOS.
TENEMOS RAZONES PARA PENSAR QUE SU PROPIEDAD PODRÍA SER UN ENCLAVE DE IMPORTANCIA.

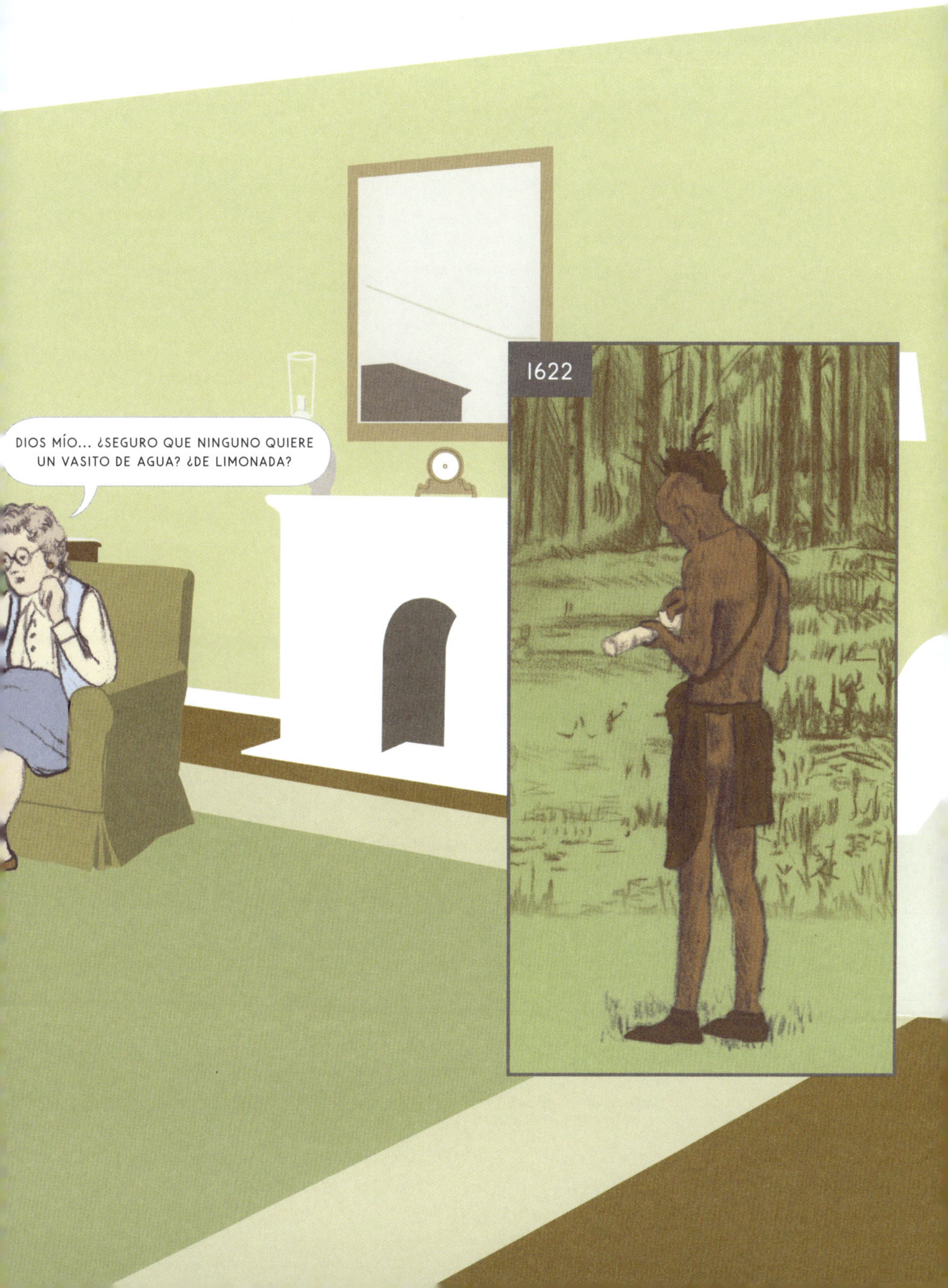

DIOS MÍO... ¿SEGURO QUE NINGUNO QUIERE UN VASITO DE AGUA? ¿DE LIMONADA?
1622

1986

VOY A TRAER TRES LIMONADAS.
¿LE IMPORTA SI LE ECHO UN VISTAZO AL PATIO TRASERO?

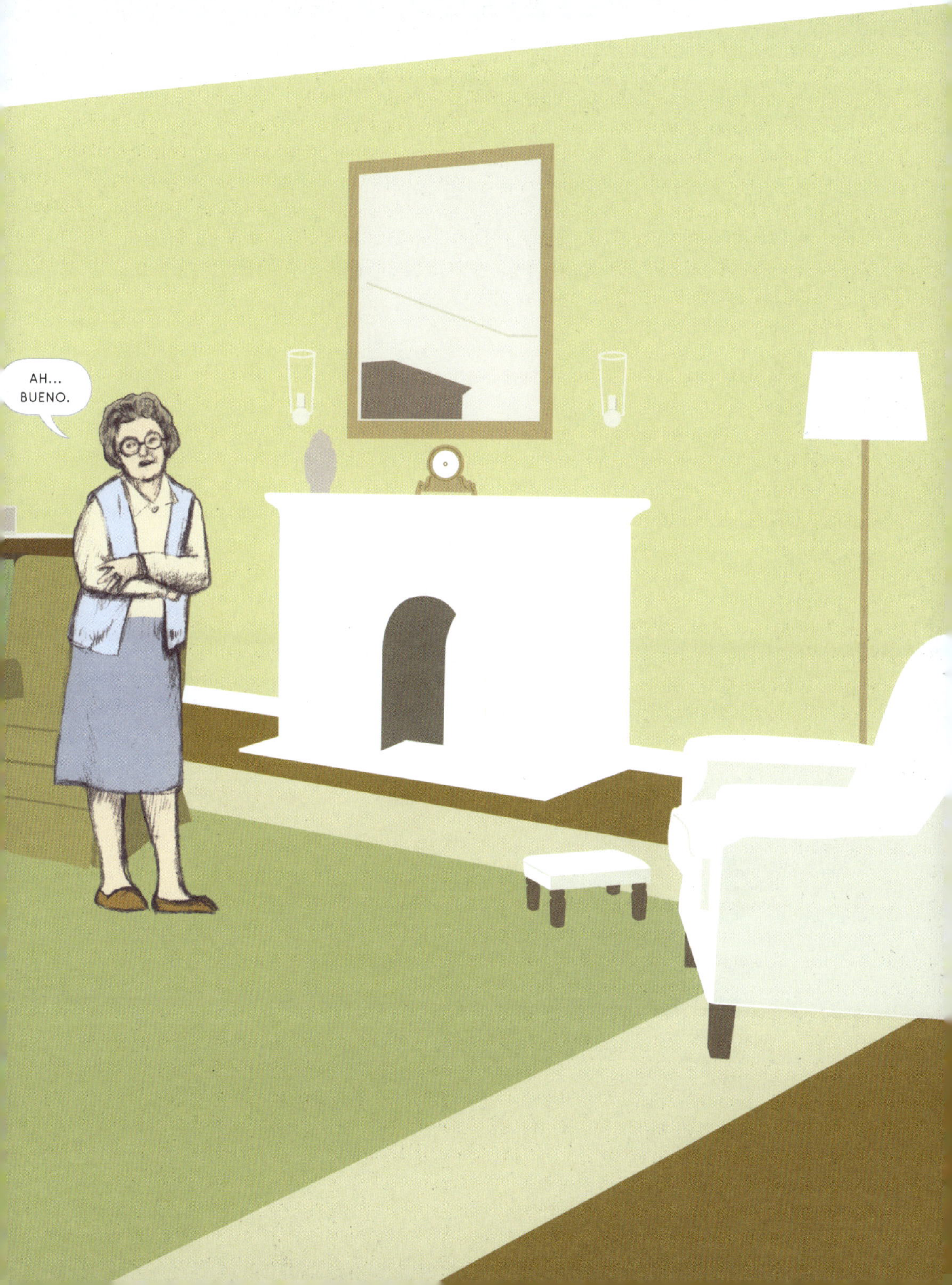
AH... BUENO.

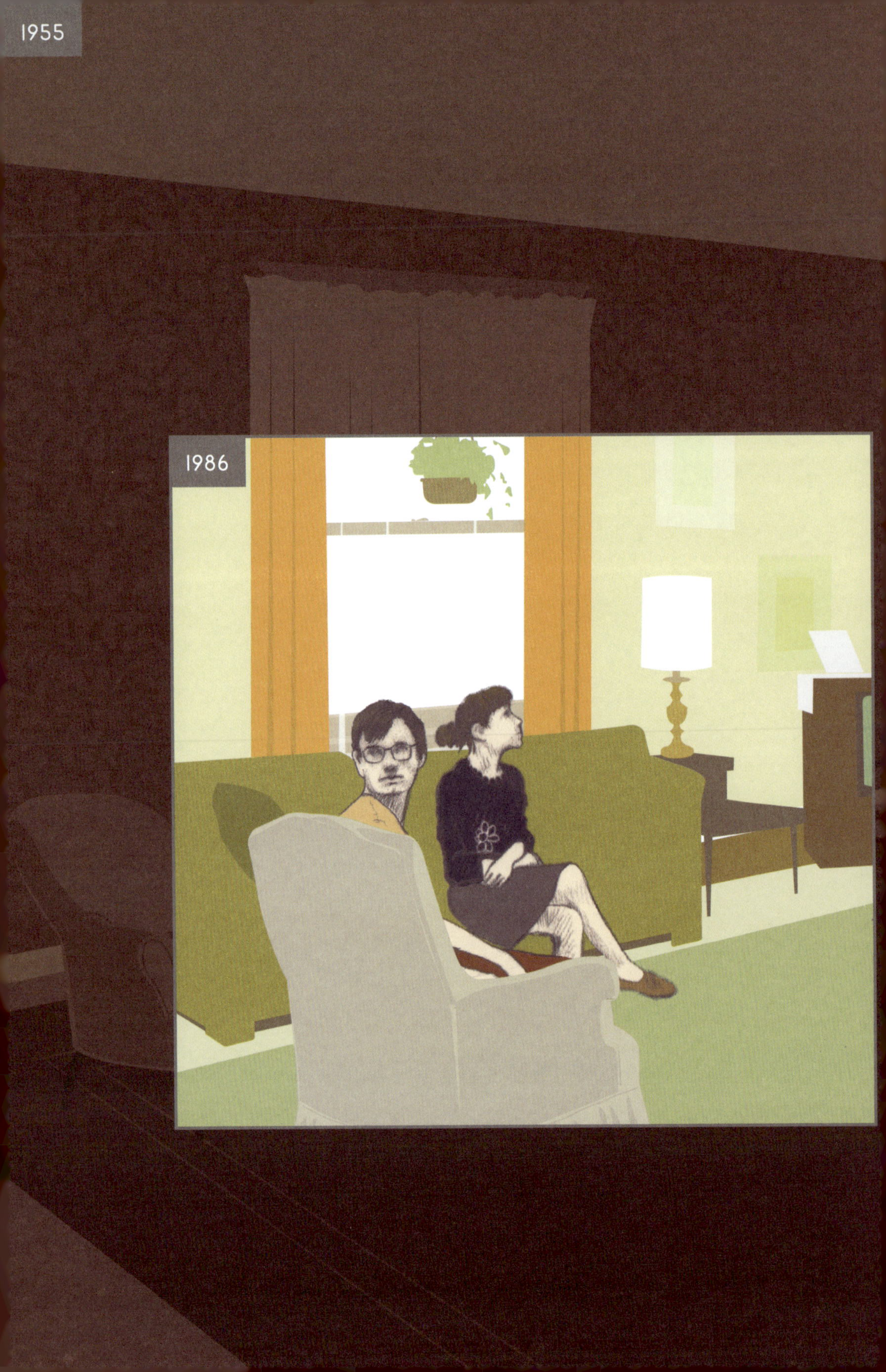
1955
1986

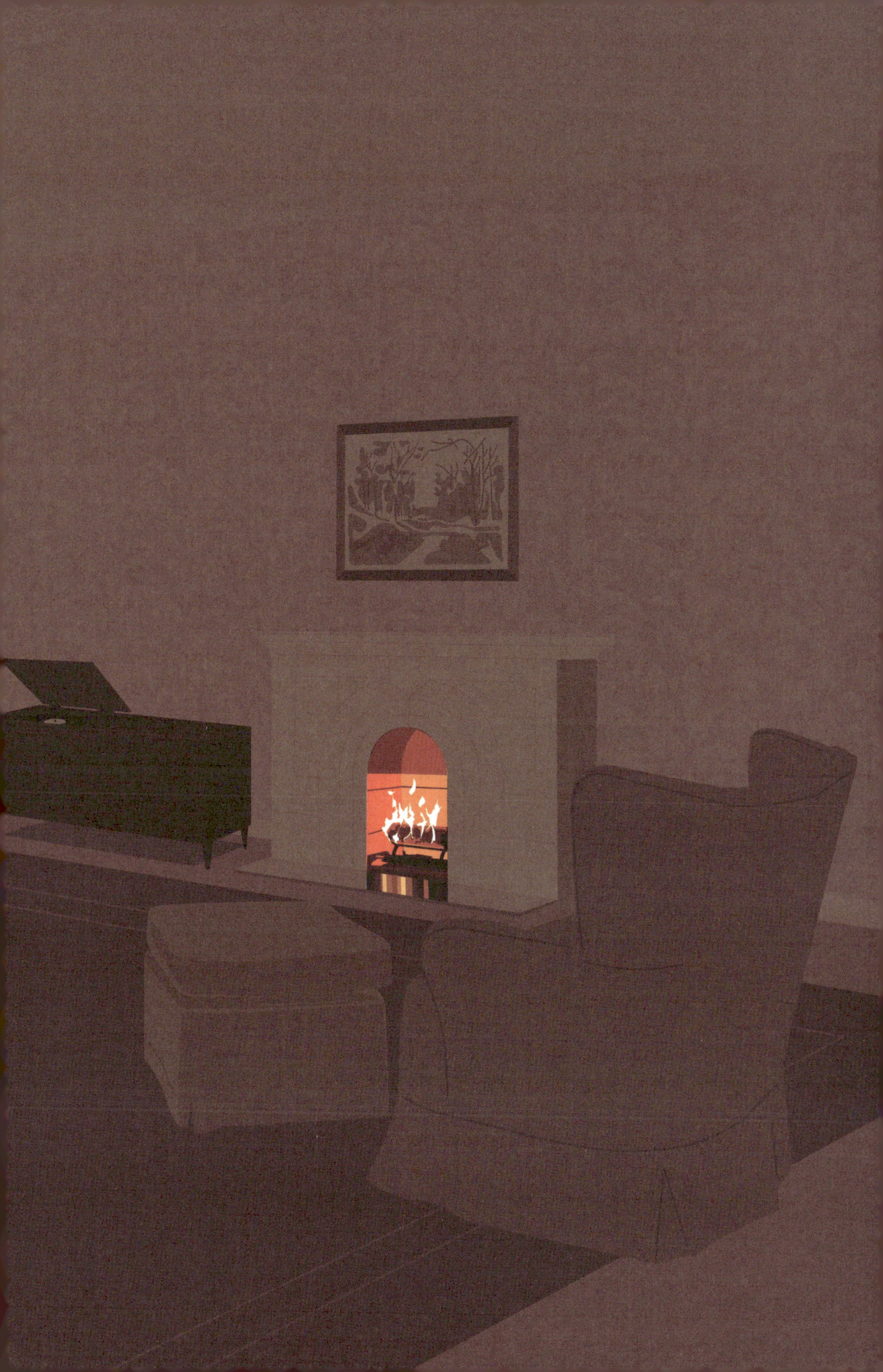

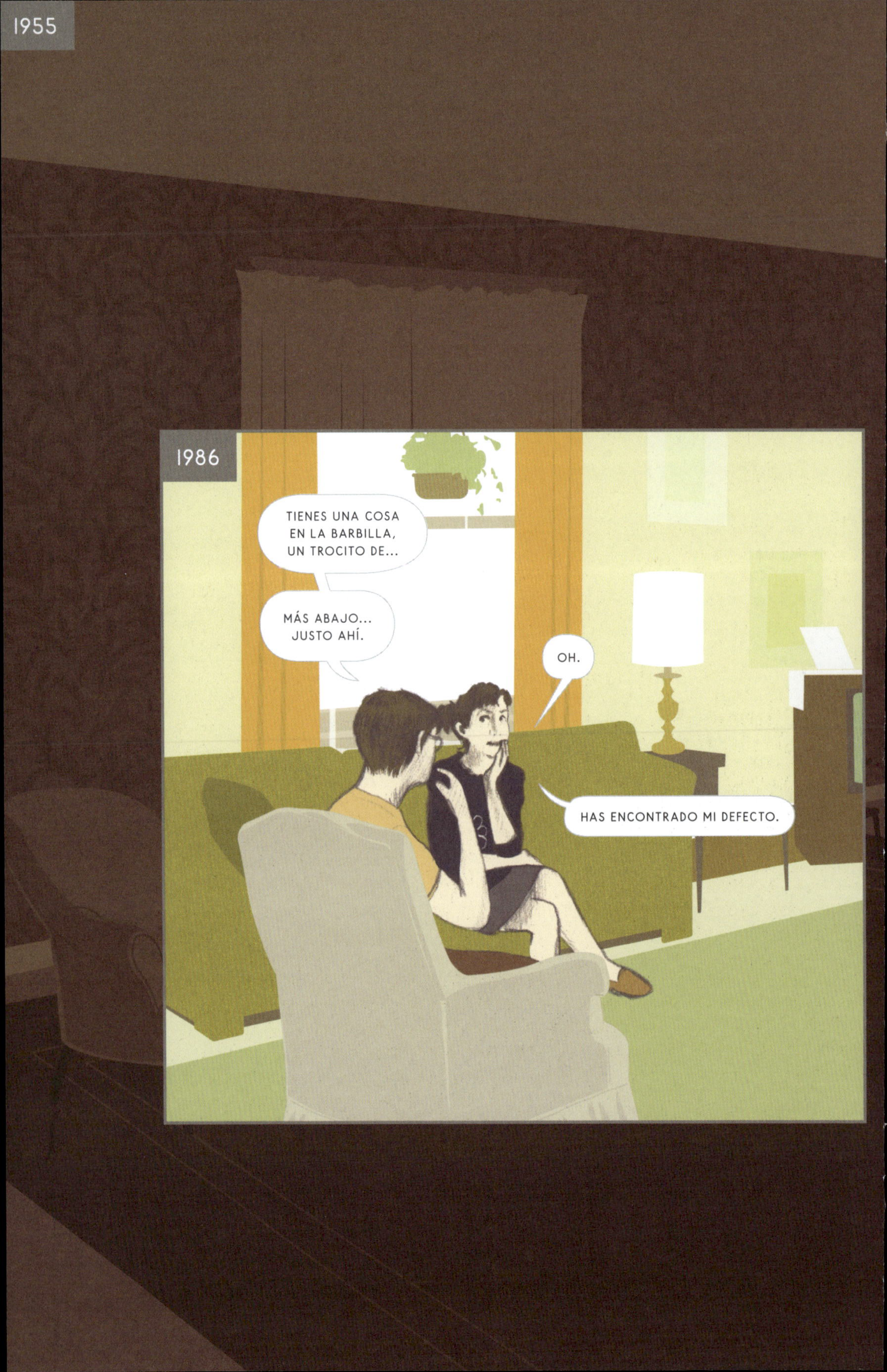
1955
1986
TIENES UNA COSA EN LA BARBILLA, UN TROCITO DE...
MÁS ABAJO... JUSTO AHÍ.
OH.
HAS ENCONTRADO MI DEFECTO.

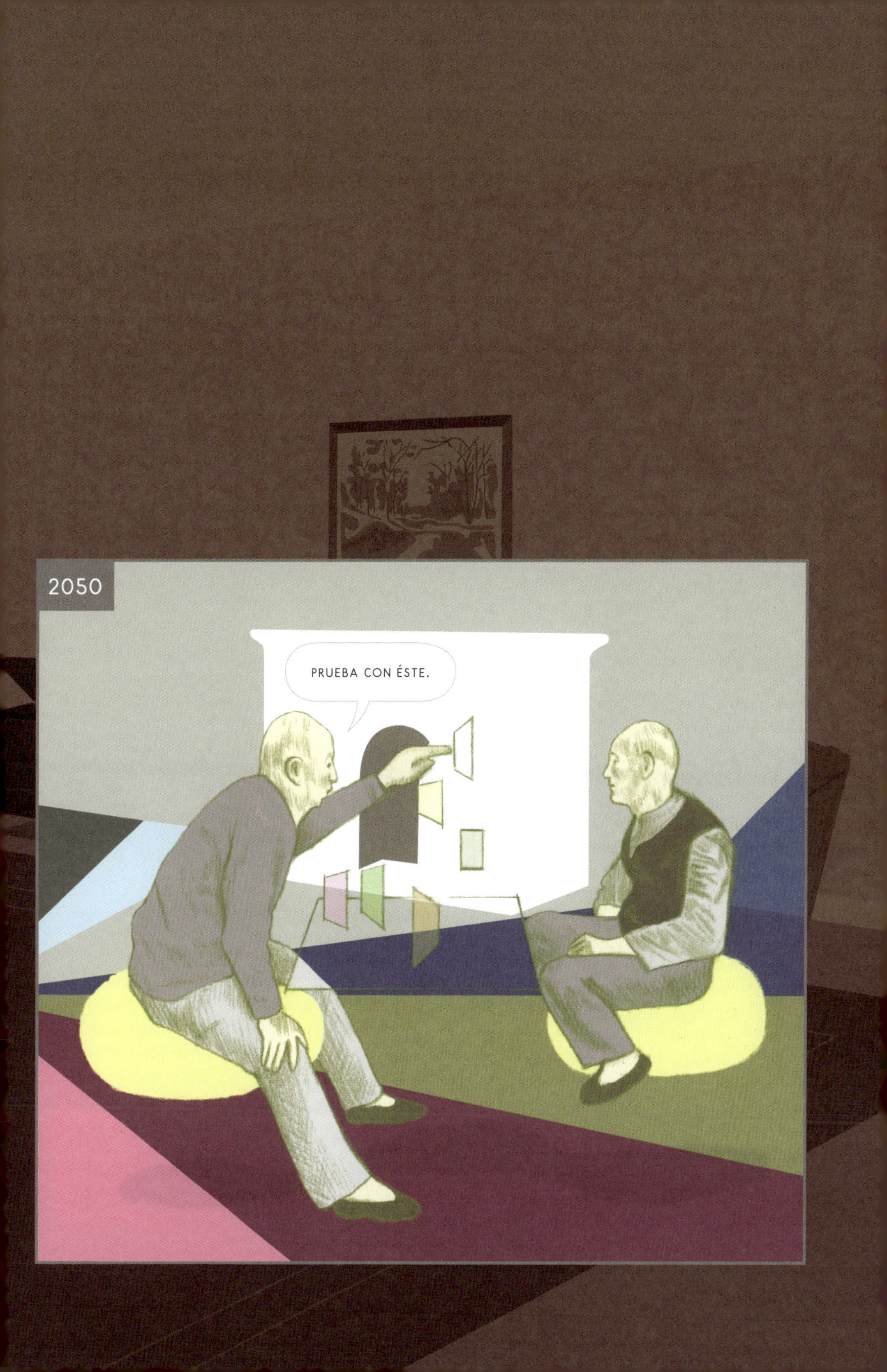
2050
PRUEBA CON ÉSTE.

1955
1986
ME GUSTA TU CAMISETA.
OH, AH, GRACIAS.
FUTURE TRANSITIONAL FOSSIL

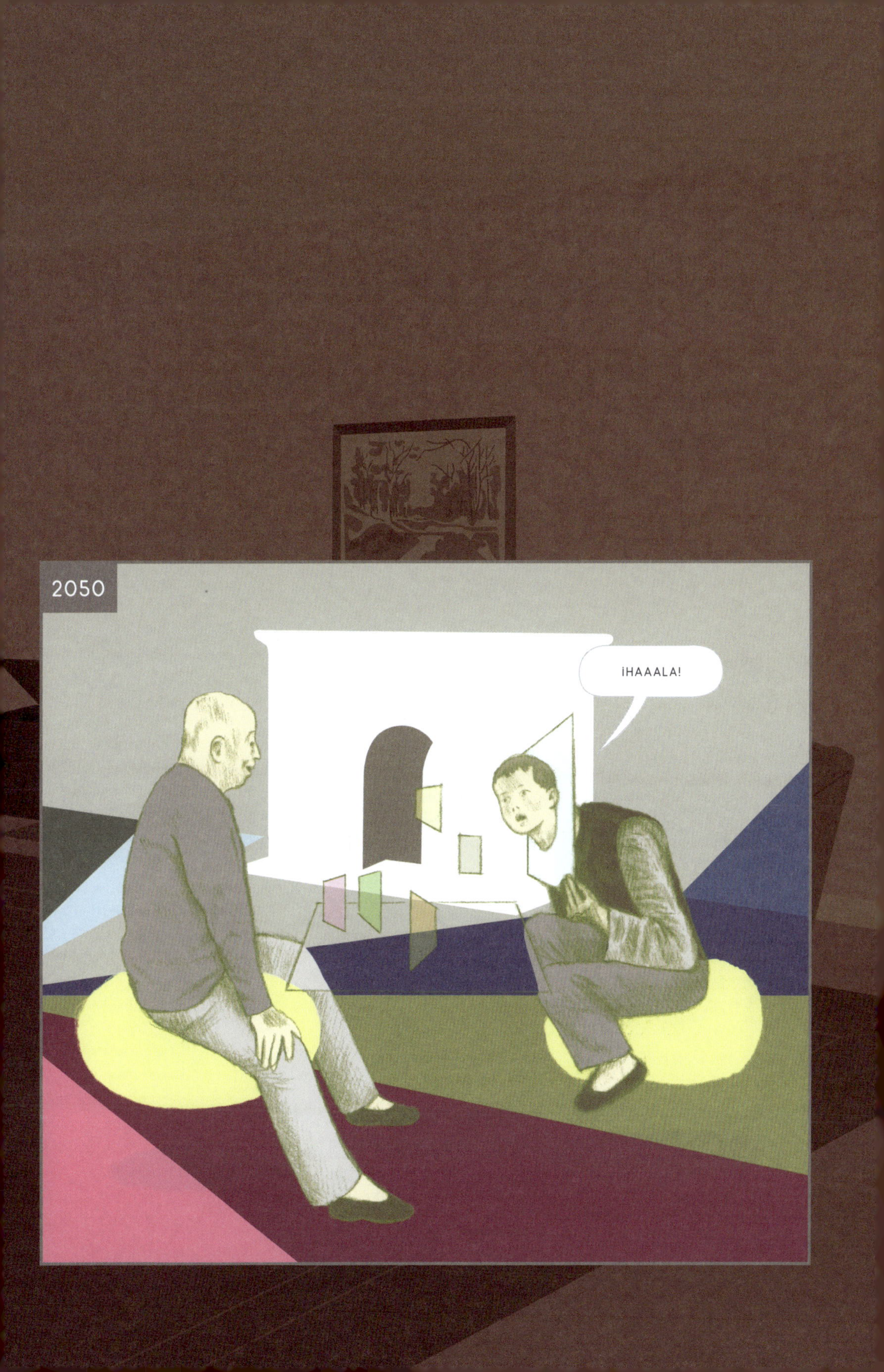
2050
¡HAAALA!

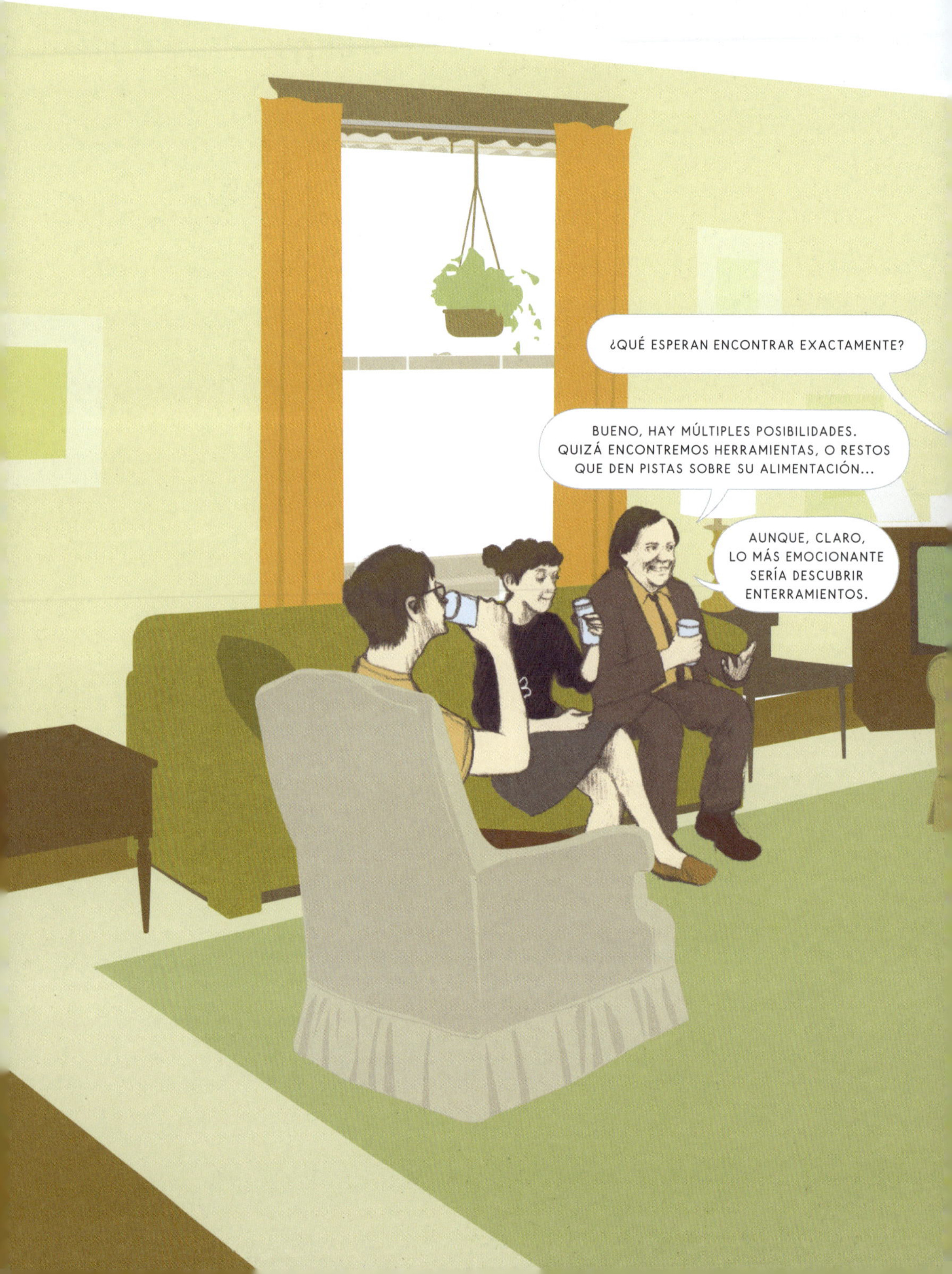
¿QUÉ ESPERAN ENCONTRAR EXACTAMENTE?
BUENO, HAY MÚLTIPLES POSIBILIDADES. QUIZÁ ENCONTREMOS HERRAMIENTAS, O RESTOS QUE DEN PISTAS SOBRE SU ALIMENTACIÓN...
AUNQUE, CLARO, LO MÁS EMOCIONANTE SERÍA DESCUBRIR ENTERRAMIENTOS.

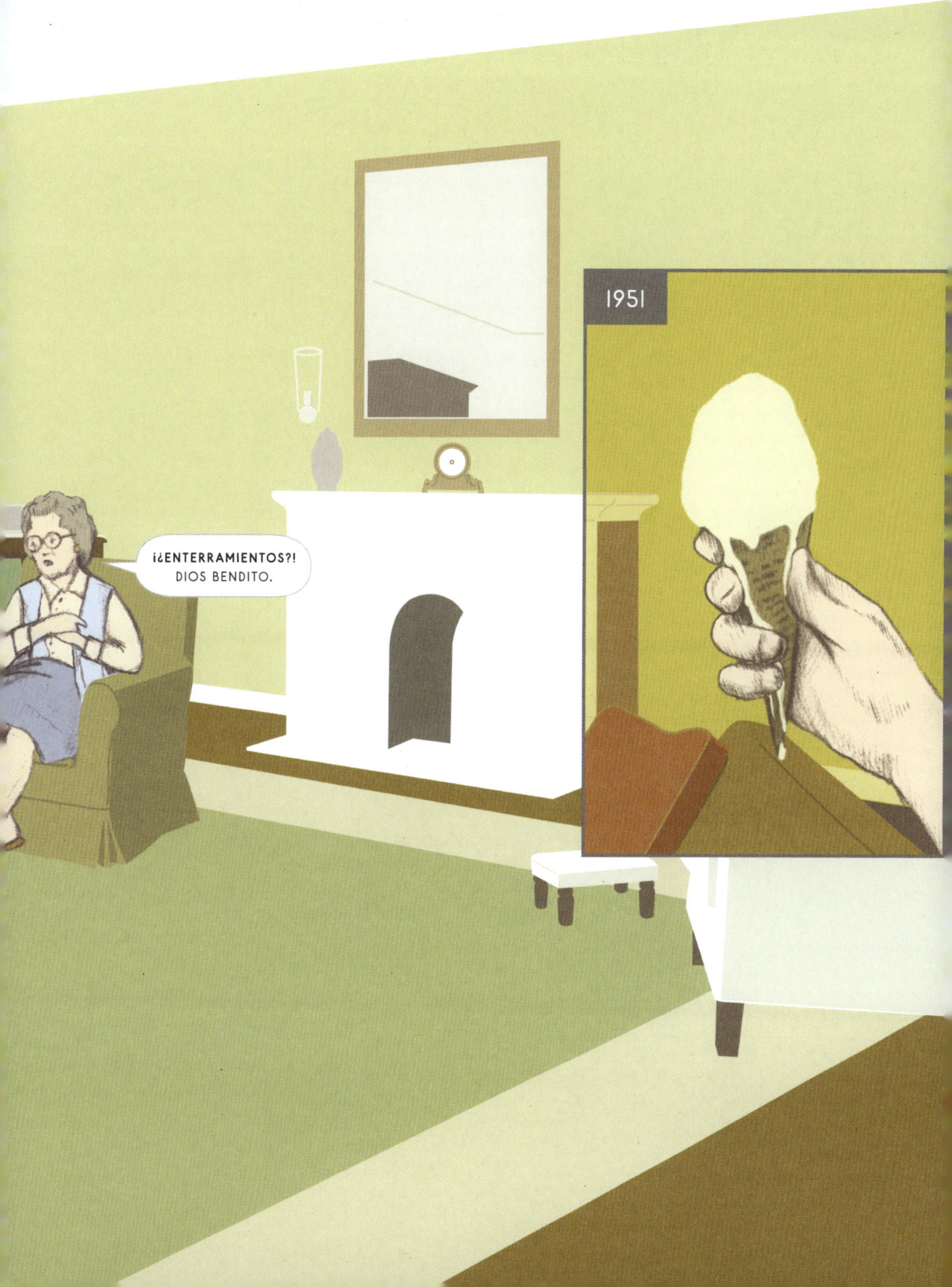
¡¿ENTERRAMIENTOS?! DIOS BENDITO.
1951

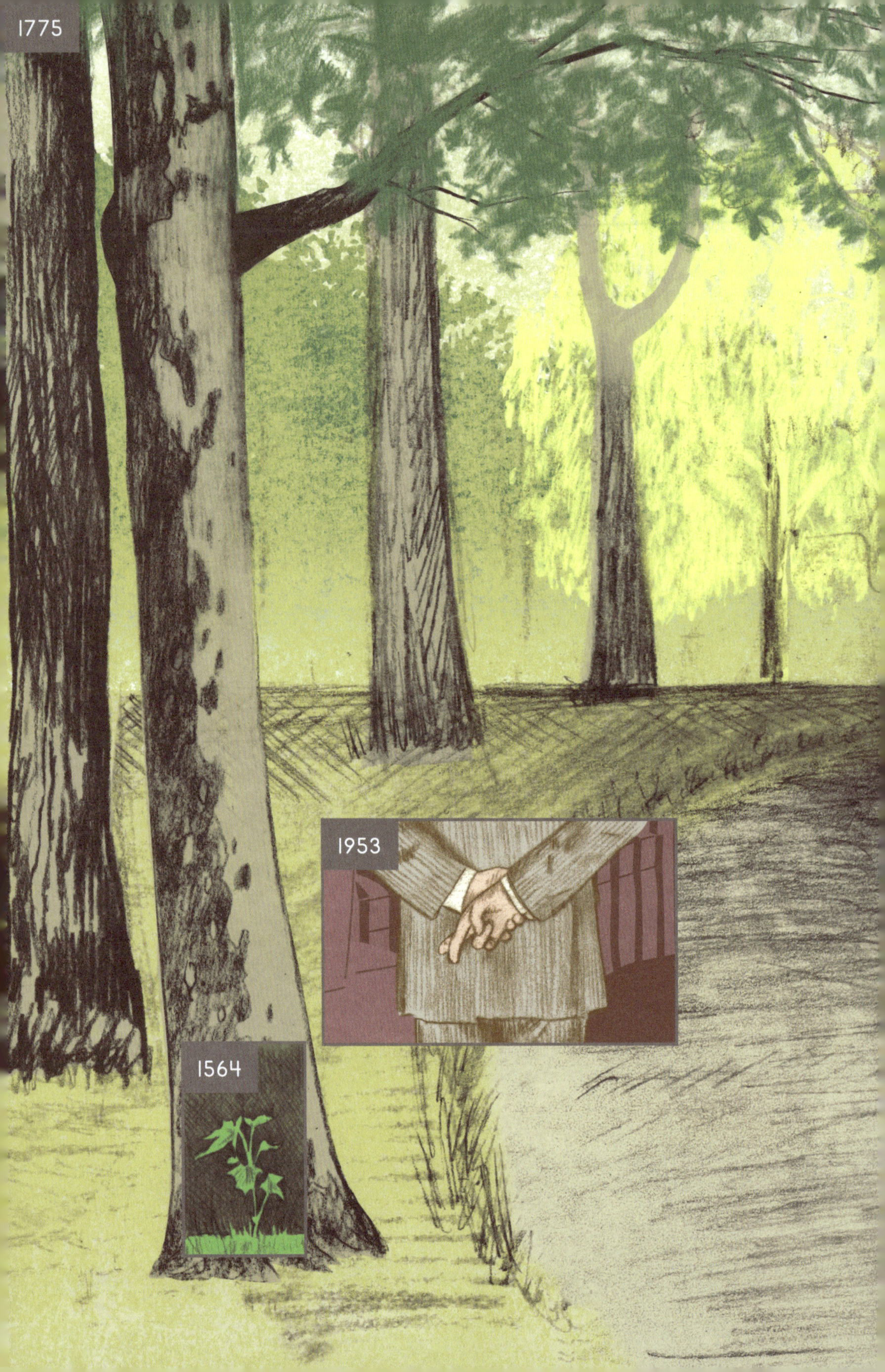
1775
1953
1564

LLEGARÁN DENTRO DE QUINCE DÍAS Y, PARA SERTE SINCERO, TEMO ESE MOMENTO.
¡OH, WILLIAM! ¿TU PROPIO **PADRE** Y TU PROPIO **HIJO**?
1955

1775
1579
1935
ESTOY NERVIOSO POR VER AL PEQUEÑO BILLY. YA HA CUMPLIDO QUINCE, Y NO COINCIDIMOS DESDE HACE AÑOS.
AY, NO TE PREOCUPES TANTO.

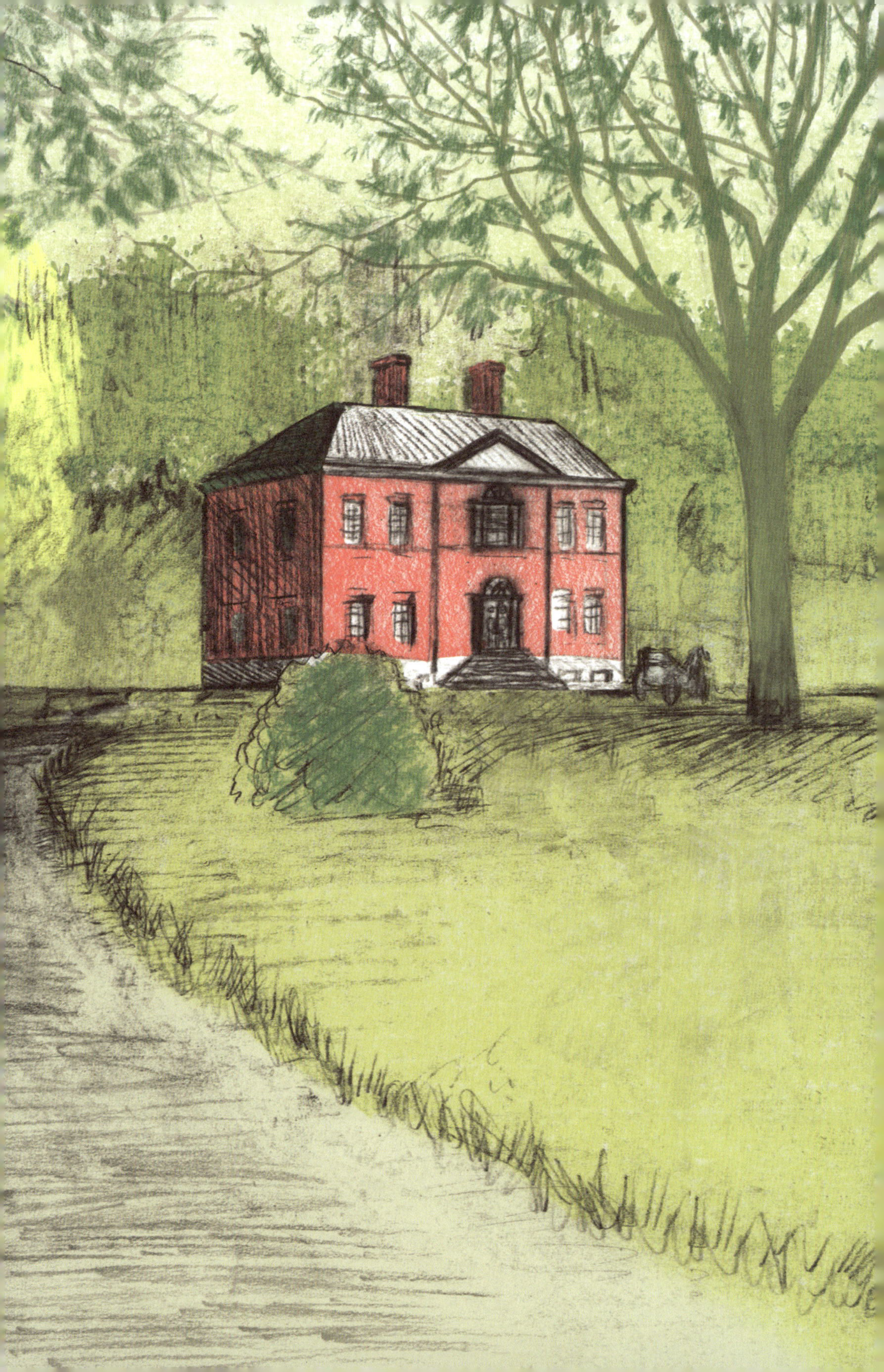

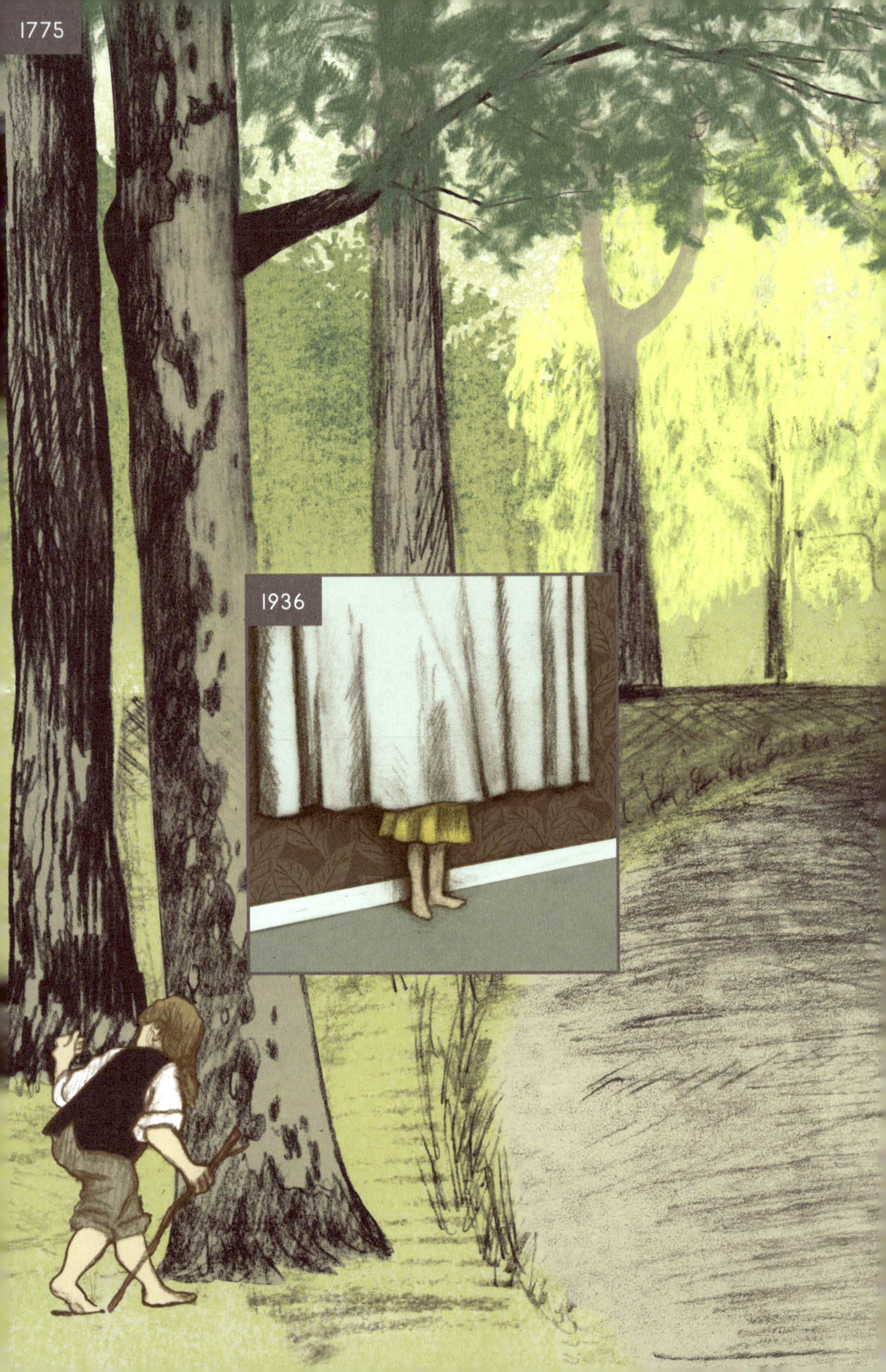
1775
1936

POR DESGRACIA, PADRE Y YO ESTAMOS EN BANDOS OPUESTOS. SUS CARTAS ME ROMPEN EL CORAZÓN. ¡MI PROPIO PADRE VA CAMINO DE CONVERTIRSE EN UN **TERRORISTA**!
PROMÉTEME QUE EVITARÁS HABLAR DE POLÍTICA CON TU PADRE. DETESTO TANTO LAS DISCUSIONES...

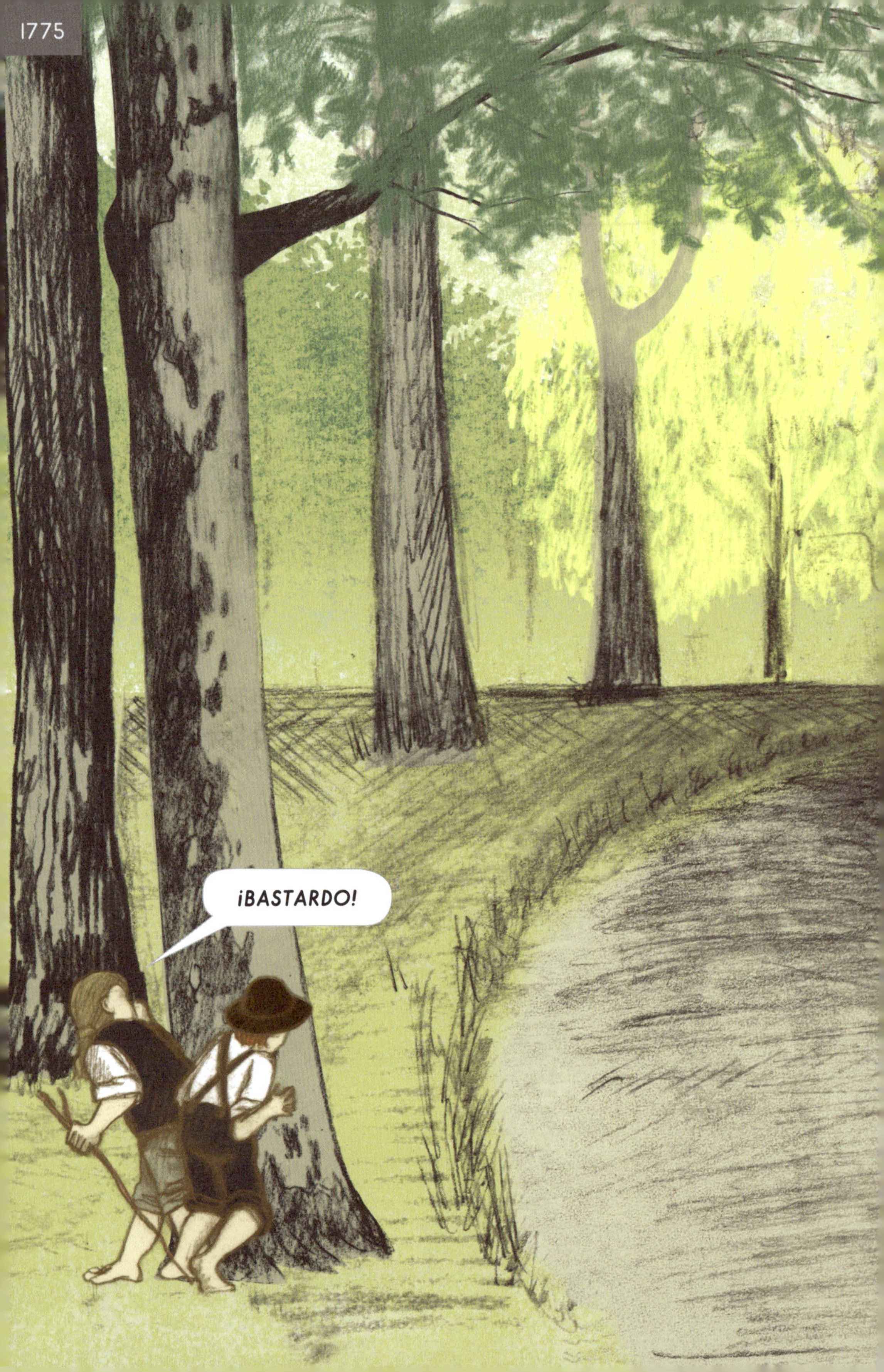
1775
¡BASTARDO!

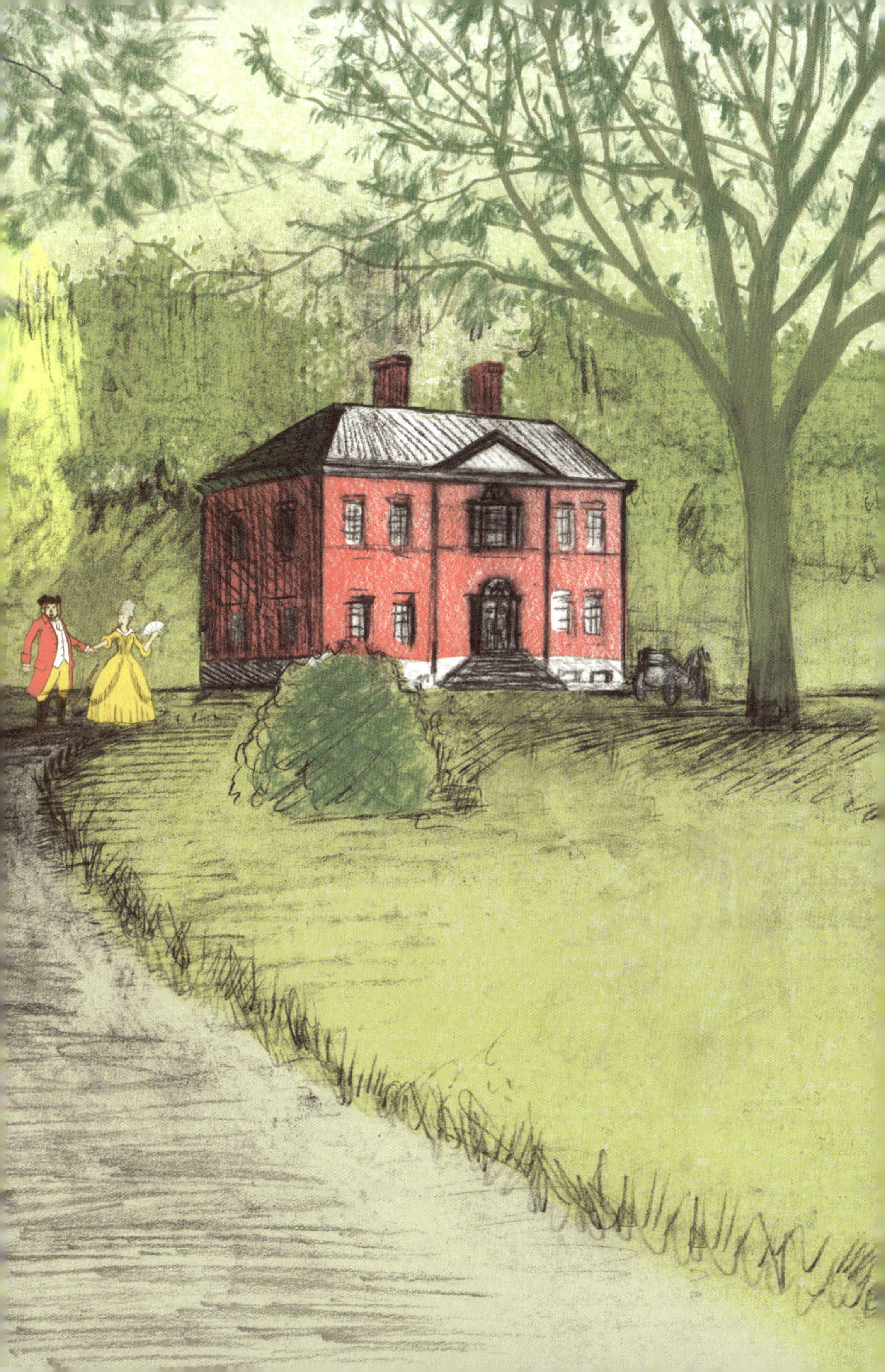

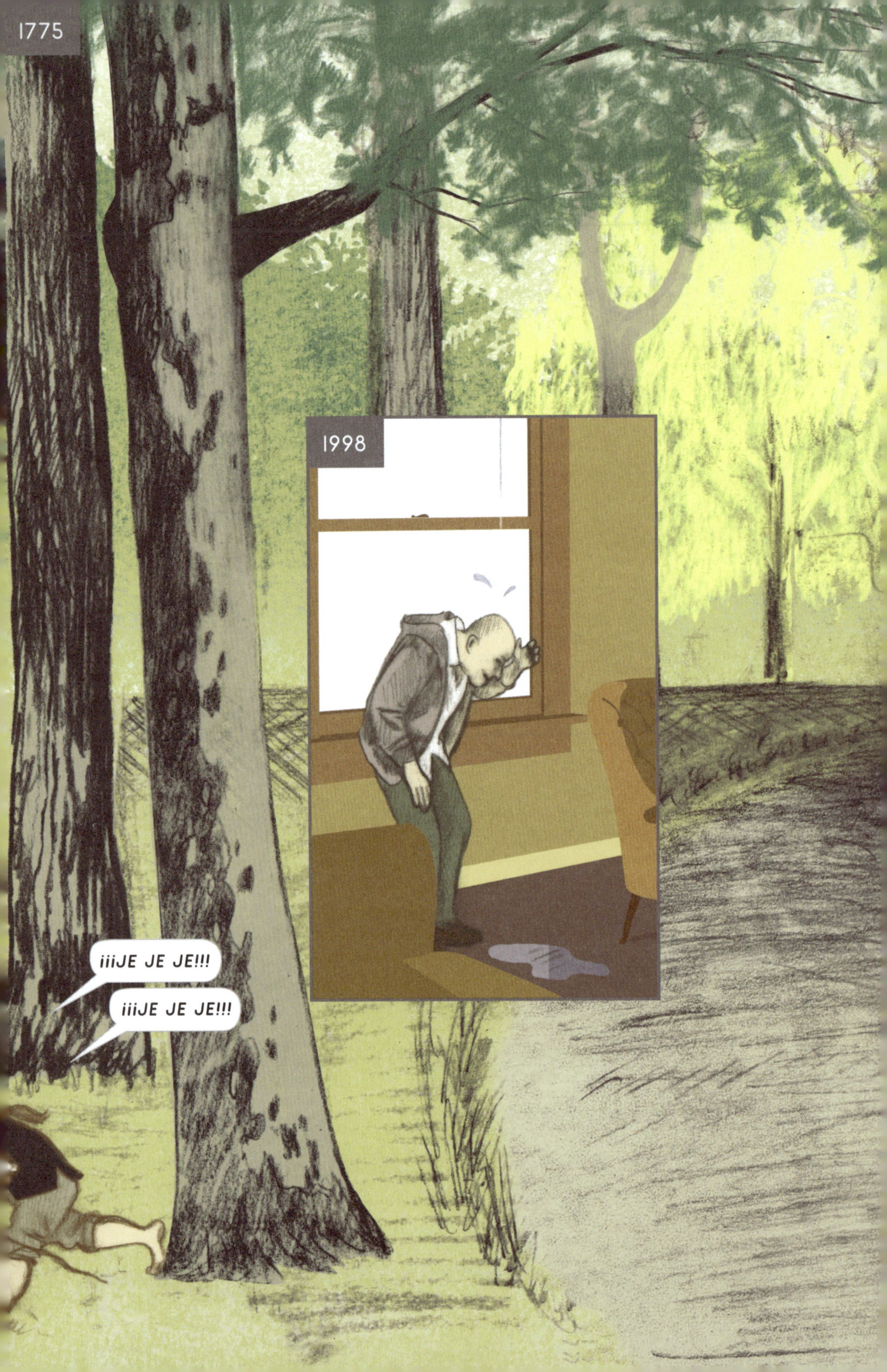
1775
1998
¡¡¡JE JE JE!!!
¡¡¡JE JE JE!!!

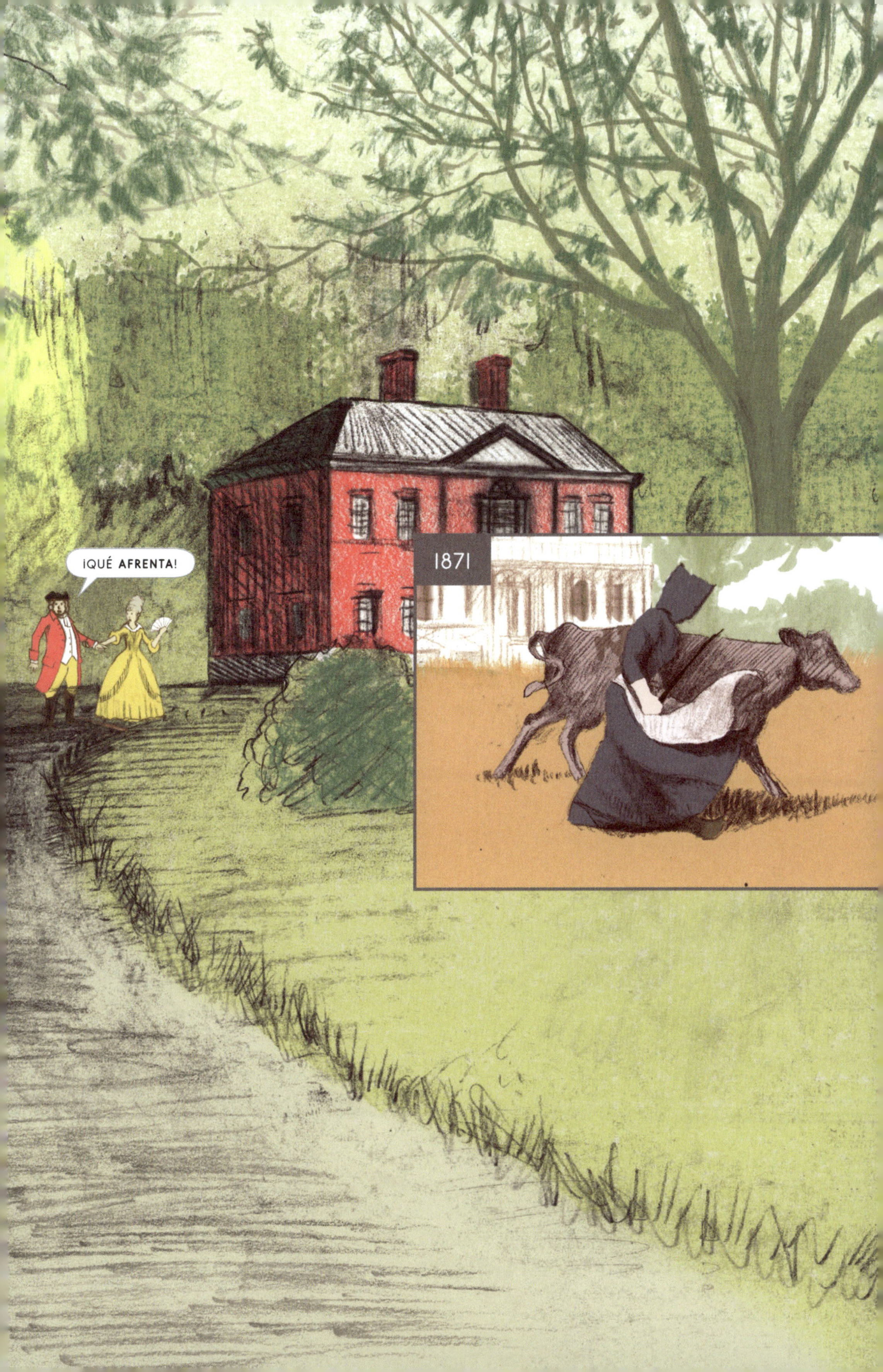
¡QUÉ AFRENTA!
1871

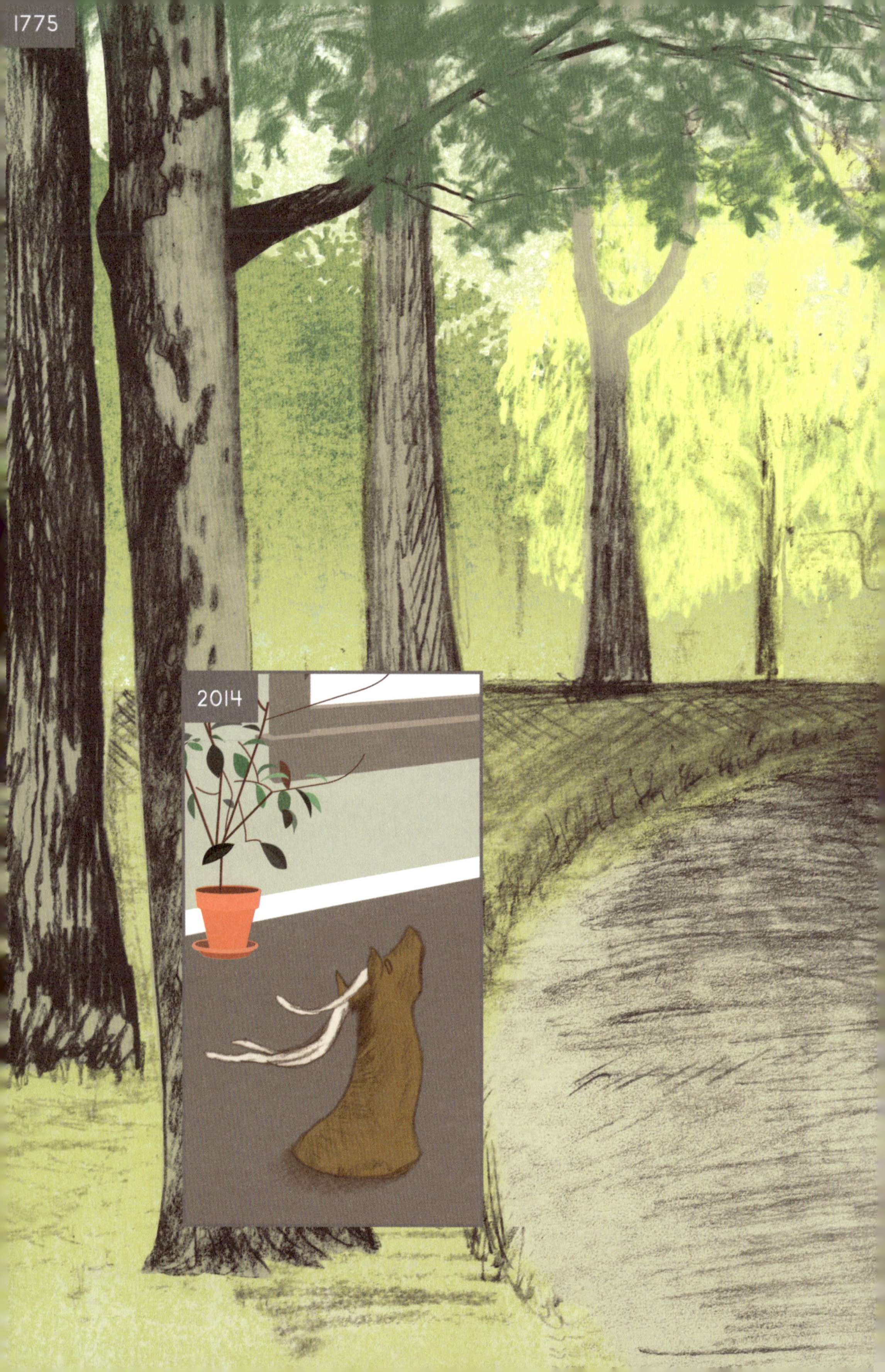
1775
2014

¡RUFIANES! ¡HABRÍA QUE ENCERRARLOS!
¡POR DIOS! ¡ADÓNDE VAMOS A LLEGAR!

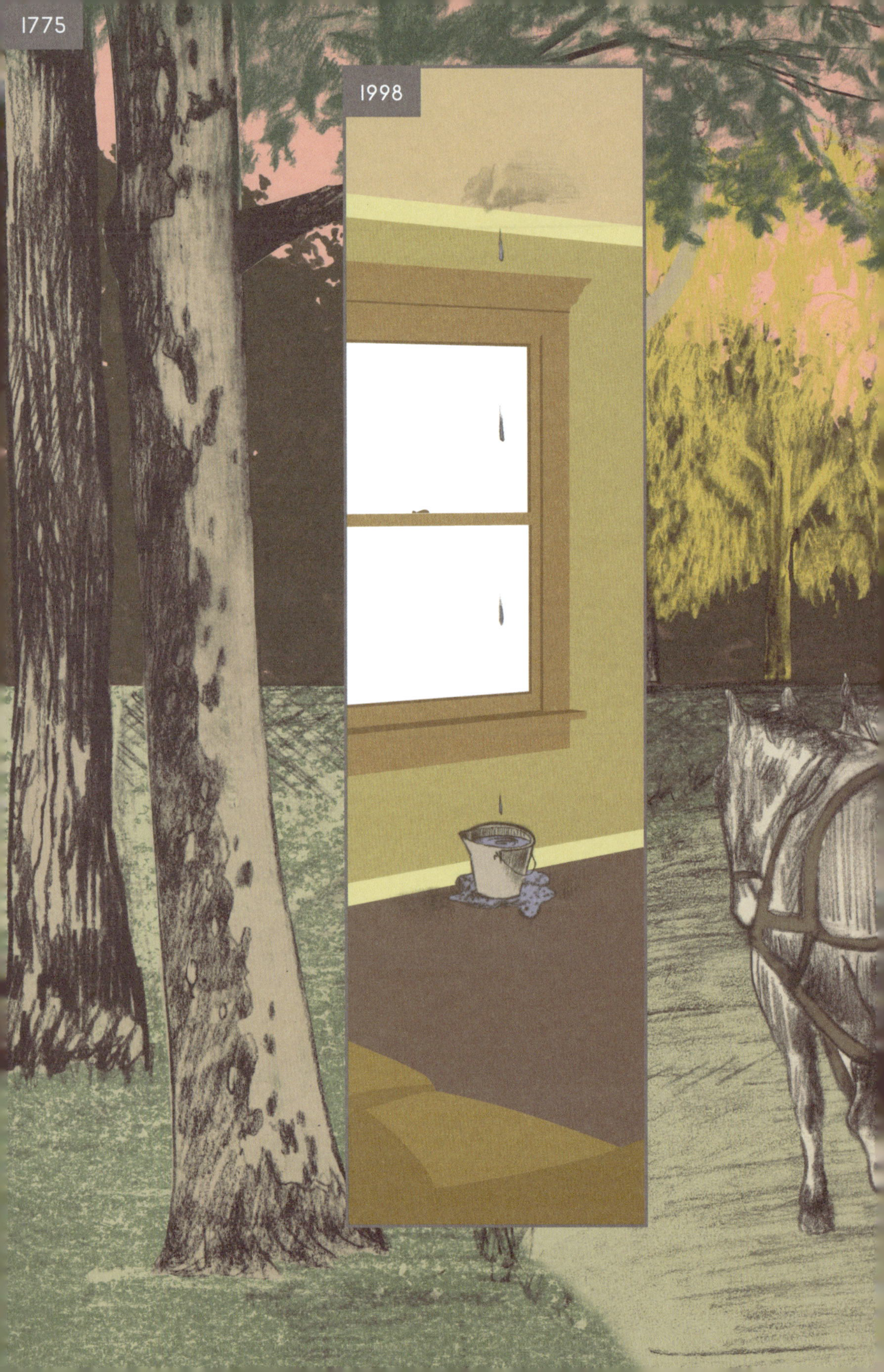
1775
1998

YA HEMOS LLEGADO.
ESTOY NERVIOSO.
NO TE PREOCUPES, HIJO. SEGURO QUE TU PADRE SE ALEGRA MUCHO DE VERTE.

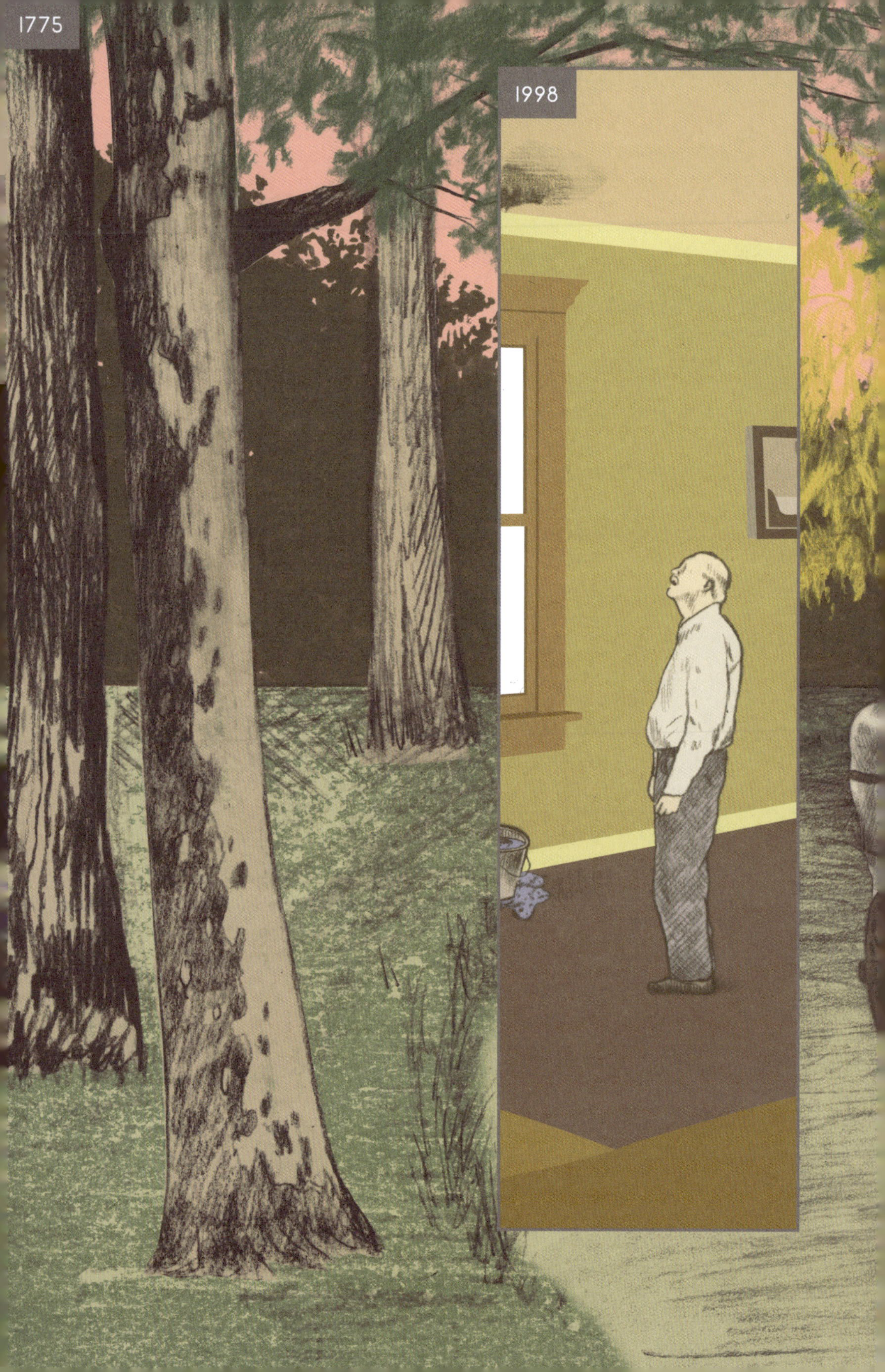
1775
1998

YO TENÍA TU EDAD CUANDO PASÉ POR PRIMERA VEZ POR ESTA CIUDAD.
ME RESULTA INCREÍBLEMENTE EXTRAÑO REGRESAR A VISITAR A MI PROPIO HIJO ACOMPAÑADO DE MI NIETO.
LA VIDA TIENE EL DON DE RIMAR MOMENTOS.

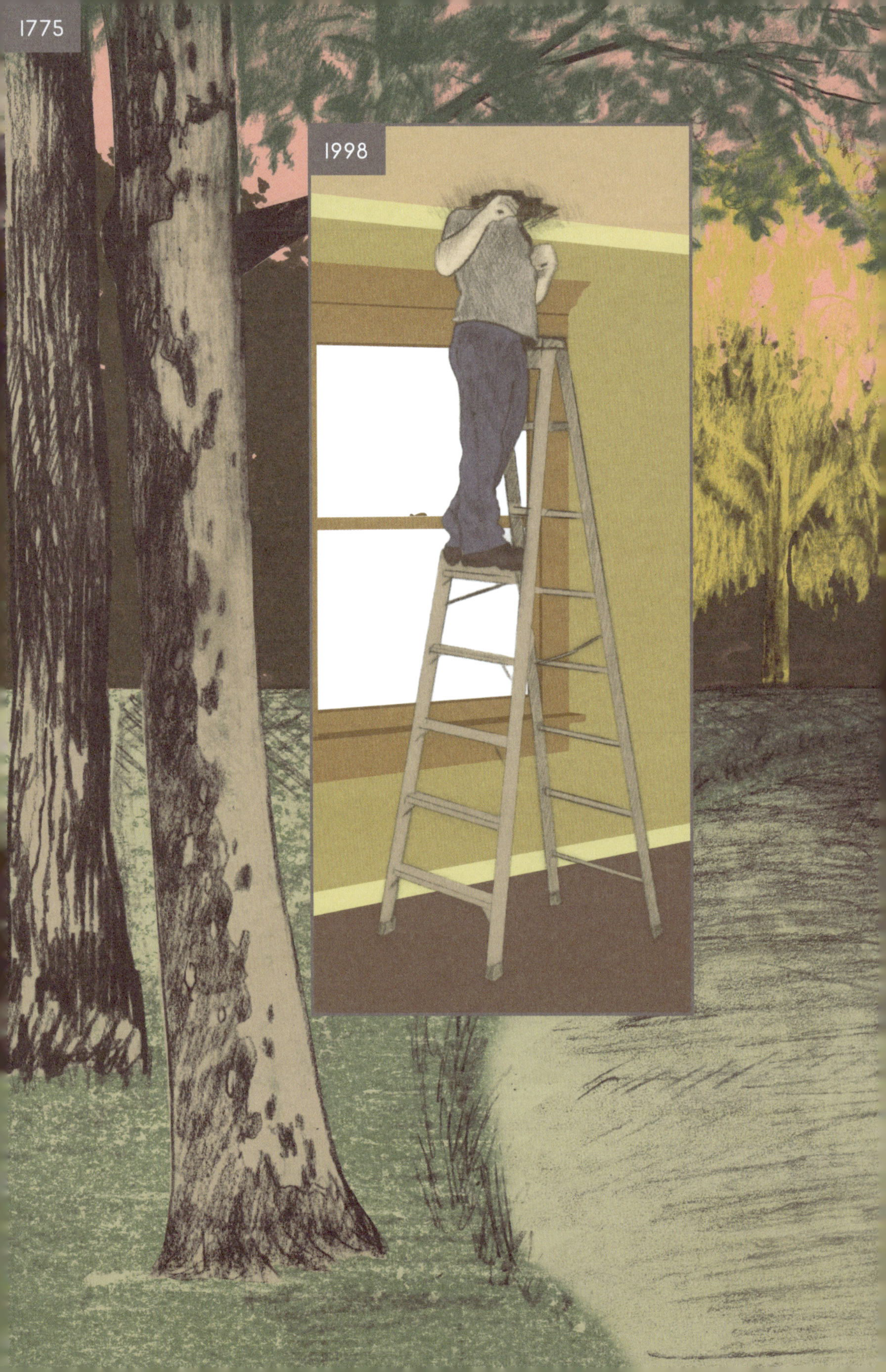
1775
1998

ABUELO, ¿PROMETES QUE NO VAS A DISCUTIR DE POLÍTICA CON PADRE?
LO PROMETO.

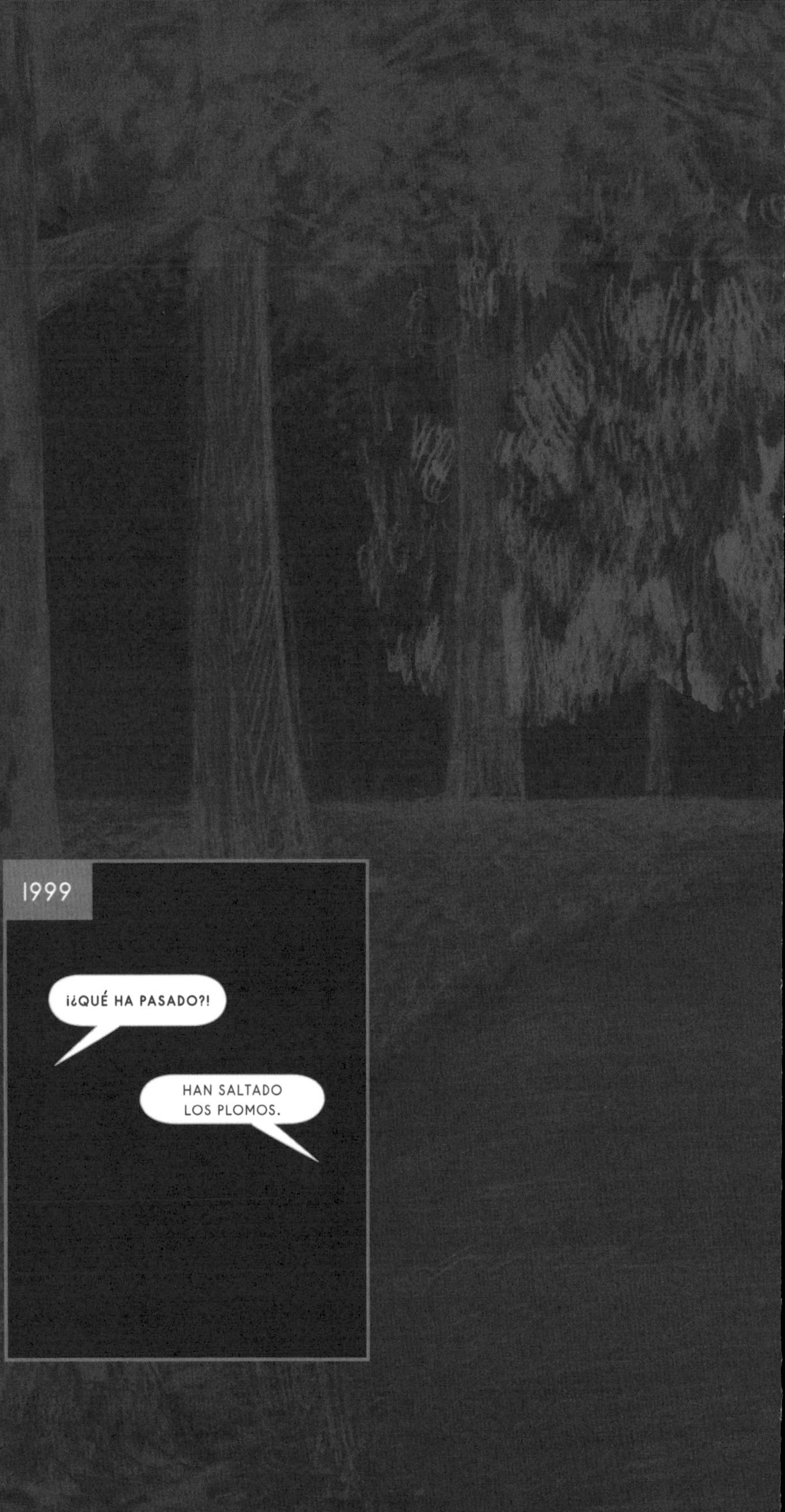
1999
¡¿QUÉ HA PASADO?!
HAN SALTADO LOS PLOMOS.

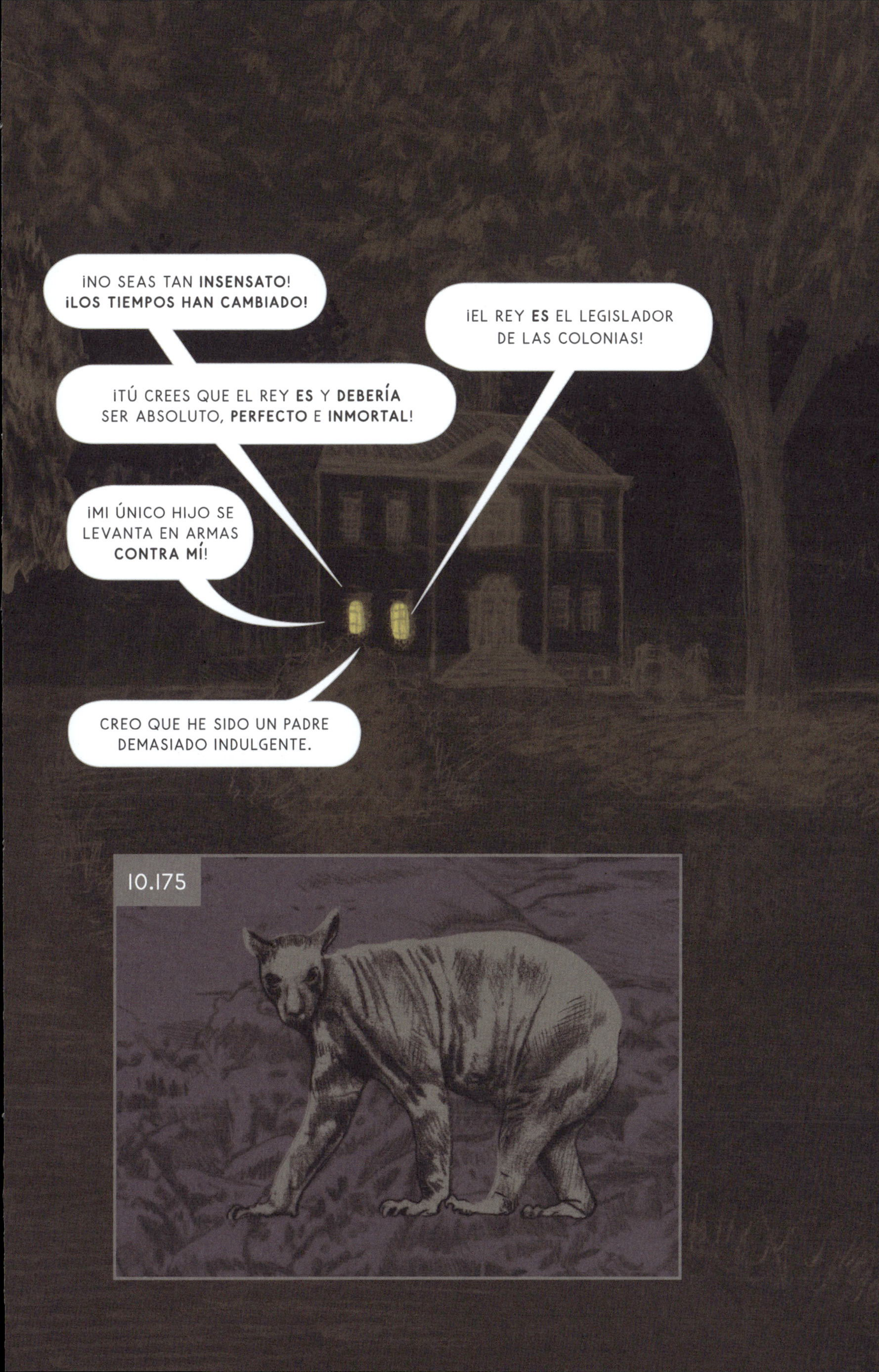
¡NO SEAS TAN **INSENSATO**! **¡LOS TIEMPOS HAN CAMBIADO!**
¡EL REY **ES** EL LEGISLADOR DE LAS COLONIAS!
¡TÚ CREES QUE EL REY **ES** Y **DEBERÍA** SER ABSOLUTO, **PERFECTO** E **INMORTAL**!
¡MI ÚNICO HIJO SE LEVANTA EN ARMAS **CONTRA MÍ**!
CREO QUE HE SIDO UN PADRE DEMASIADO INDULGENTE.
10.175

1983
1720
USTED, CABALLERO, ESTÁ BEBIDO Y SU CONVERSACIÓN ES POBRE, CARECE DE MODALES Y DIGNIDAD EN EL PORTE.
1991
¡MIIIERDA!
RAS

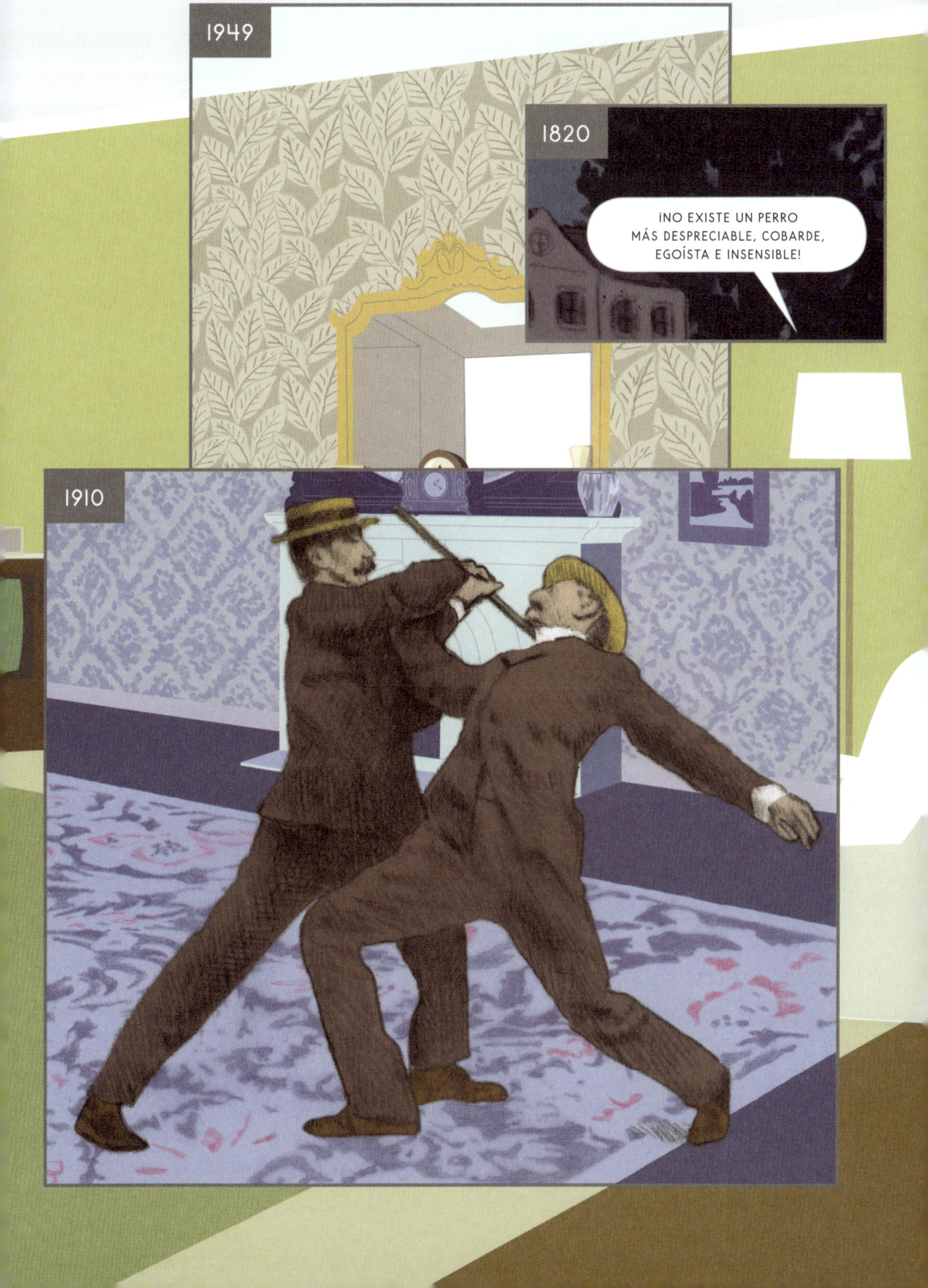
1949
1820
¡NO EXISTE UN PERRO MÁS DESPRECIABLE, COBARDE, EGOÍSTA E INSENSIBLE!
1910

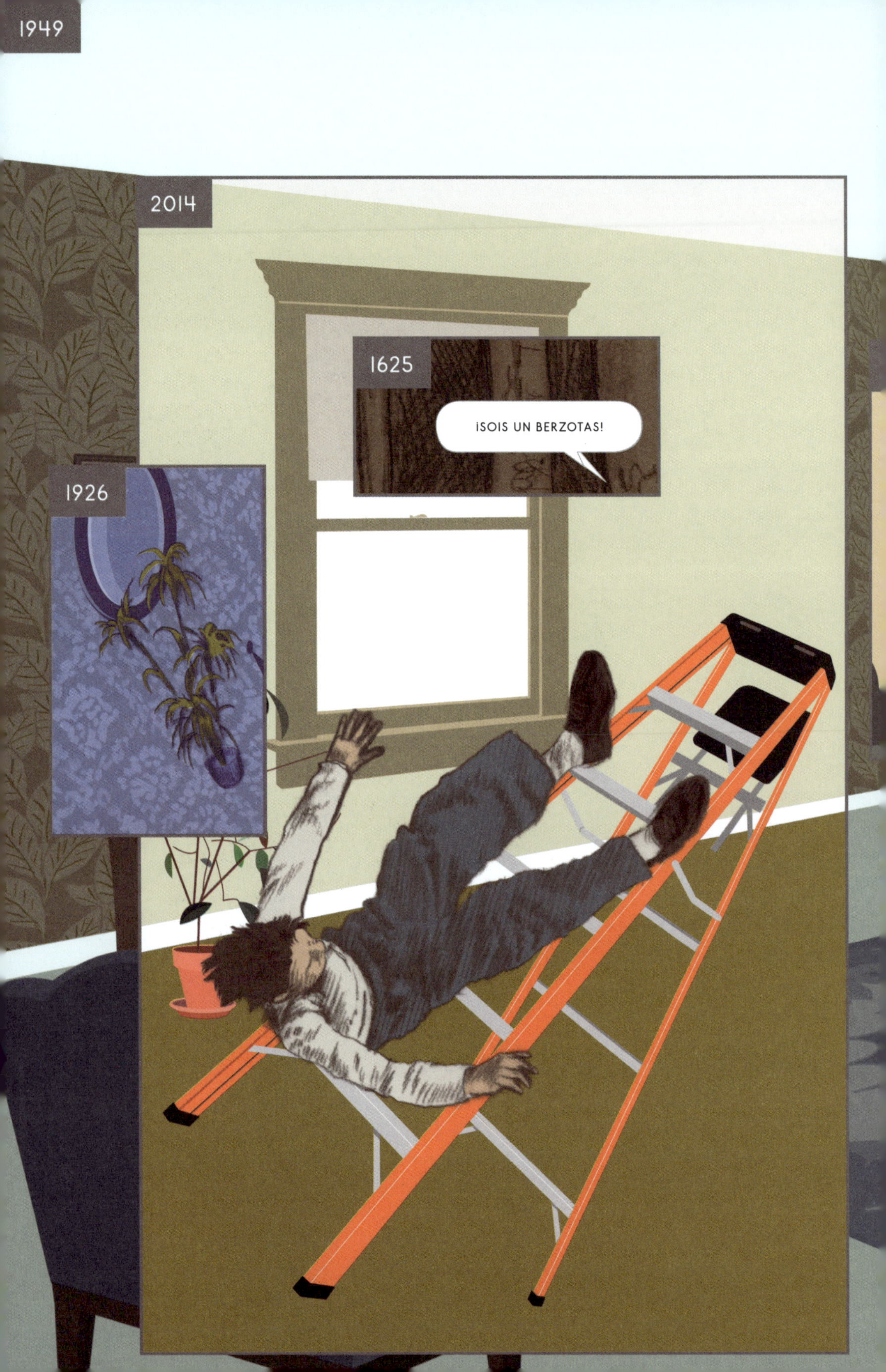
1949
2014
1625
¡SOIS UN BERZOTAS!
1926

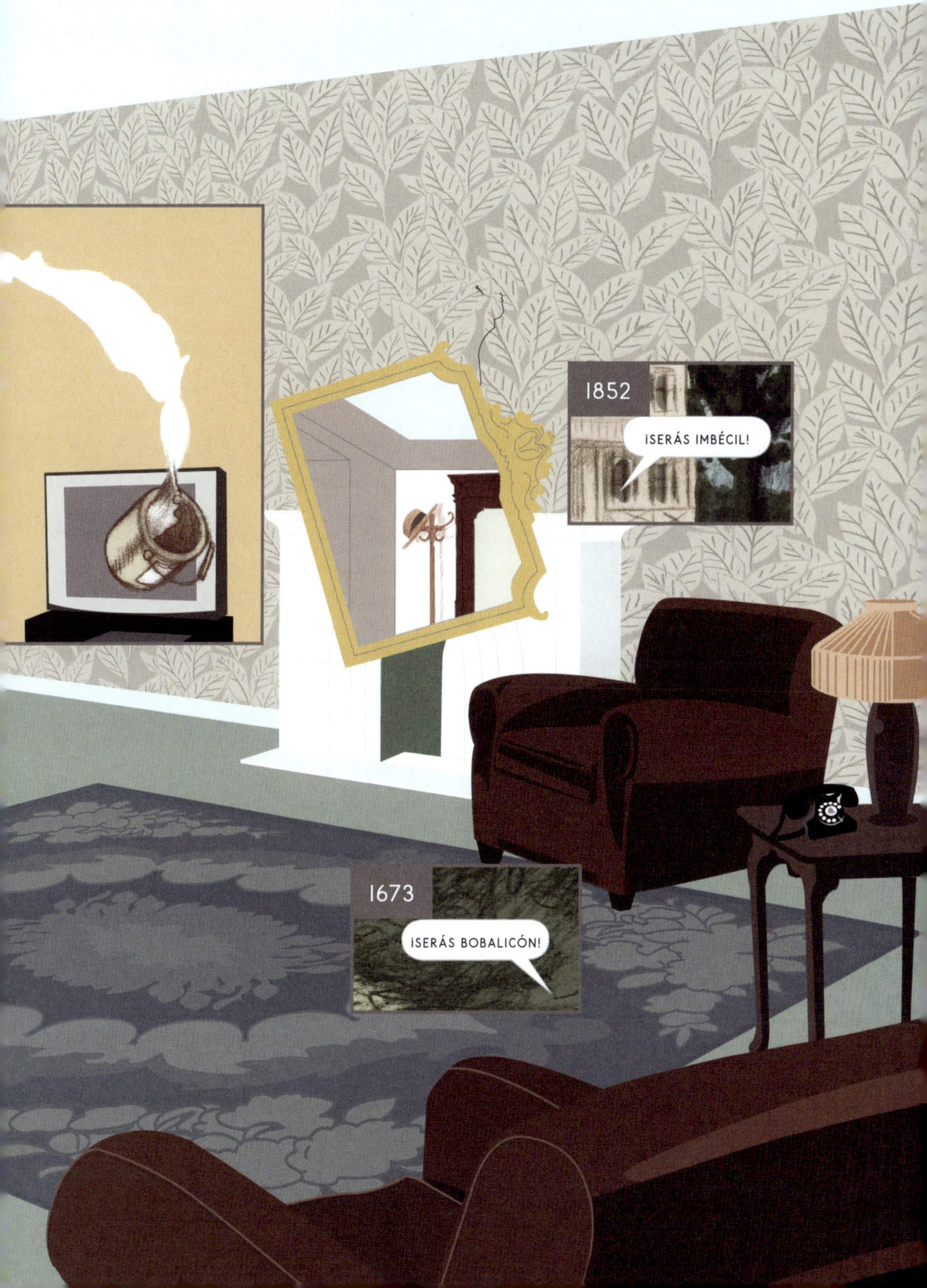
1852
¡SERÁS IMBÉCIL!
1673
¡SERÁS BOBALICÓN!

1949
2111
1955
RARITO.
1950
TARADO.
PELMA.
1960
CORTITO.
1963
1950
LILA.
1957
CARCA.
1943
1961
ZUMBADO.

1963
CRETINO.
1967
MAL BICHO.
1968
MAMÓN.
1965
CENUTRIO.
1968
PANOLI.
1977
PIRADO.
1982
1944
1984
BICHO RARO.

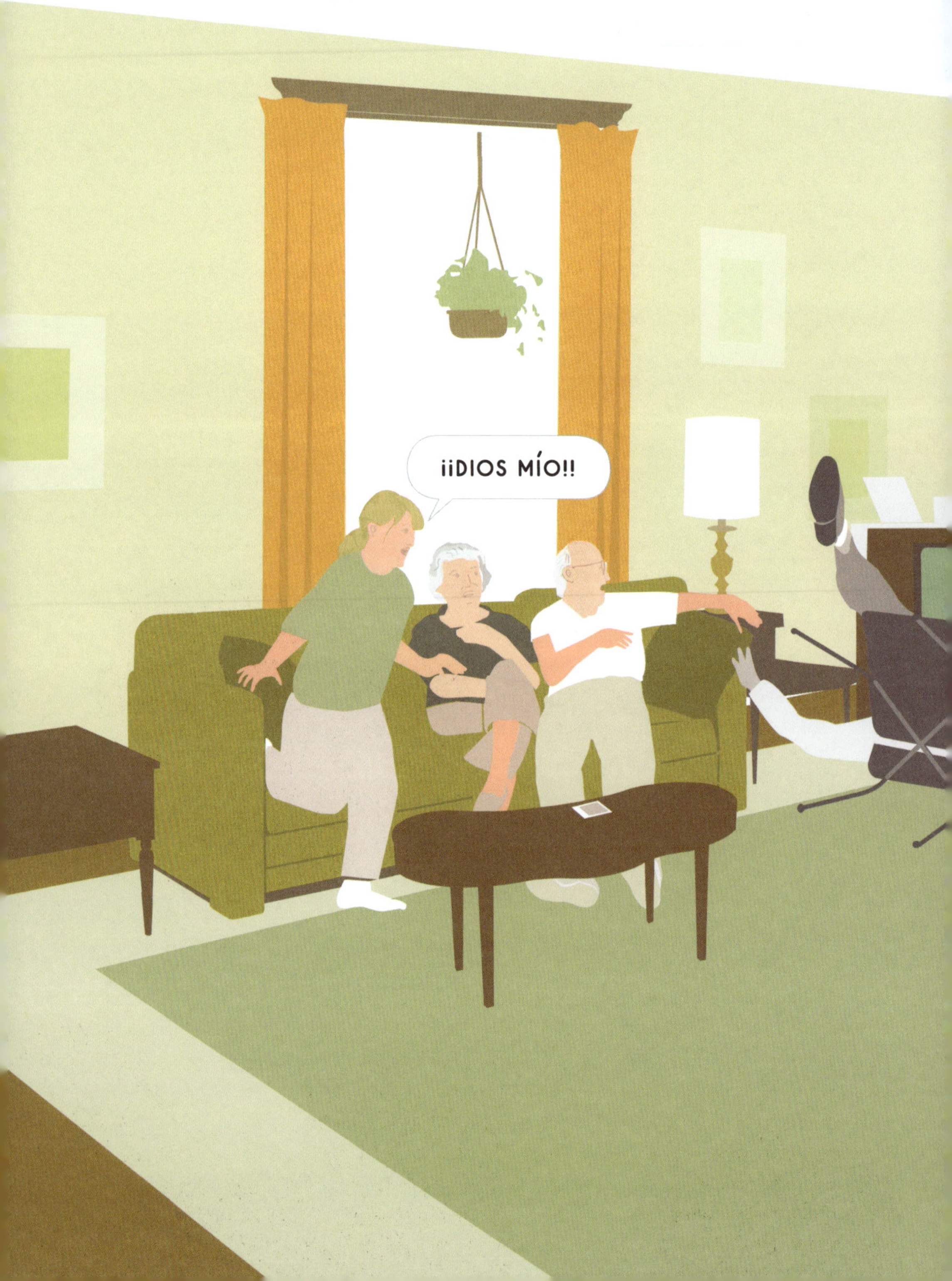
¡¡DIOS MÍO!!

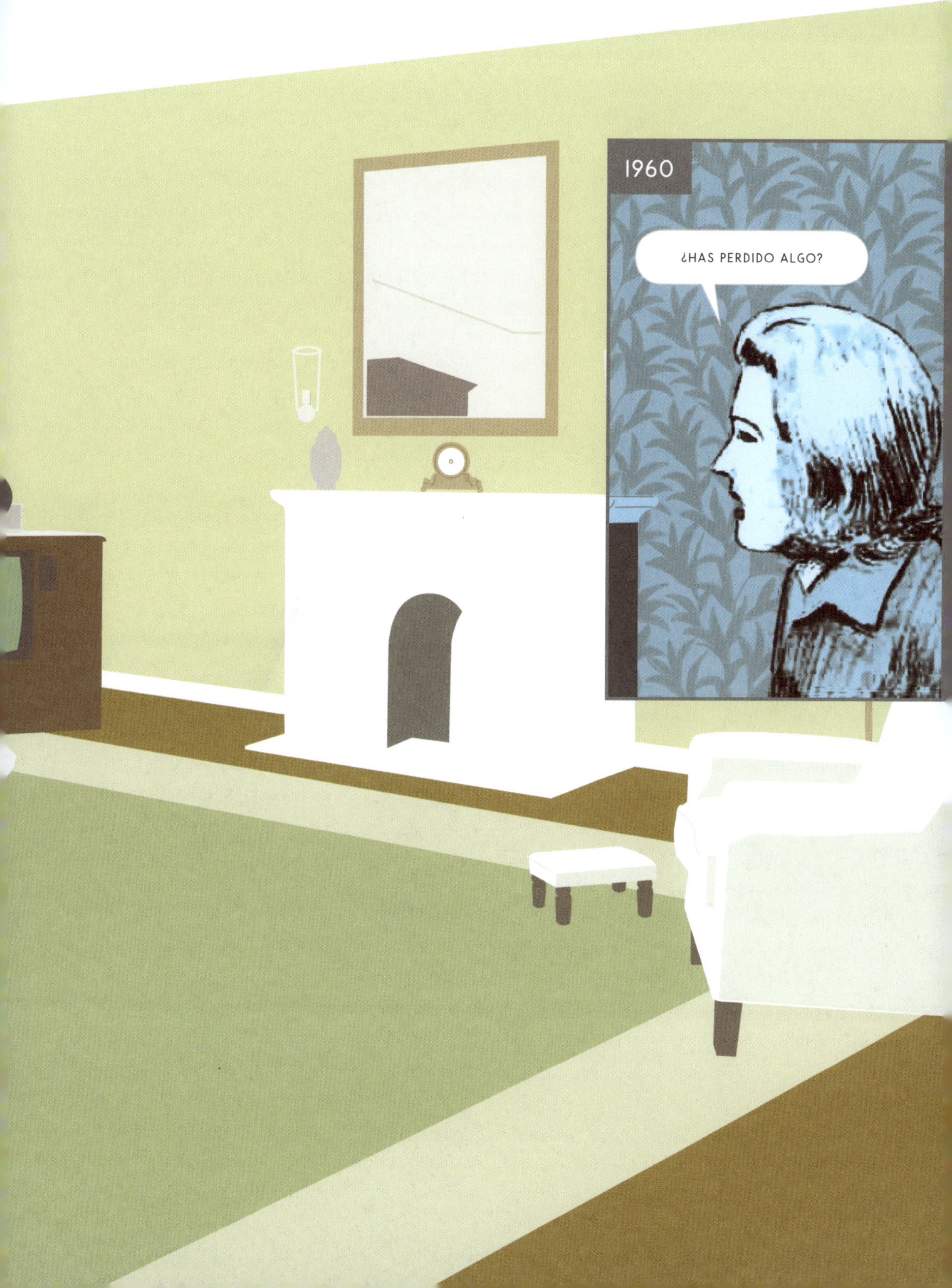
1960
¿HAS PERDIDO ALGO?

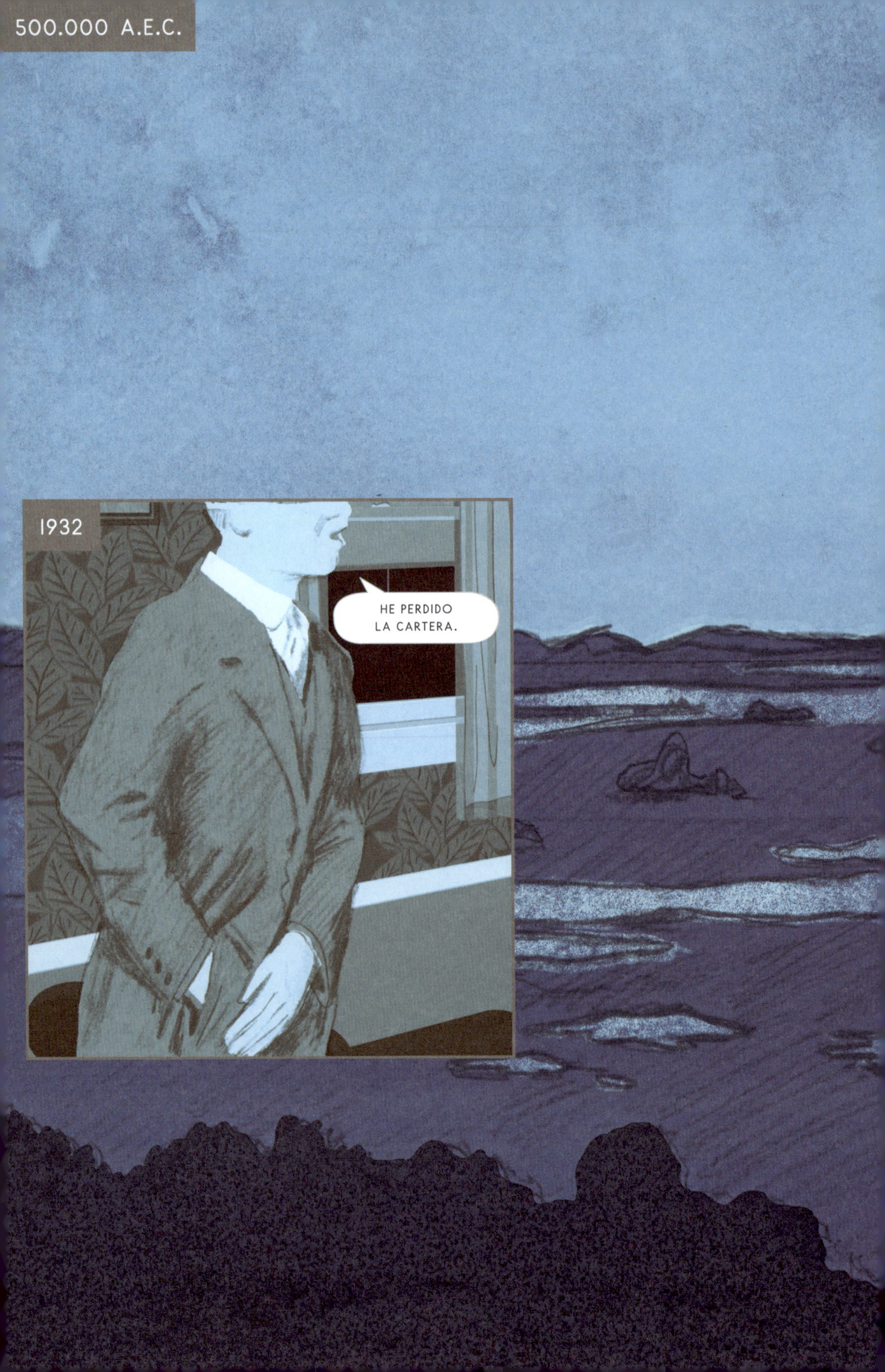
500.000 A.E.C.
1932
HE PERDIDO
LA CARTERA.

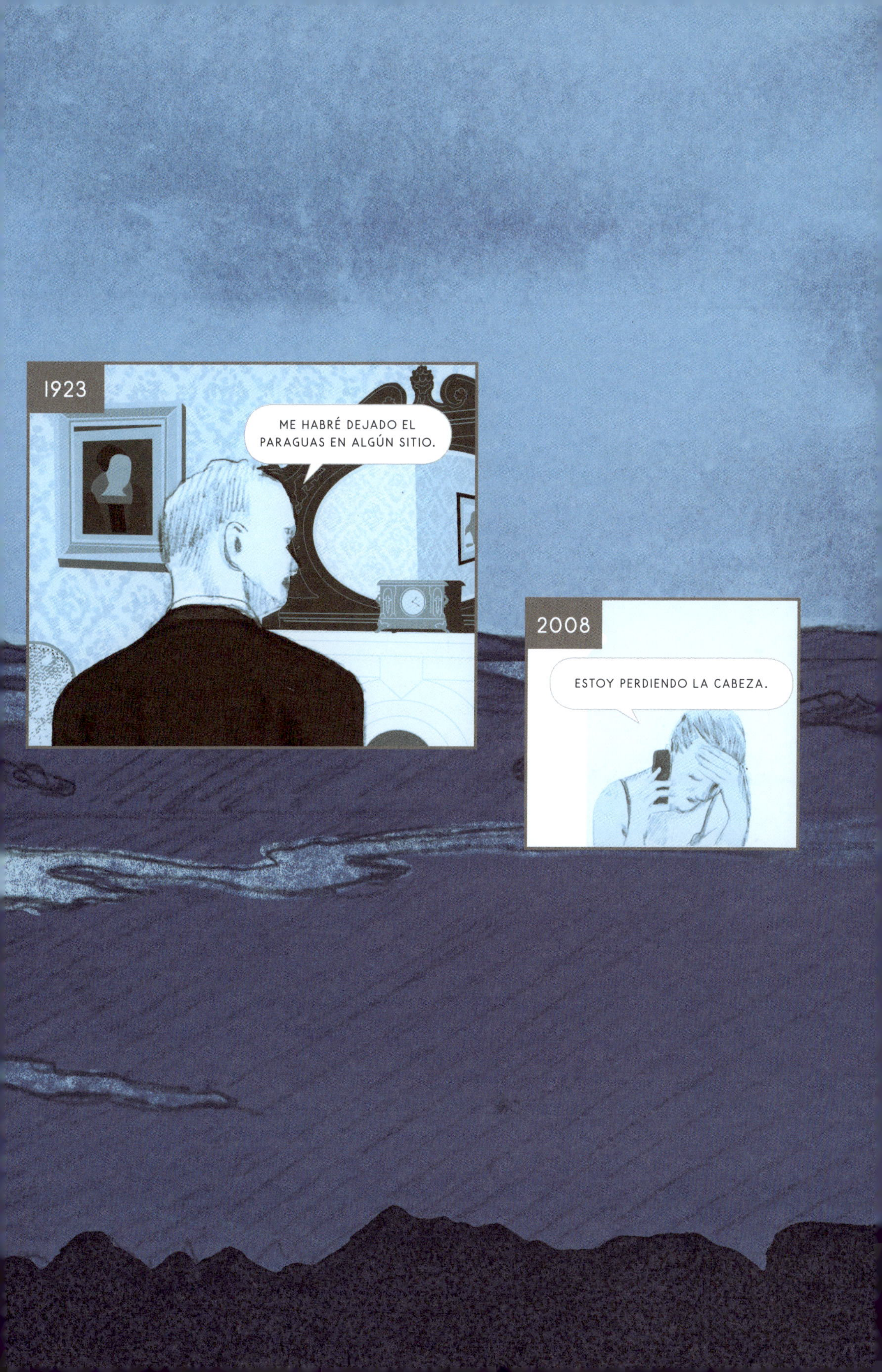
1923
ME HABRÉ DEJADO EL PARAGUAS EN ALGÚN SITIO.
2008
ESTOY PERDIENDO LA CABEZA.

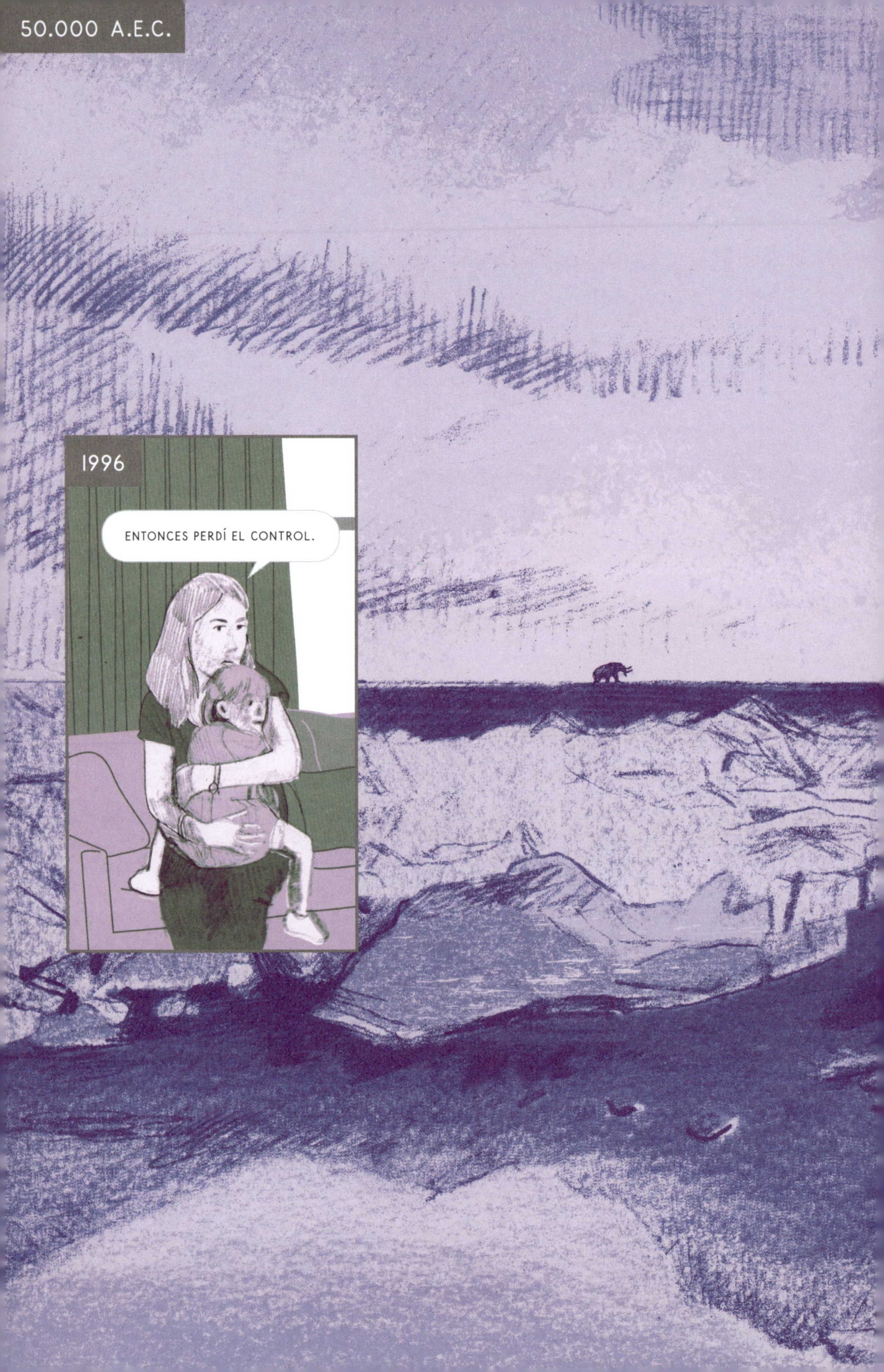
50.000 A.E.C.
1996
ENTONCES PERDÍ EL CONTROL.

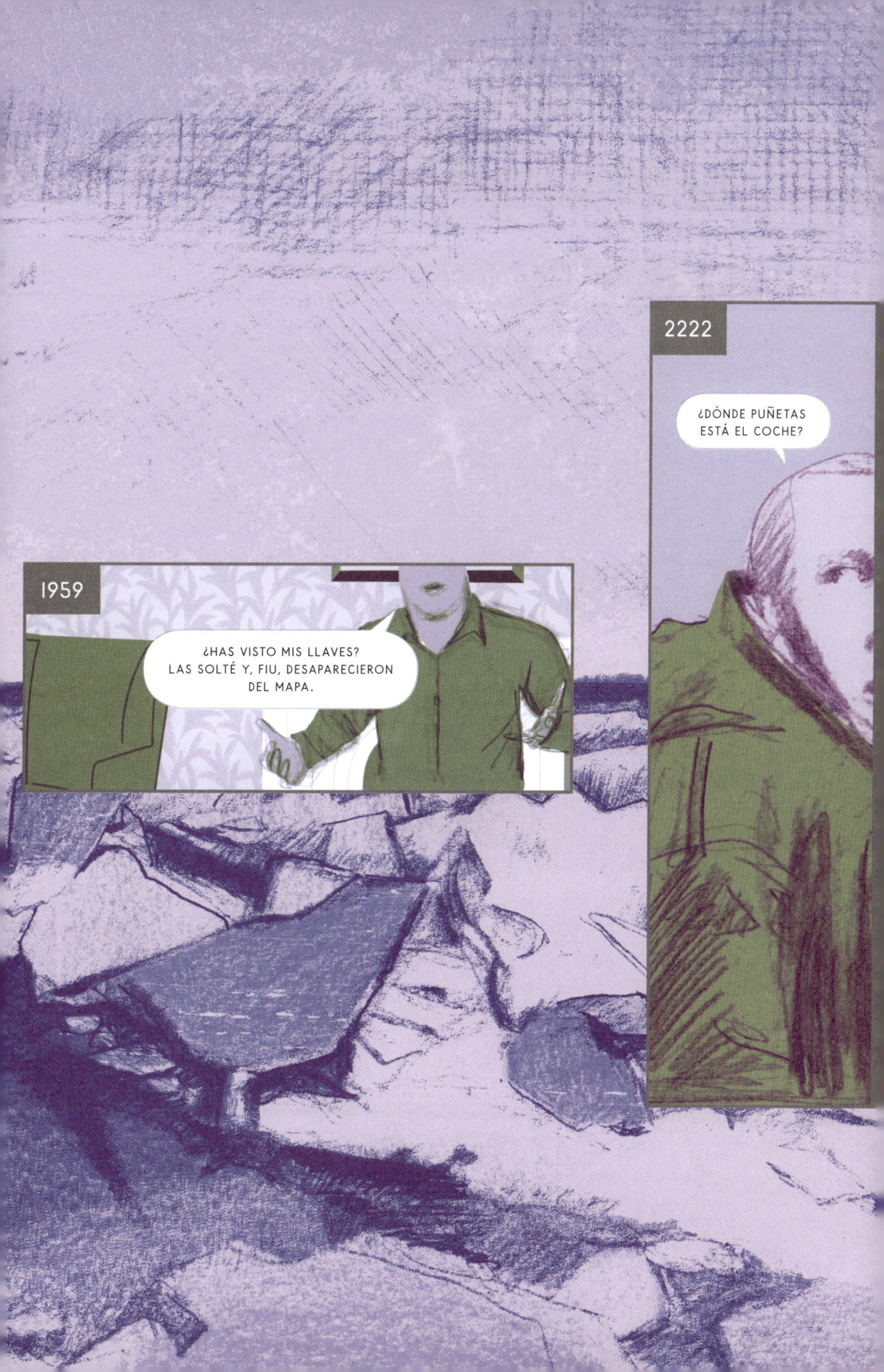
2222
¿DÓNDE PUÑETAS ESTÁ EL COCHE?
1959
¿HAS VISTO MIS LLAVES? LAS SOLTÉ Y, FIU, DESAPARECIERON DEL MAPA.

110.000 A.E.C.
1937
PERRO PERDIDO...
1951
ESTOY PERDIENDO LA VISTA.

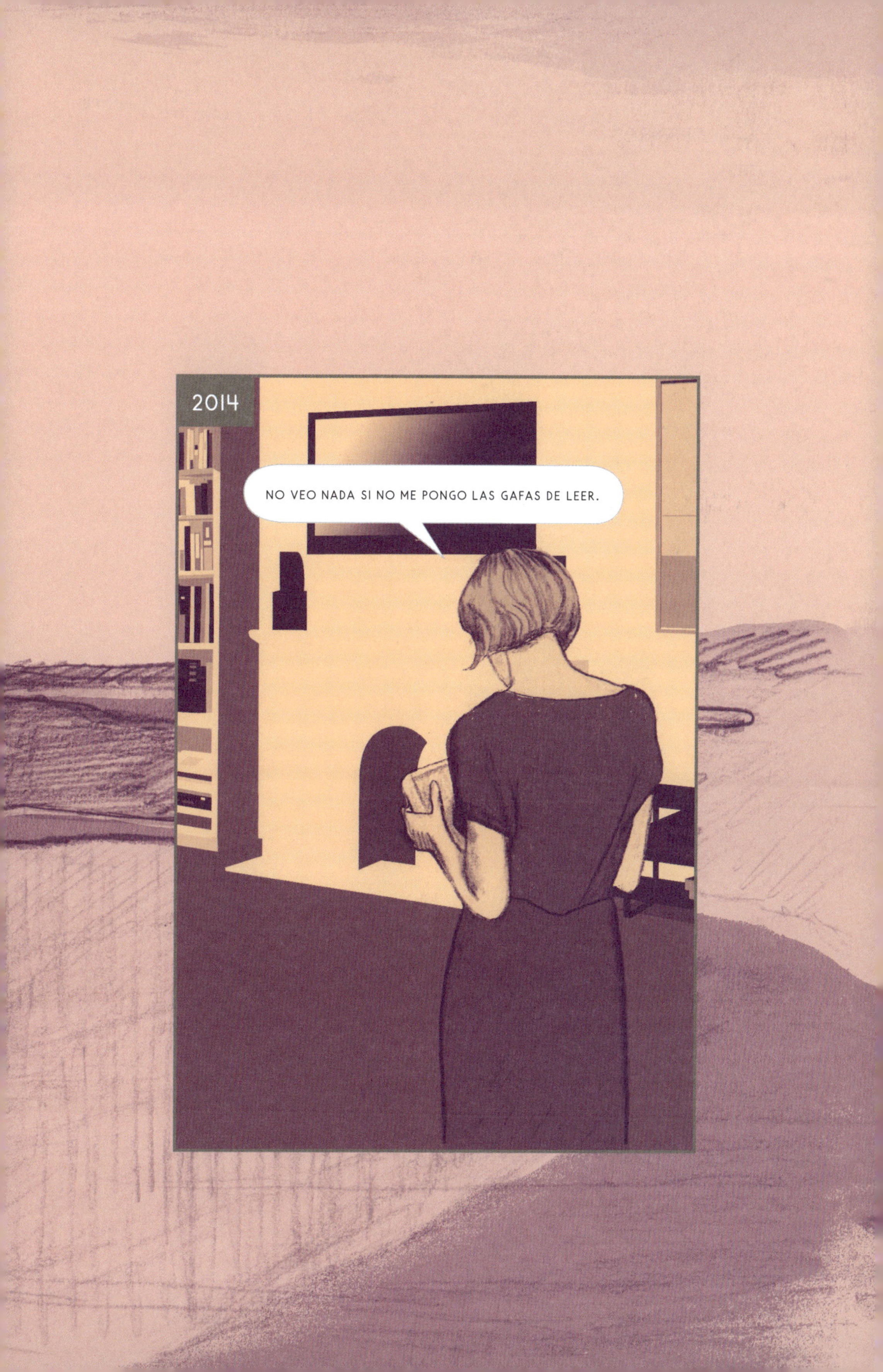
2014
NO VEO NADA SI NO ME PONGO LAS GAFAS DE LEER.

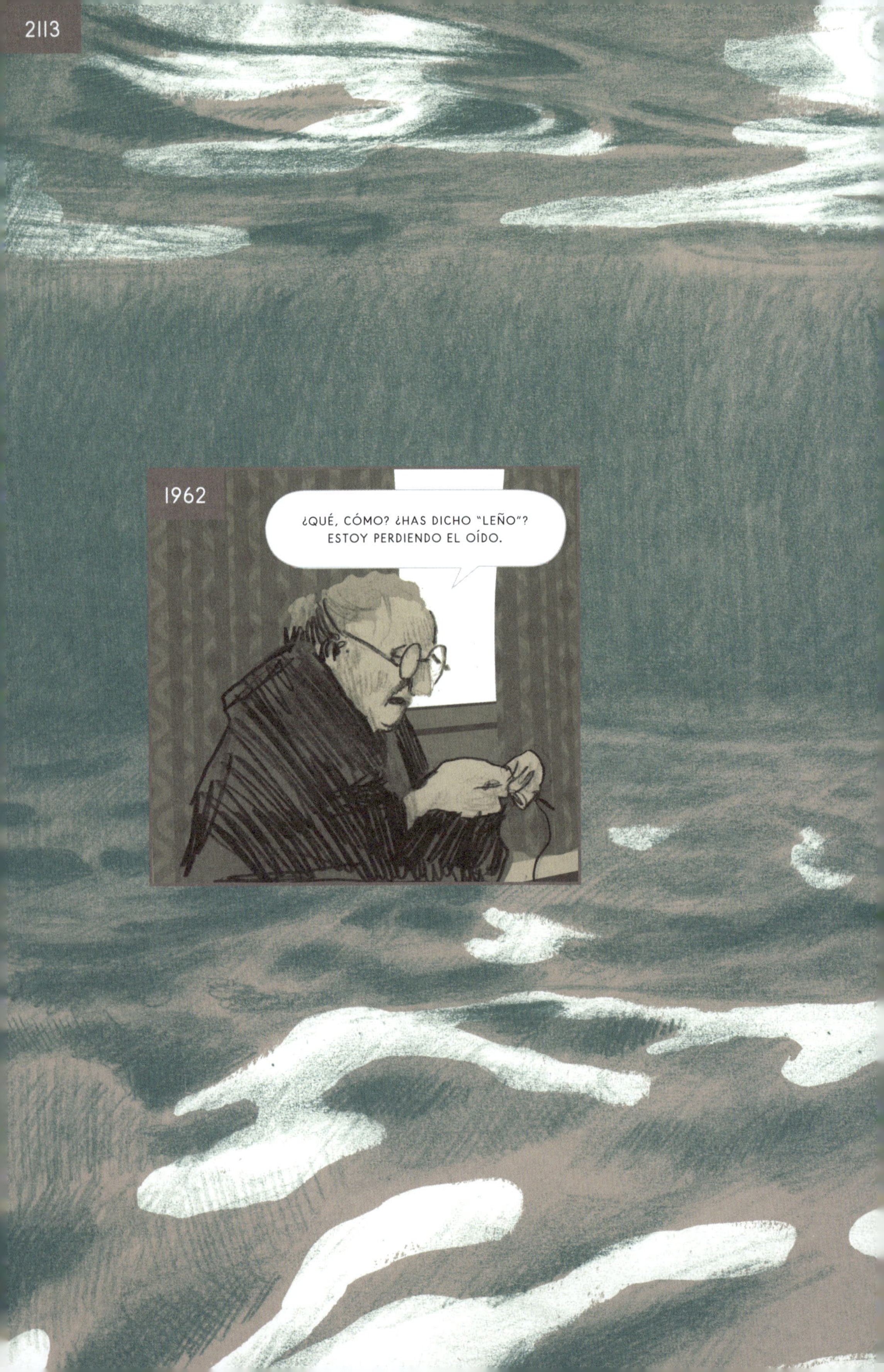
2113
1962
¿QUÉ, CÓMO? ¿HAS DICHO "LEÑO"? ESTOY PERDIENDO EL OÍDO.

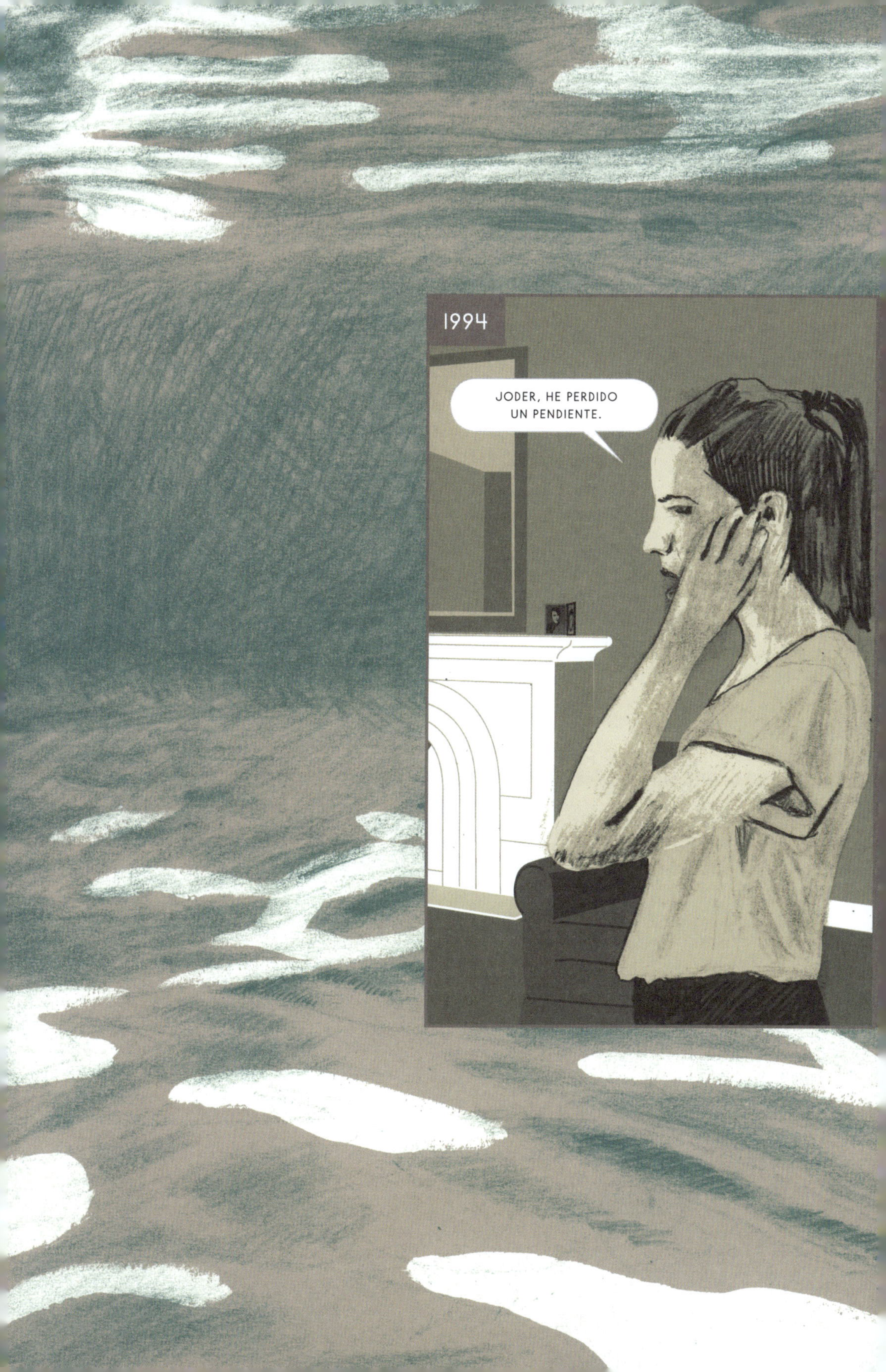
1994
JODER, HE PERDIDO UN PENDIENTE.

1.000.000 A.E.C.

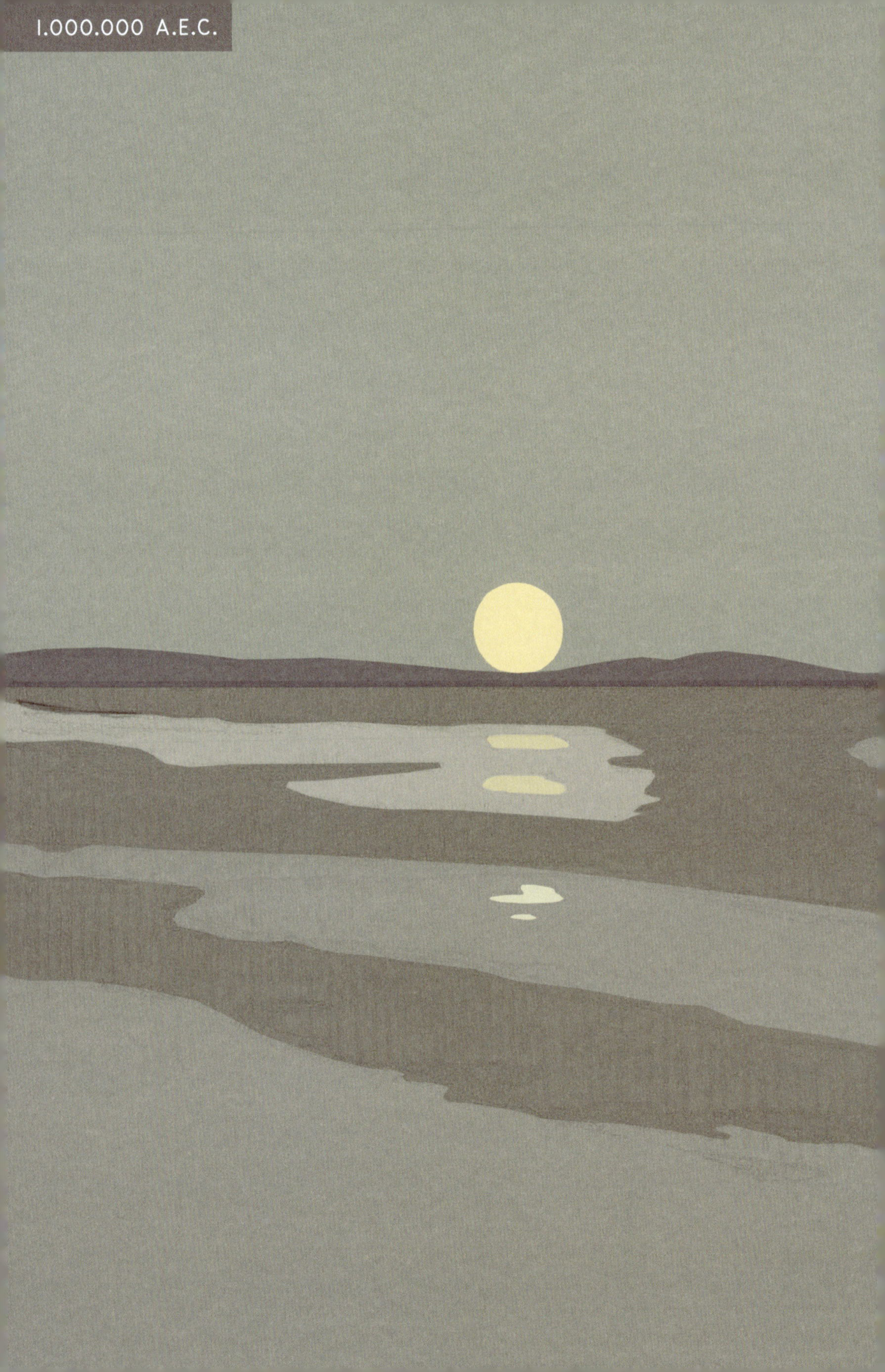

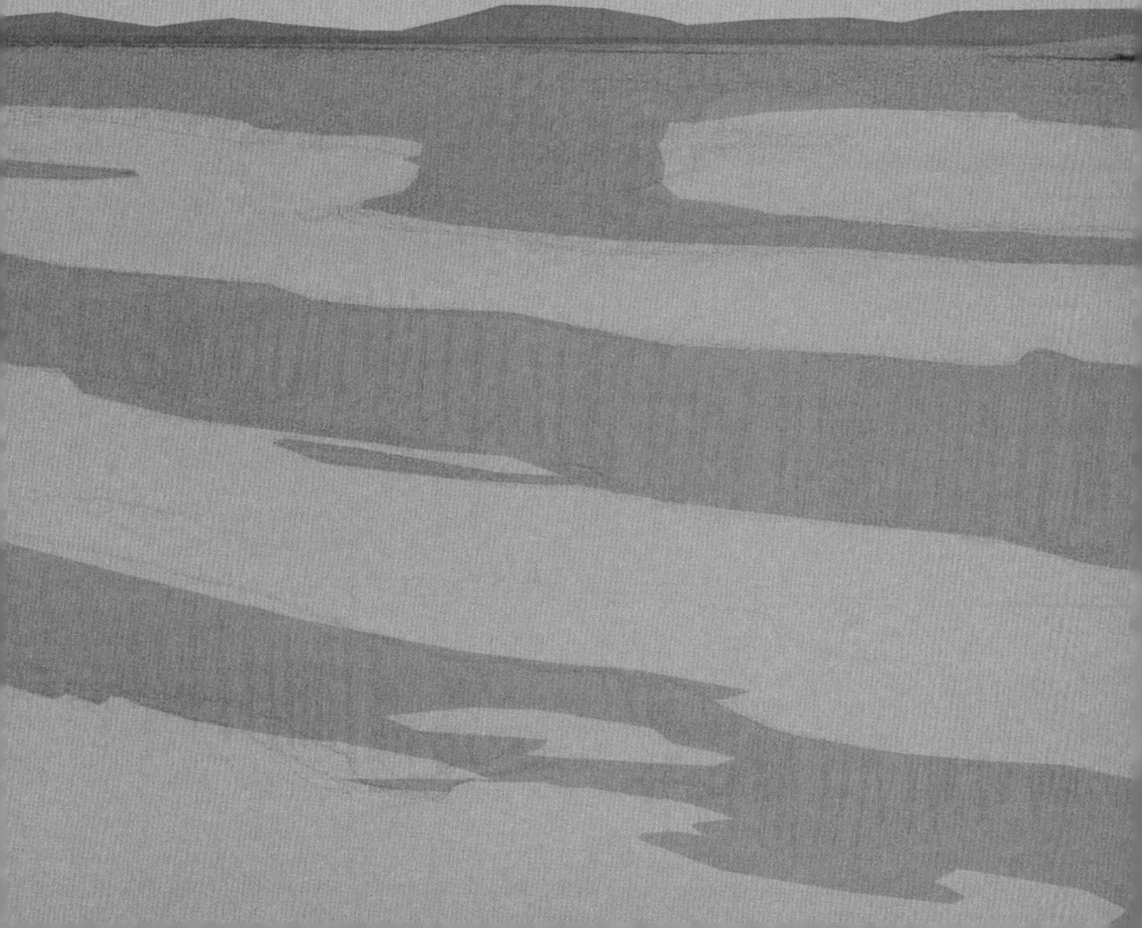

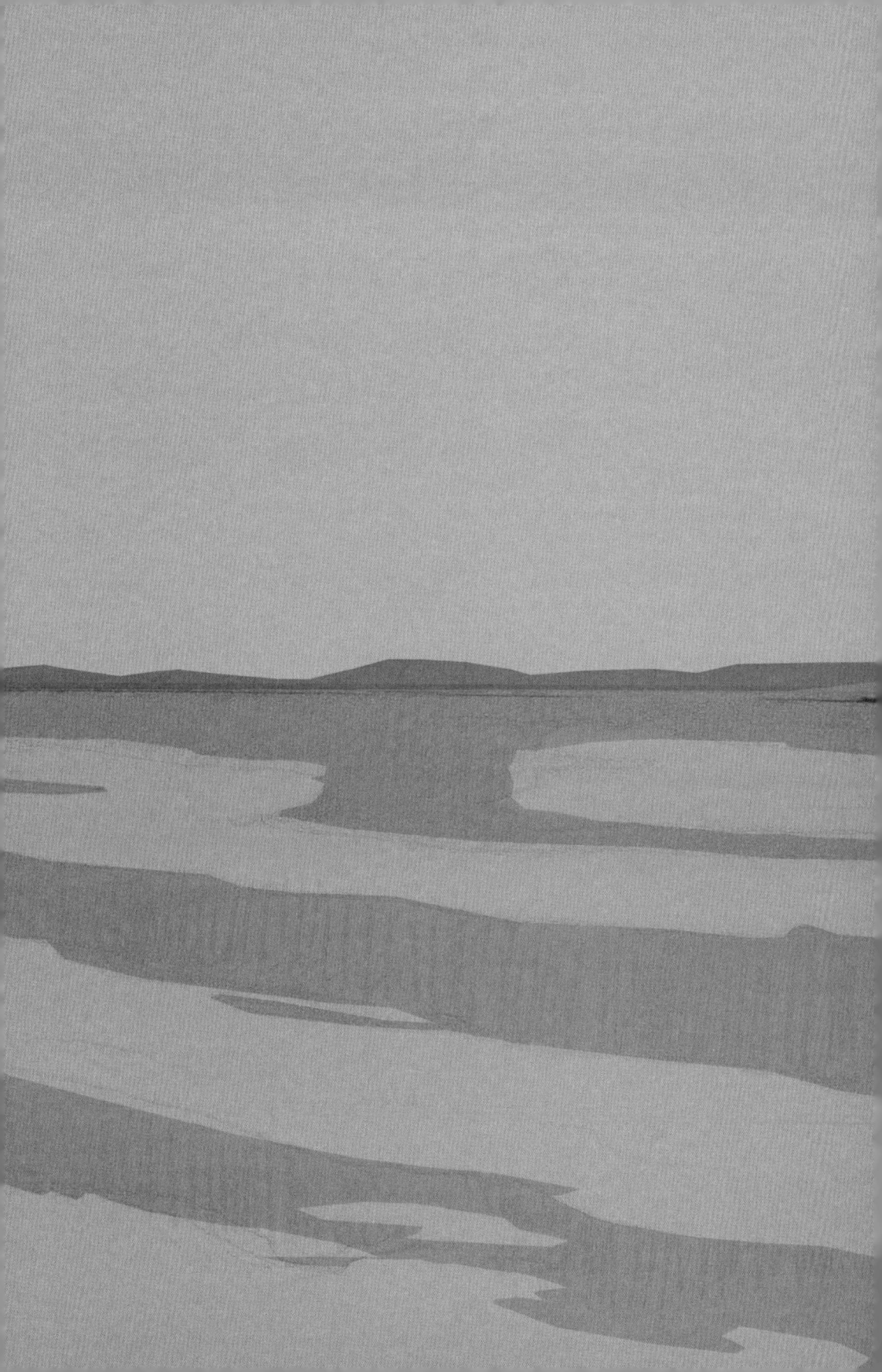

3.000.000.000 A.E.C.

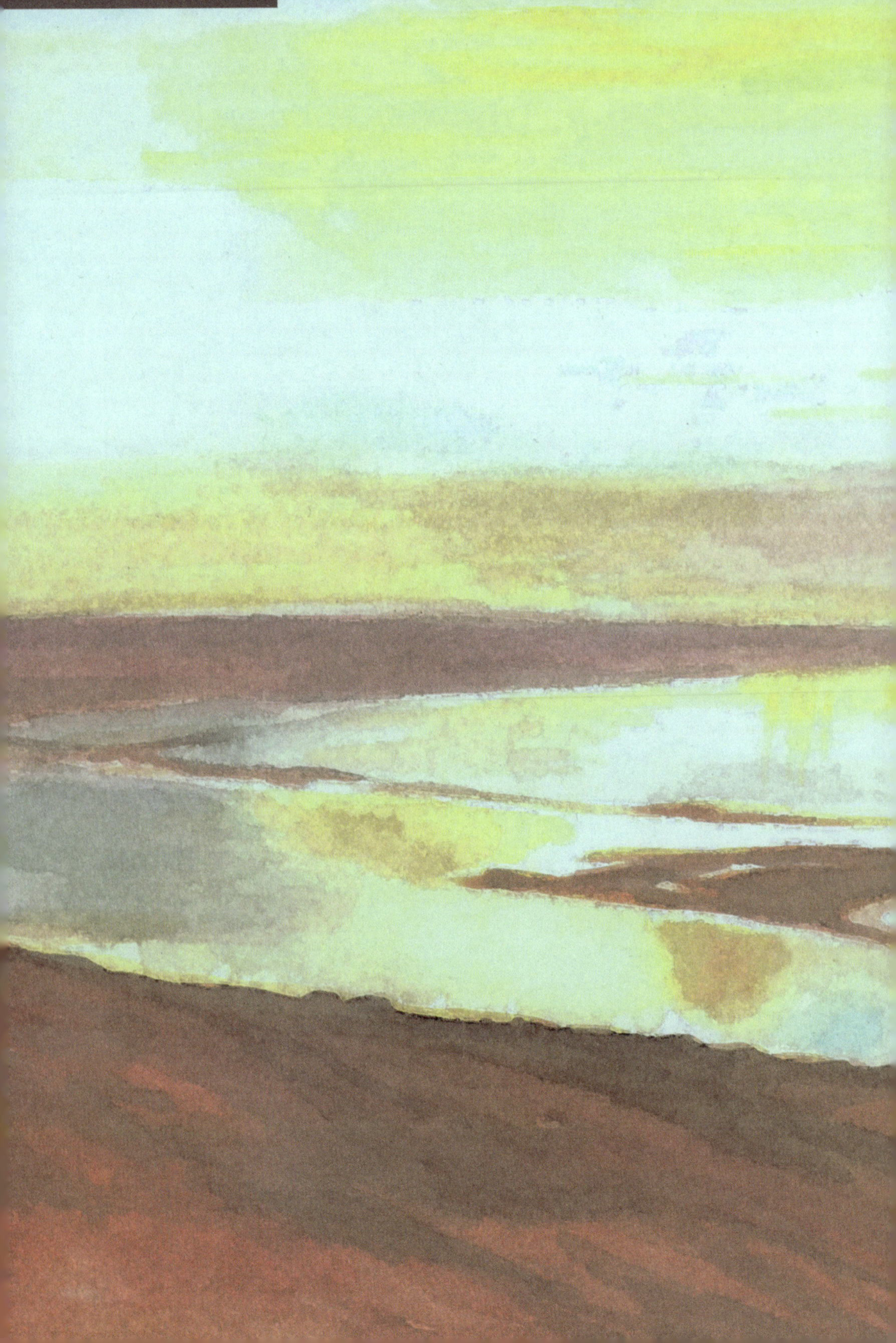

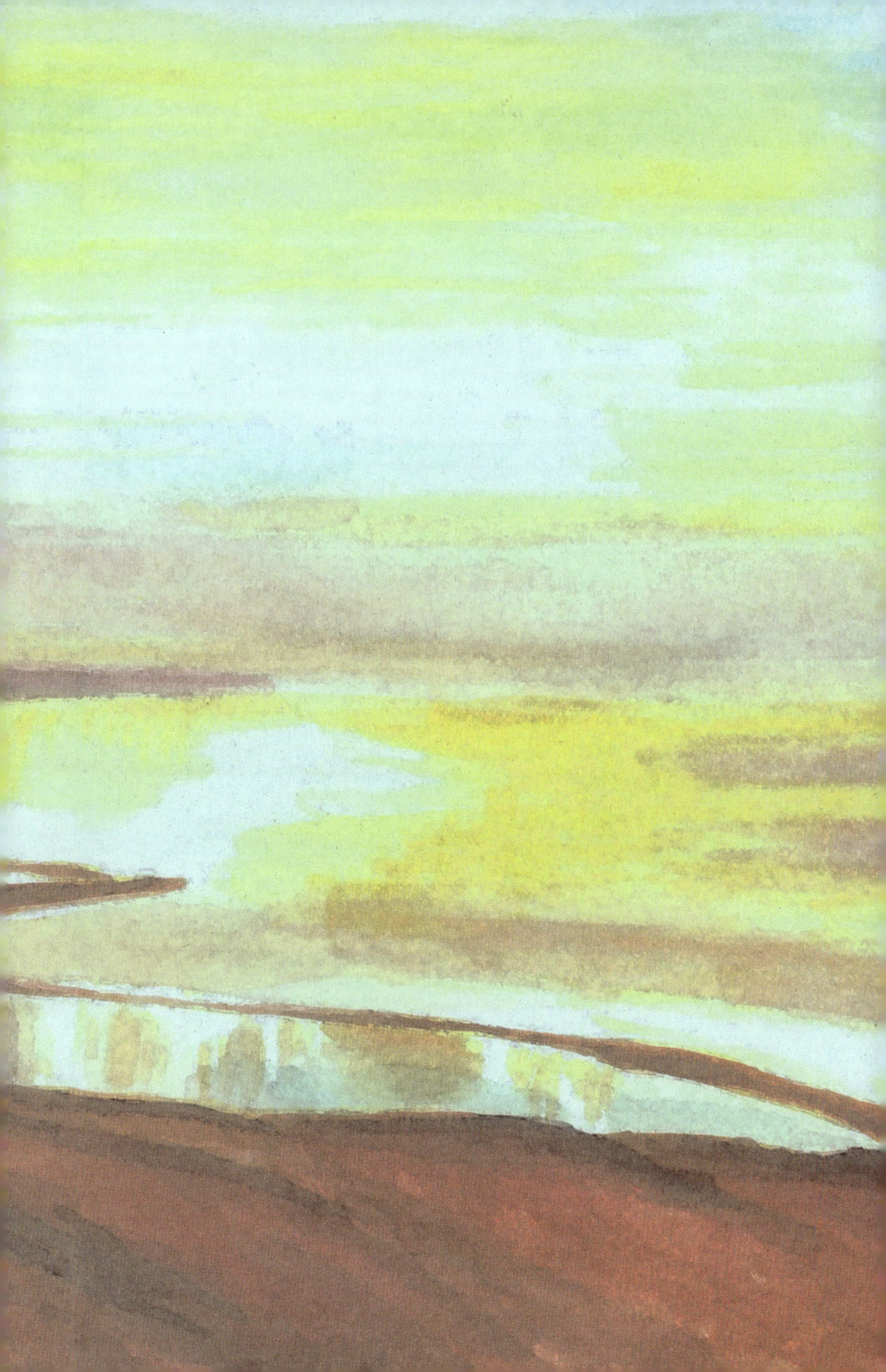

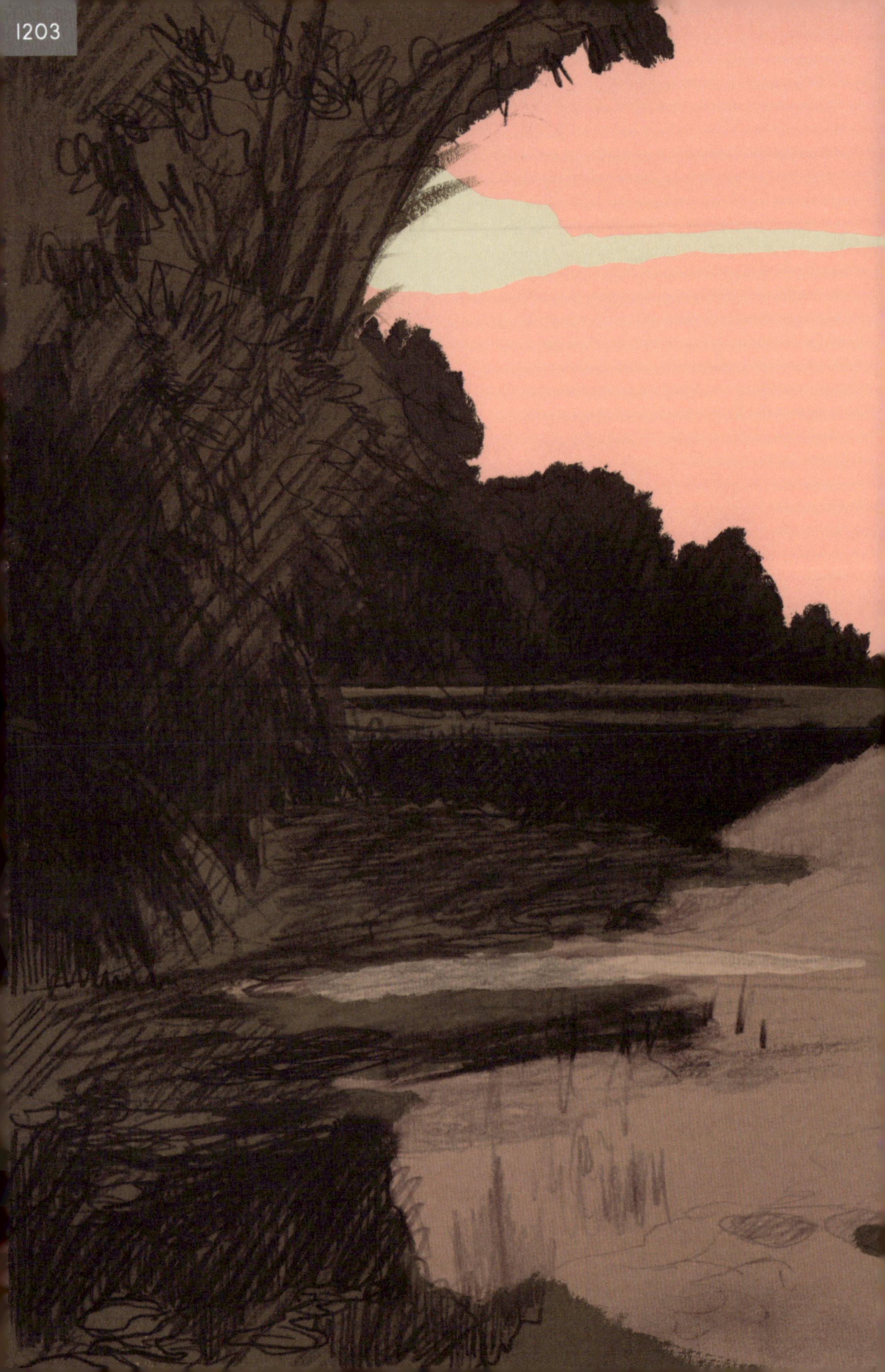

1307

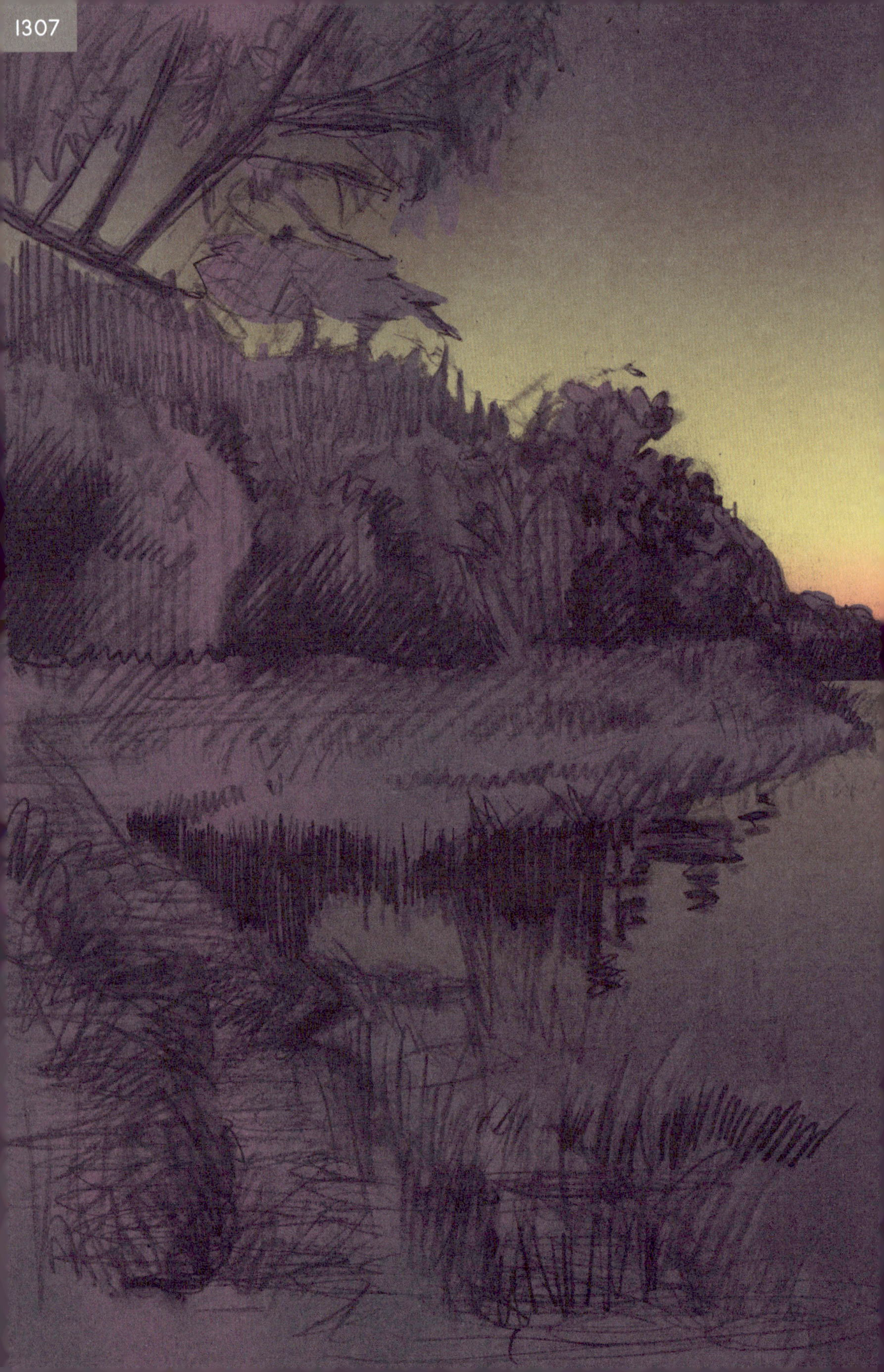

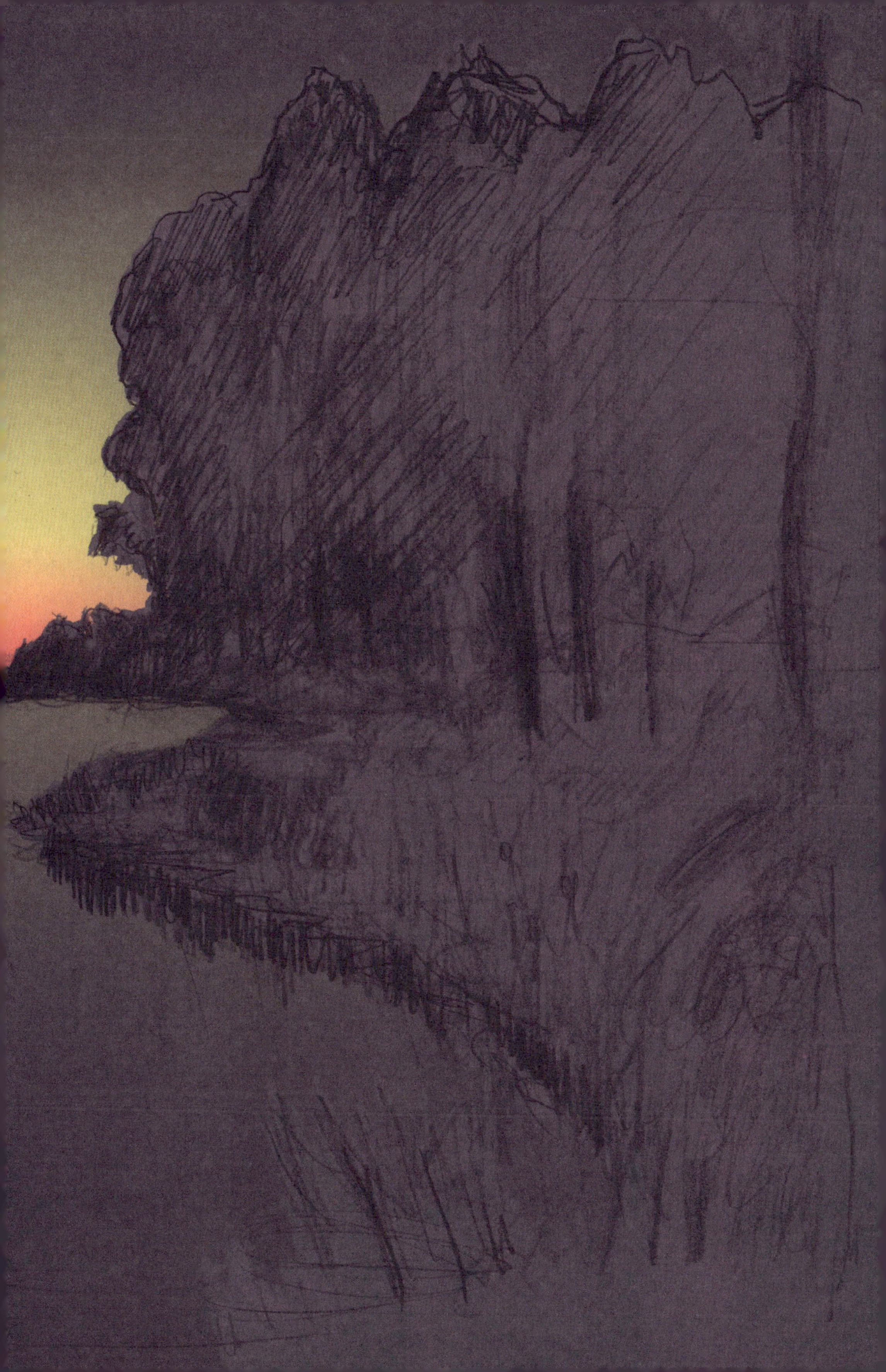

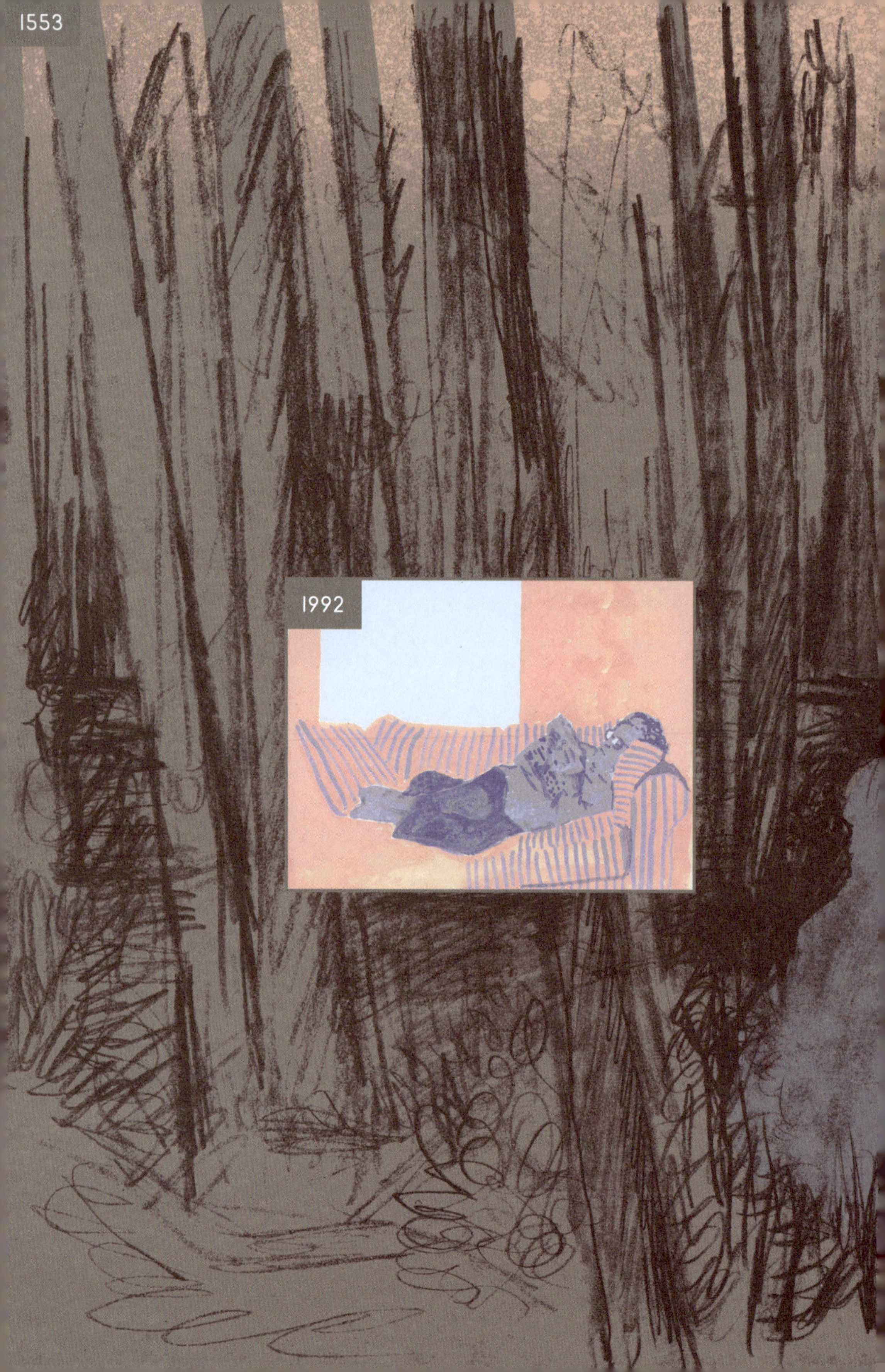
1553
1992

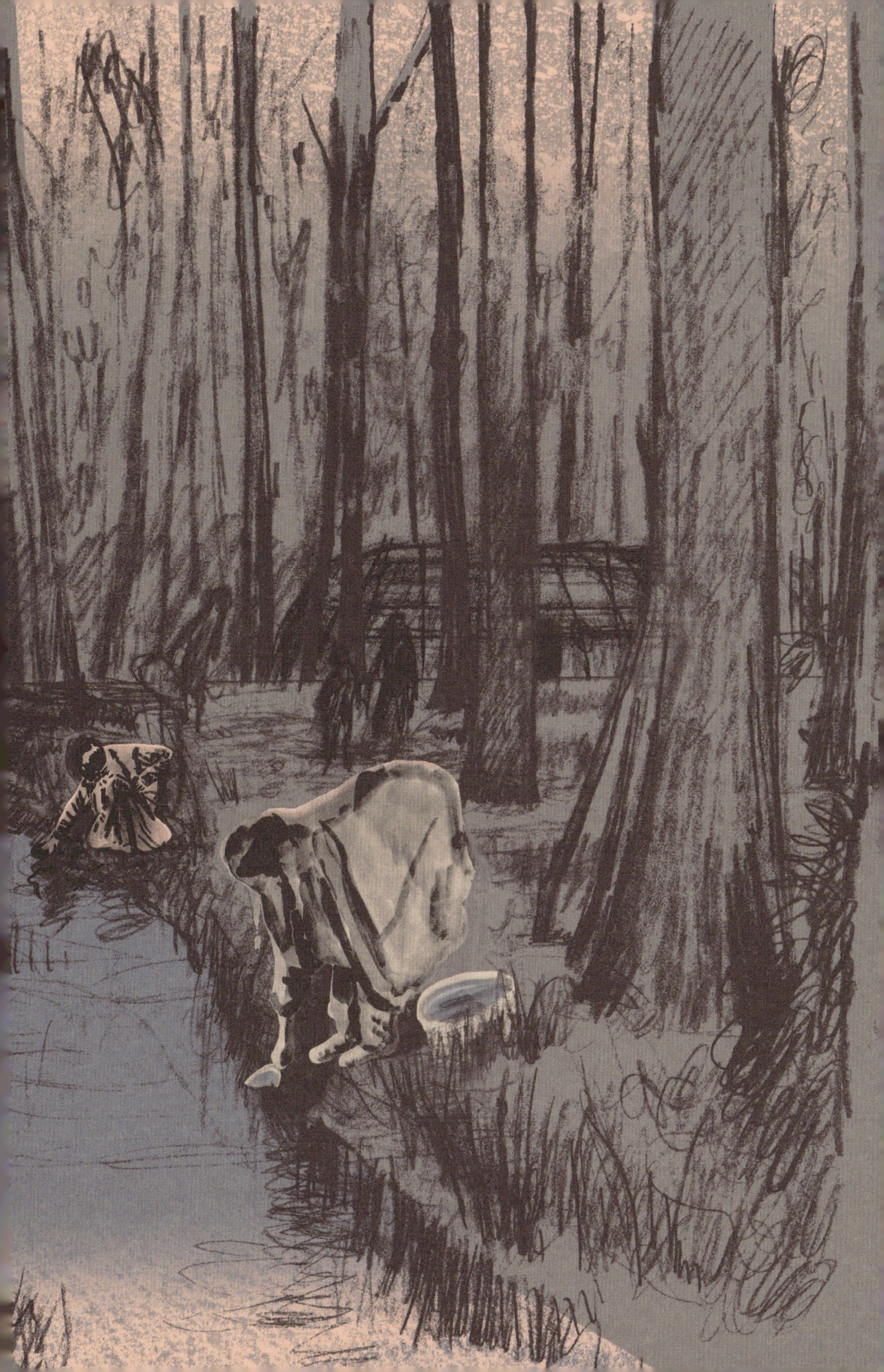

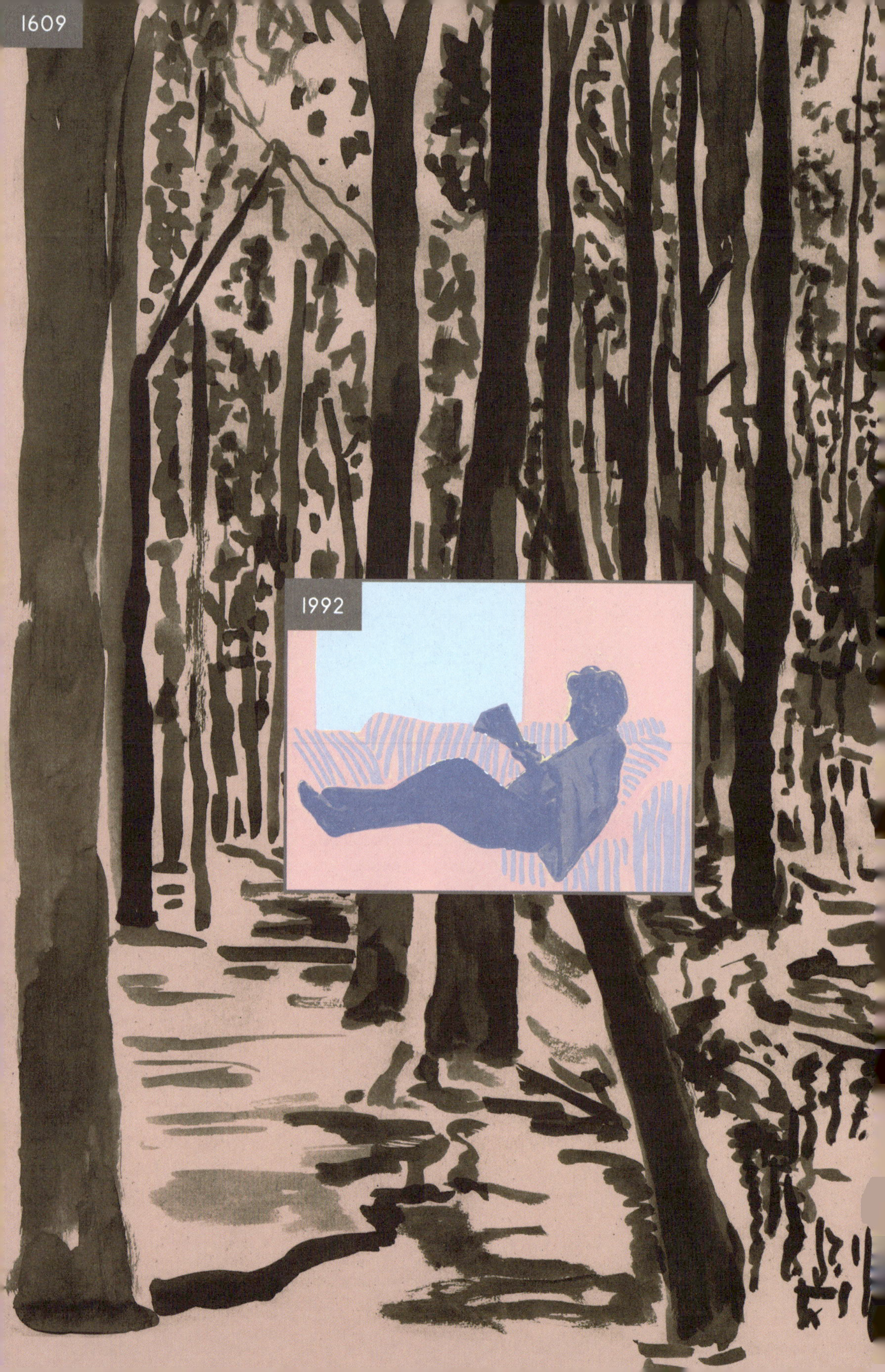
1609
1992

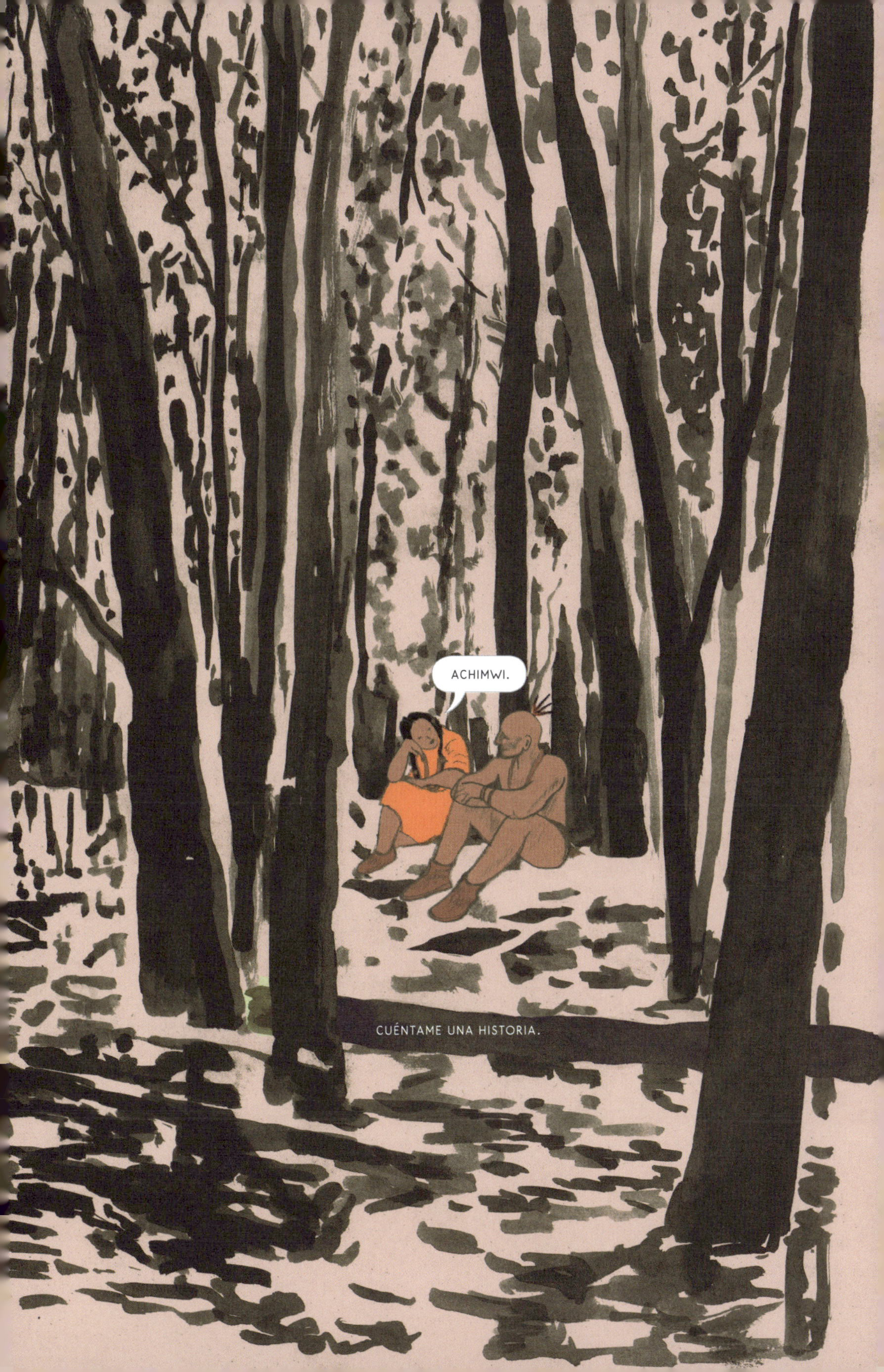
ACHIMWI.
CUÉNTAME UNA HISTORIA.

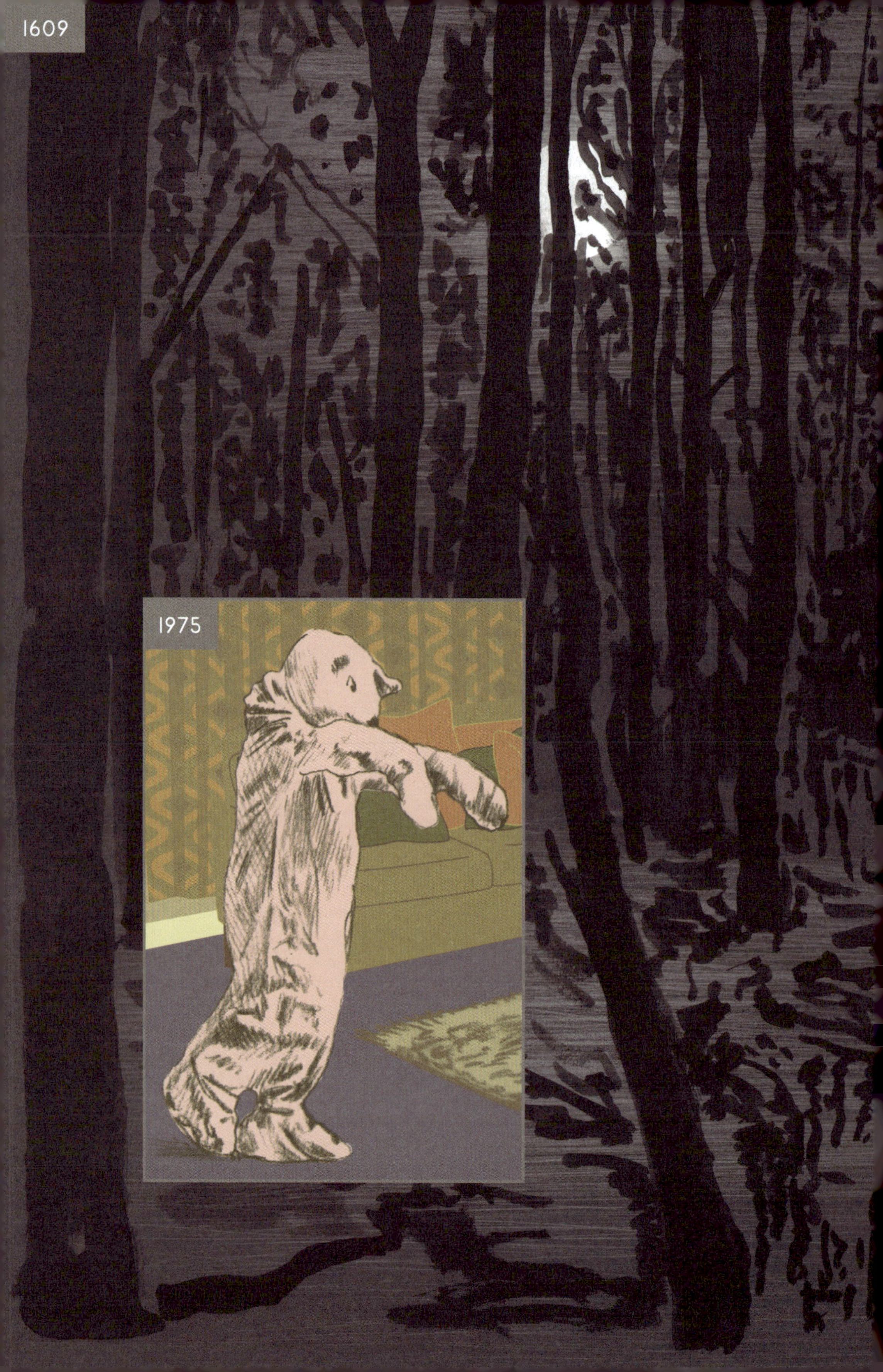
1609
1975

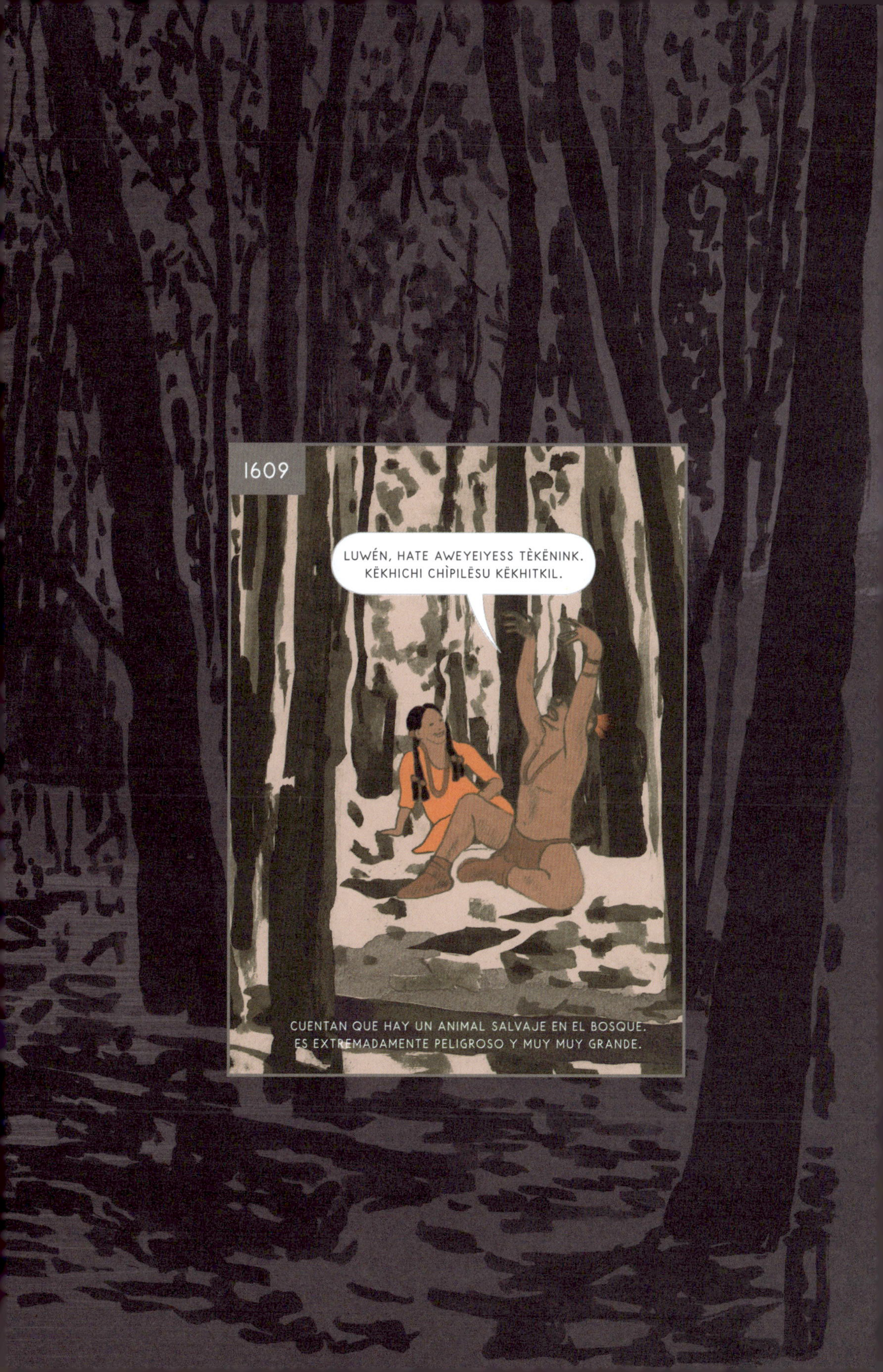
1609
LUWÉN, HATE AWEYEIYESS TÈKËNINK. KËKHICHI CHÌPILËSU KËKHITKIL.
CUENTAN QUE HAY UN ANIMAL SALVAJE EN EL BOSQUE. ES EXTREMADAMENTE PELIGROSO Y MUY MUY GRANDE.

1997

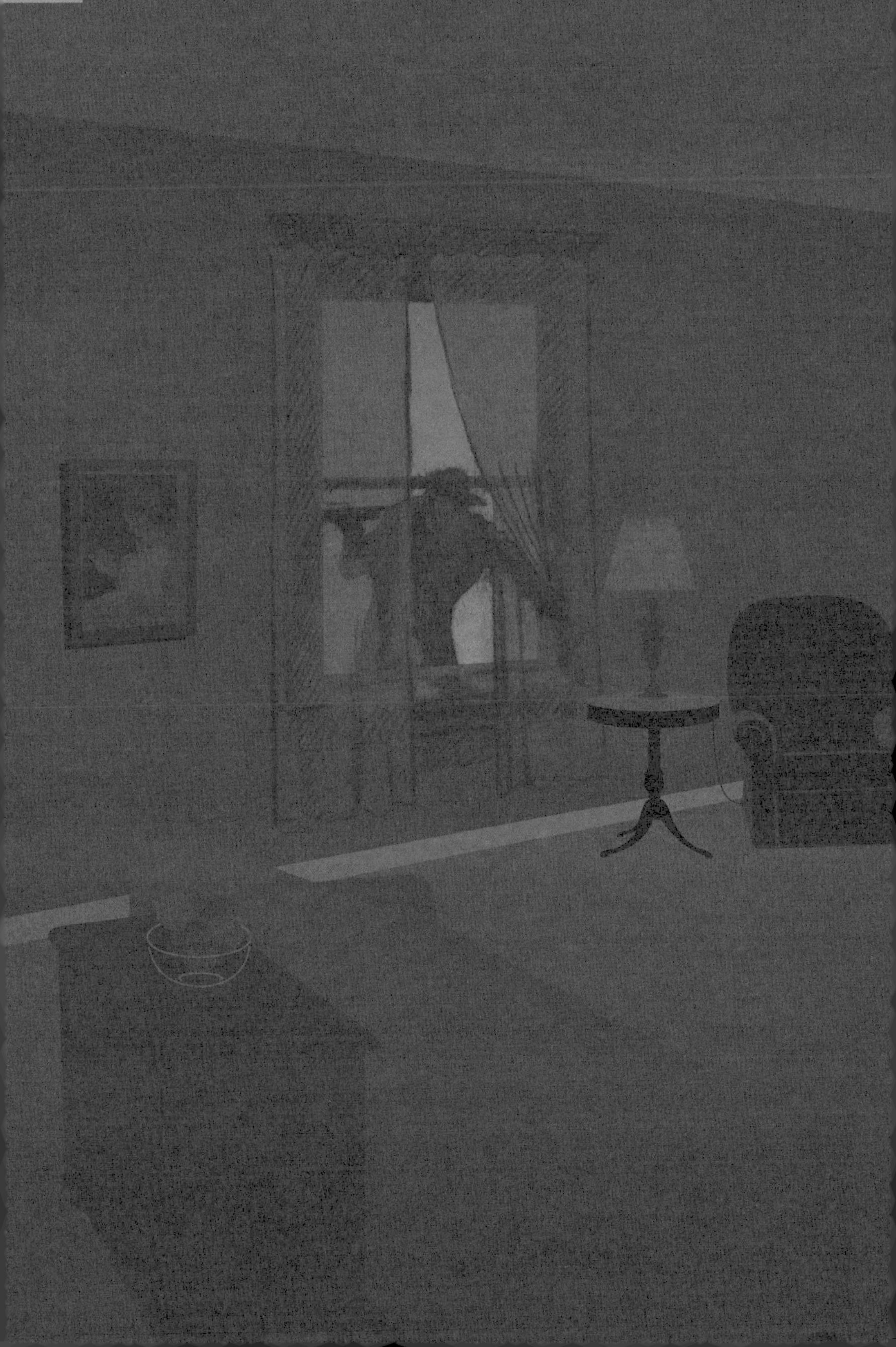

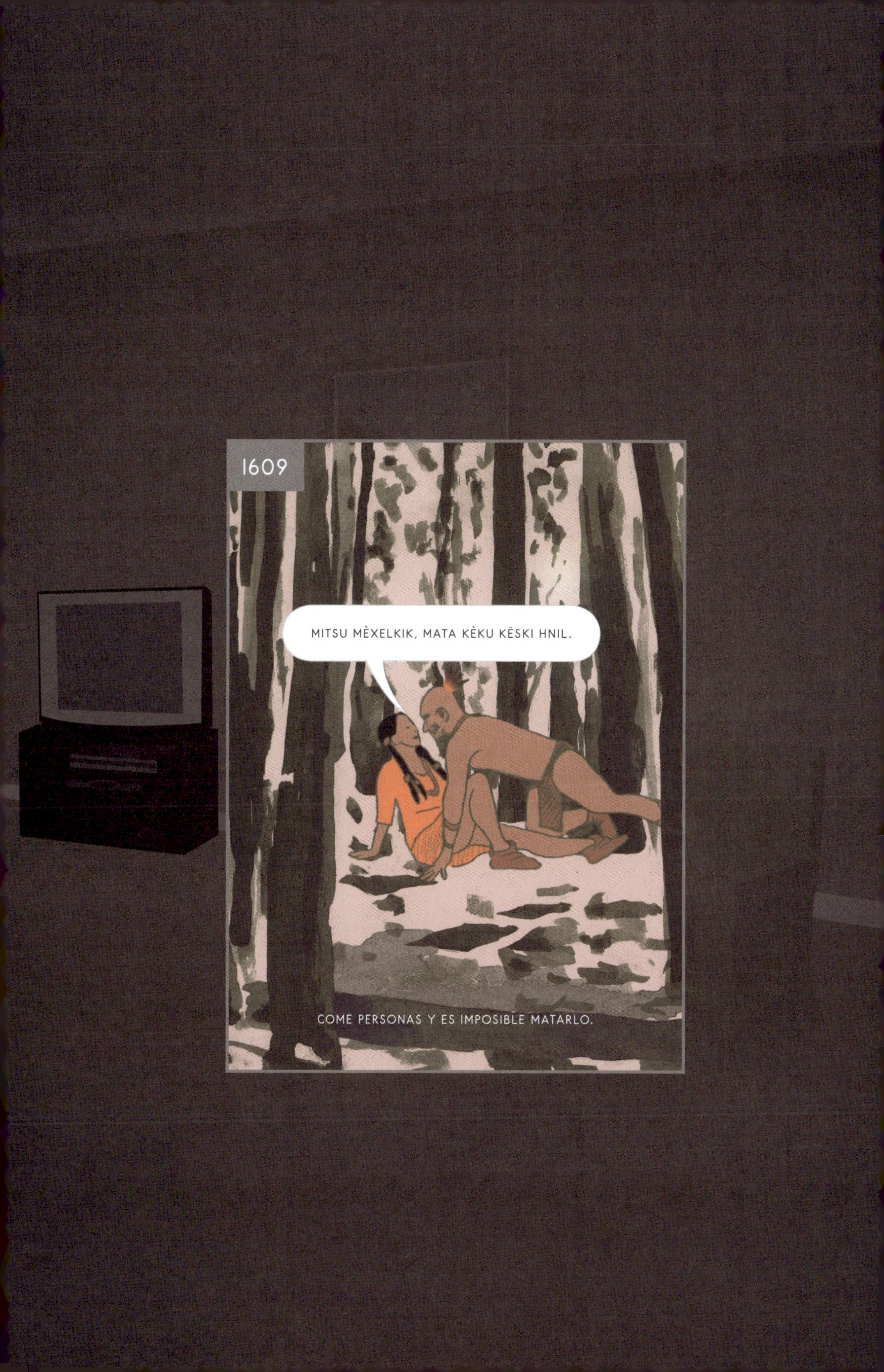
1609
MITSU MÈXELKIK, MATA KÈKU KËSKI HNIL.
COME PERSONAS Y ES IMPOSIBLE MATARLO.

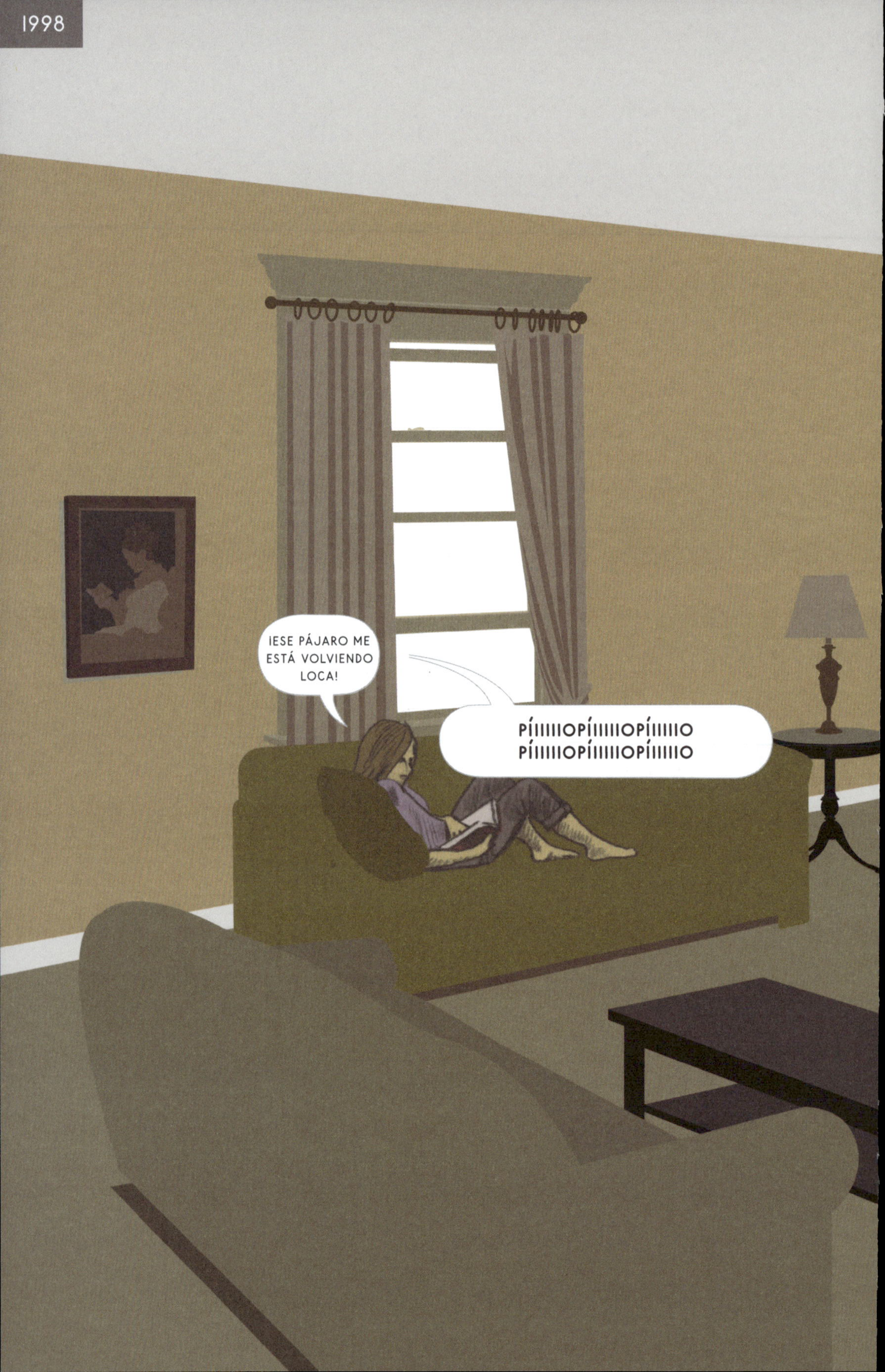
¡ESE PÁJARO ME ESTÁ VOLVIENDO LOCA!
PÍIIIIIOPÍIIIIIOPÍIIIIIO
PÍIIIIIOPÍIIIIIOPÍIIIIIO

1609
HÌTAMI MITSU WELSICHIK, KAHTAINHAKE.
K`NIS`GAXGELUN'EN!
ANTES DE COMER, LE GUSTA PRACTICAR SEXO.
¡MALDITO MENTIROSO!

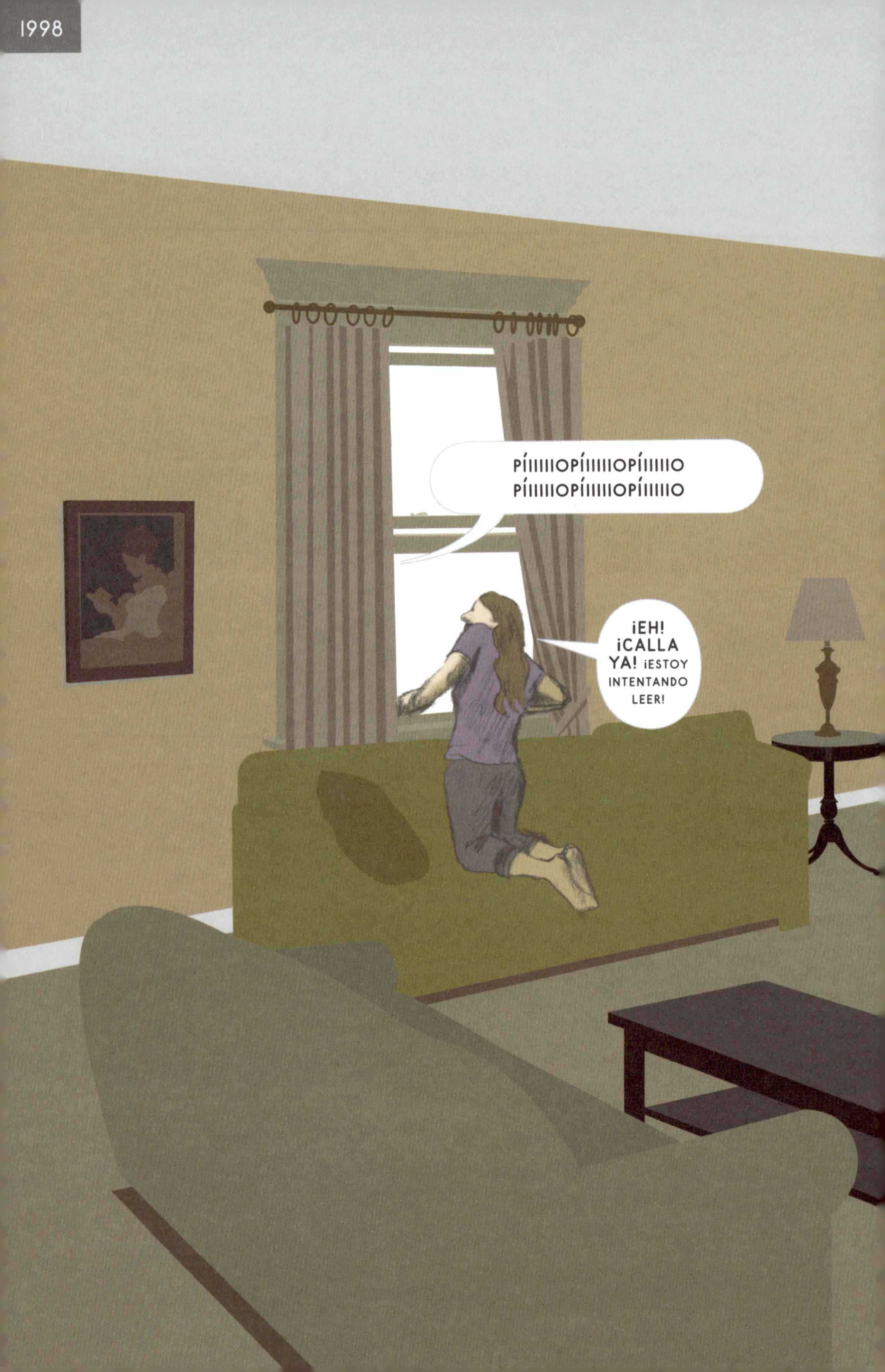
1998
PÍIIIIIOPÍIIIIIOPÍIIIIIO
PÍIIIIIOPÍIIIIIOPÍIIIIIO
¡EH! ¡CALLA YA! ¡ESTOY INTENTANDO LEER!

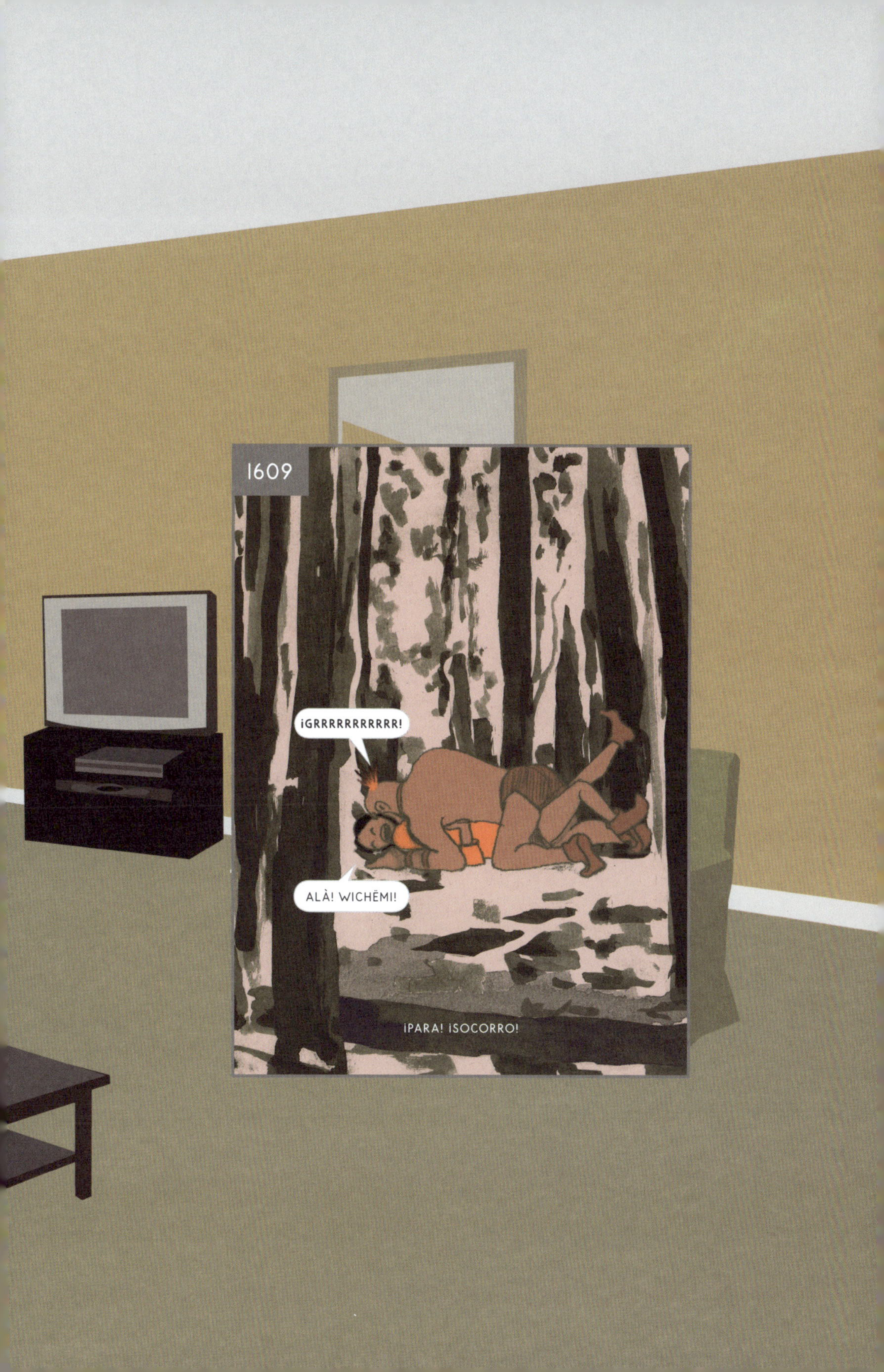
1609
¡GRRRRRRRRRRR!
ALÀ! WICHĒMI!
¡PARA! ¡SOCORRO!

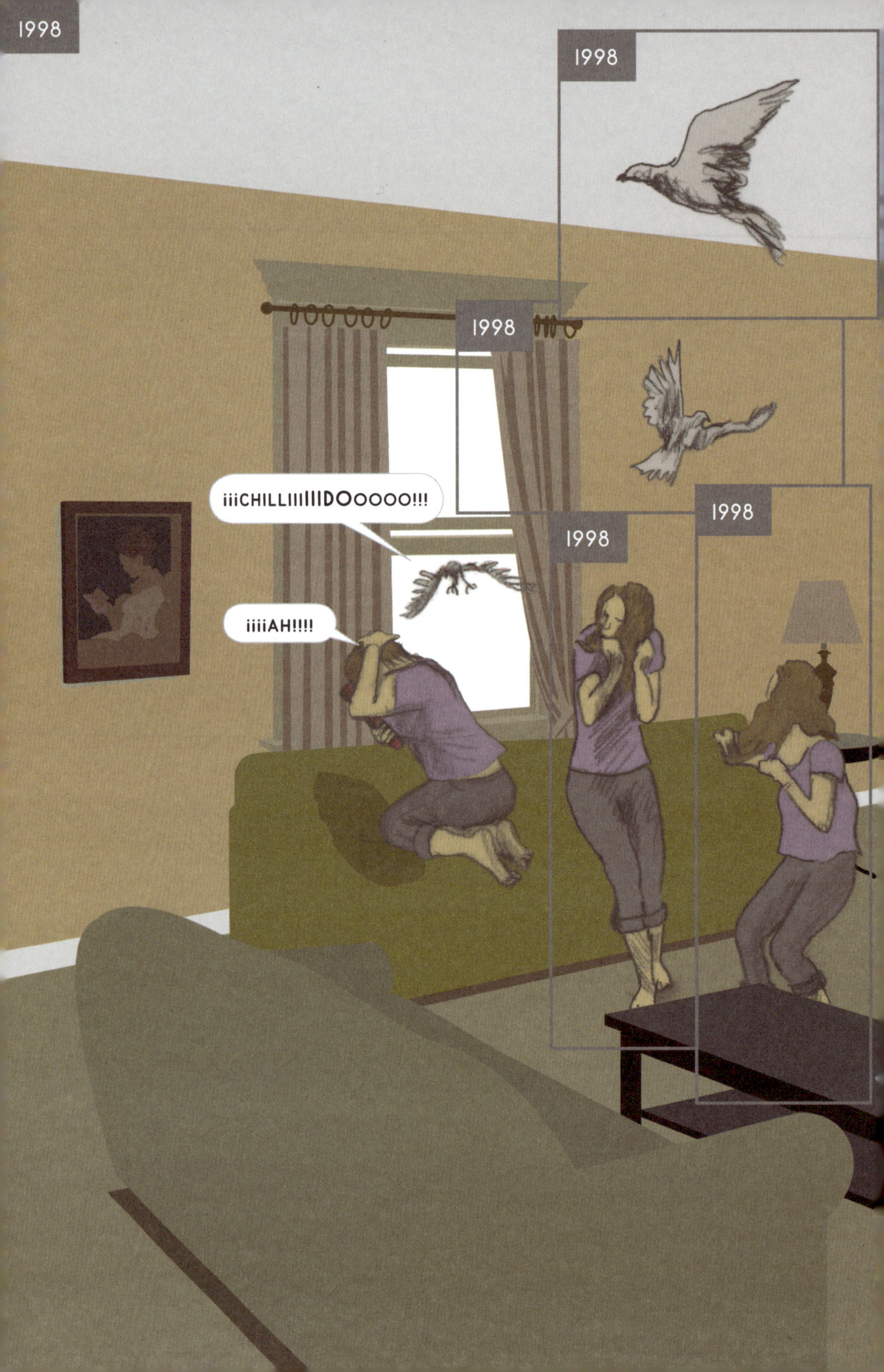
1998
1998
1998
¡¡¡CHILLIIIIIDOooooo!!!
¡¡¡¡AH!!!!
1998
1998

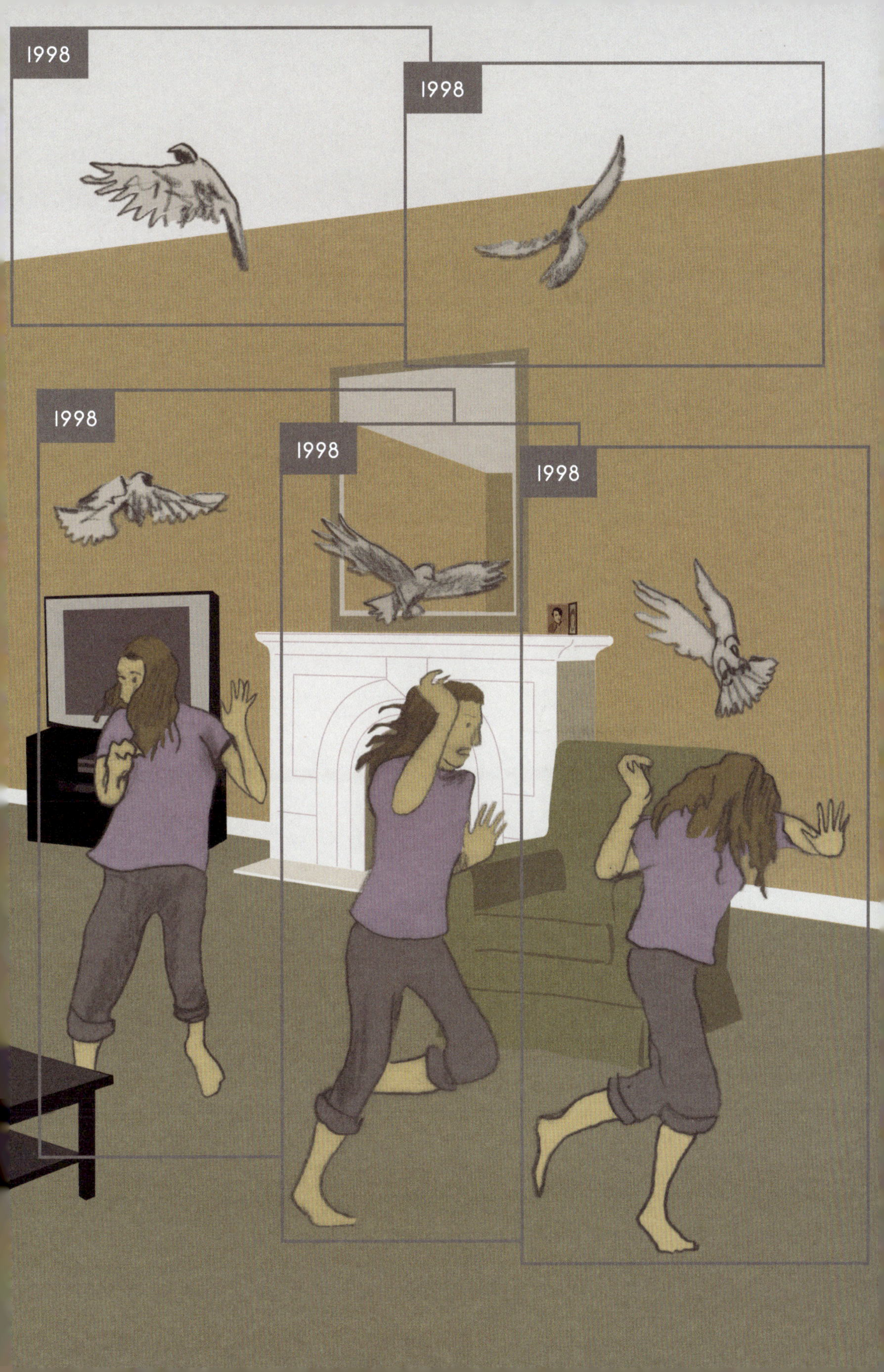
1998
1998
1998
1998
1998

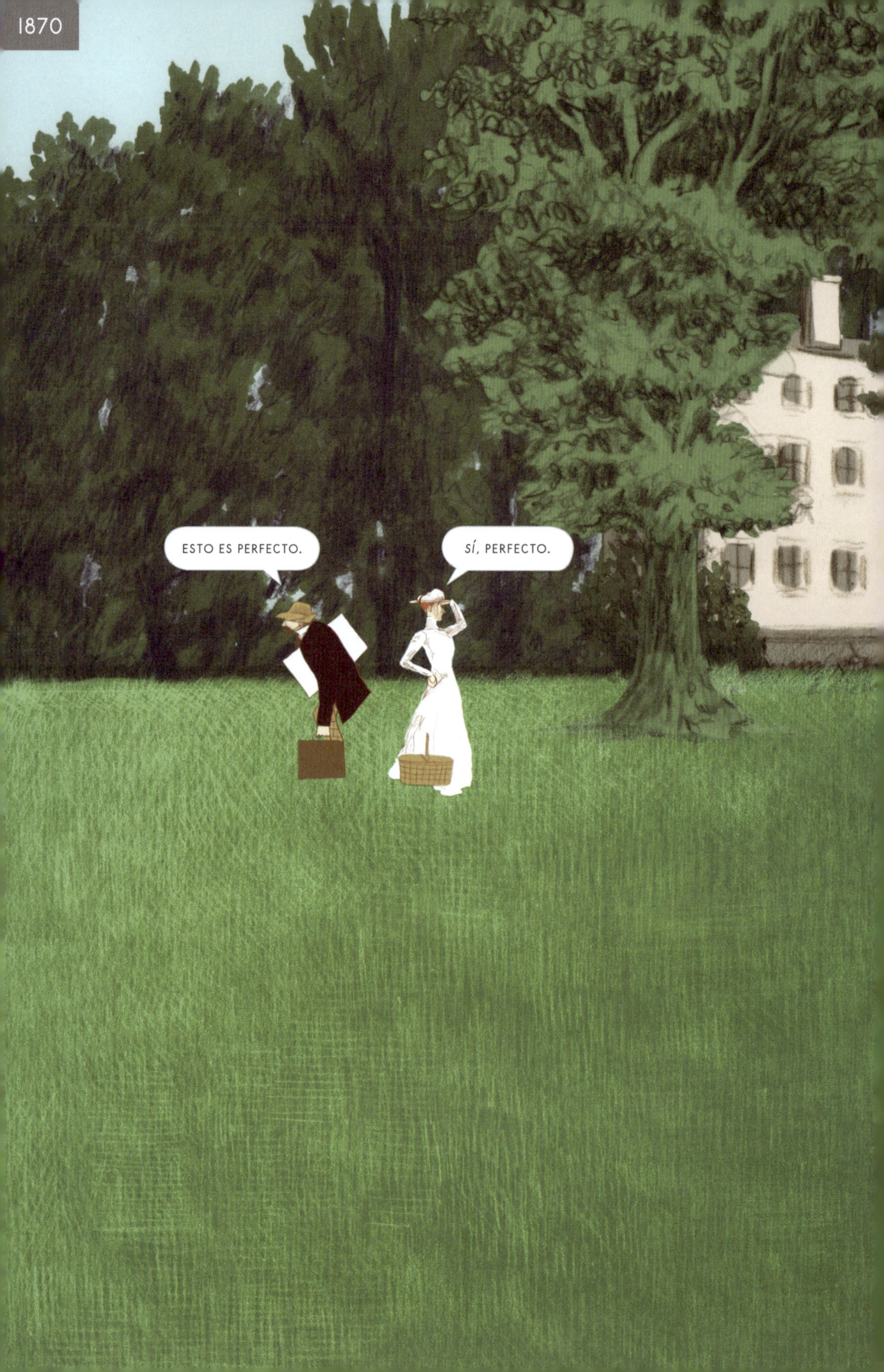
1870
ESTO ES PERFECTO.
SÍ, PERFECTO.

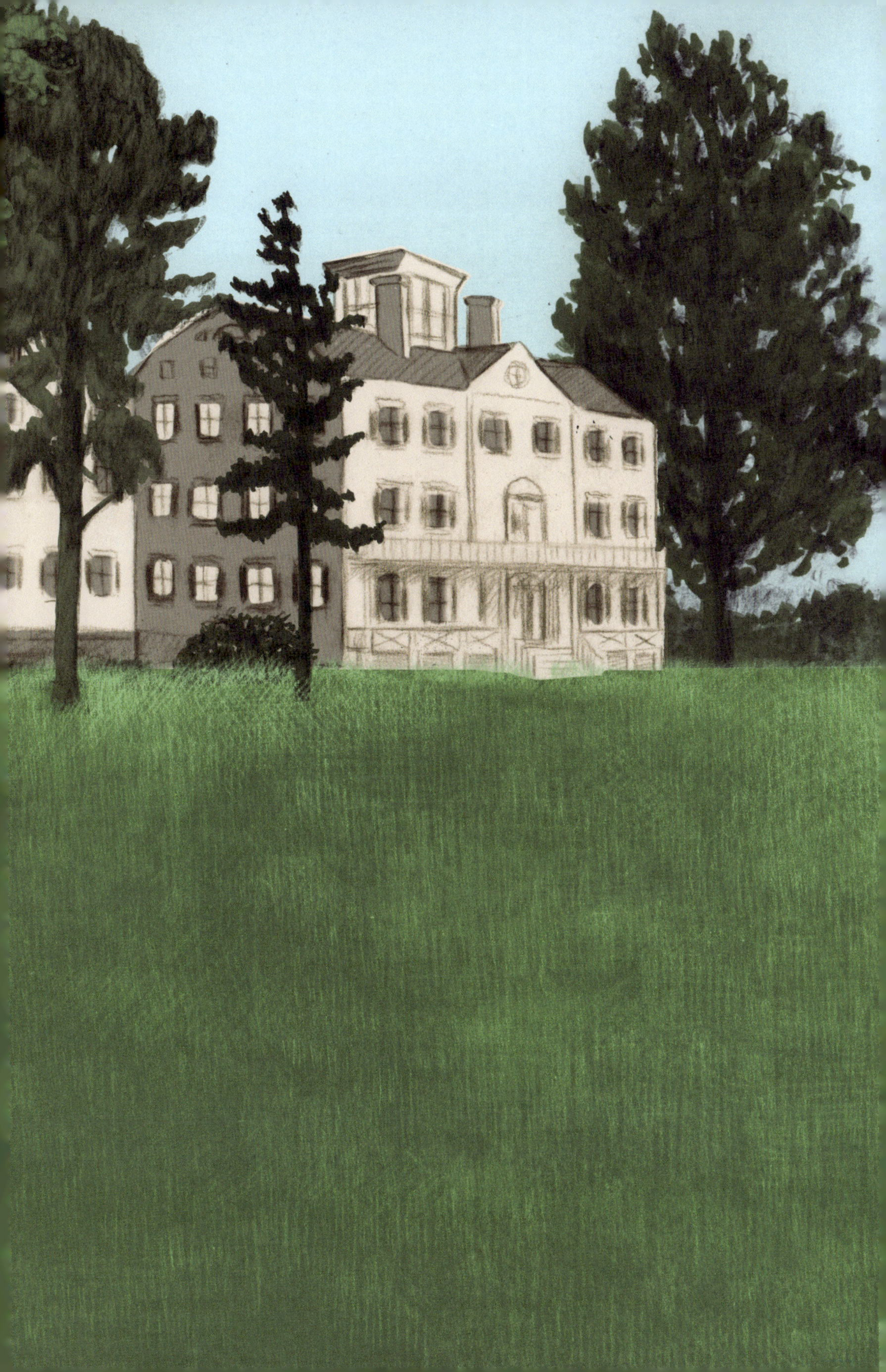

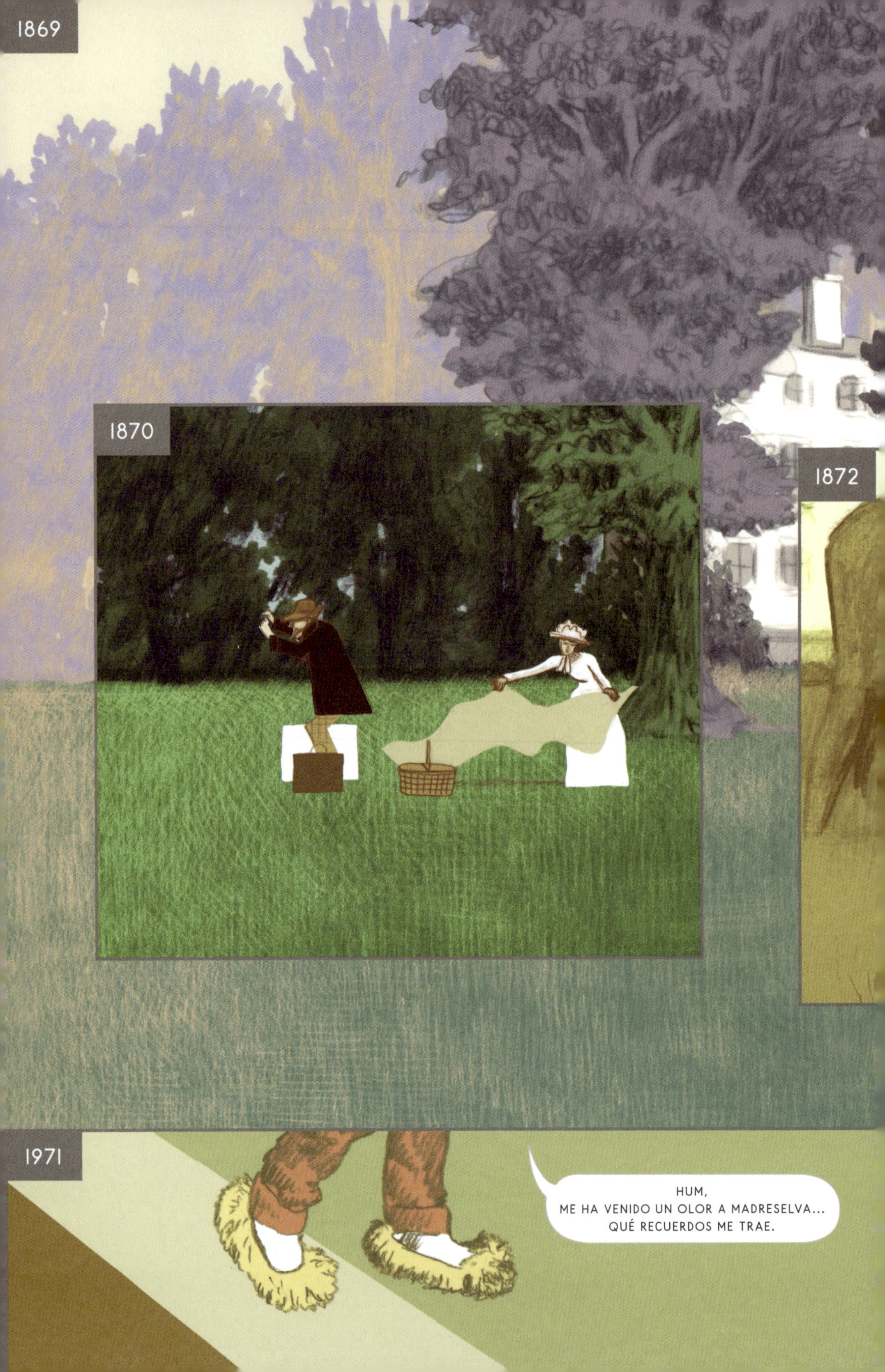
1869
1870
1872
1971
HUM,
ME HA VENIDO UN OLOR A MADRESELVA...
QUÉ RECUERDOS ME TRAE.

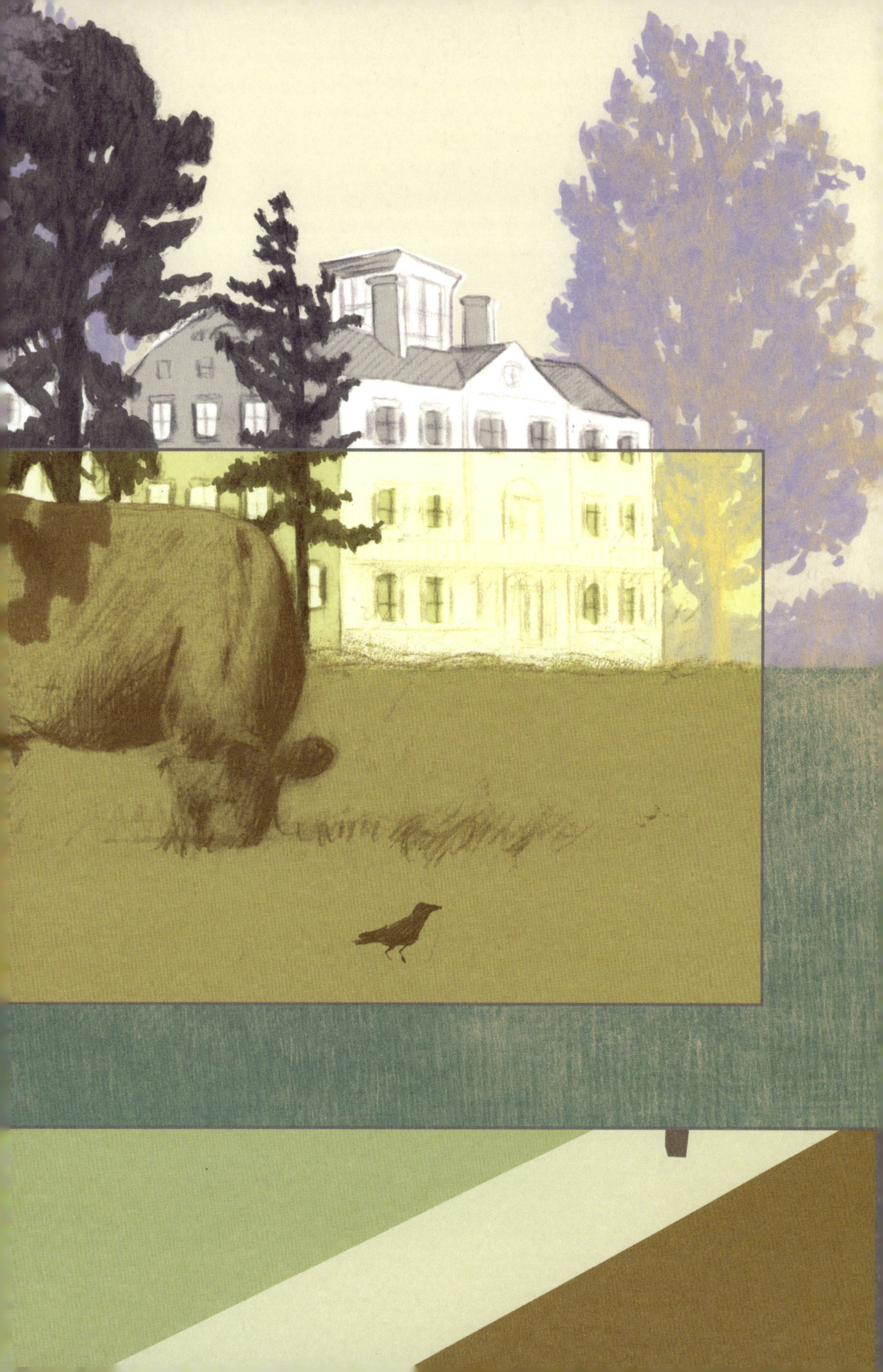

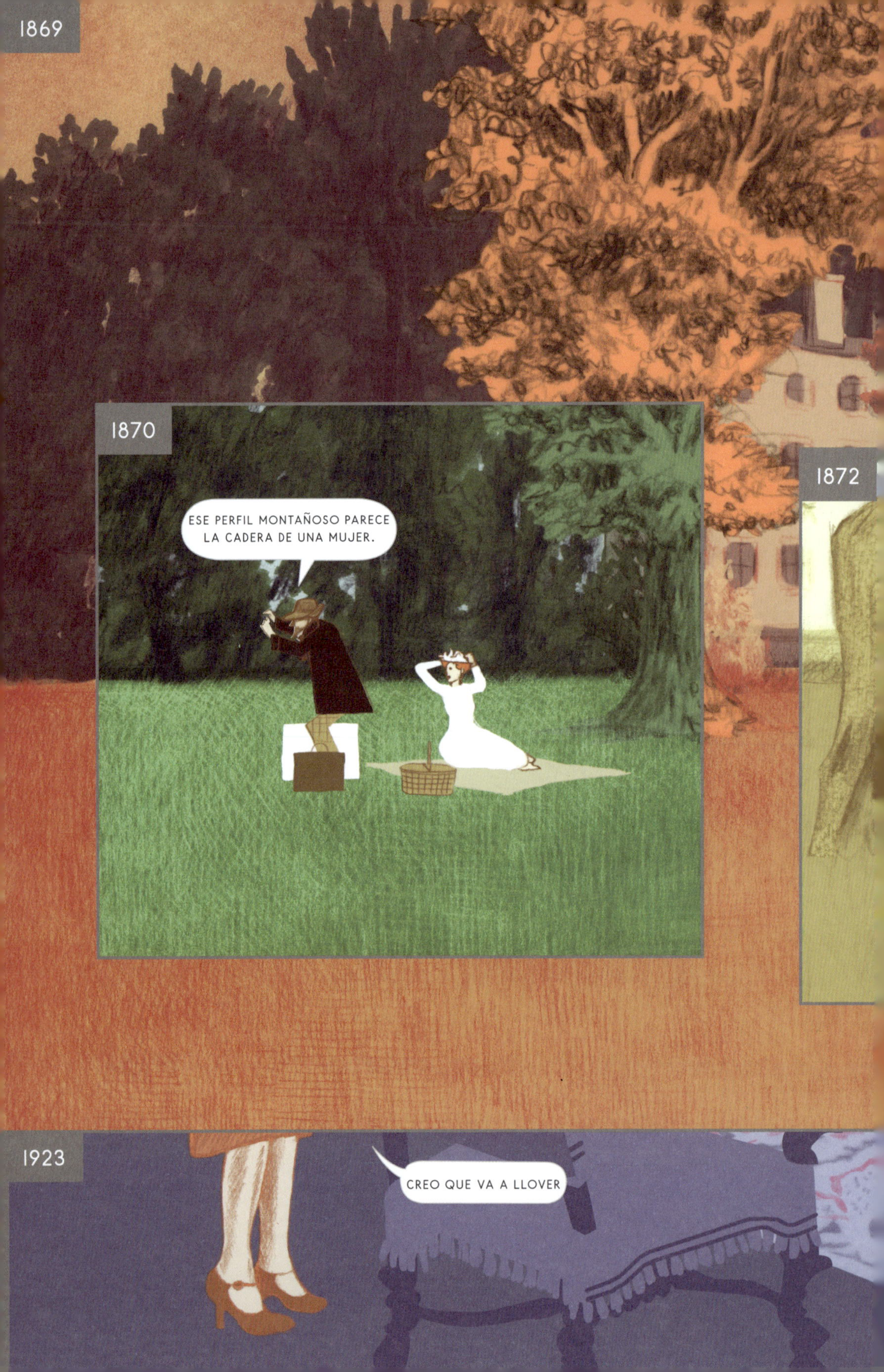
1869
1870
ESE PERFIL MONTAÑOSO PARECE LA CADERA DE UNA MUJER.
1872
1923
CREO QUE VA A LLOVER

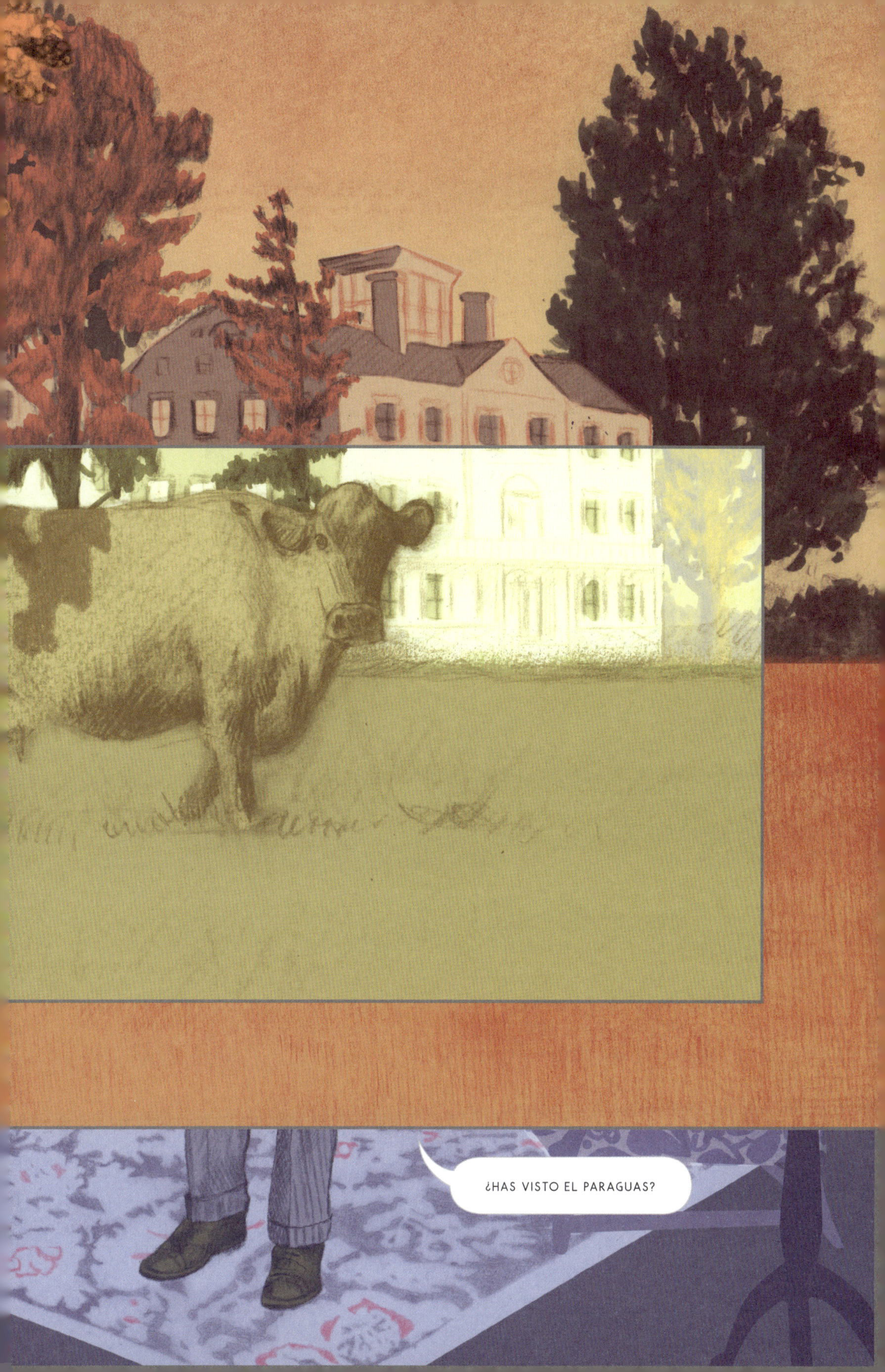
¿HAS VISTO EL PARAGUAS?

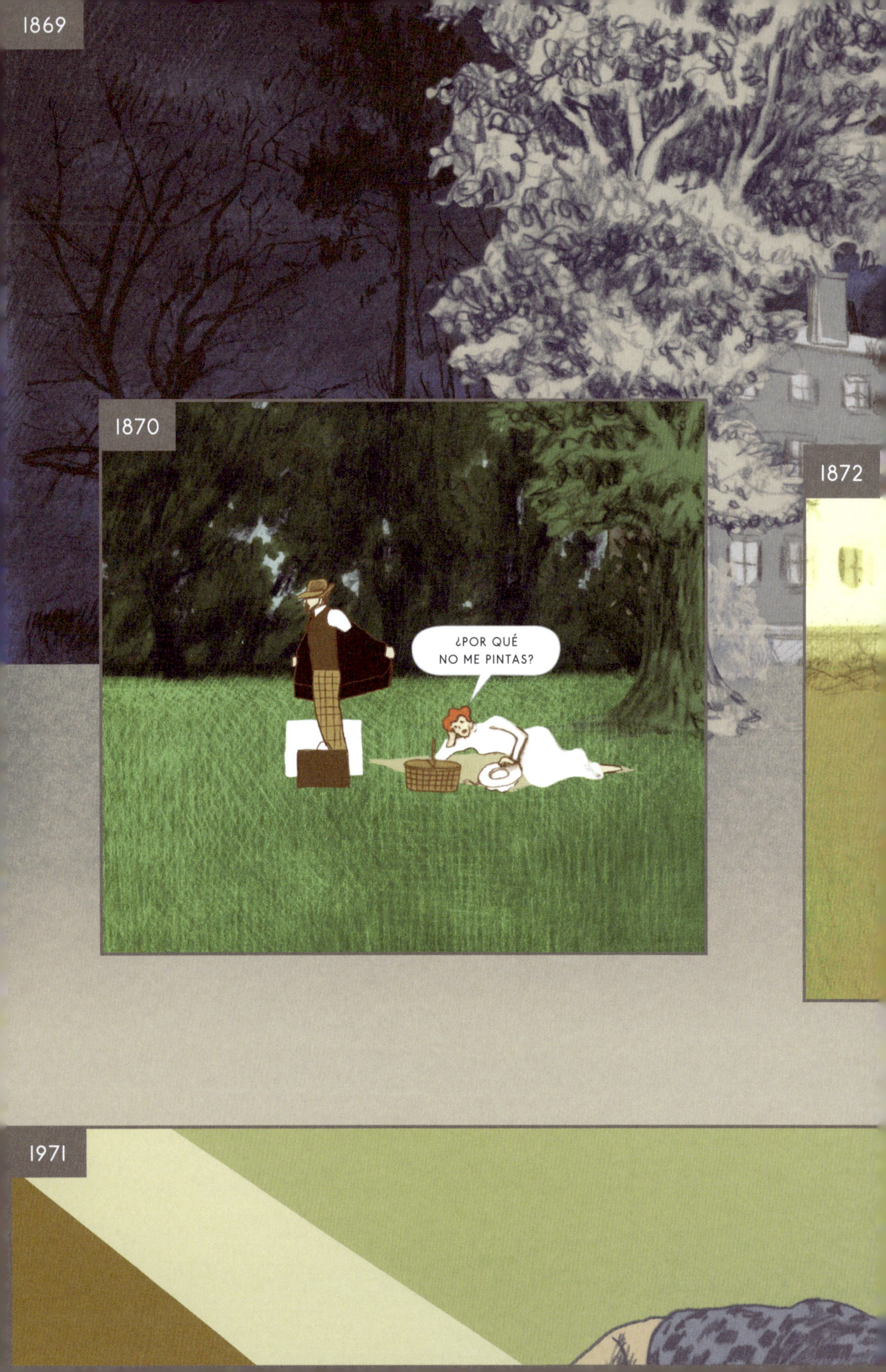
1869
1870
1872
¿POR QUÉ
NO ME PINTAS?
1971

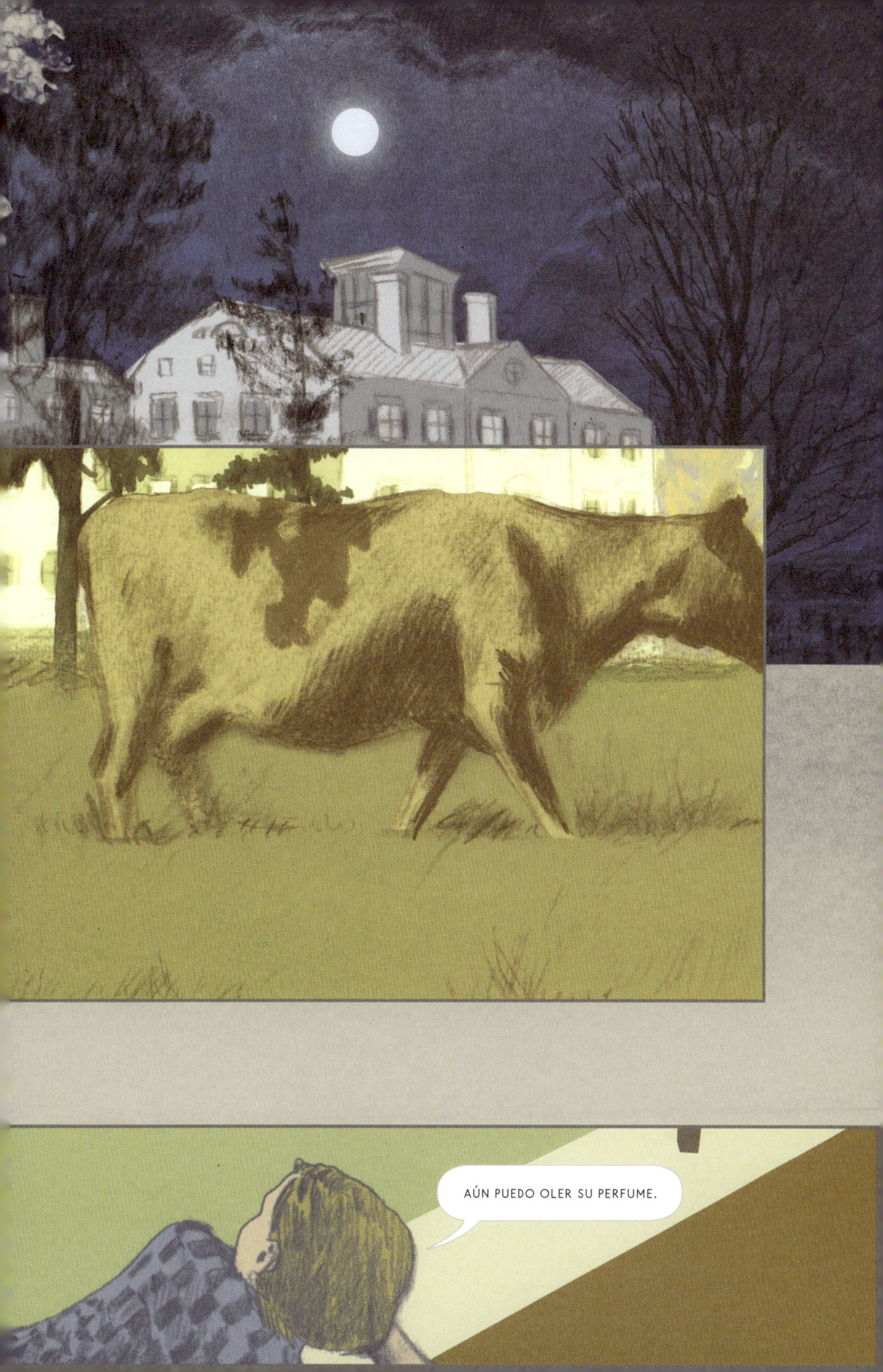
AÚN PUEDO OLER SU PERFUME.

1973
1870
TÚ **ERES** MI MUSA. PINTAR UN RETRATO TUYO SERÍA UN GRAN PLACER PARA MÍ...
2014

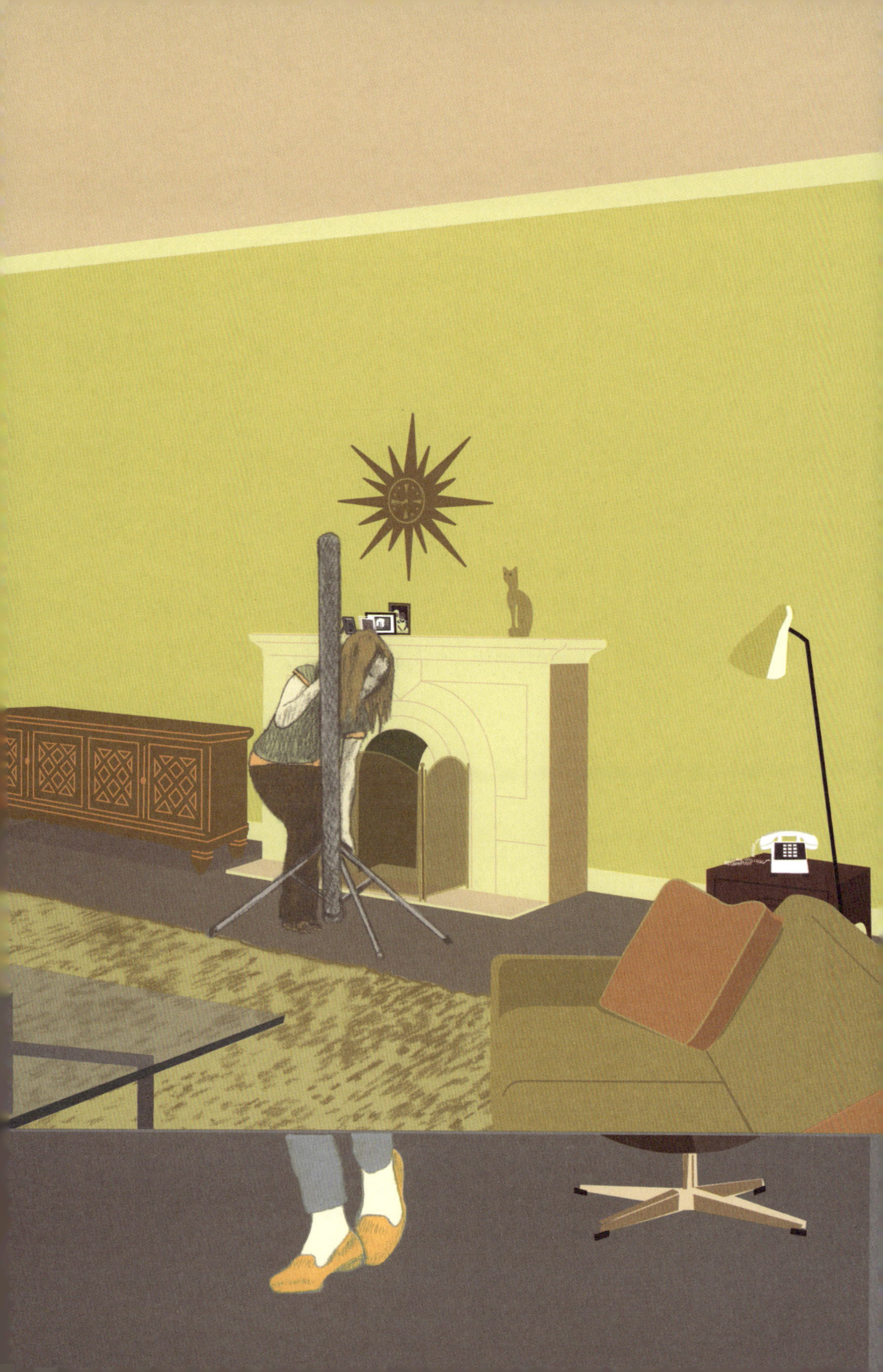

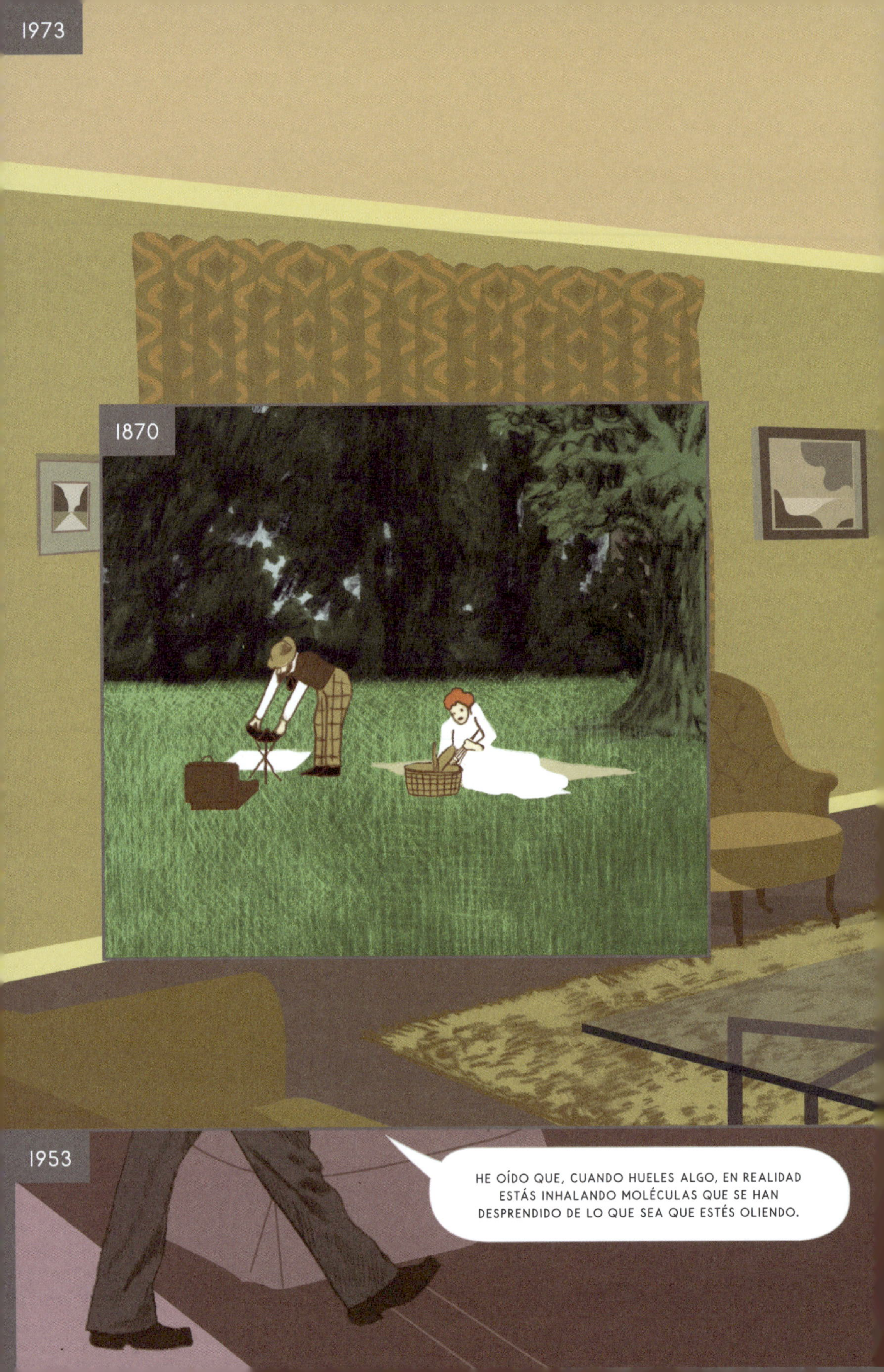
1973
1870
1953
HE OÍDO QUE, CUANDO HUELES ALGO, EN REALIDAD ESTÁS INHALANDO MOLÉCULAS QUE SE HAN DESPRENDIDO DE LO QUE SEA QUE ESTÉS OLIENDO.

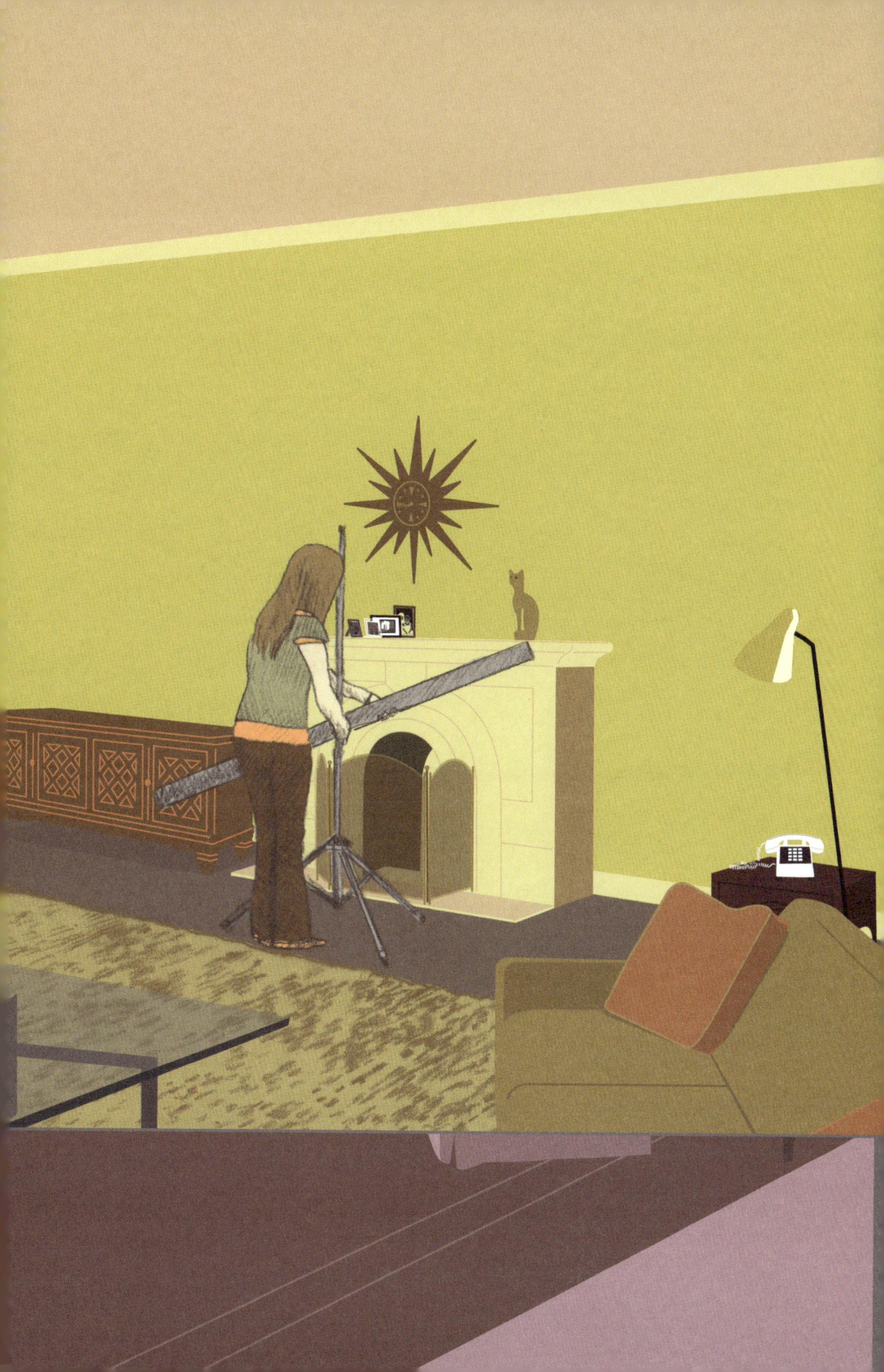

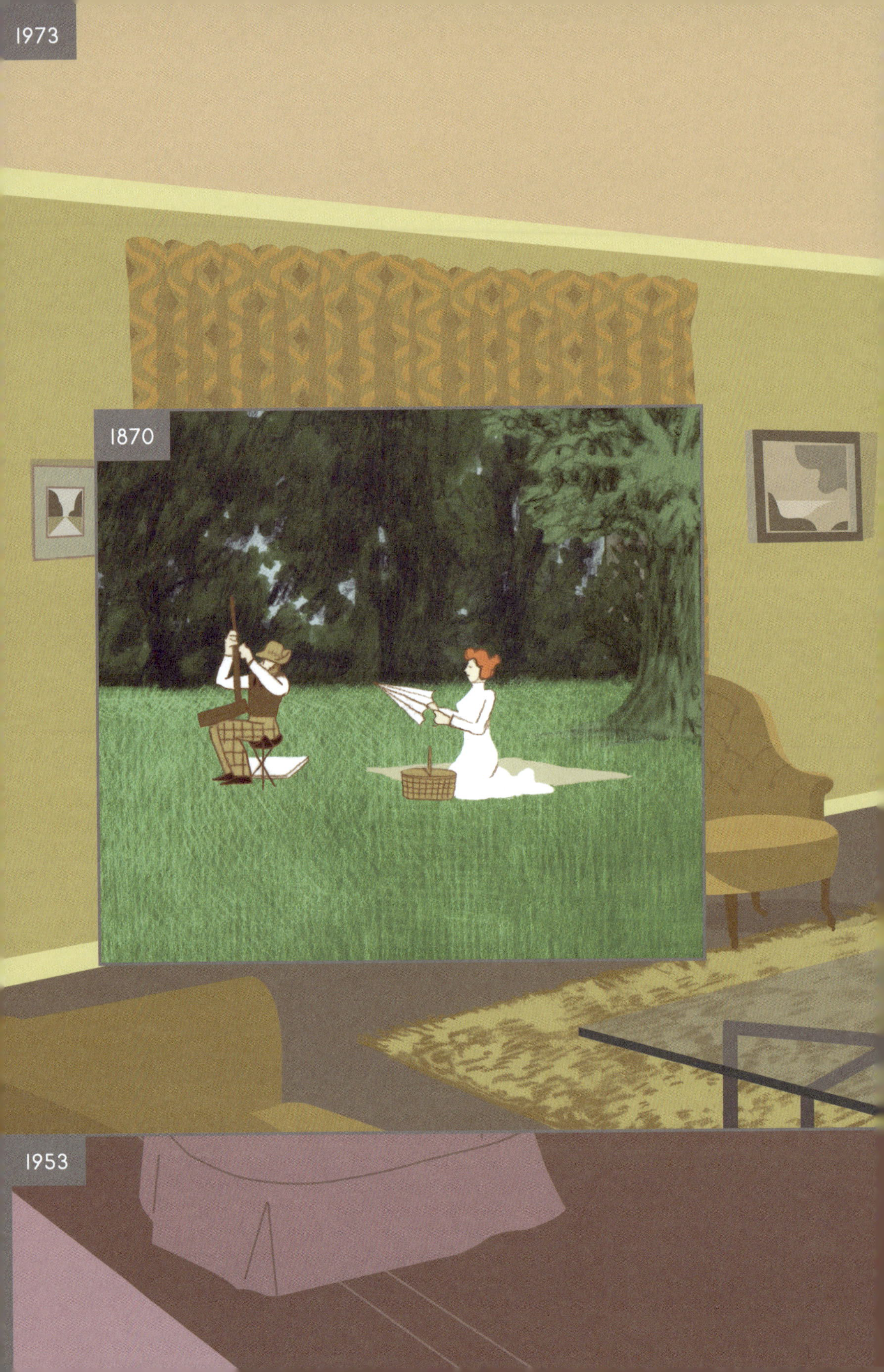
1973
1870
1953

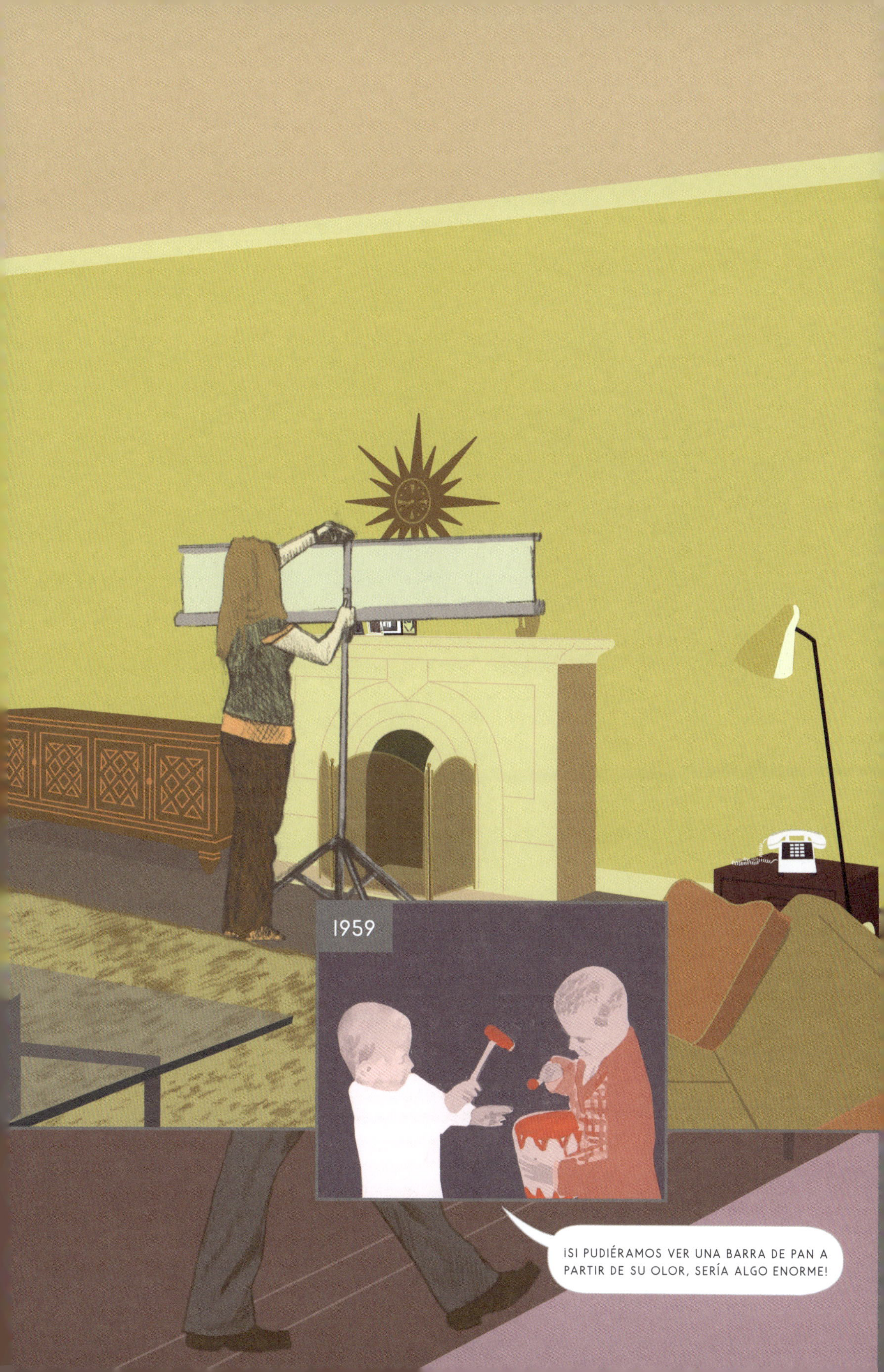
1959
¡SI PUDIÉRAMOS VER UNA BARRA DE PAN A PARTIR DE SU OLOR, SERÍA ALGO ENORME!

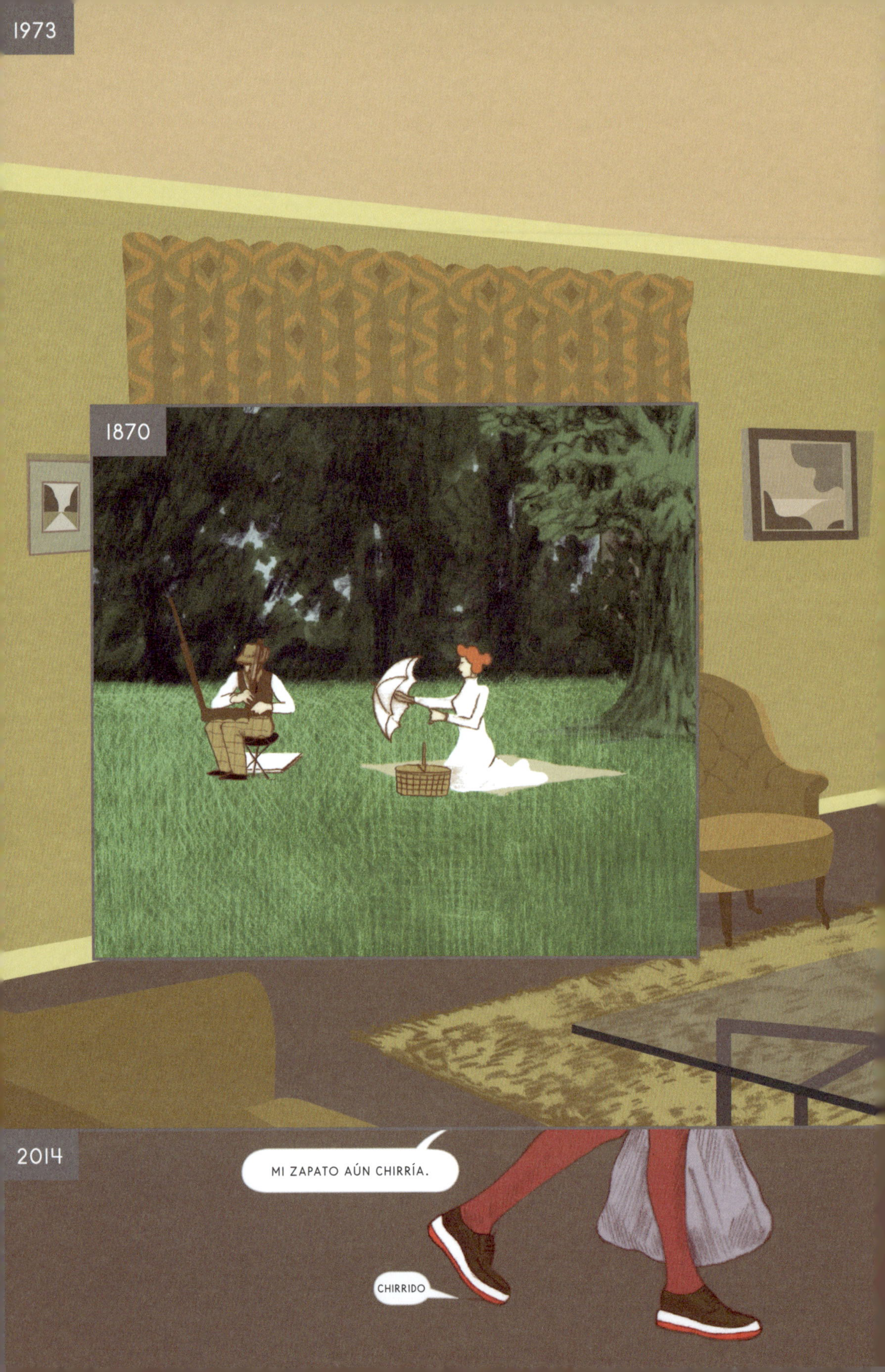
1973
1870
2014
MI ZAPATO AÚN CHIRRÍA.
CHIRRIDO

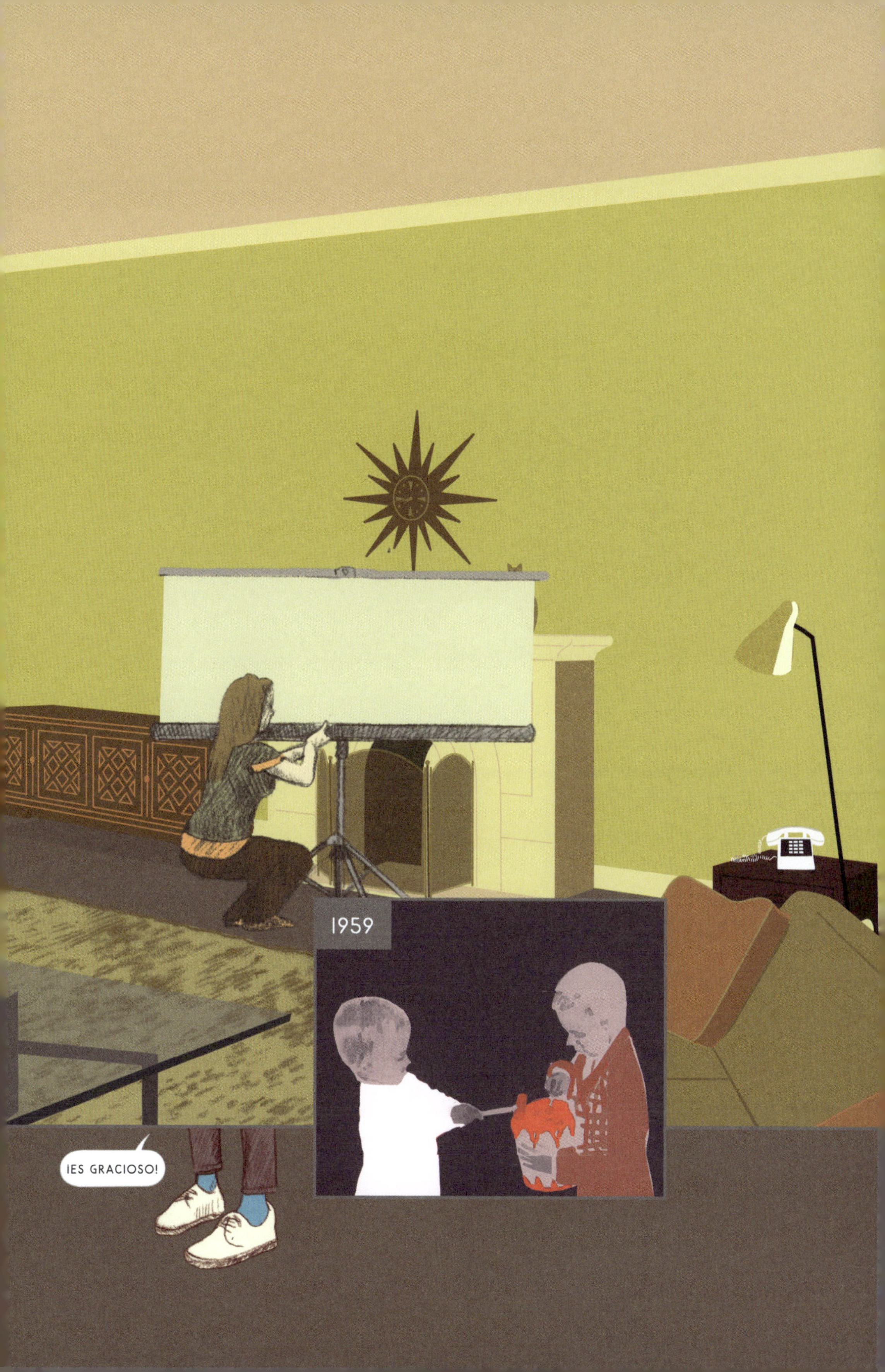
1959
¡ES GRACIOSO!

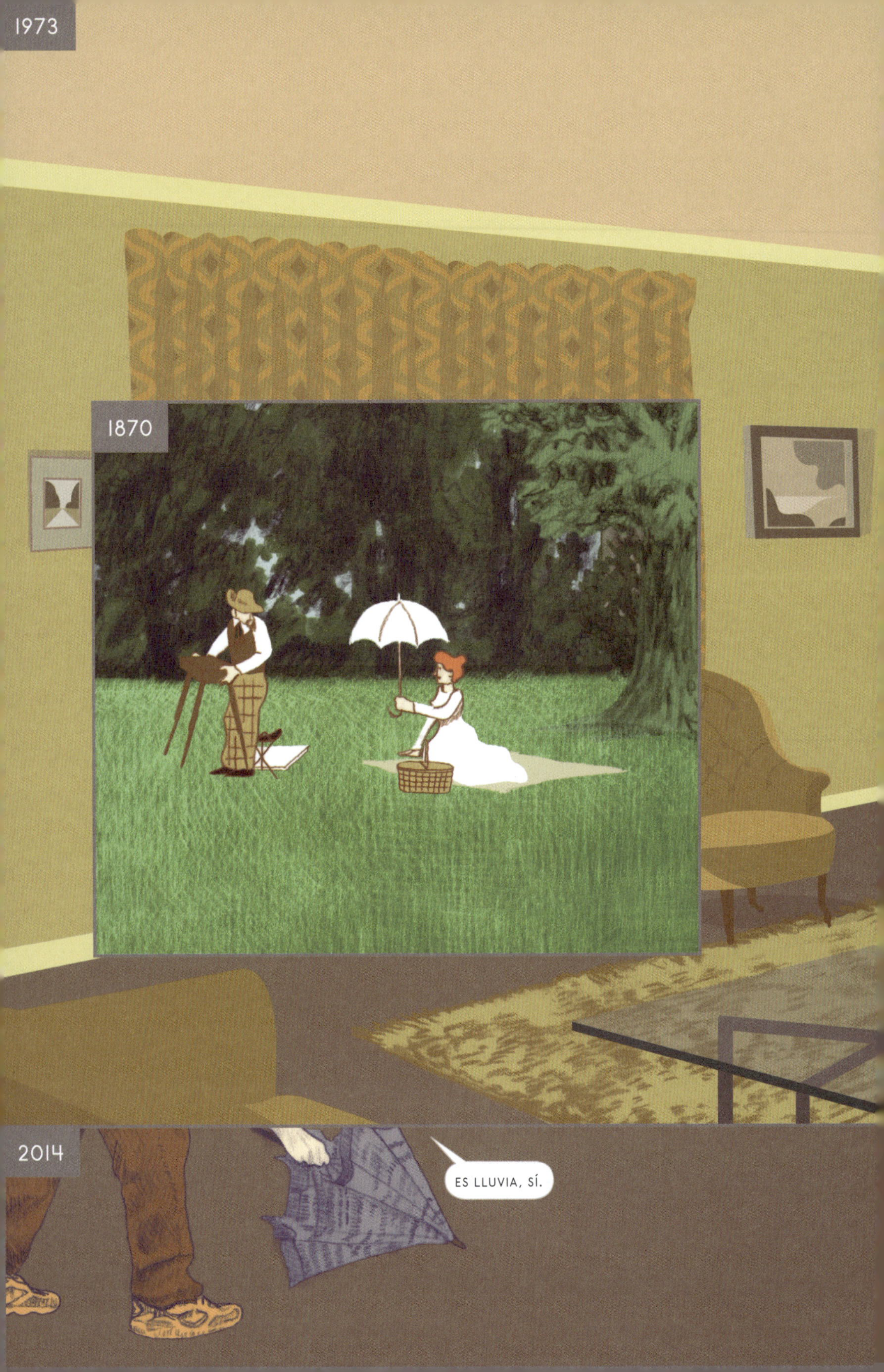
1973
1870
2014
ES LLUVIA, SÍ.

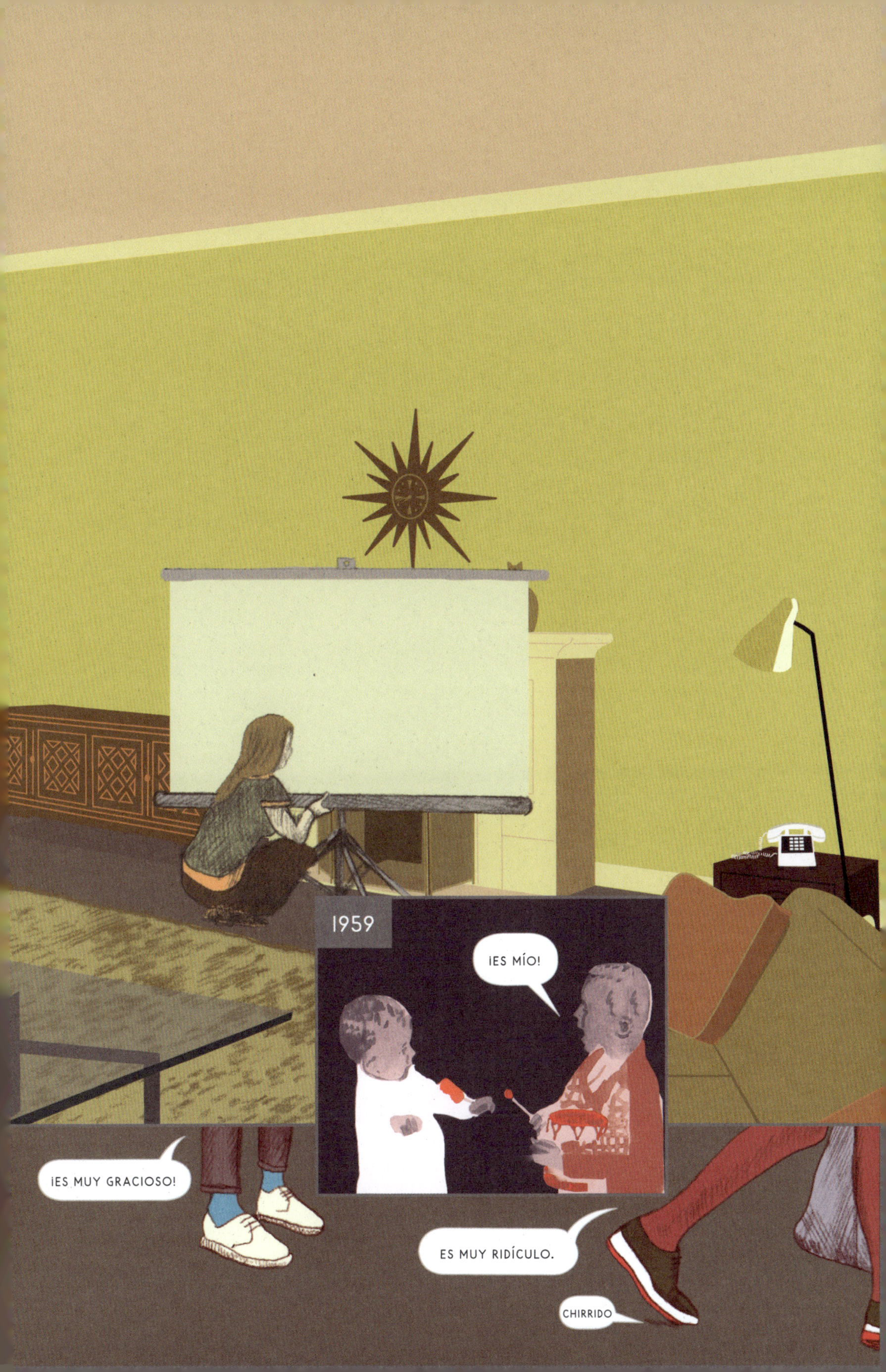
1959
¡ES MÍO!
¡ES MUY GRACIOSO!
ES MUY RIDÍCULO.
CHIRRIDO

1973

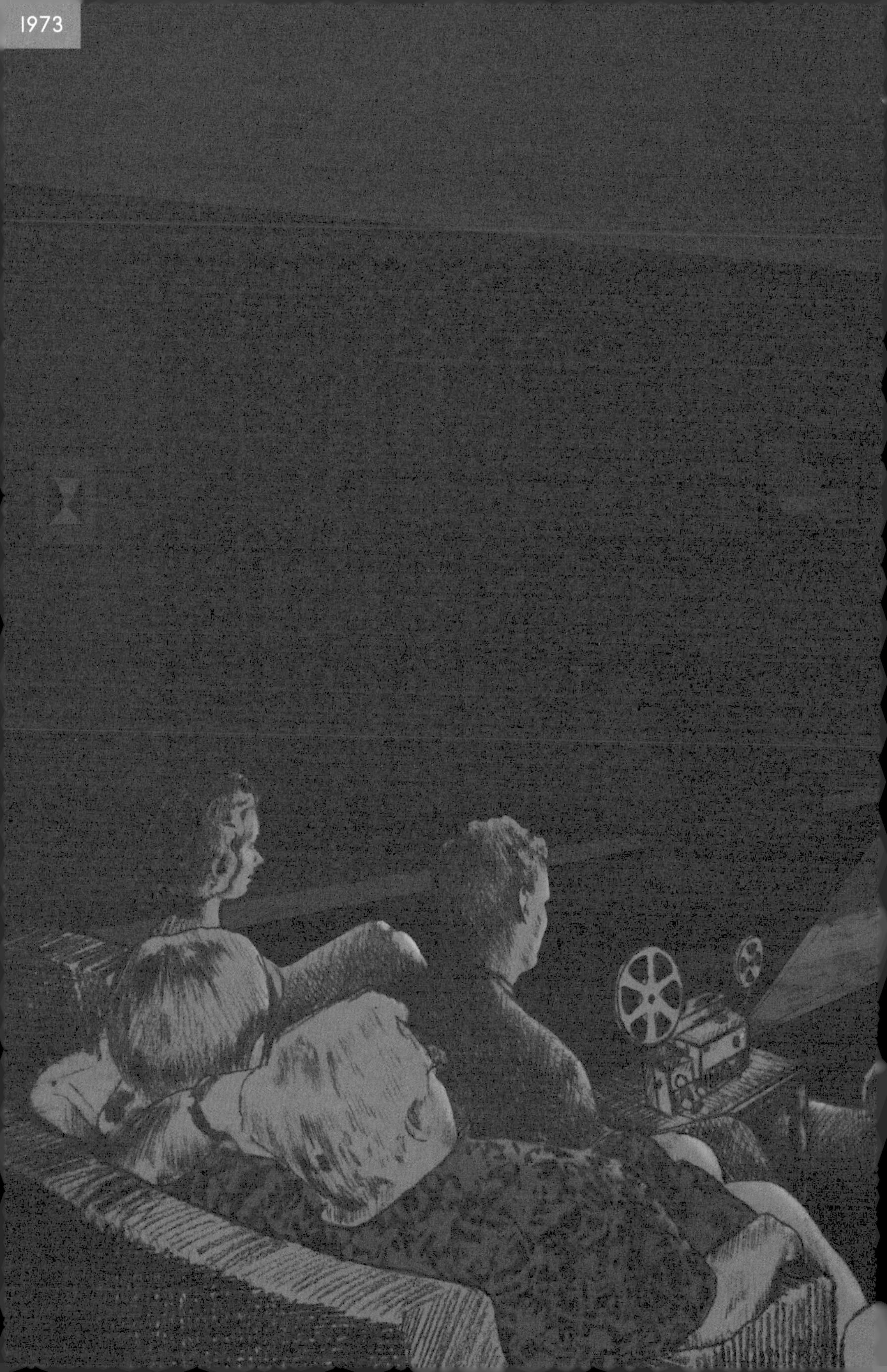

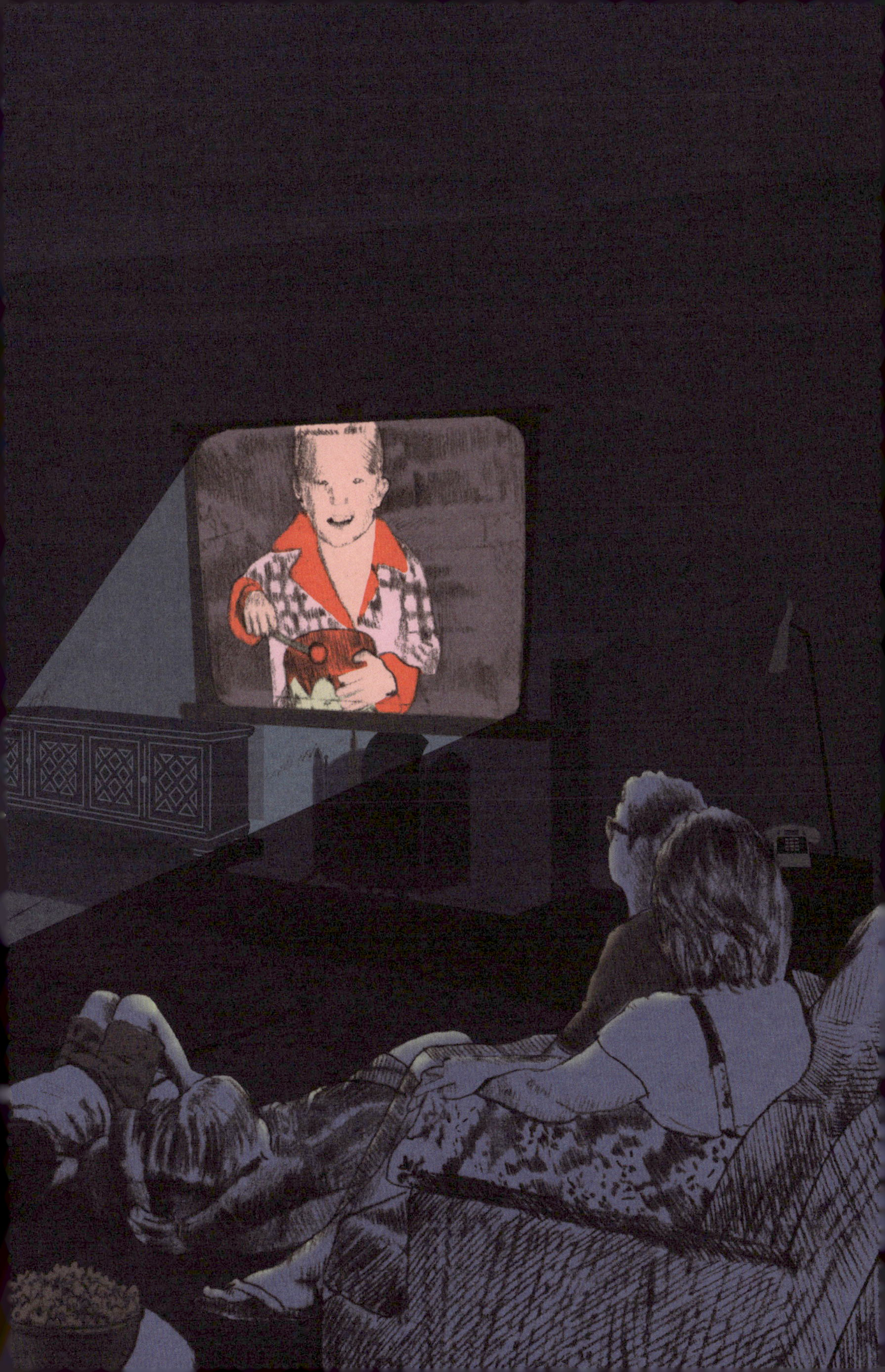

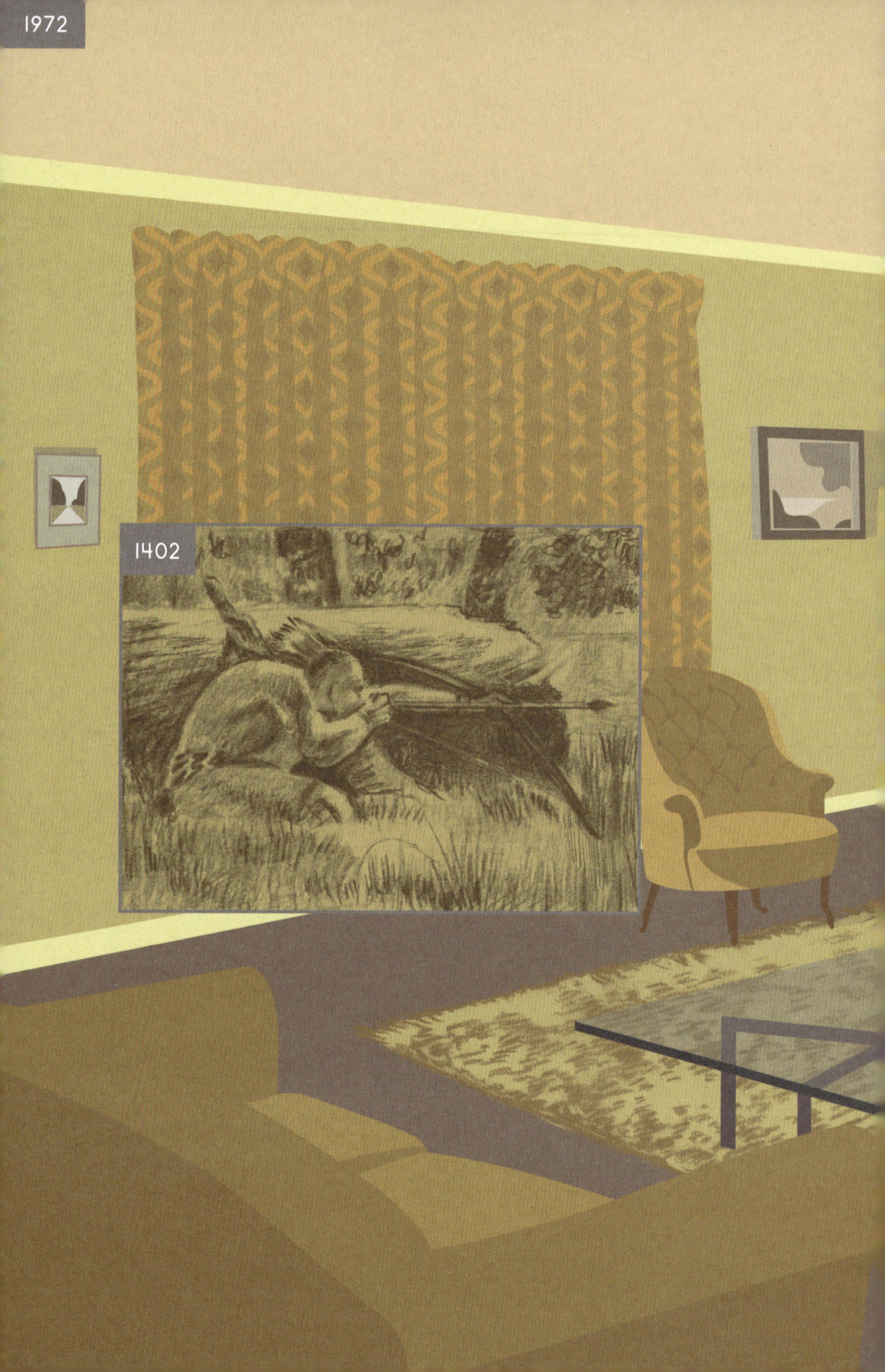
1972
1402

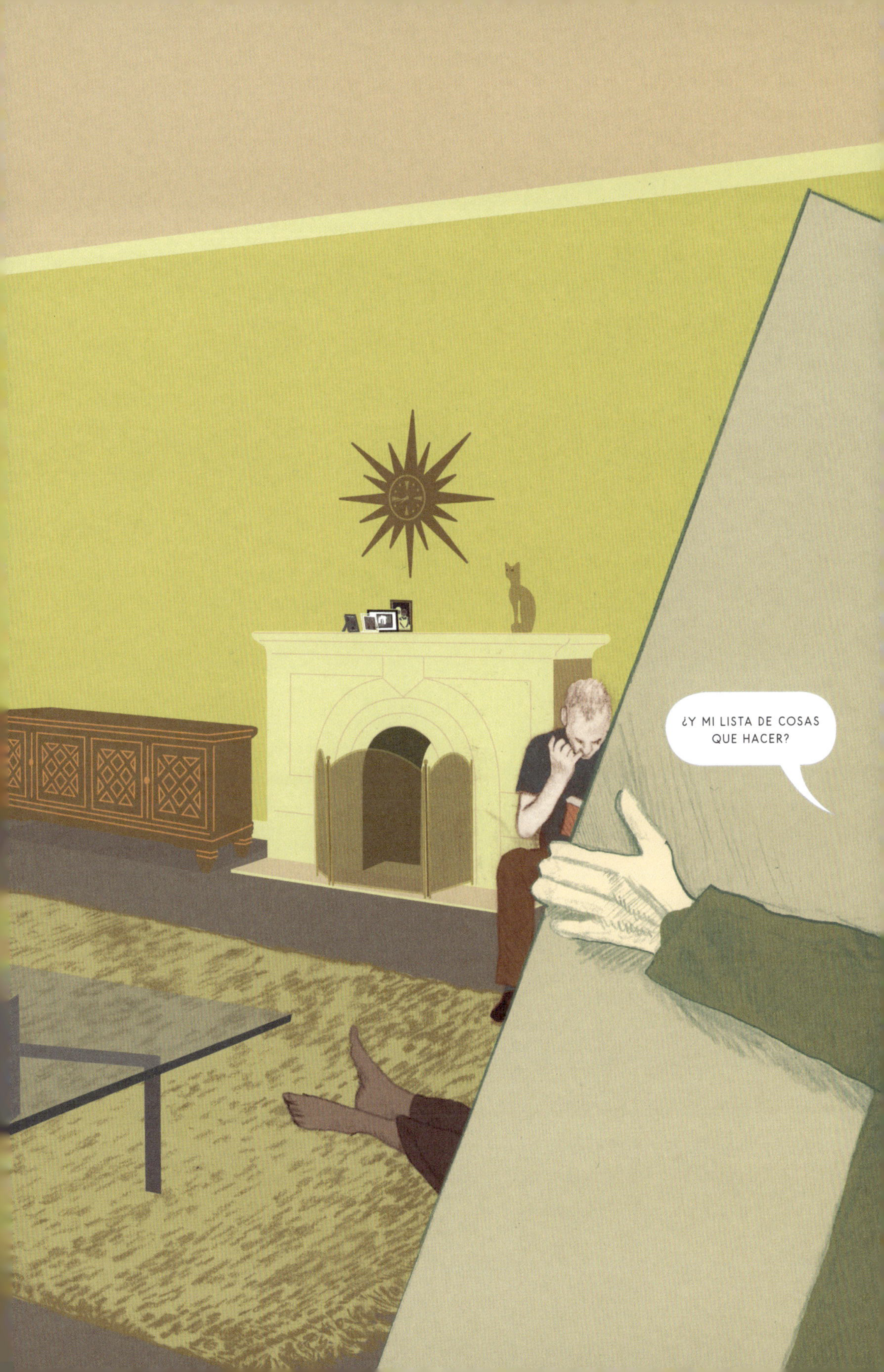
¿Y MI LISTA DE COSAS QUE HACER?

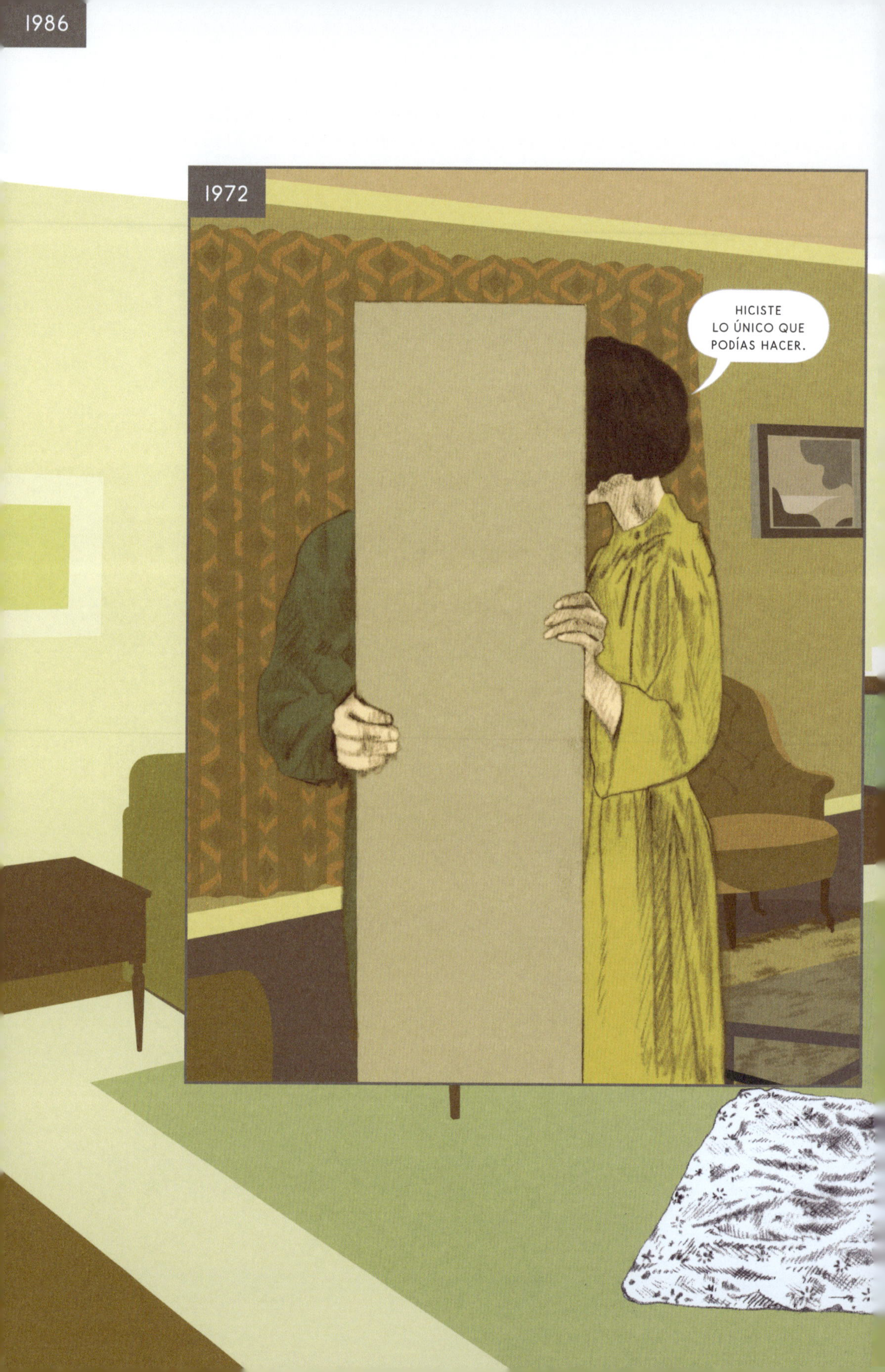
1986
1972
HICISTE LO ÚNICO QUE PODÍAS HACER.

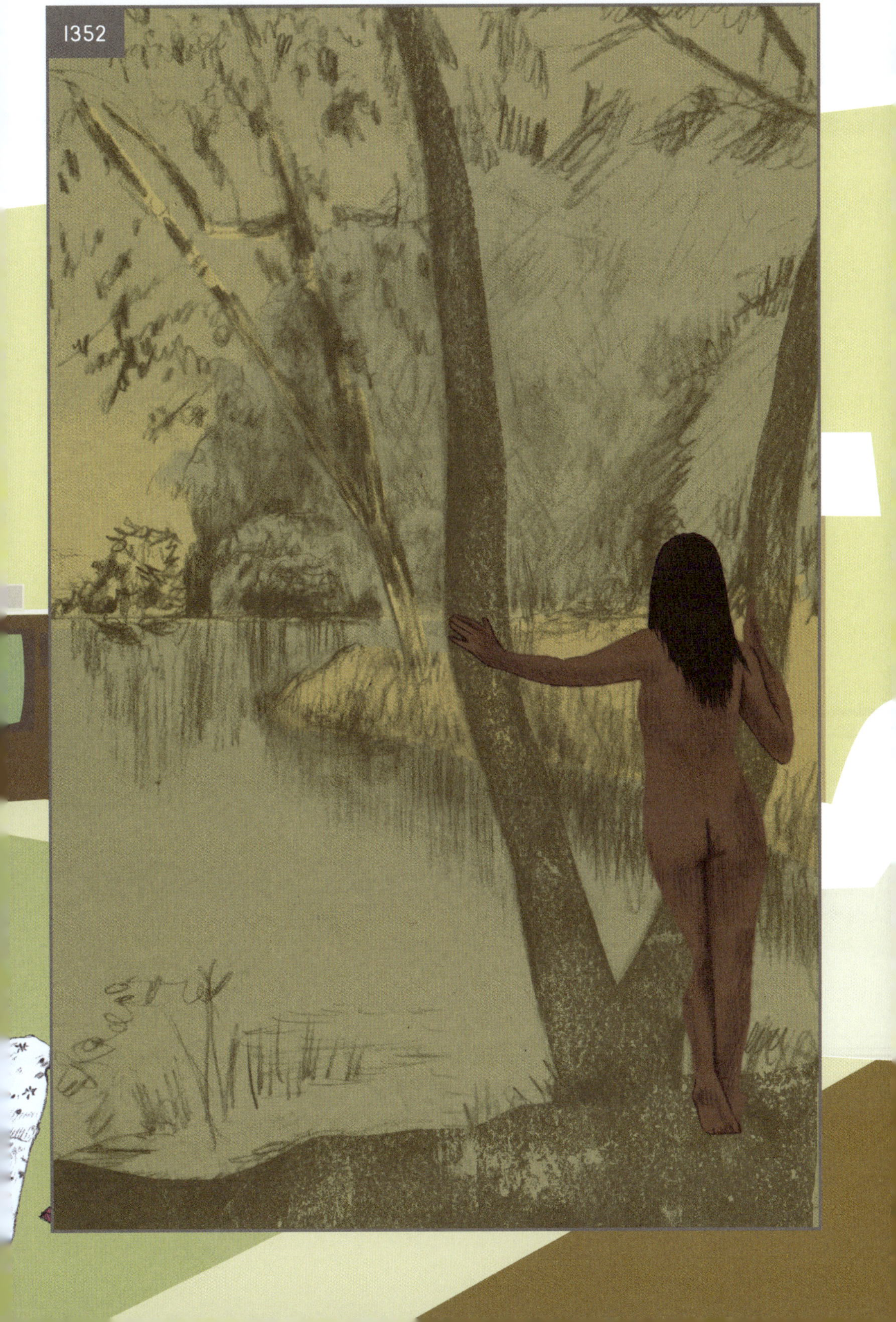

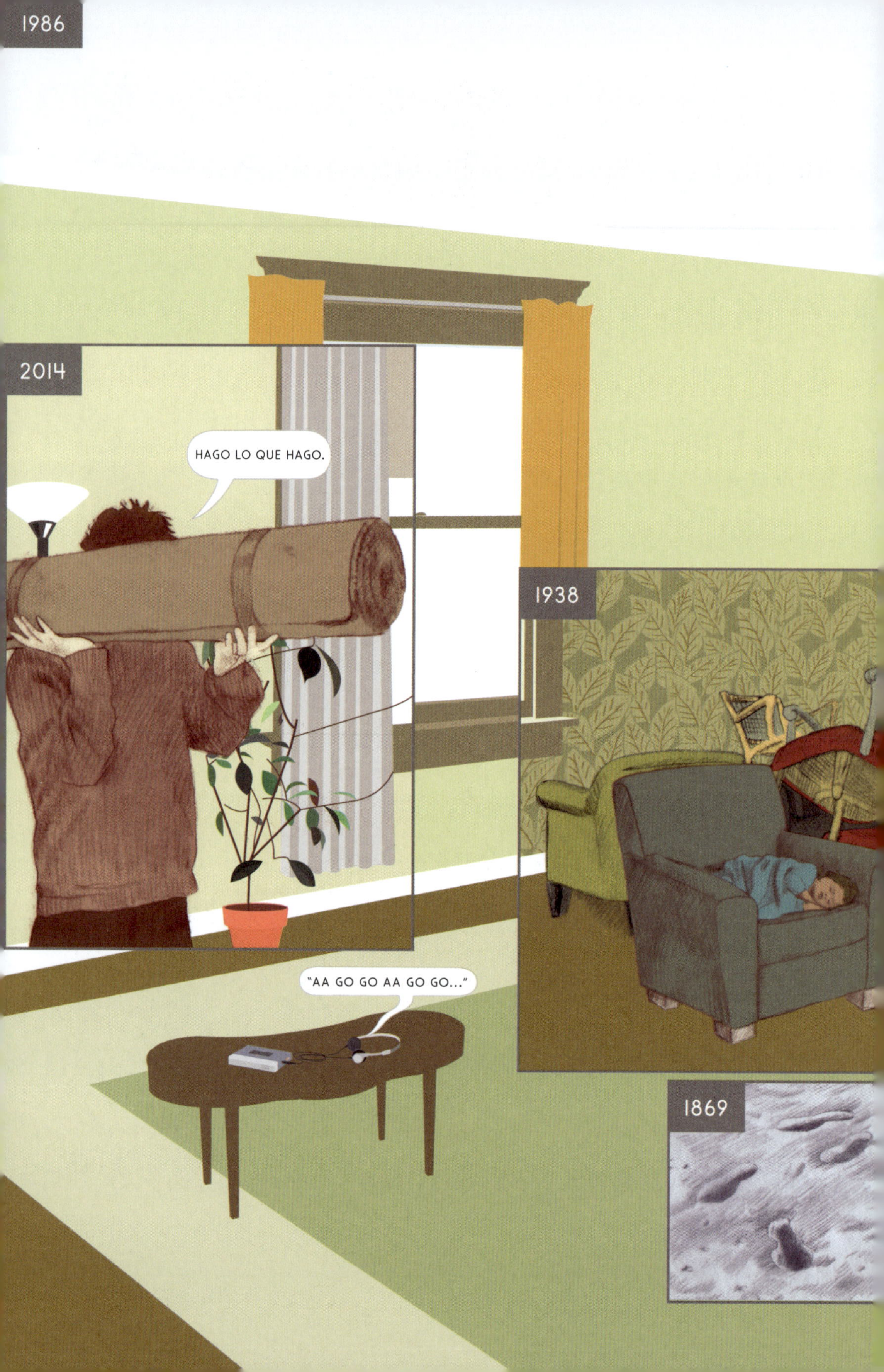
1986
2014
HAGO LO QUE HAGO.
1938
"AA GO GO AA GO GO..."
1869

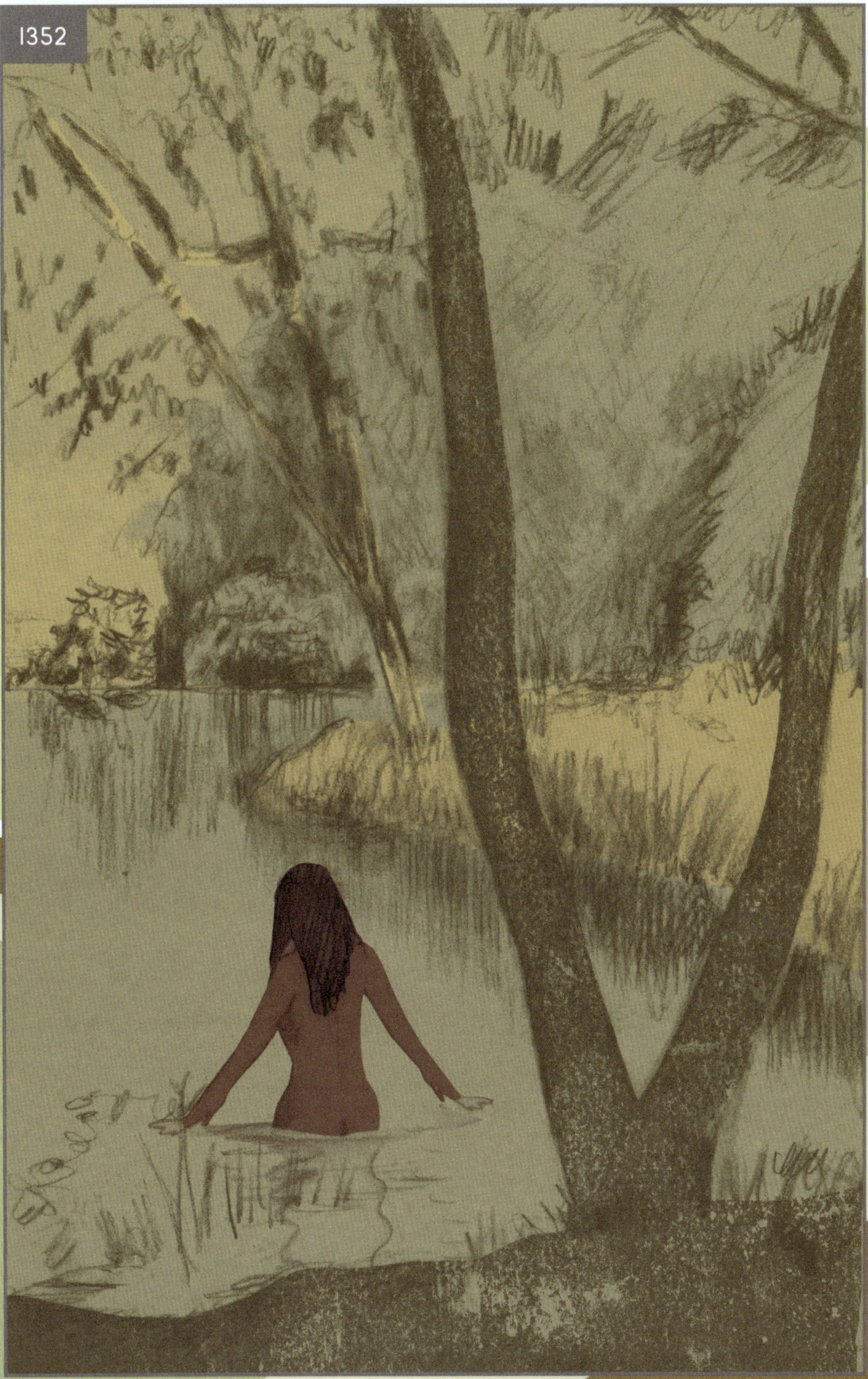

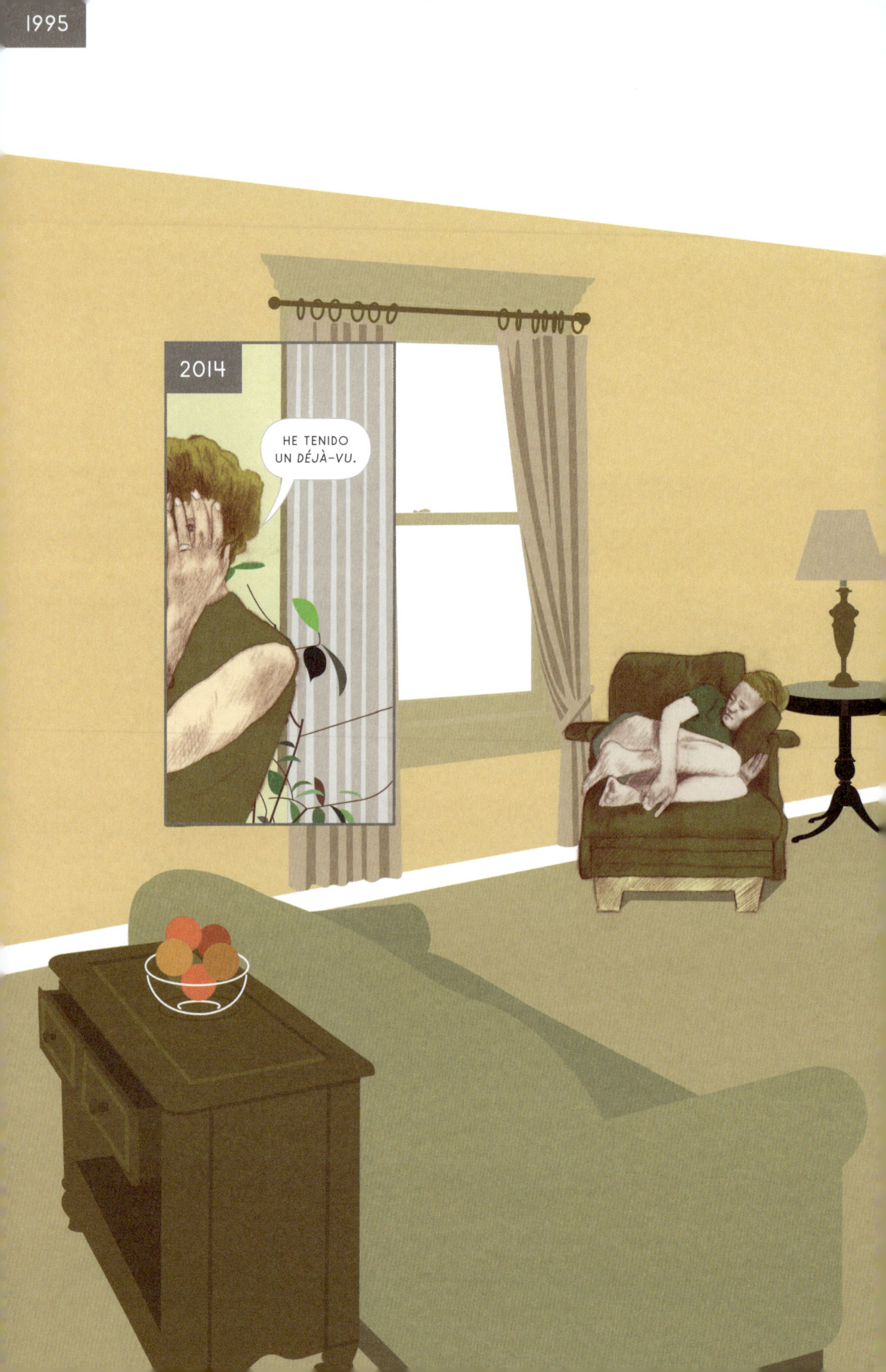
1995
2014
HE TENIDO
UN *DÉJÀ-VU*.

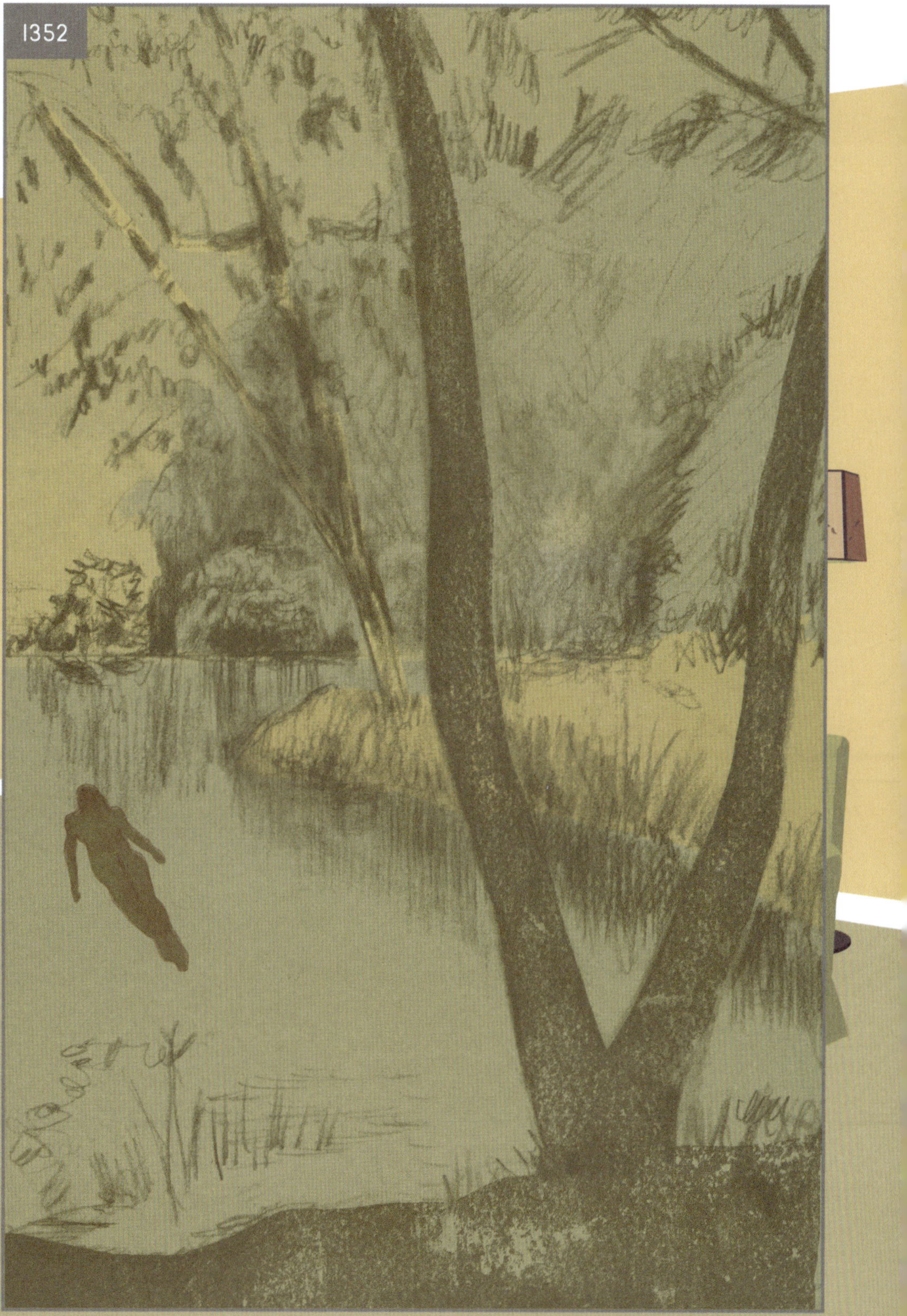
1352

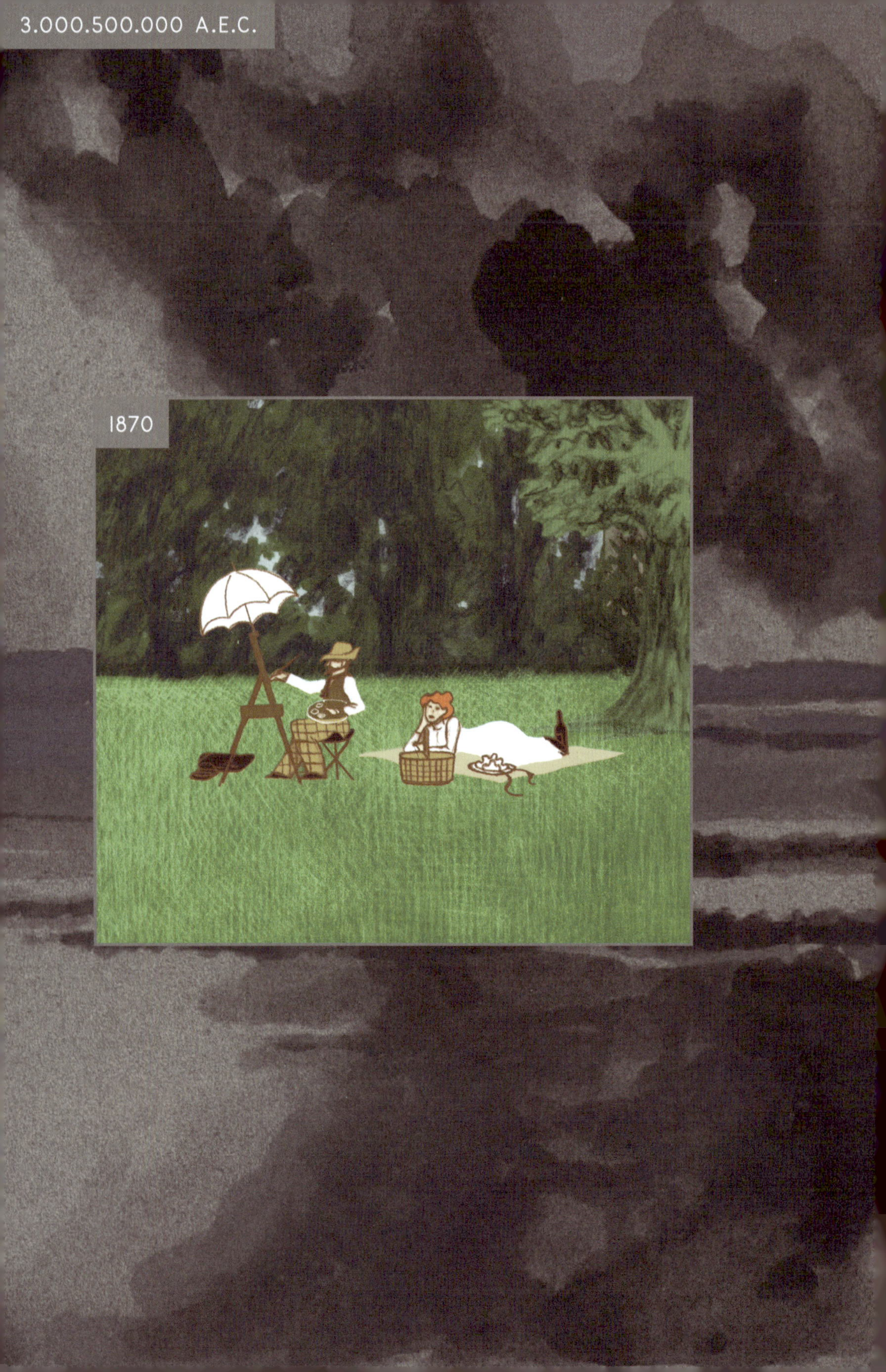
3.000.500.000 A.E.C.
1870

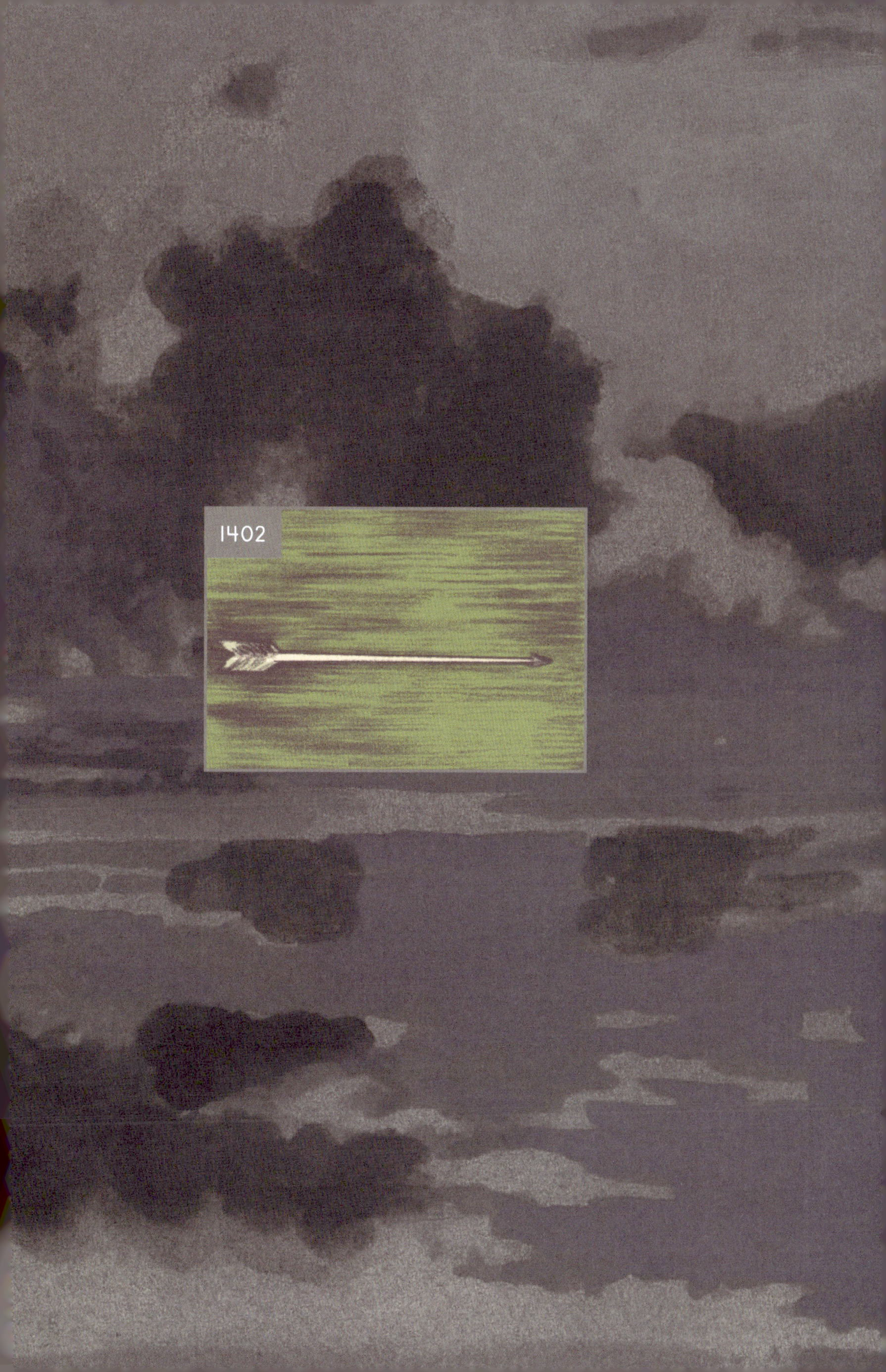
1402

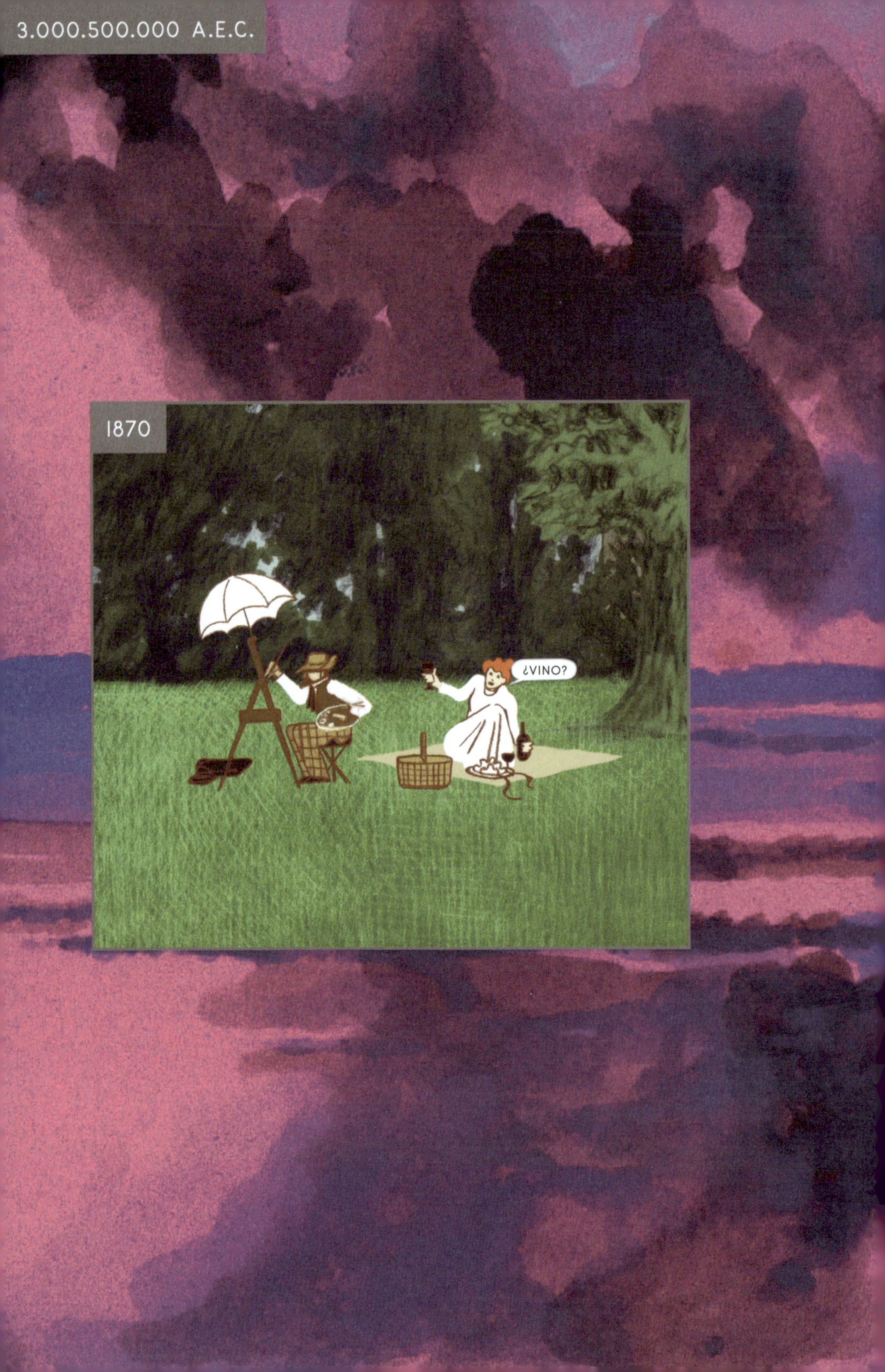
3.000.500.000 A.E.C.
1870
¿VINO?

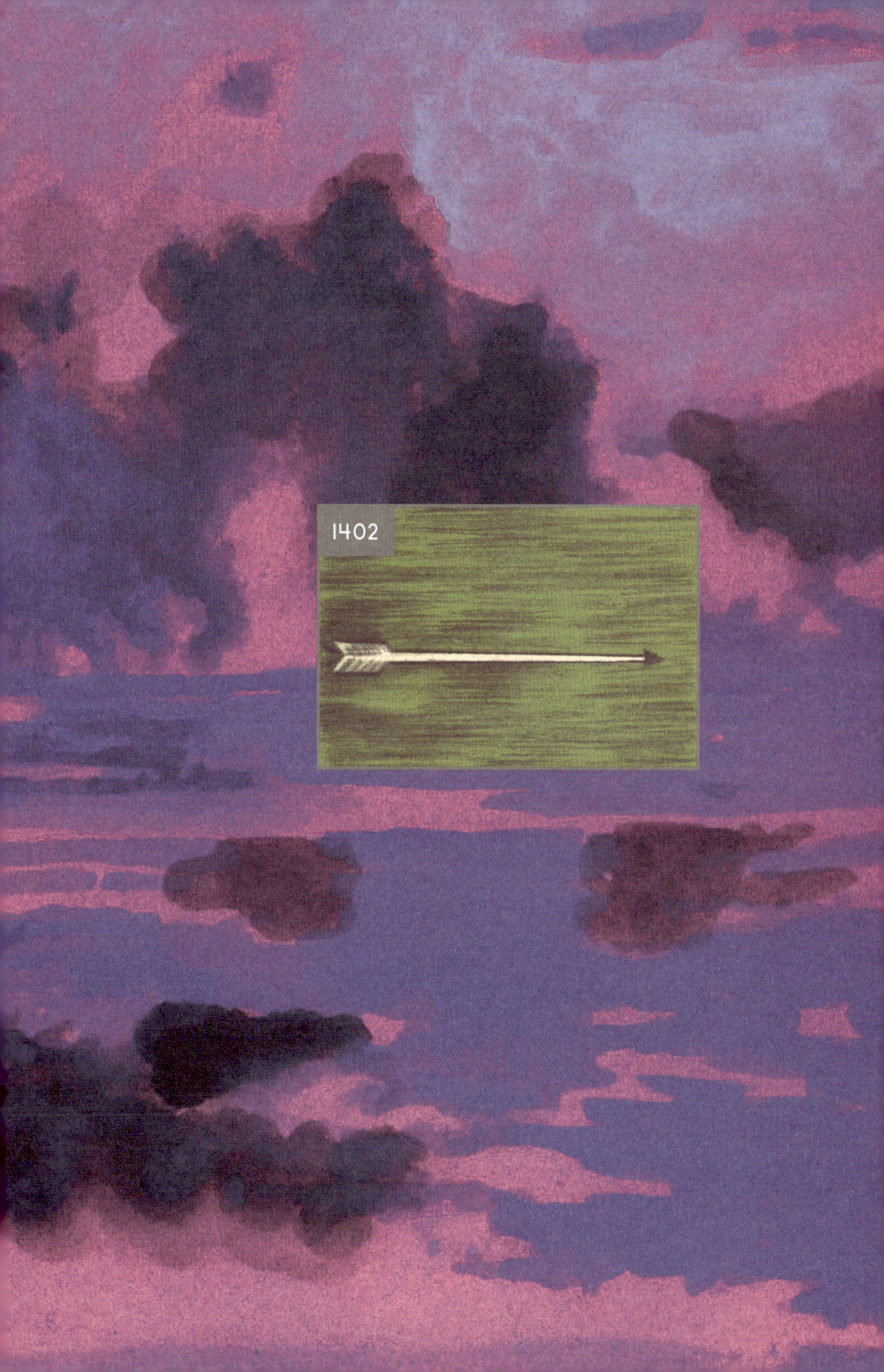
1402

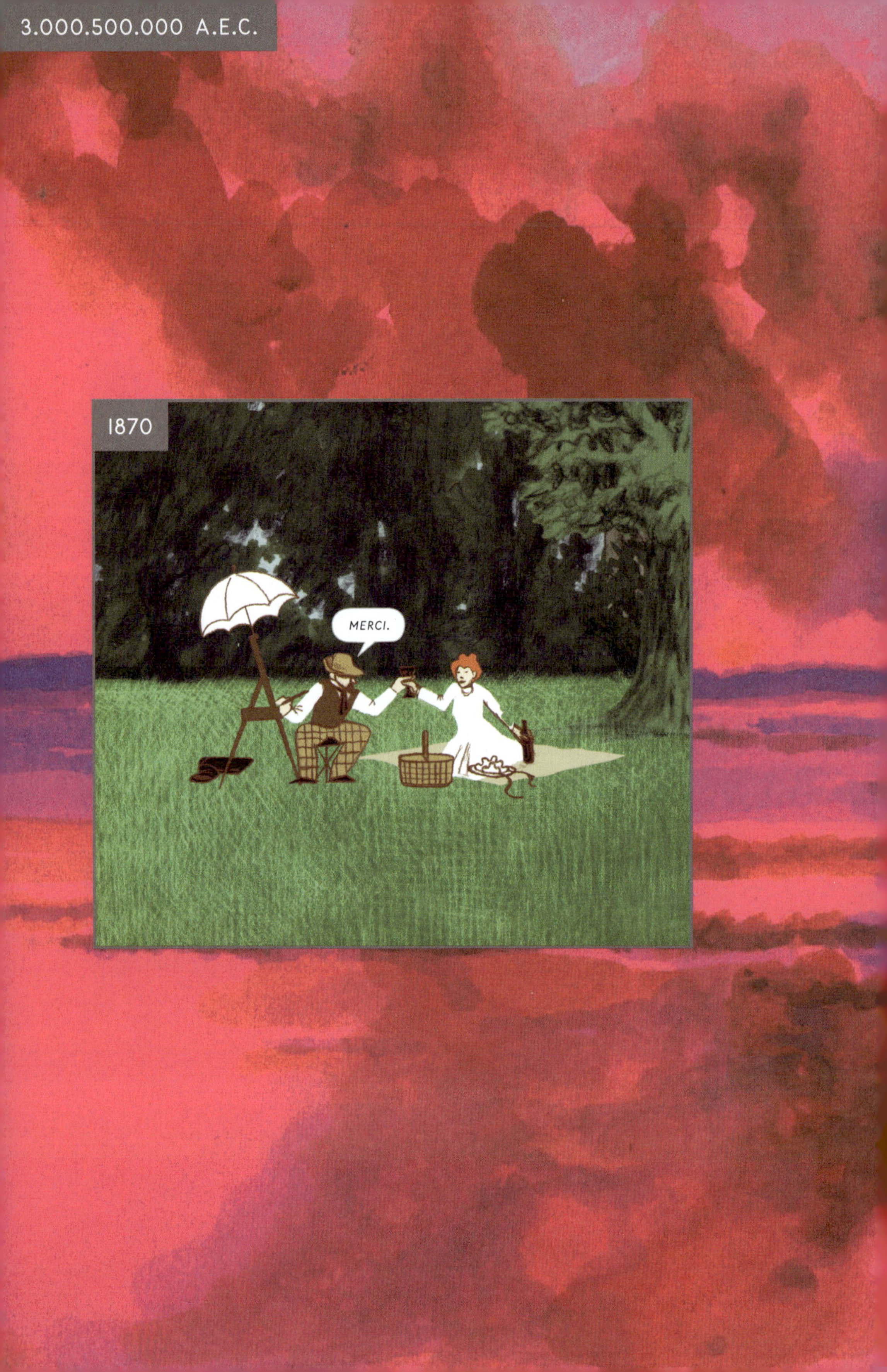
3.000.500.000 A.E.C.
1870
MERCI.

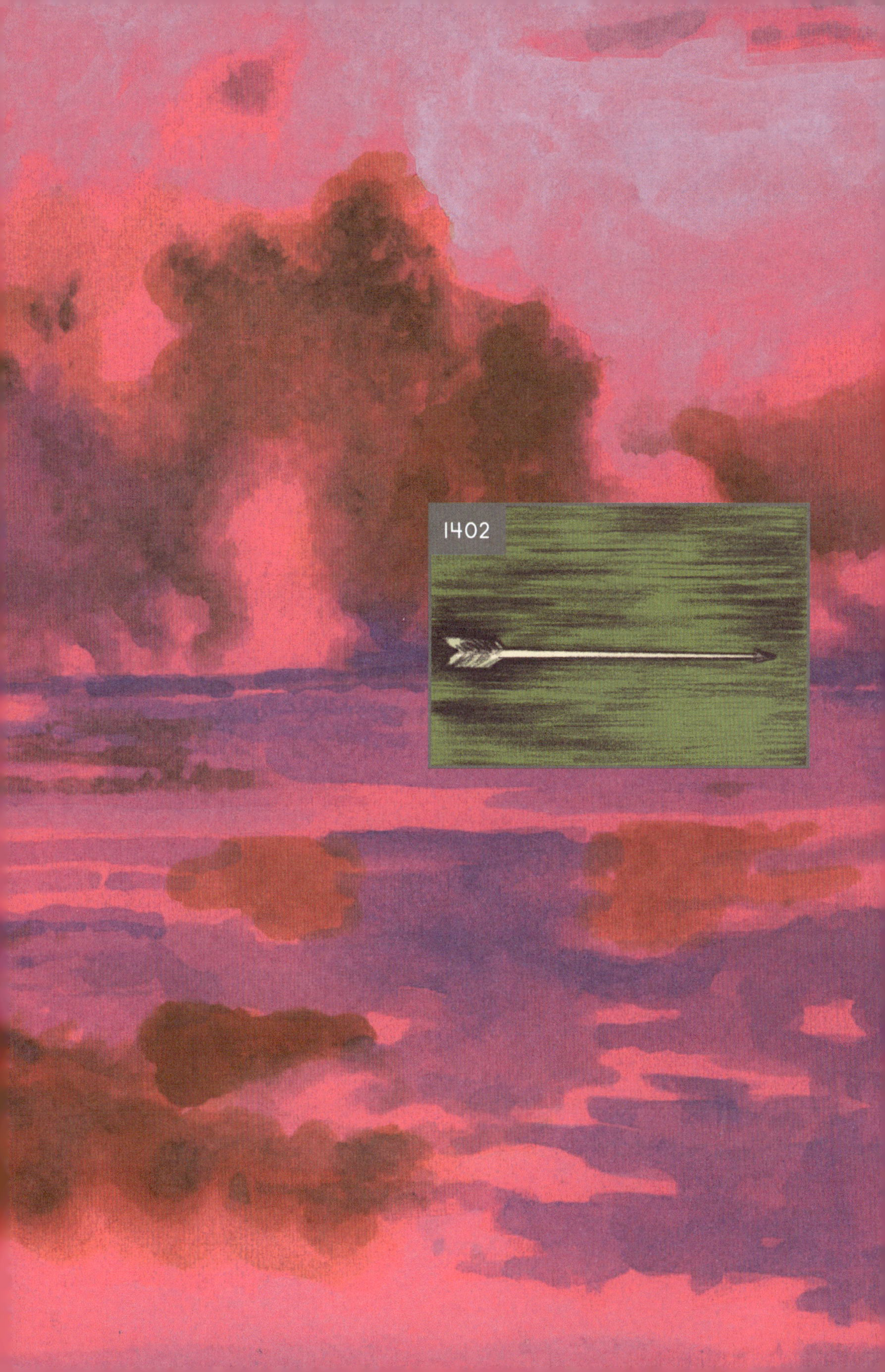
1402

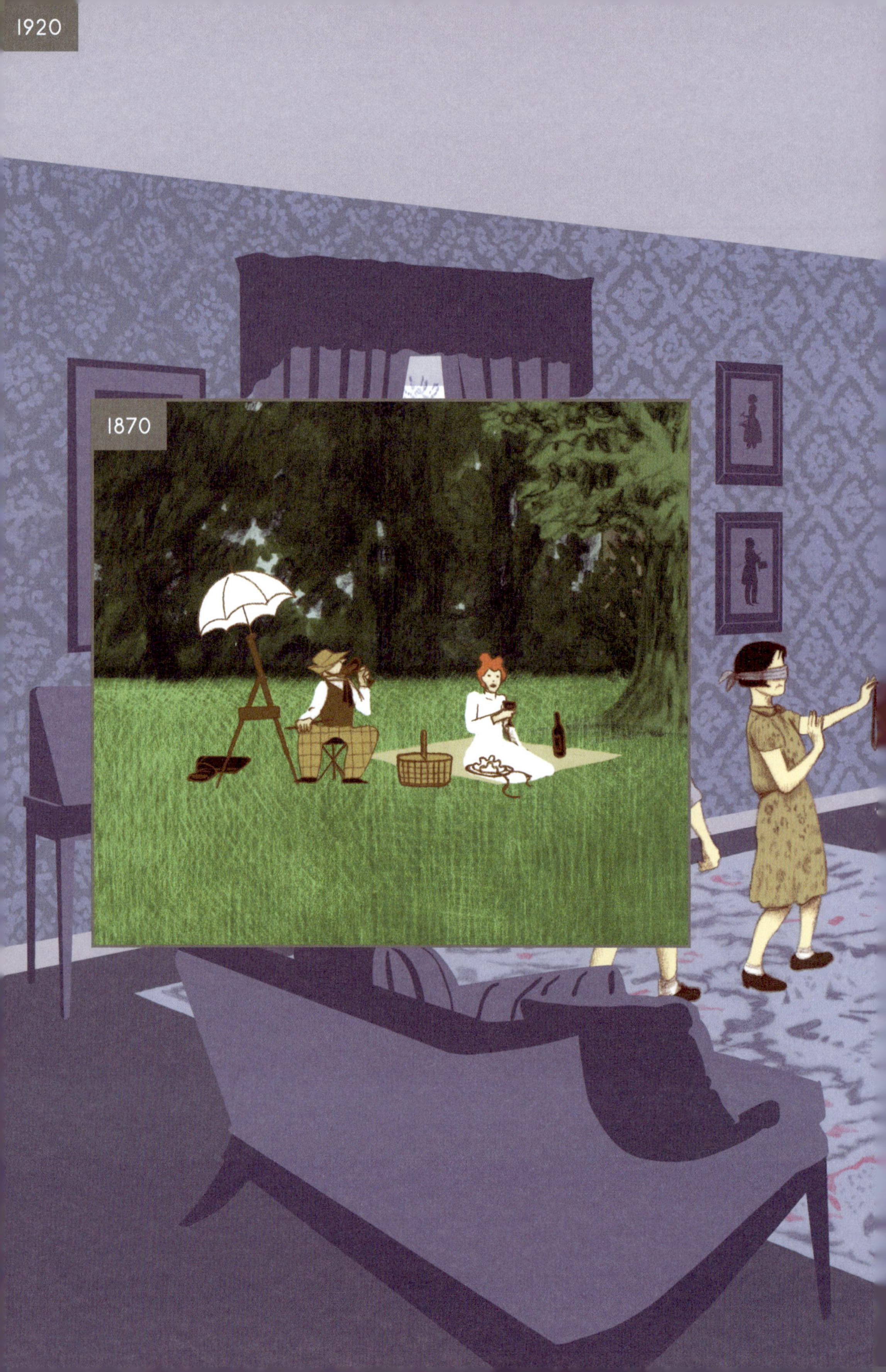
1920
1870

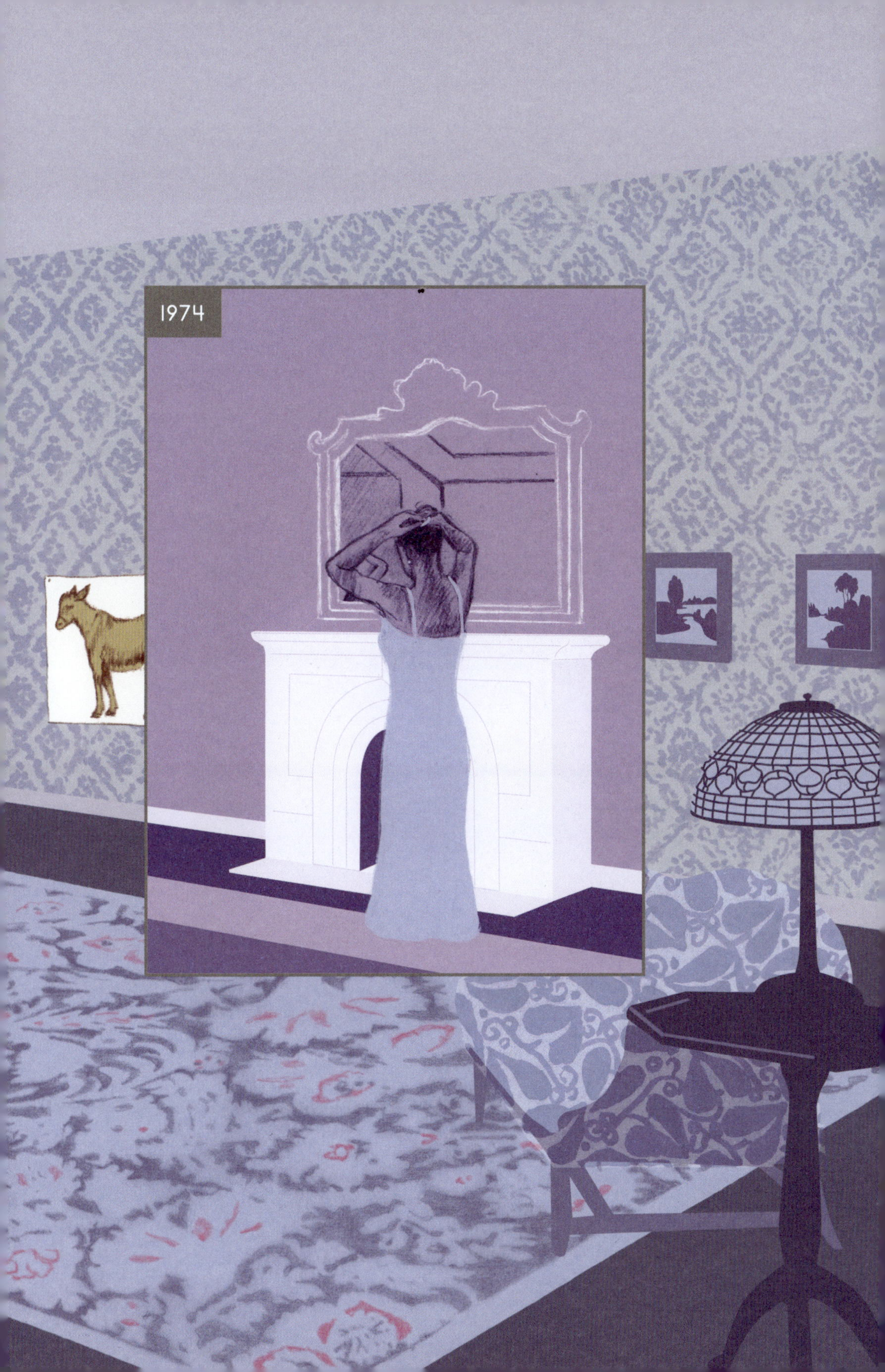
1974

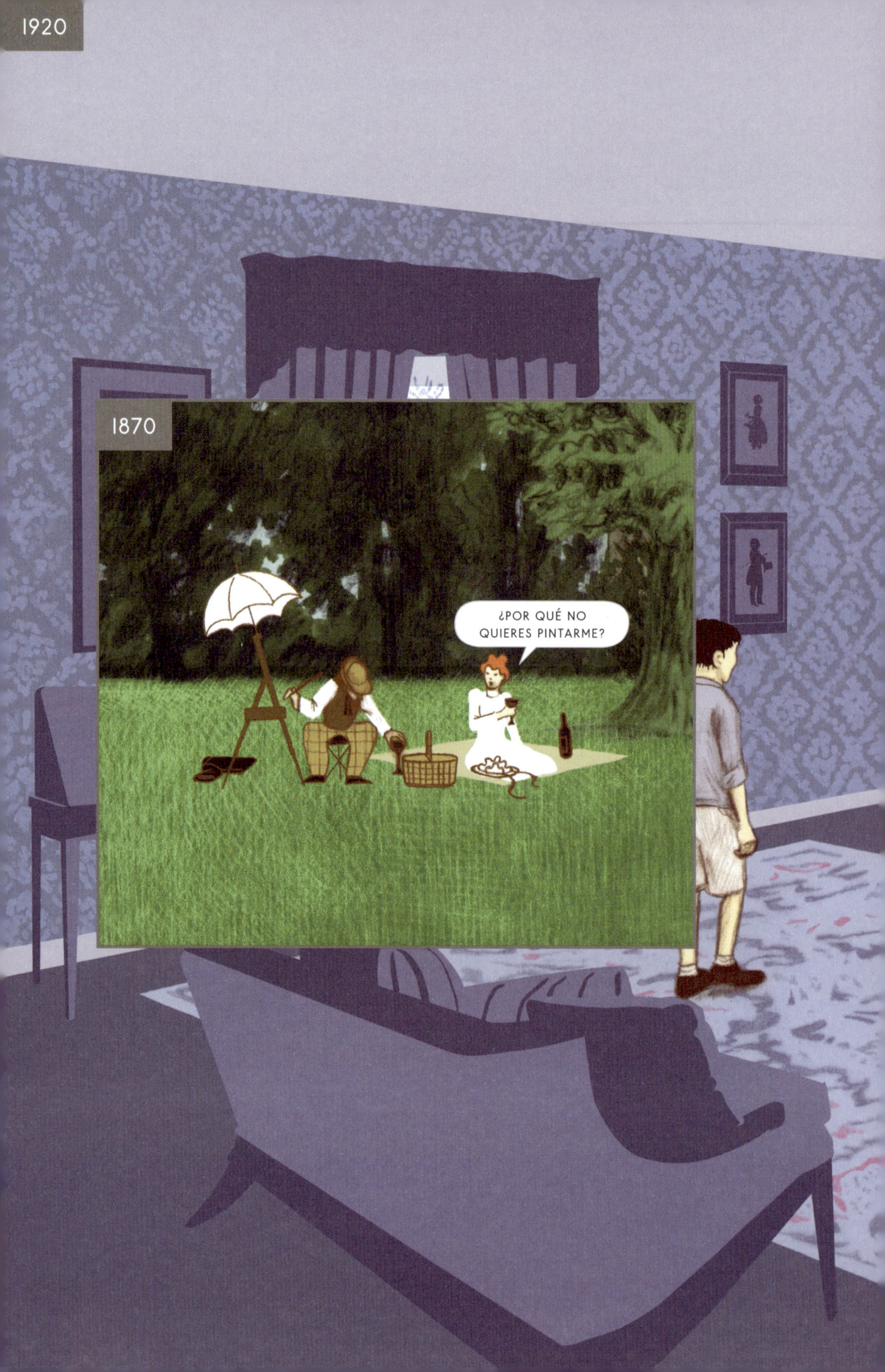
1920
1870
¿POR QUÉ NO QUIERES PINTARME?

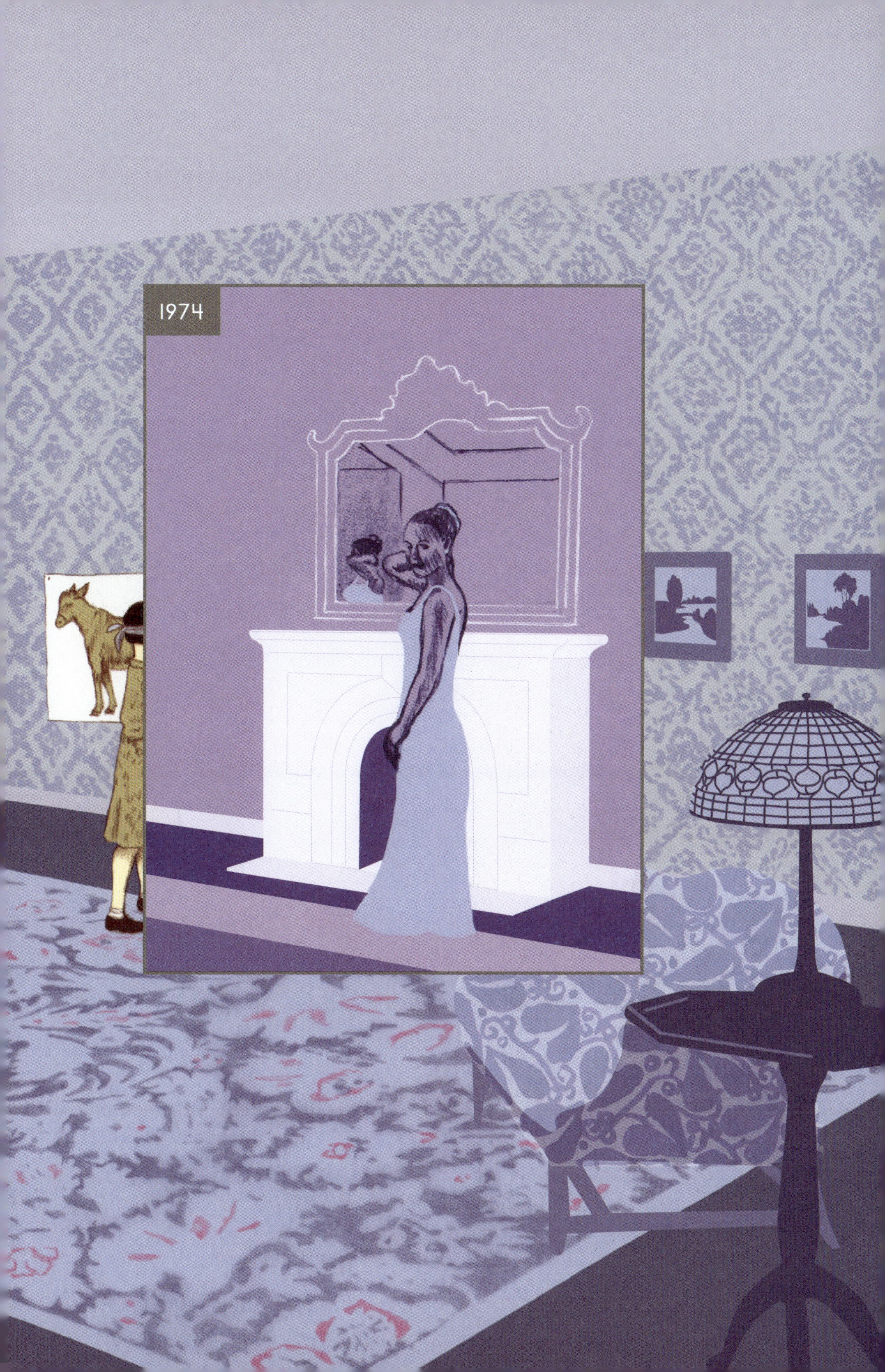
1974

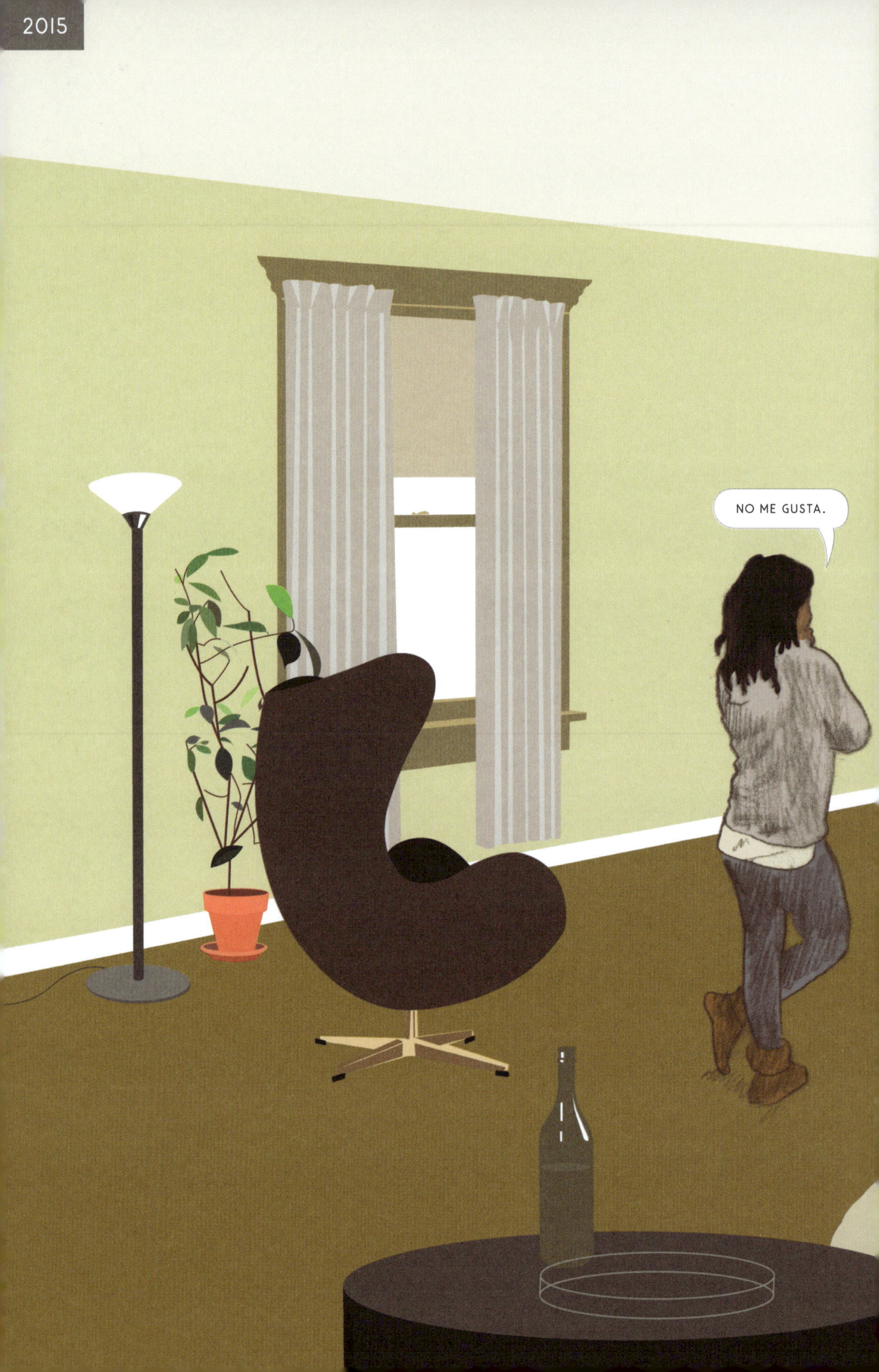
NO ME GUSTA.

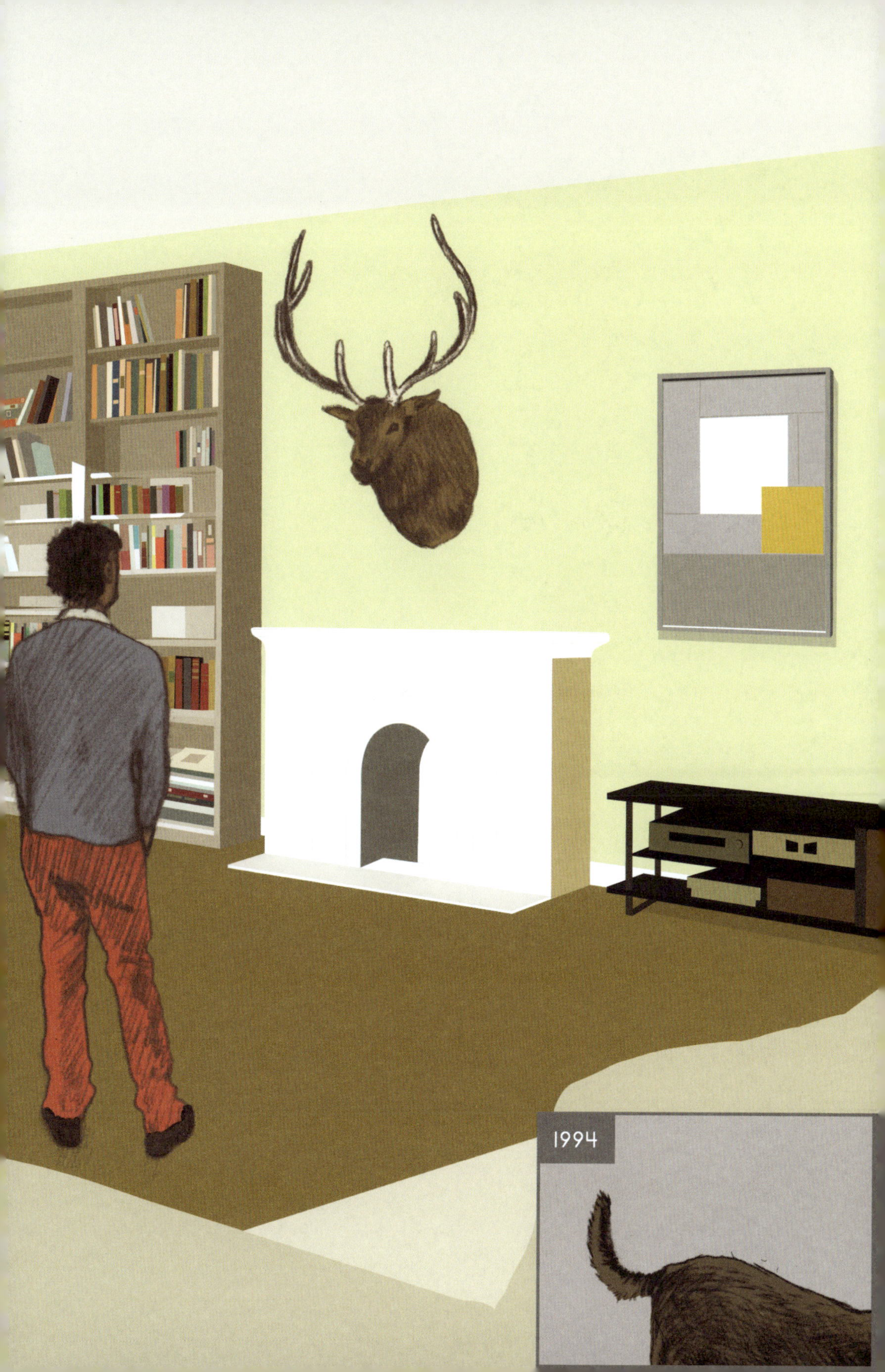
1994

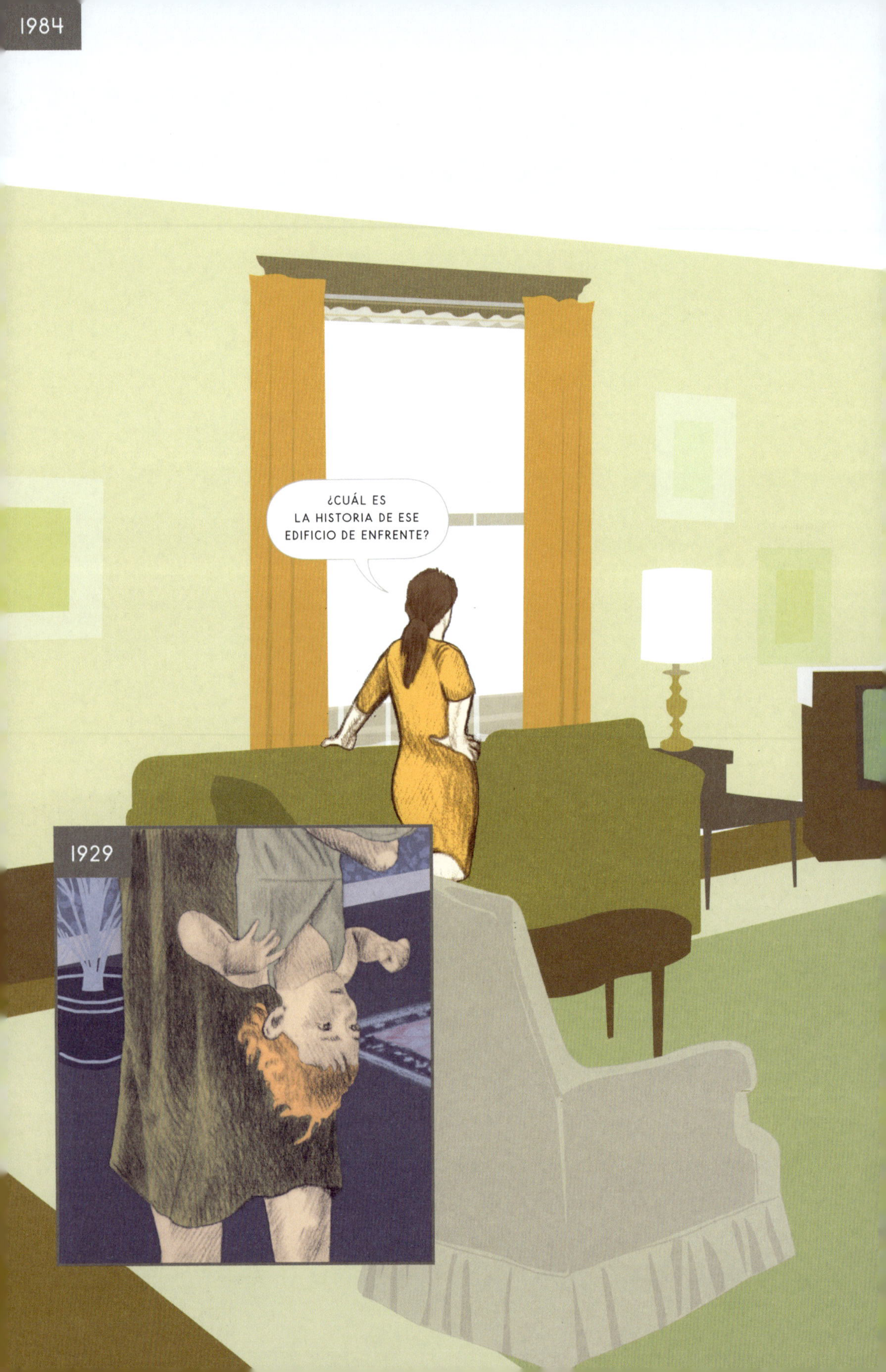
1984
¿CUÁL ES LA HISTORIA DE ESE EDIFICIO DE ENFRENTE?
1929

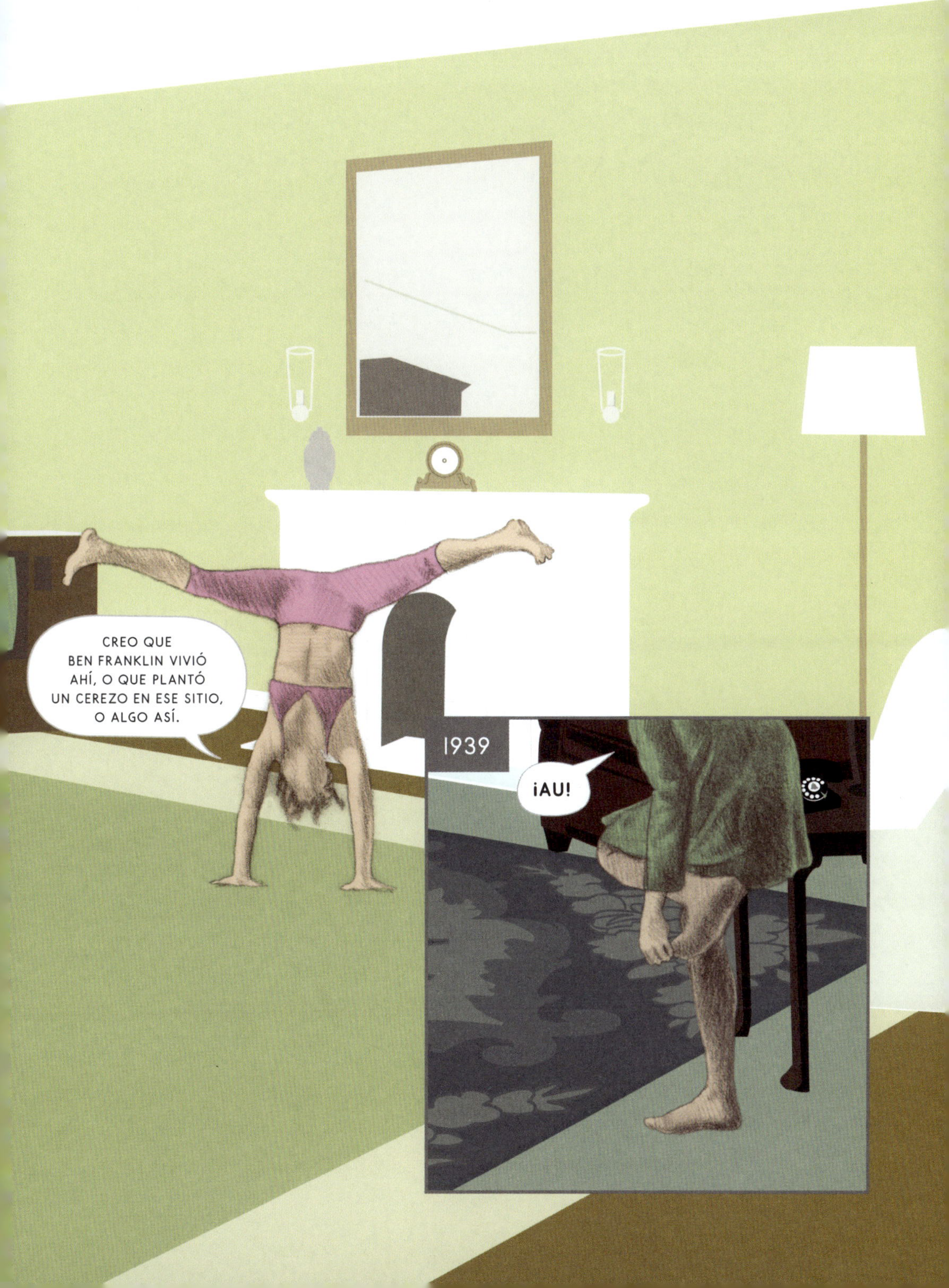
CREO QUE BEN FRANKLIN VIVIÓ AHÍ, O QUE PLANTÓ UN CEREZO EN ESE SITIO, O ALGO ASÍ.
1939
¡AU!

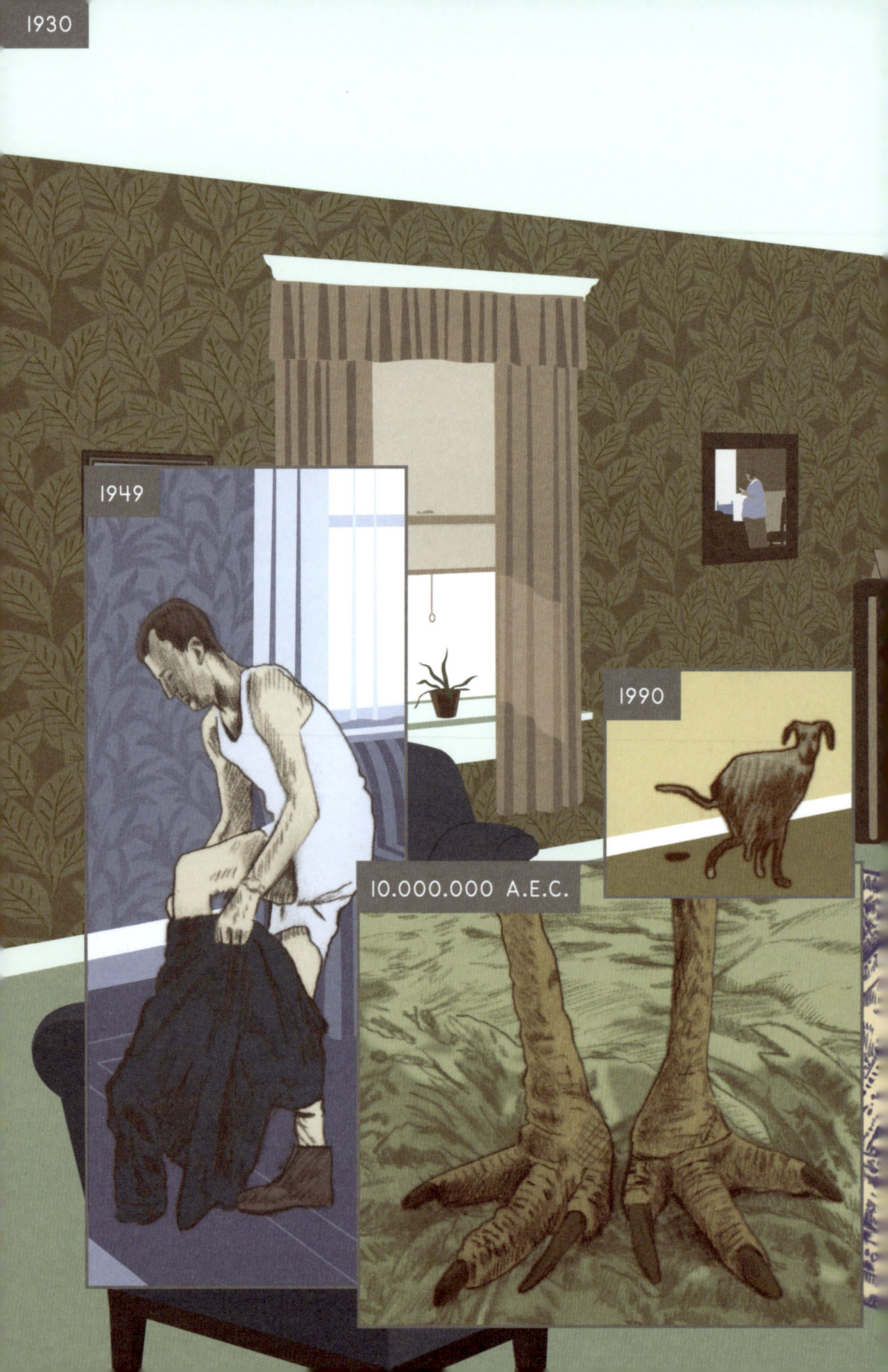
1930
1949
1990
10.000.000 A.E.C.

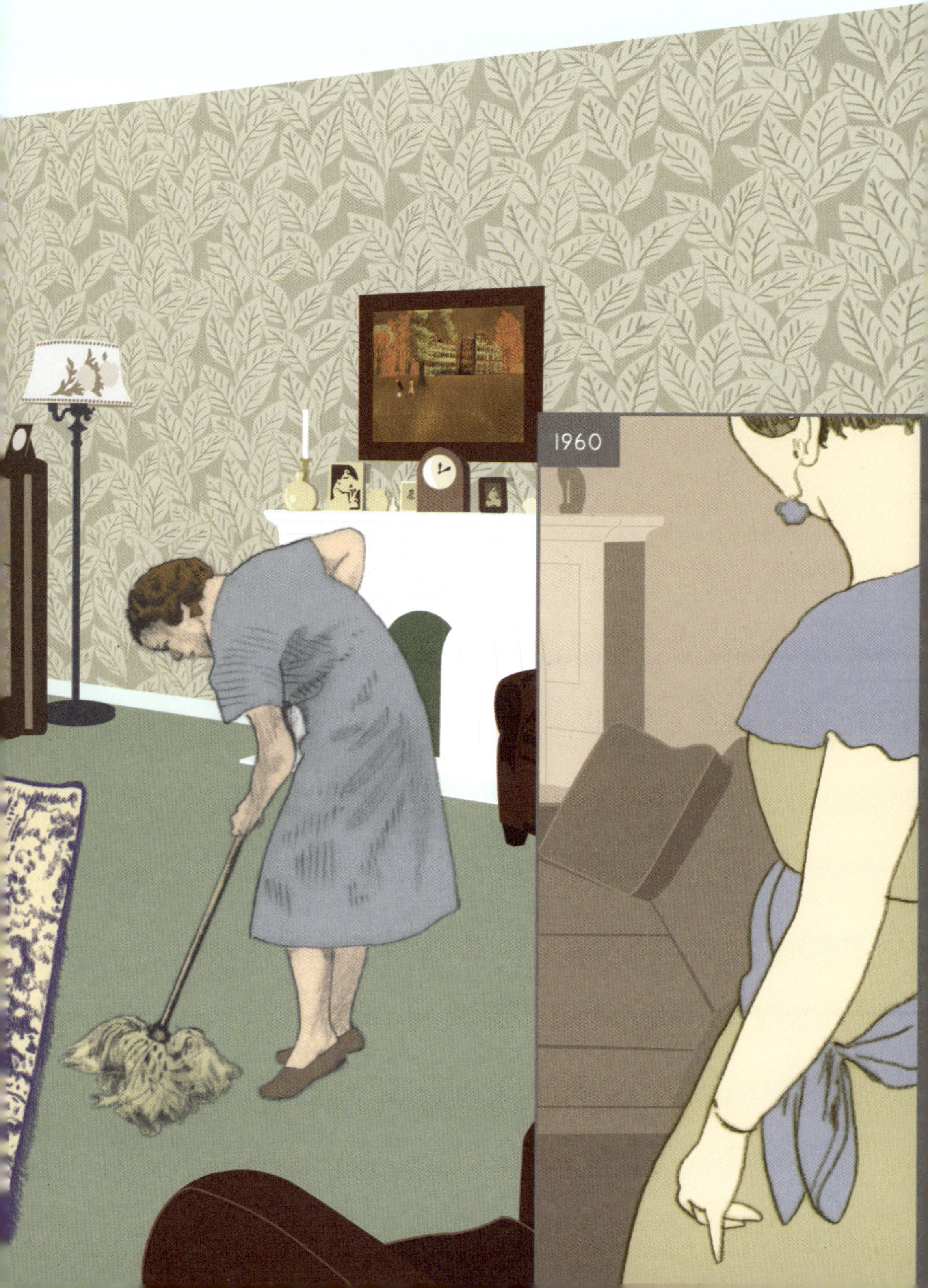
1960

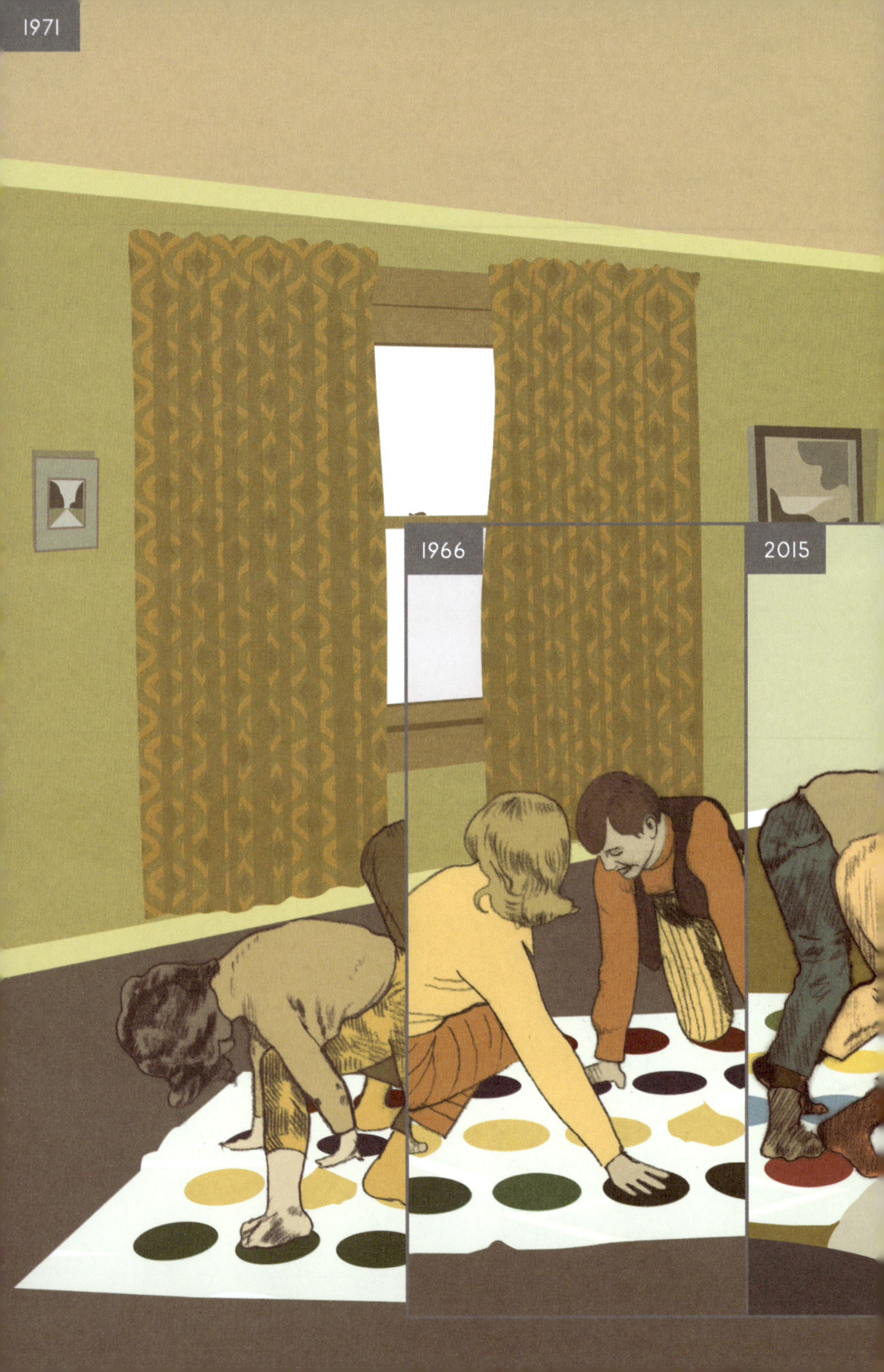
1971
1966
2015

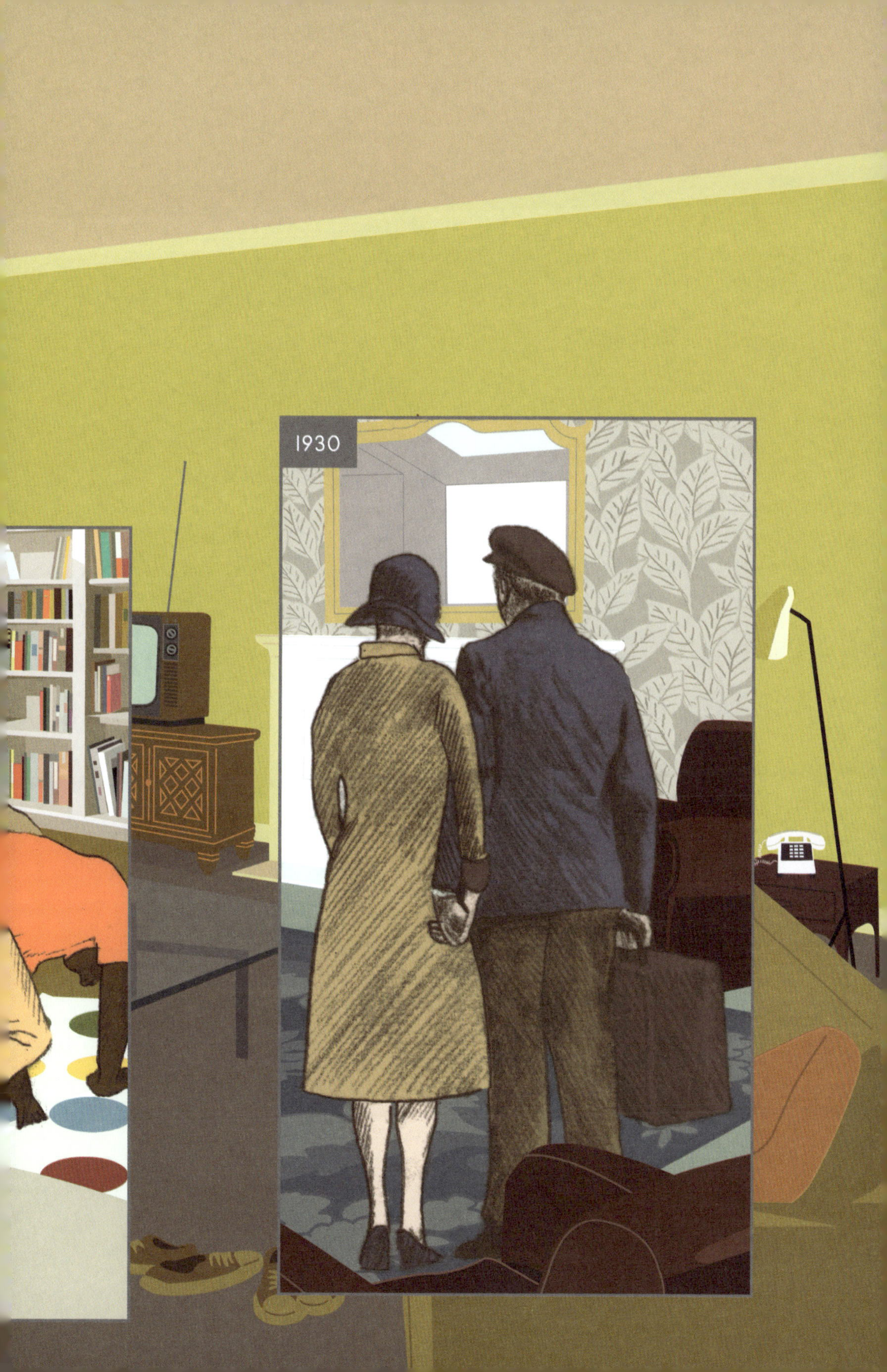
1930

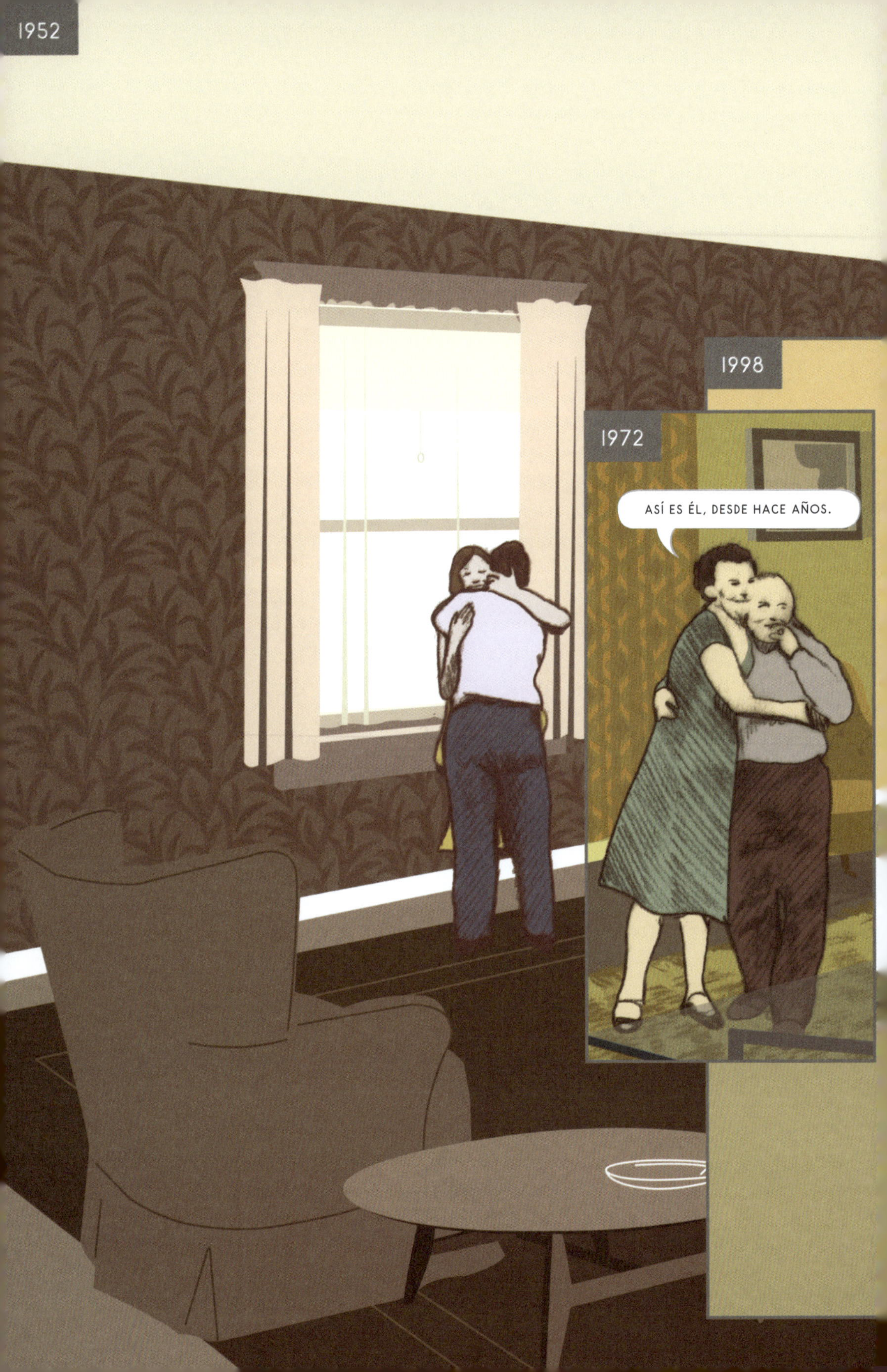
1952
1998
1972
ASÍ ES ÉL, DESDE HACE AÑOS.

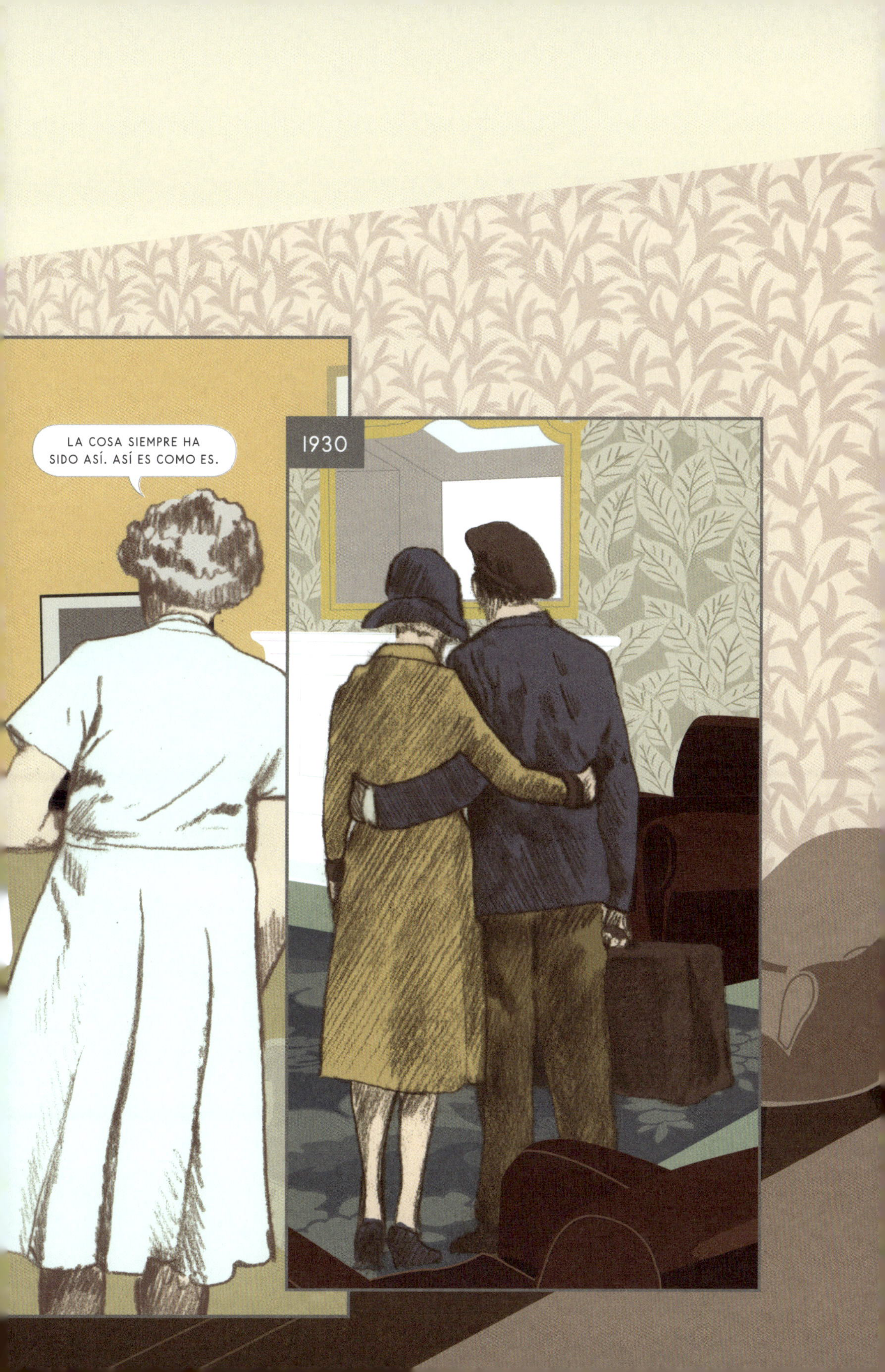
LA COSA SIEMPRE HA SIDO ASÍ. ASÍ ES COMO ES.
1930

¿QUÉ ESTÁIS HACIENDO?
¡ES NUESTRO **FUERTE**!
¡HAY QUE SABER LA CONTRASEÑA PARA ENTRAR!

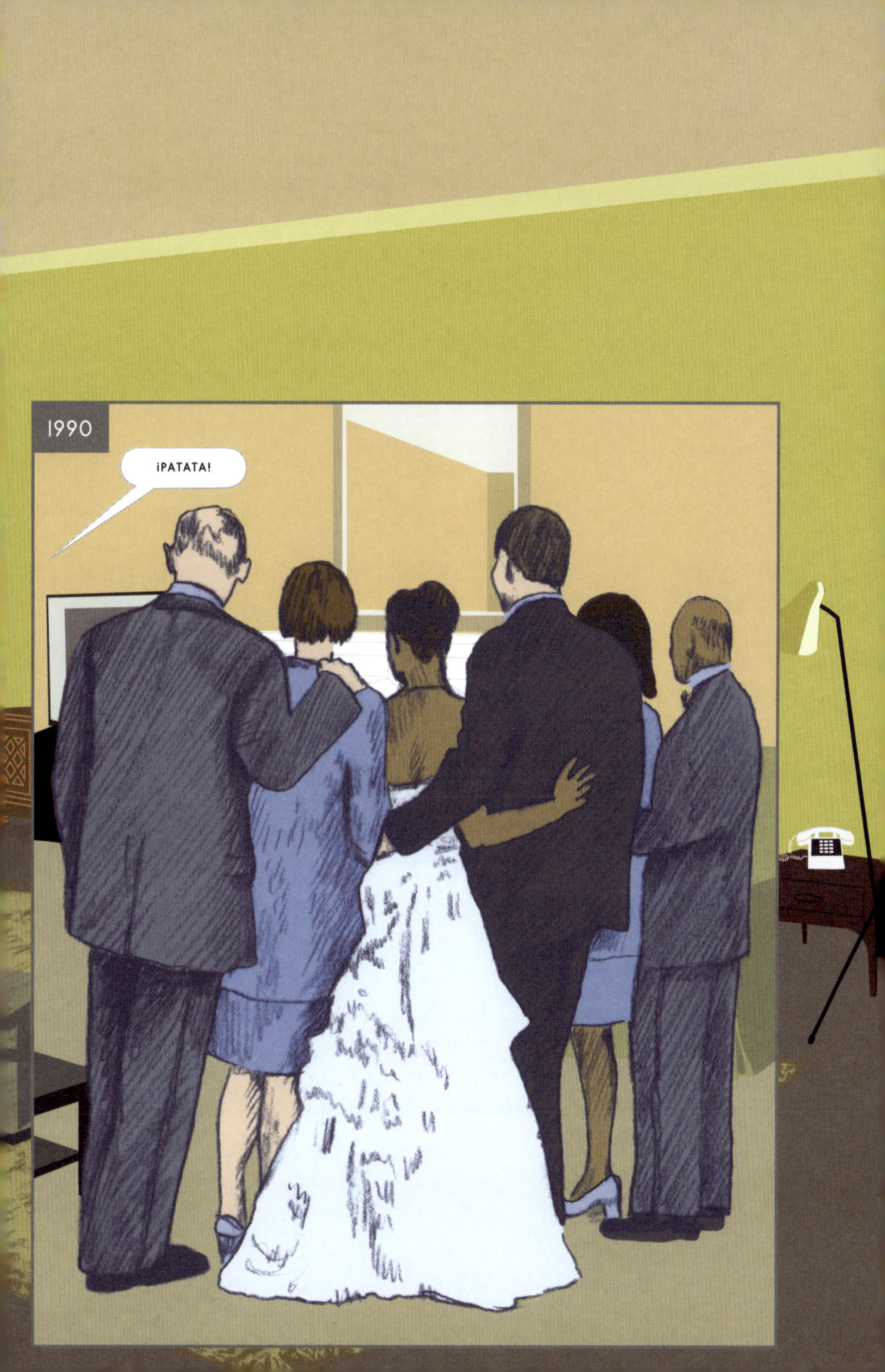
1990
¡PATATA!

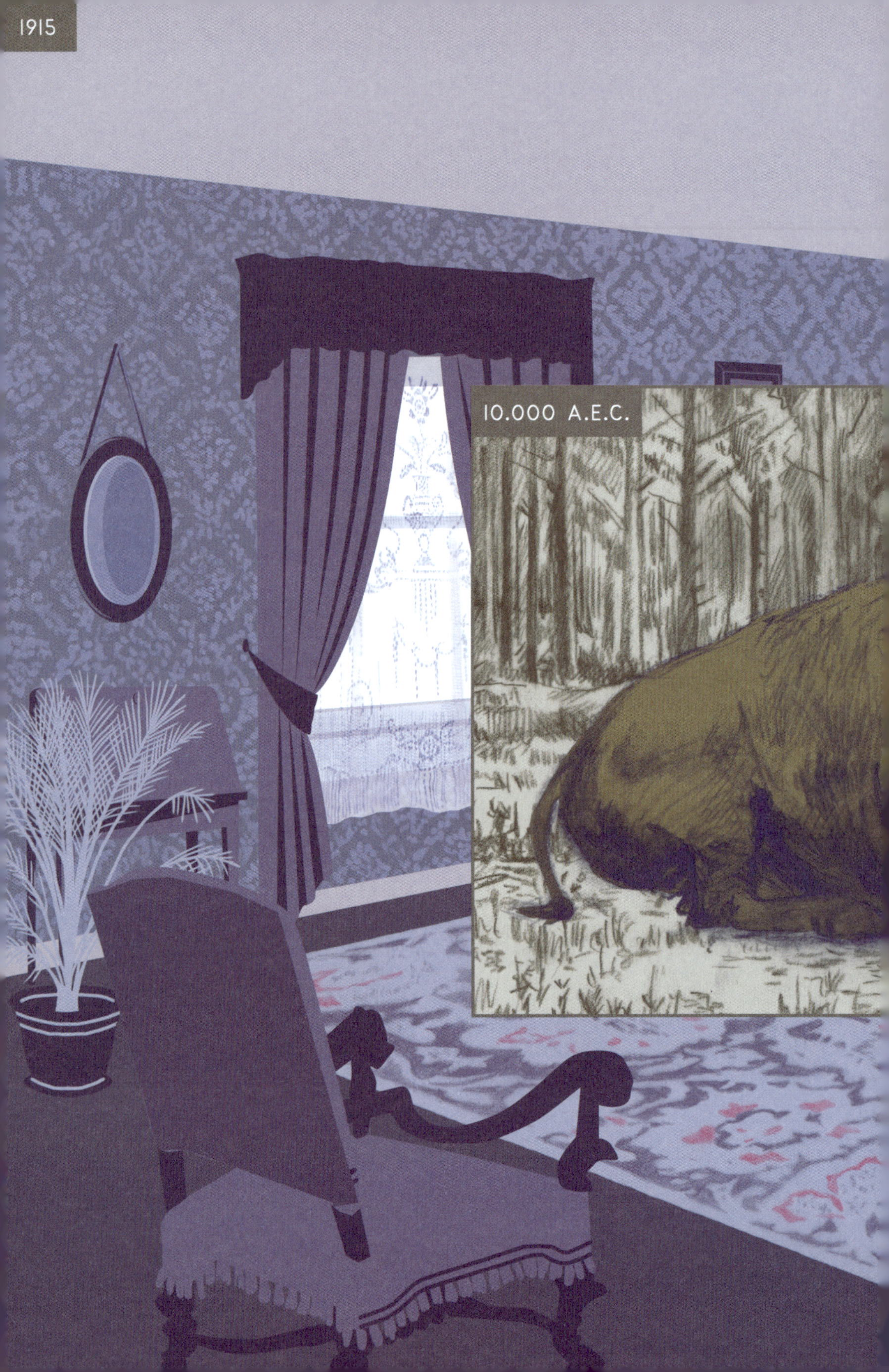
1915
10.000 A.E.C.

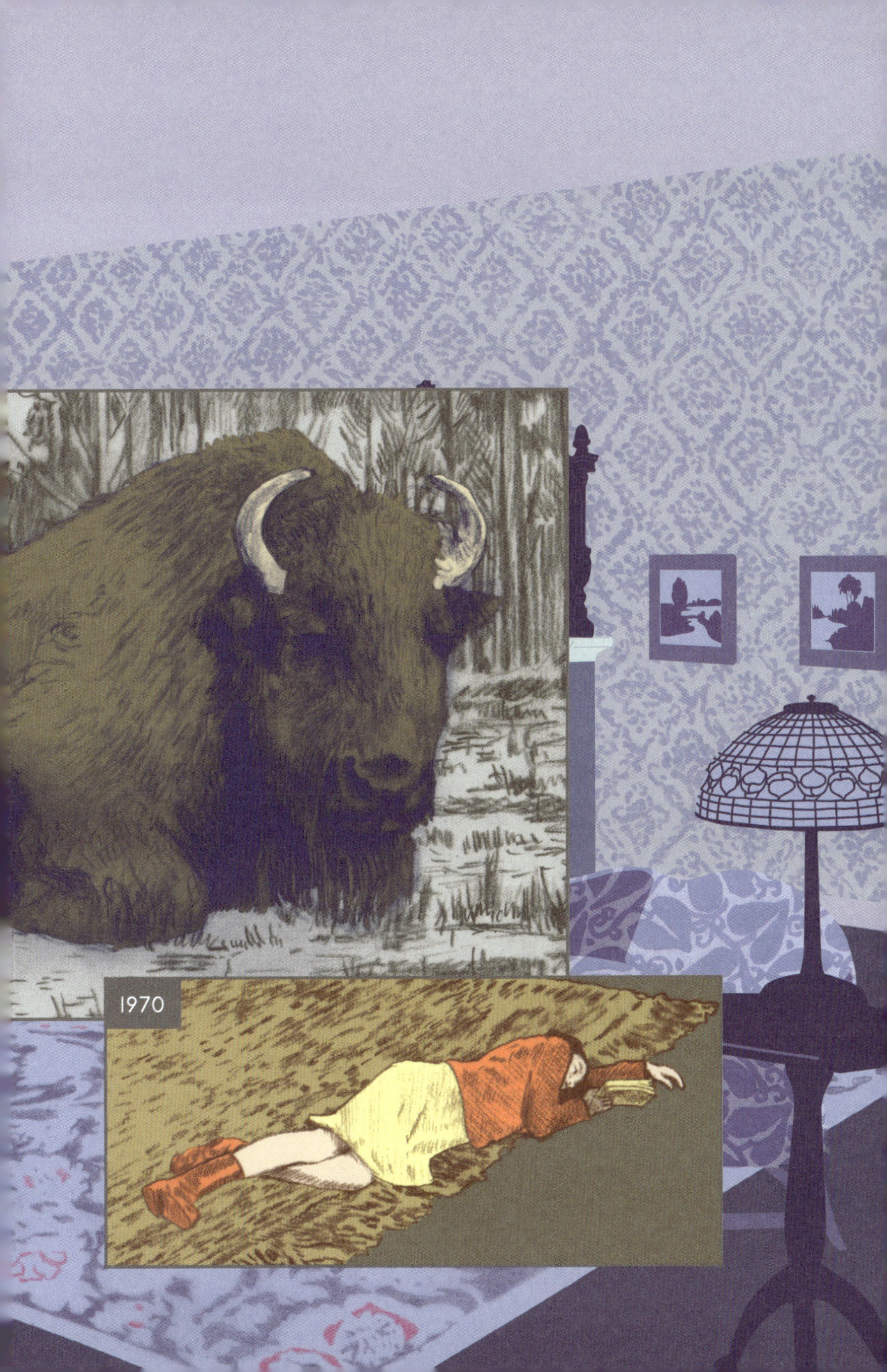
1970

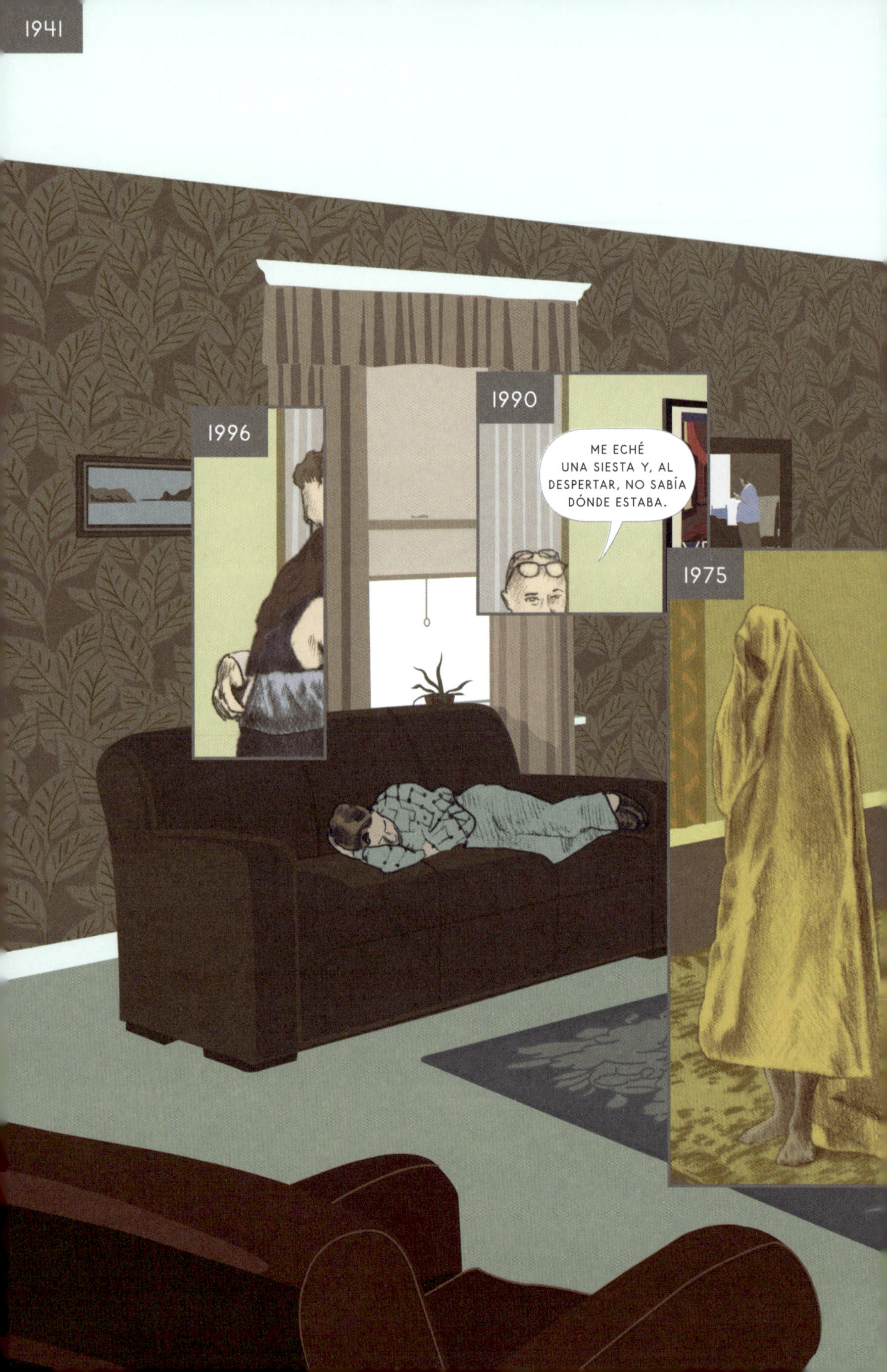
1941
1996
1990
ME ECHÉ UNA SIESTA Y, AL DESPERTAR, NO SABÍA DÓNDE ESTABA.
1975

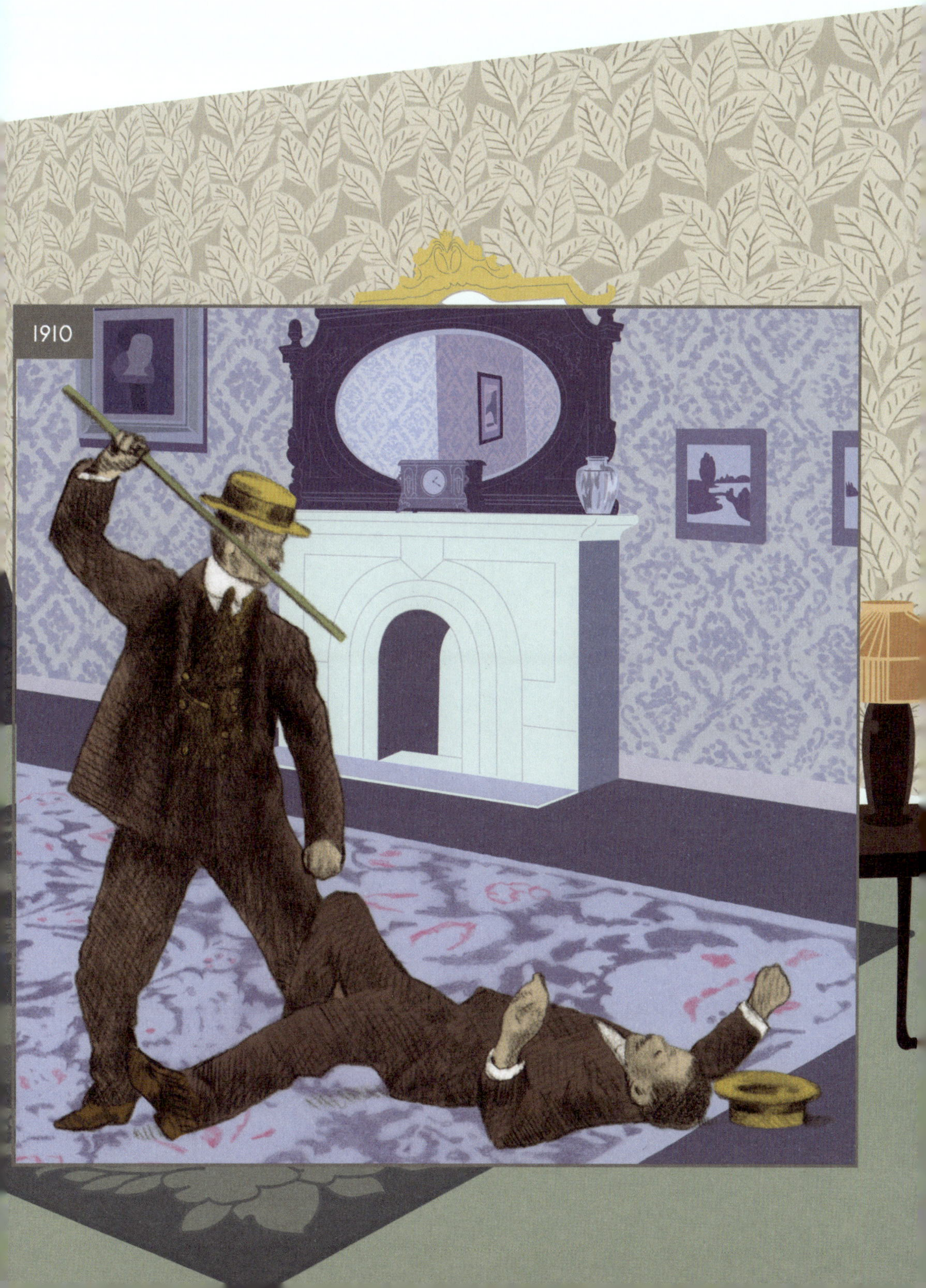
1910

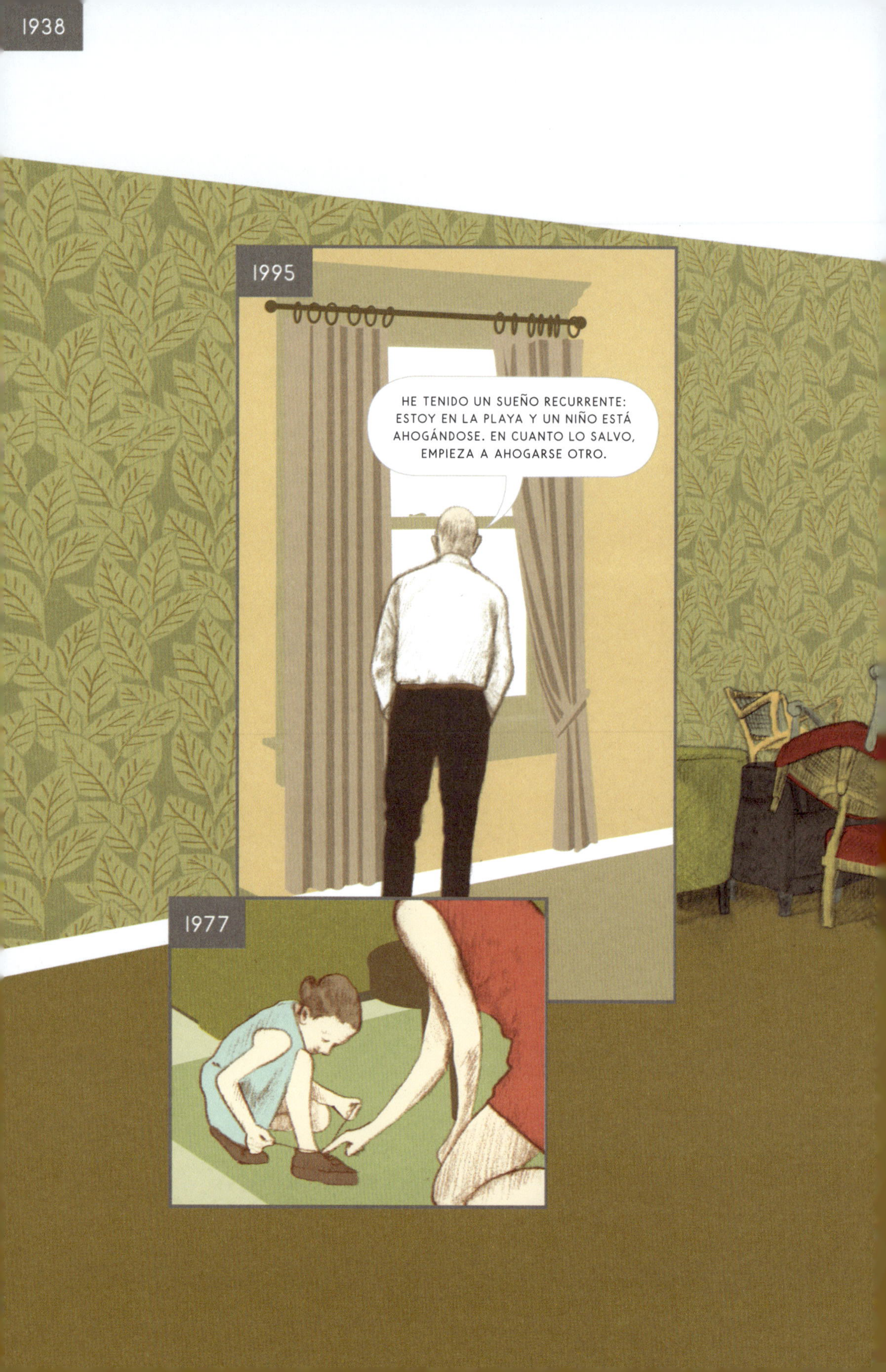
1938
1995
HE TENIDO UN SUEÑO RECURRENTE: ESTOY EN LA PLAYA Y UN NIÑO ESTÁ AHOGÁNDOSE. EN CUANTO LO SALVO, EMPIEZA A AHOGARSE OTRO.
1977

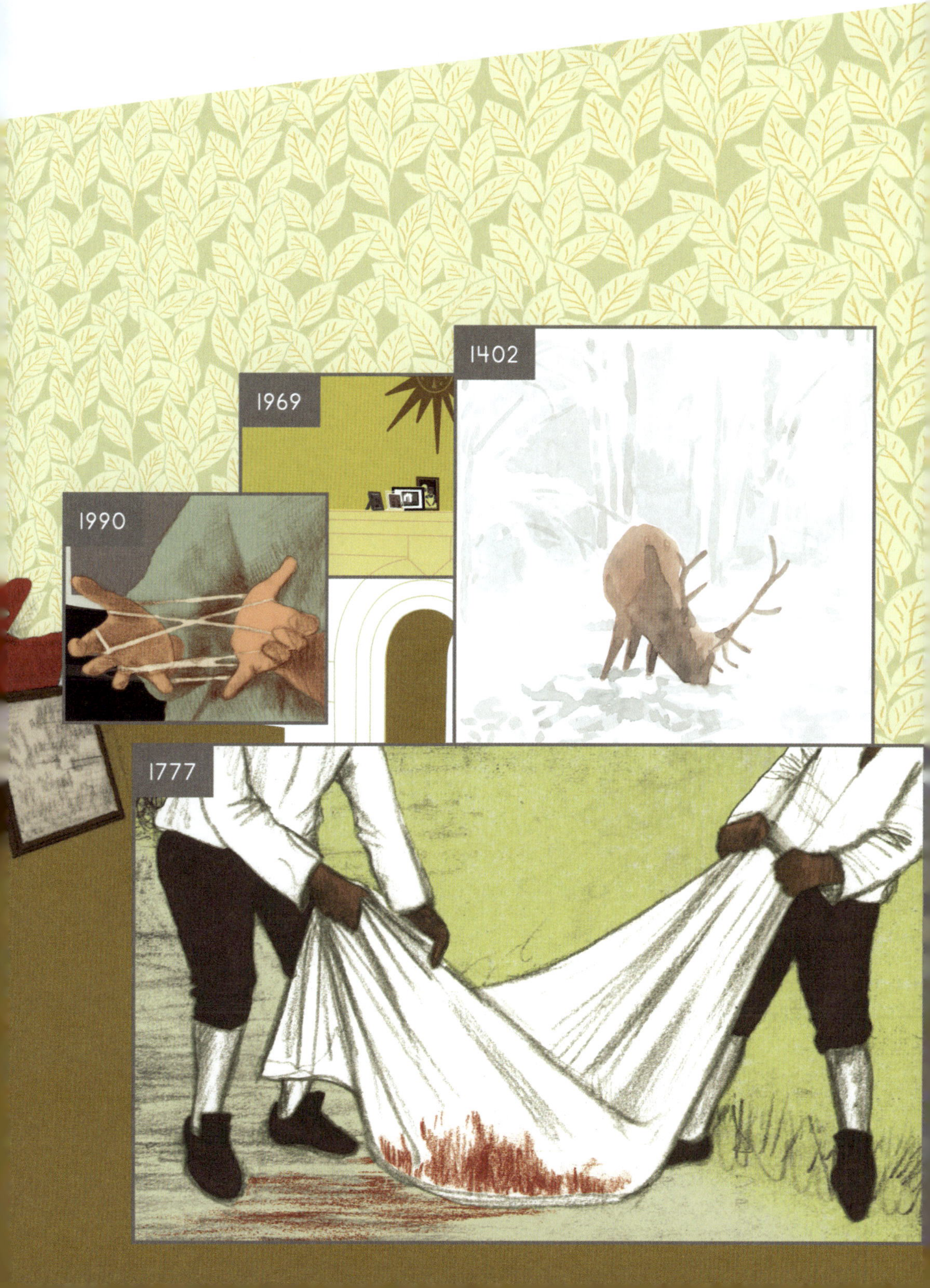
1969
1402
1990
1777

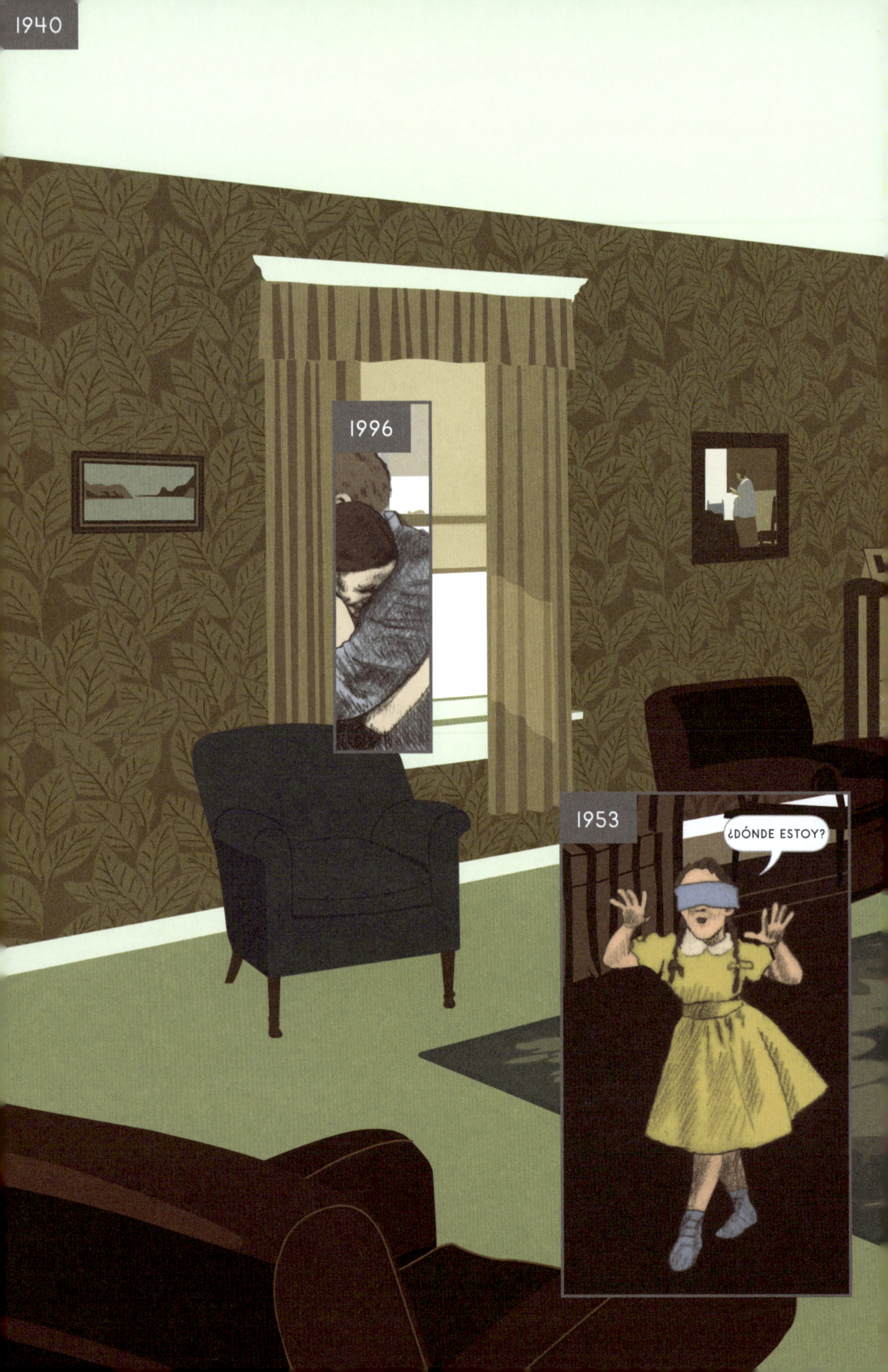
1940
1996
1953
¿DÓNDE ESTOY?

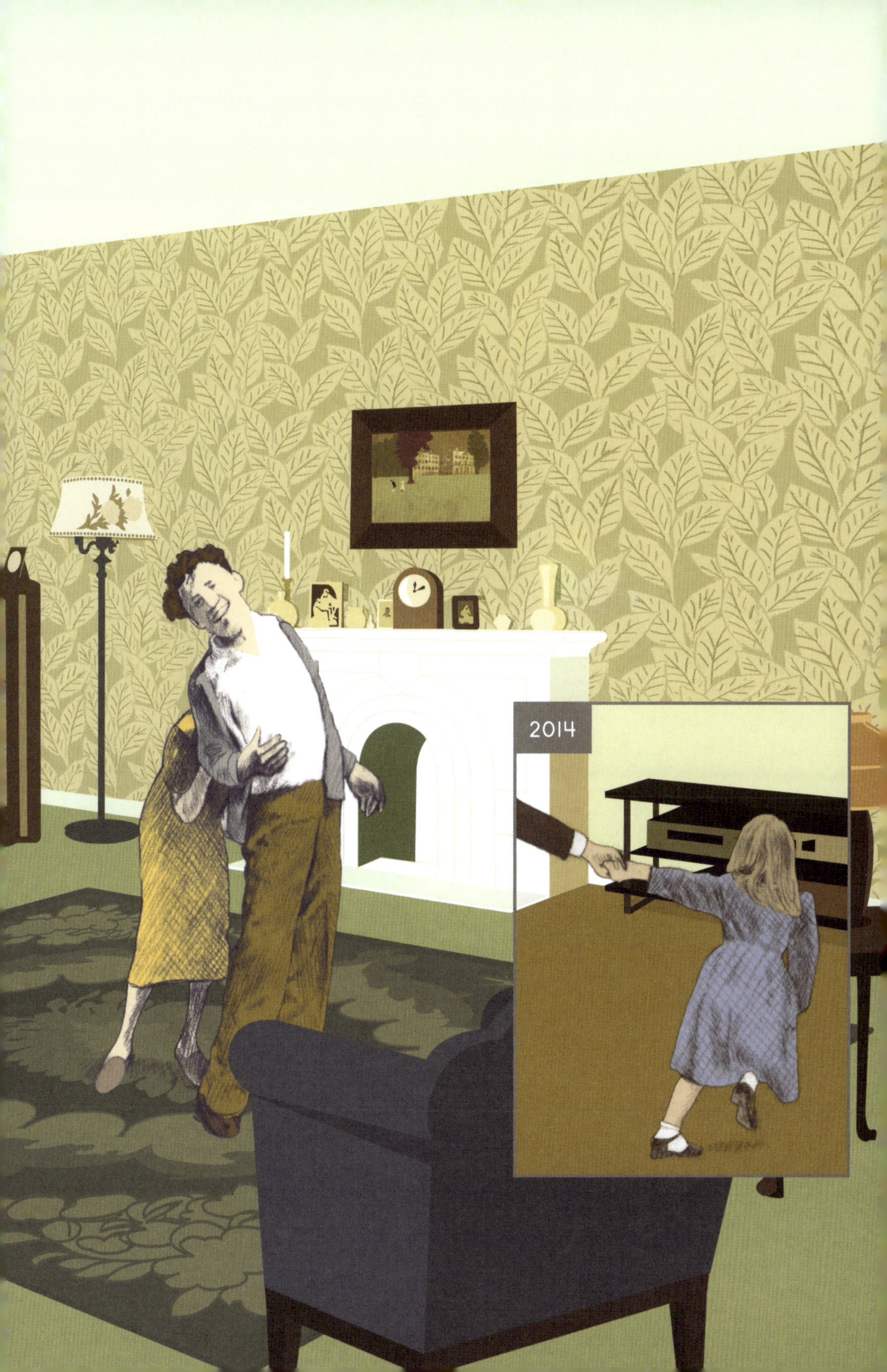
2014

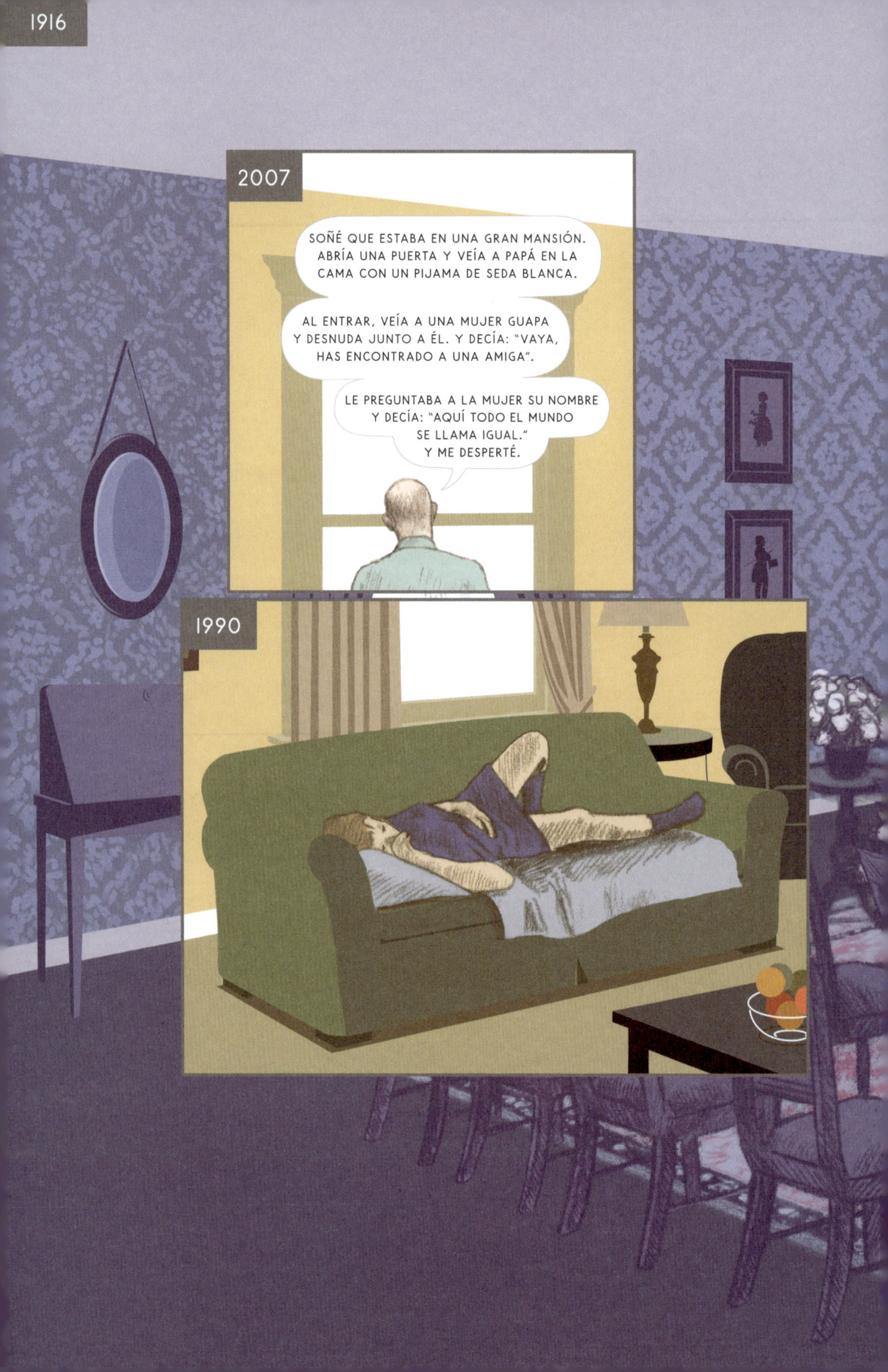
1916
2007
SOÑÉ QUE ESTABA EN UNA GRAN MANSIÓN. ABRÍA UNA PUERTA Y VEÍA A PAPÁ EN LA CAMA CON UN PIJAMA DE SEDA BLANCA.
AL ENTRAR, VEÍA A UNA MUJER GUAPA Y DESNUDA JUNTO A ÉL. Y DECÍA: "VAYA, HAS ENCONTRADO A UNA AMIGA".
LE PREGUNTABA A LA MUJER SU NOMBRE Y DECÍA: "AQUÍ TODO EL MUNDO SE LLAMA IGUAL." Y ME DESPERTÉ.
1990

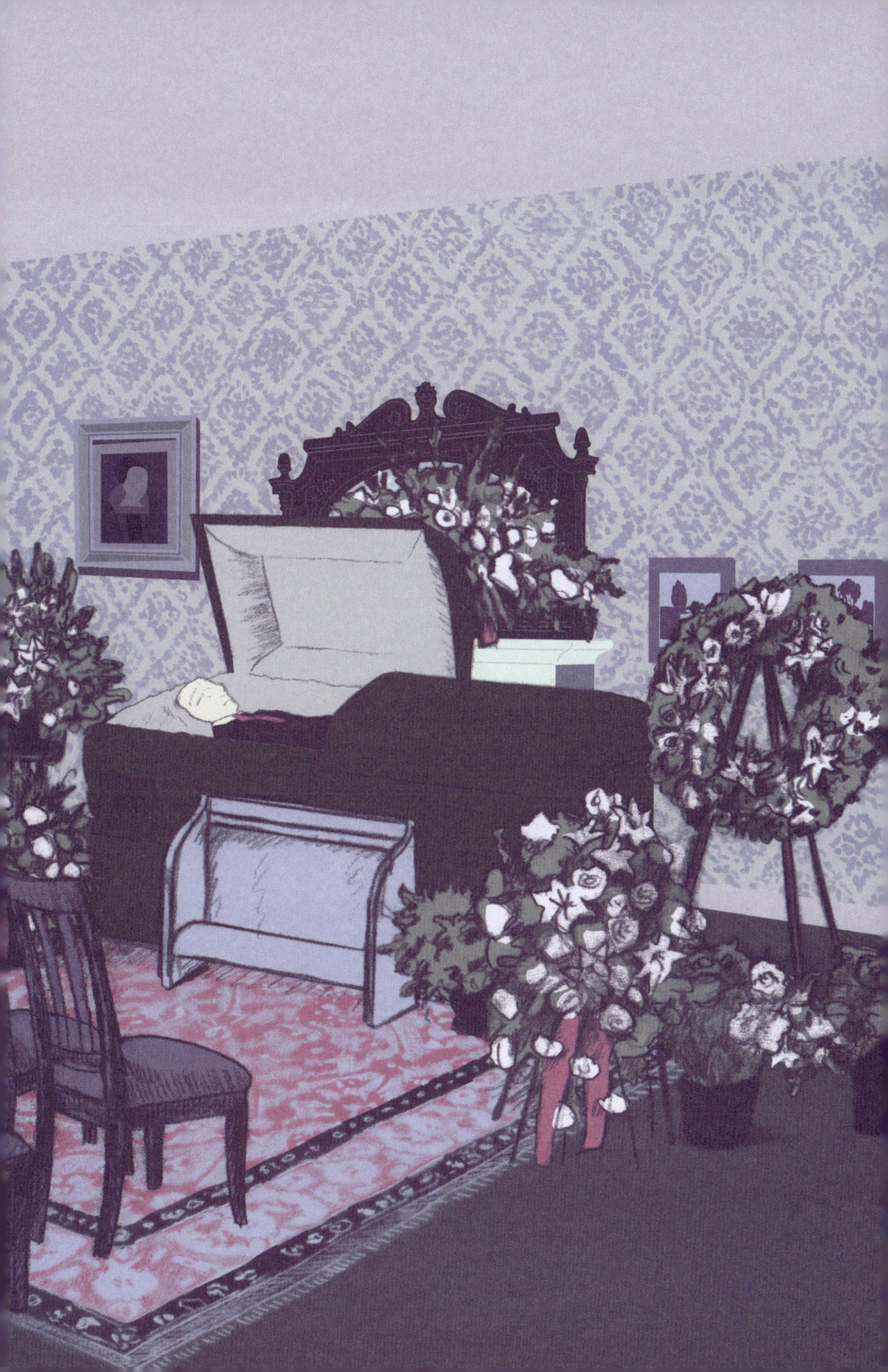

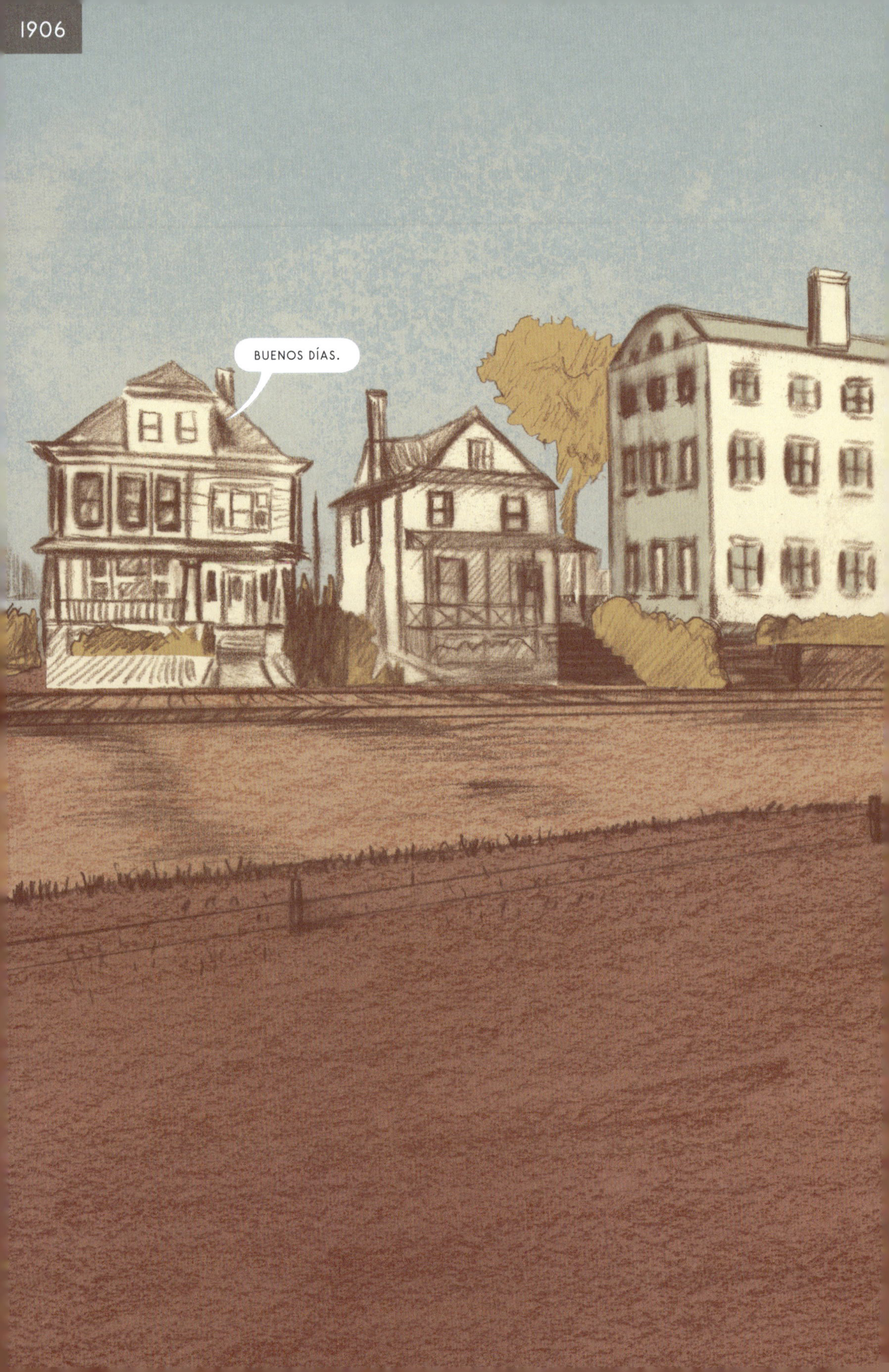
1906
BUENOS DÍAS.

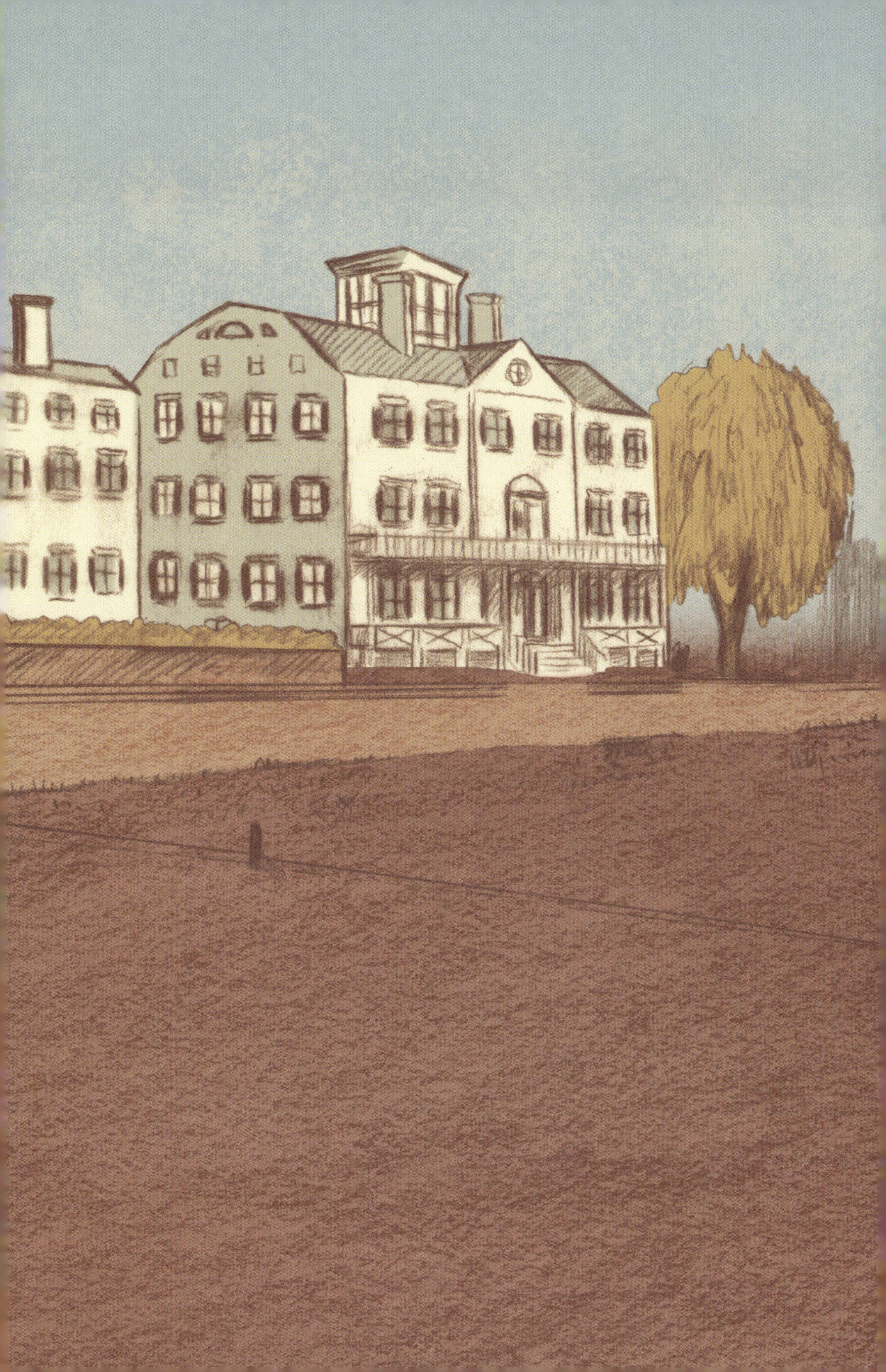

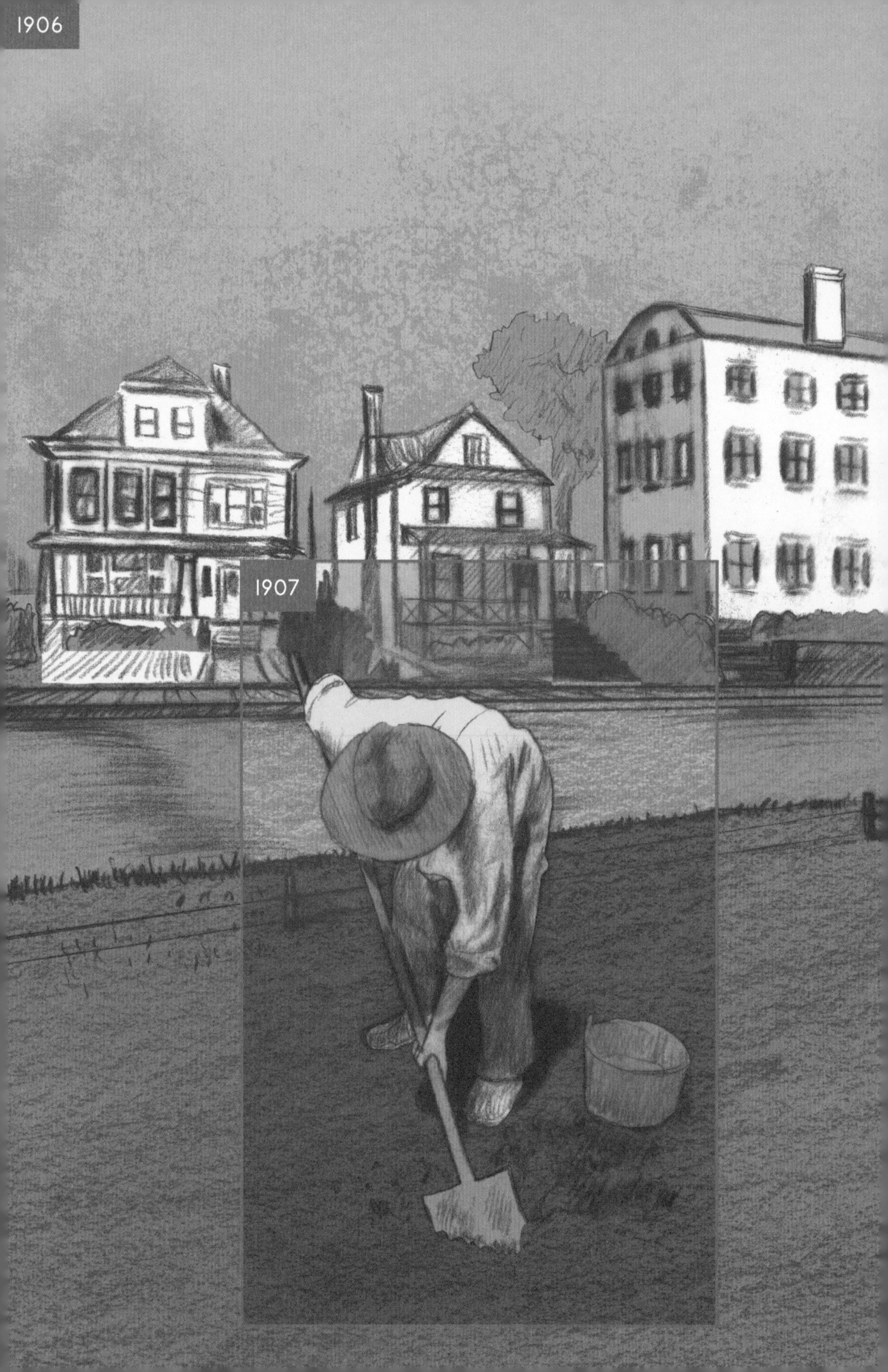
1906
1907

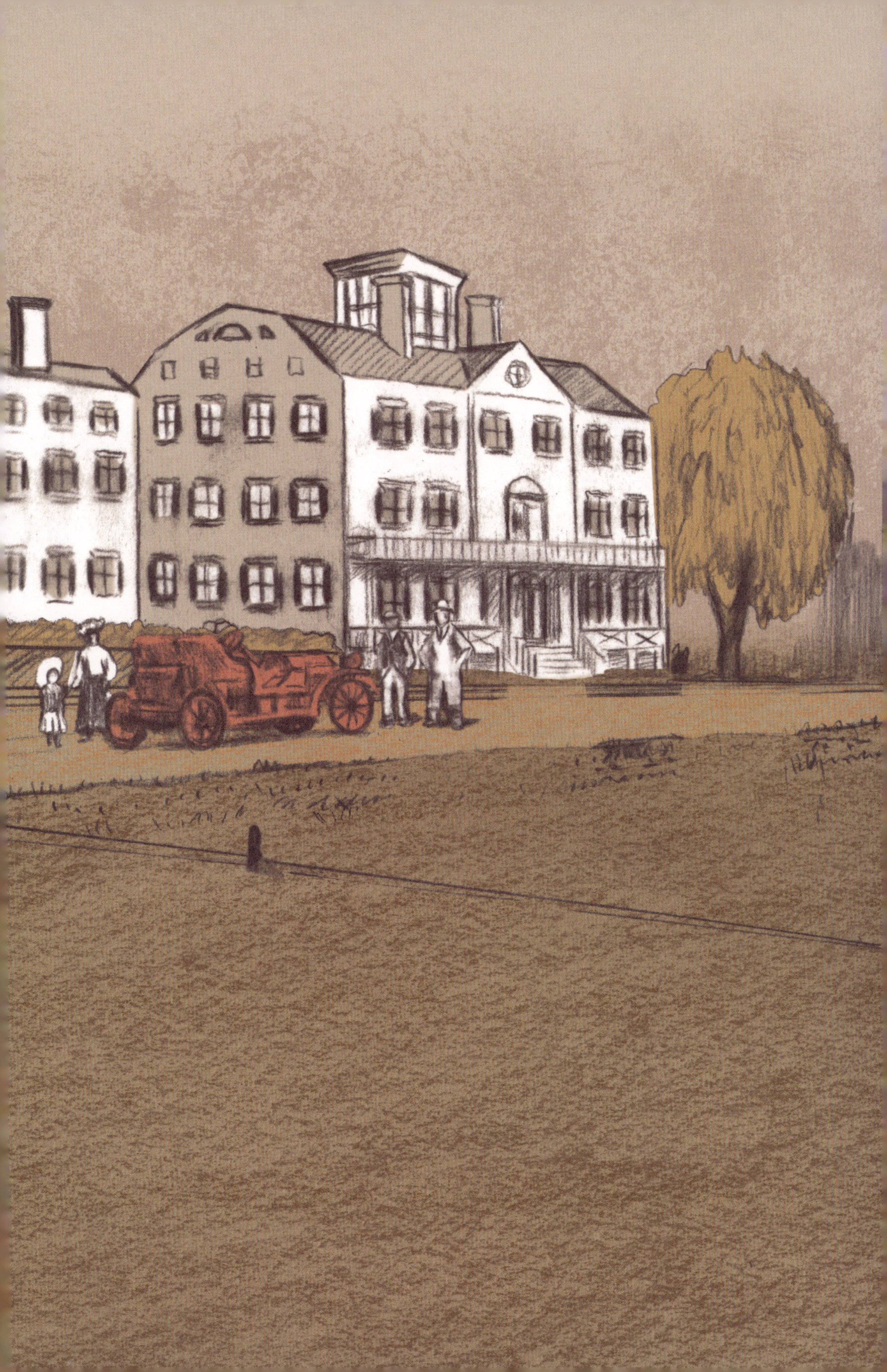

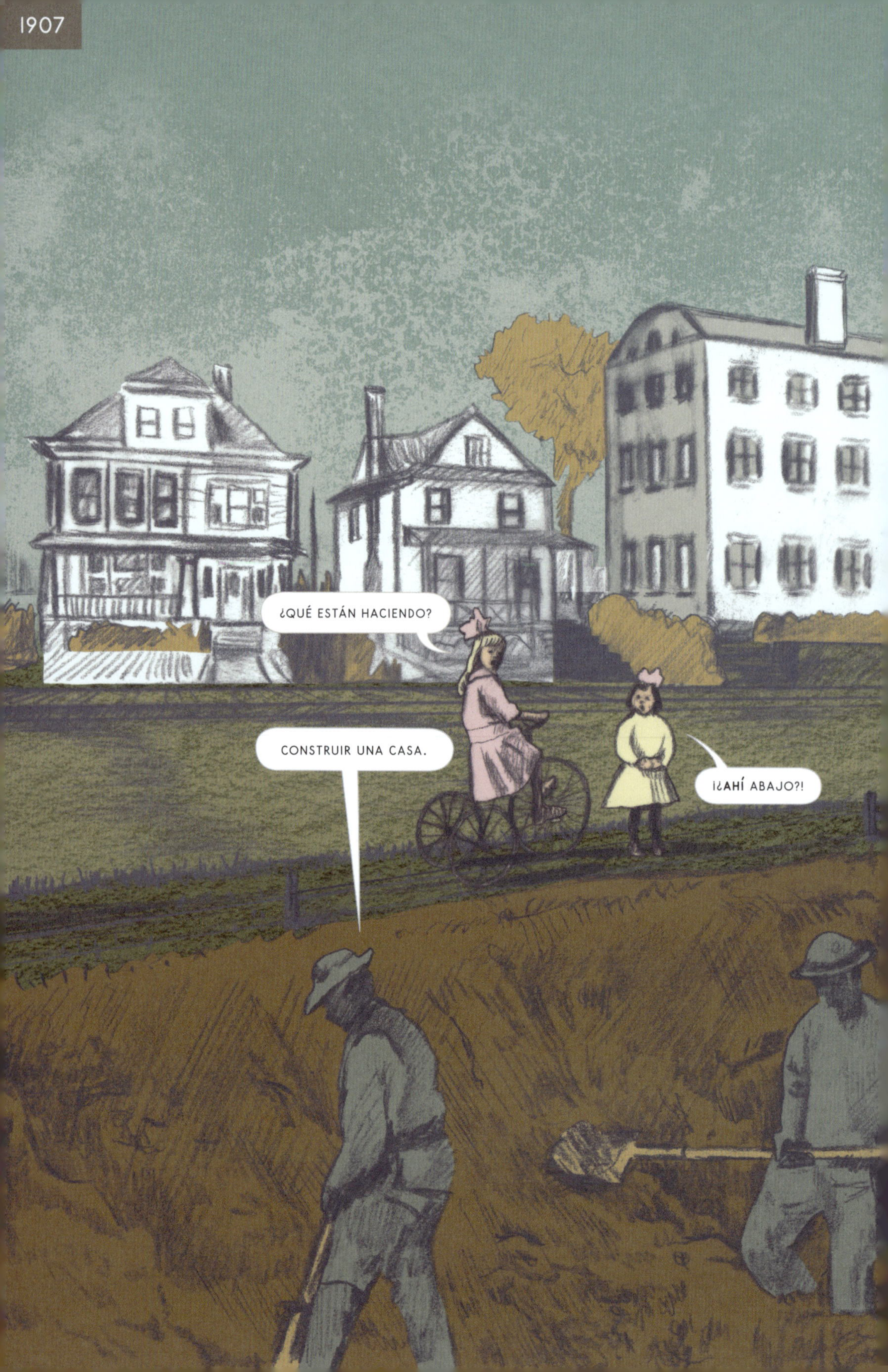
1907
¿QUÉ ESTÁN HACIENDO?
CONSTRUIR UNA CASA.
¡¿**AHÍ** ABAJO?!

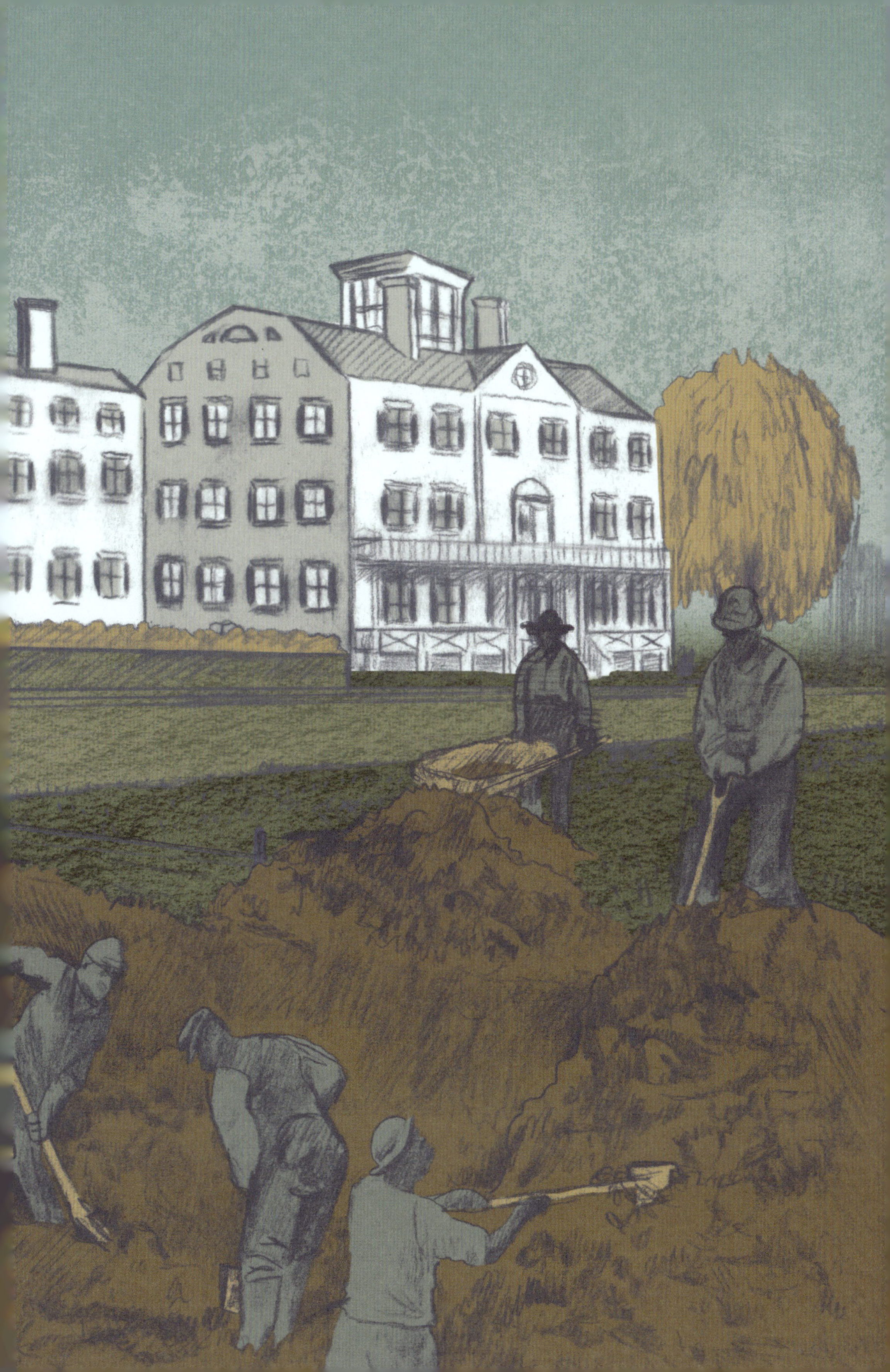

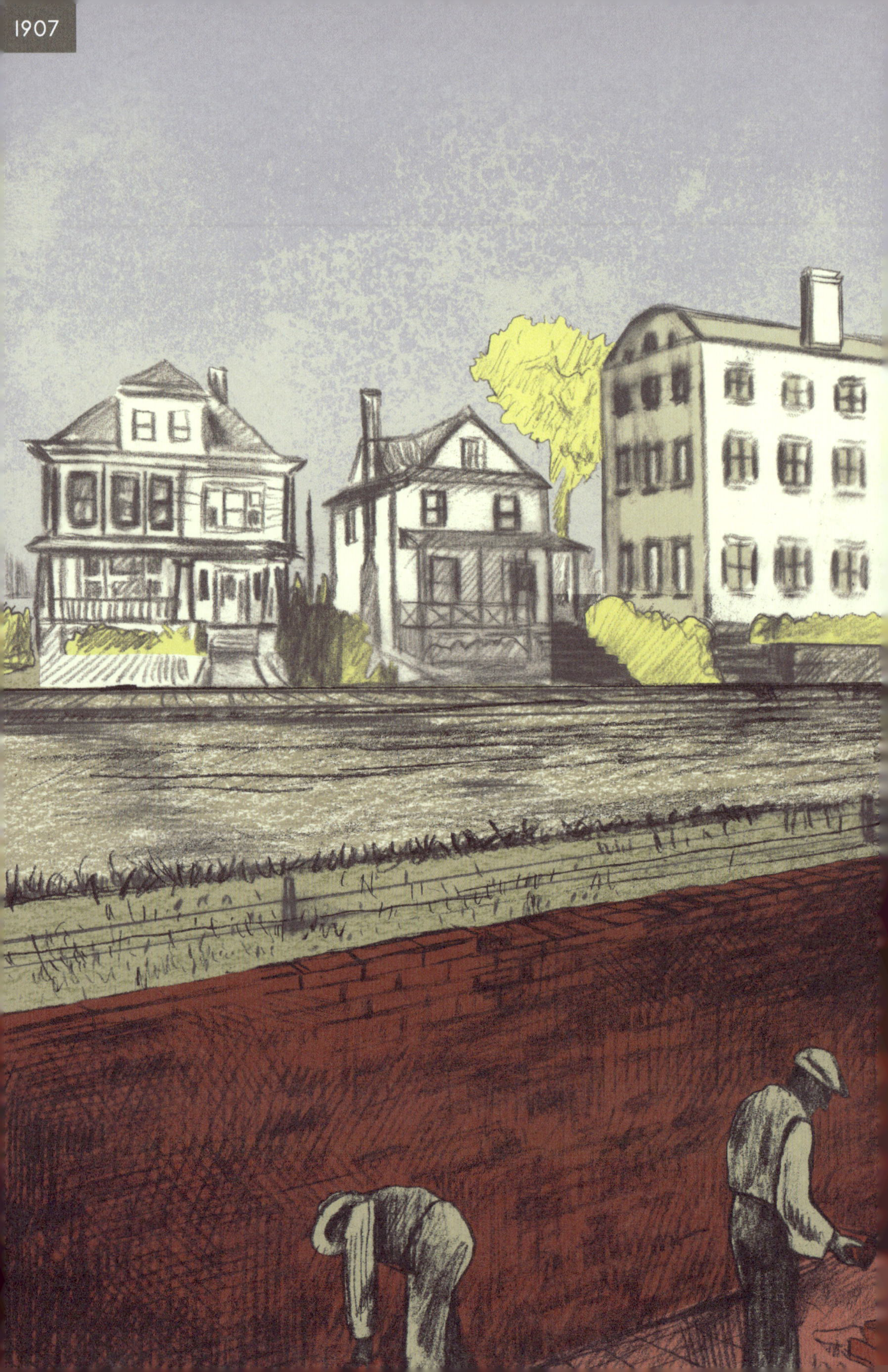

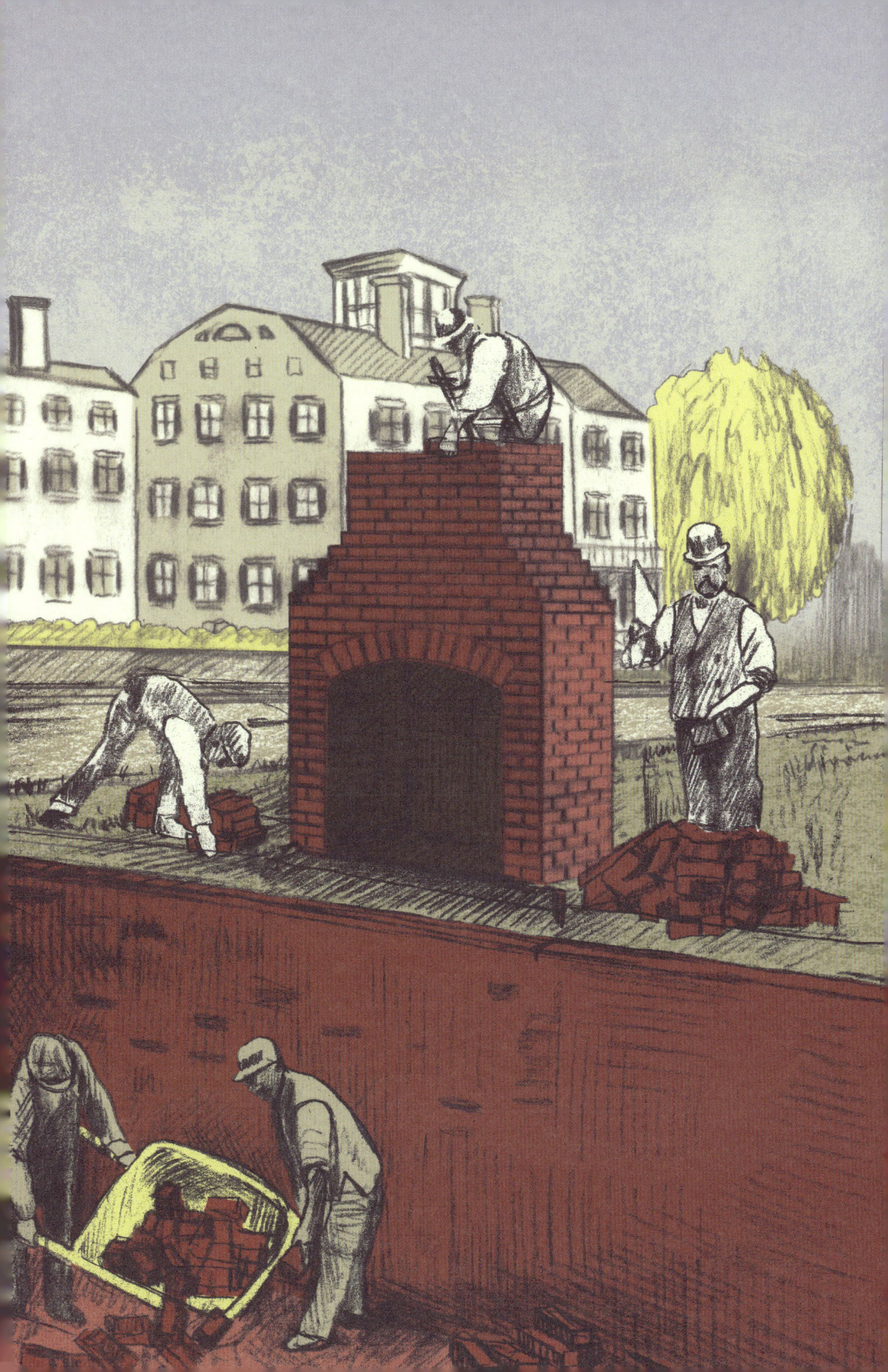

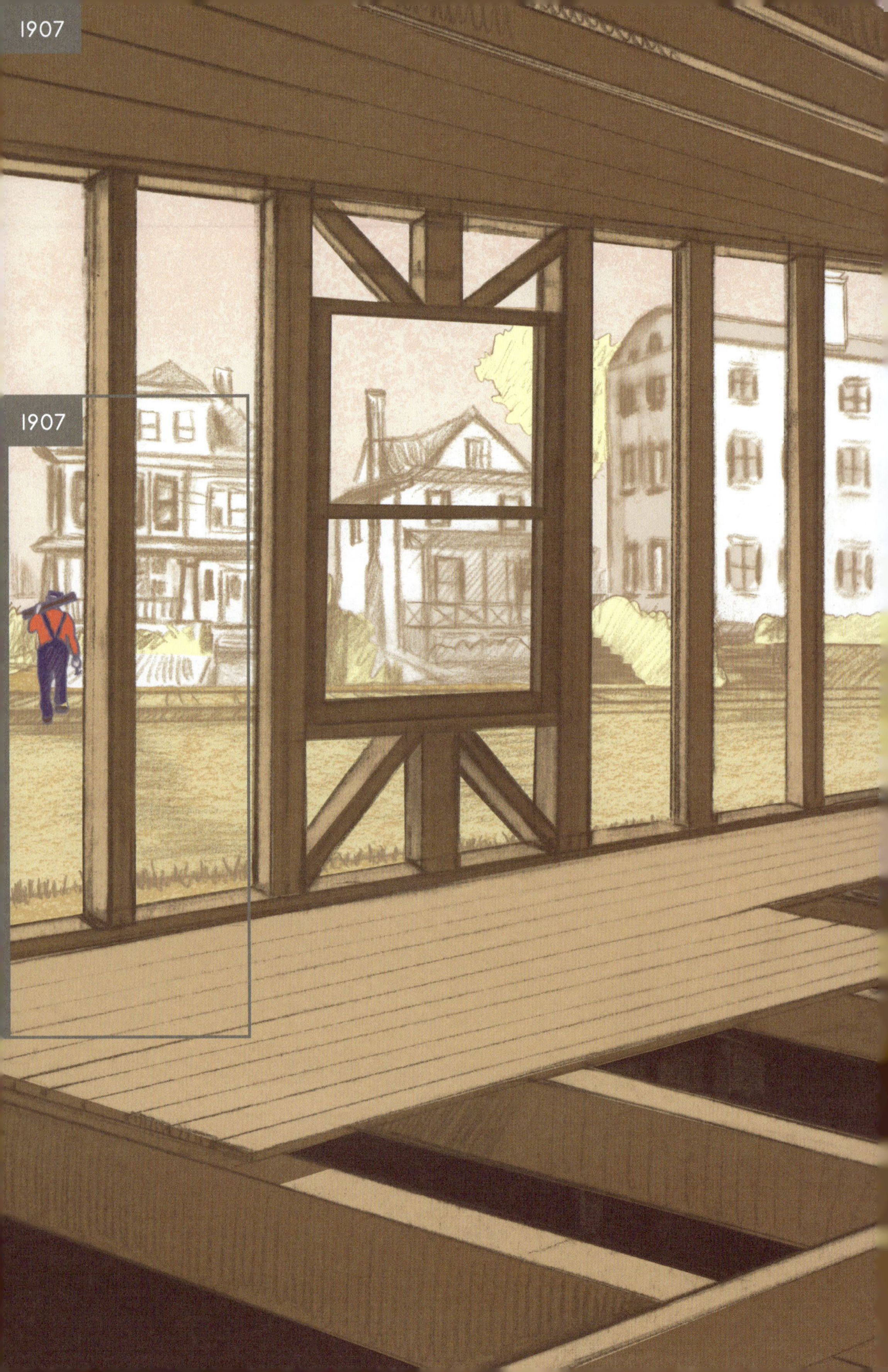
1907
1907

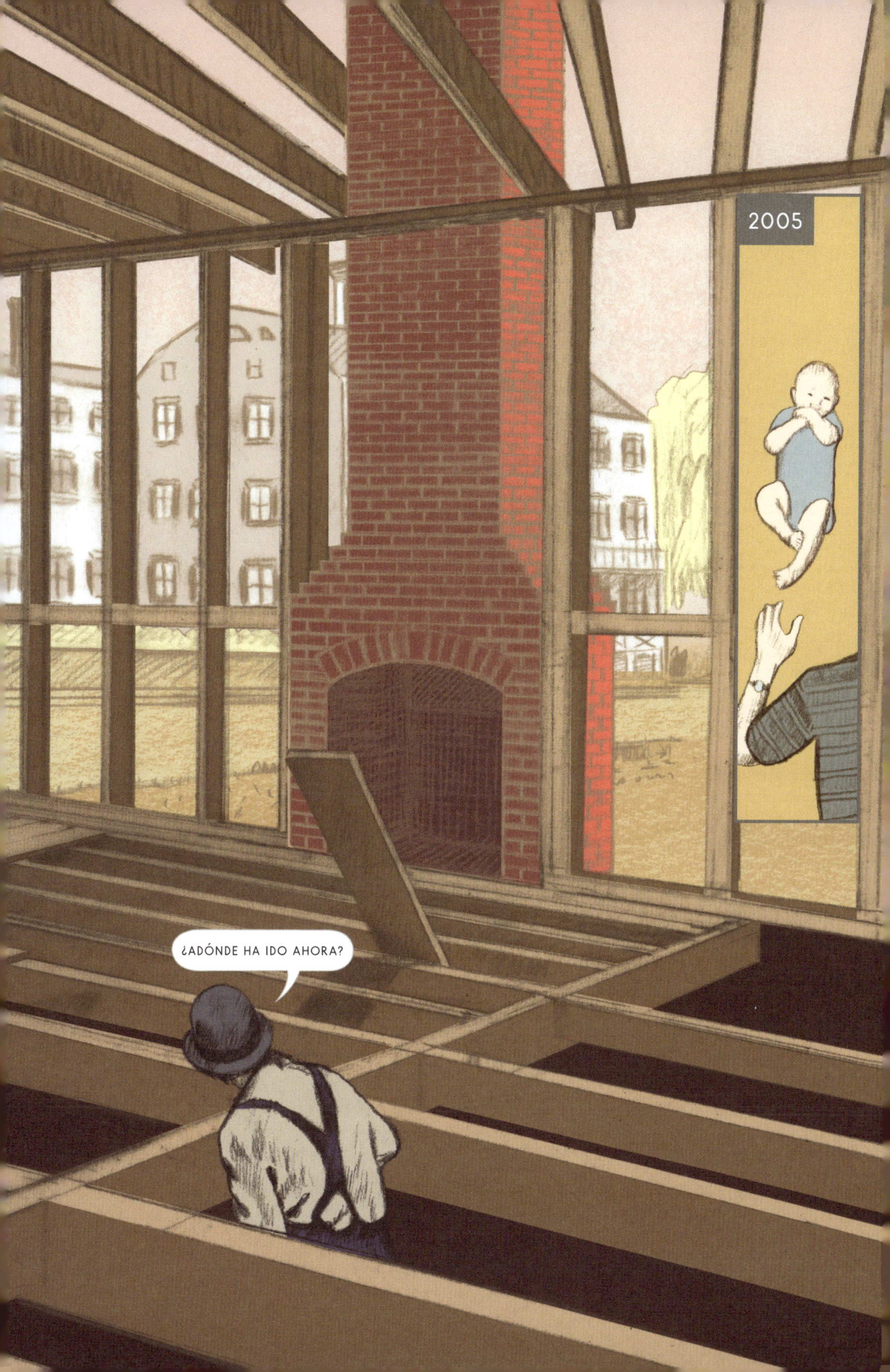
2005
¿ADÓNDE HA IDO AHORA?

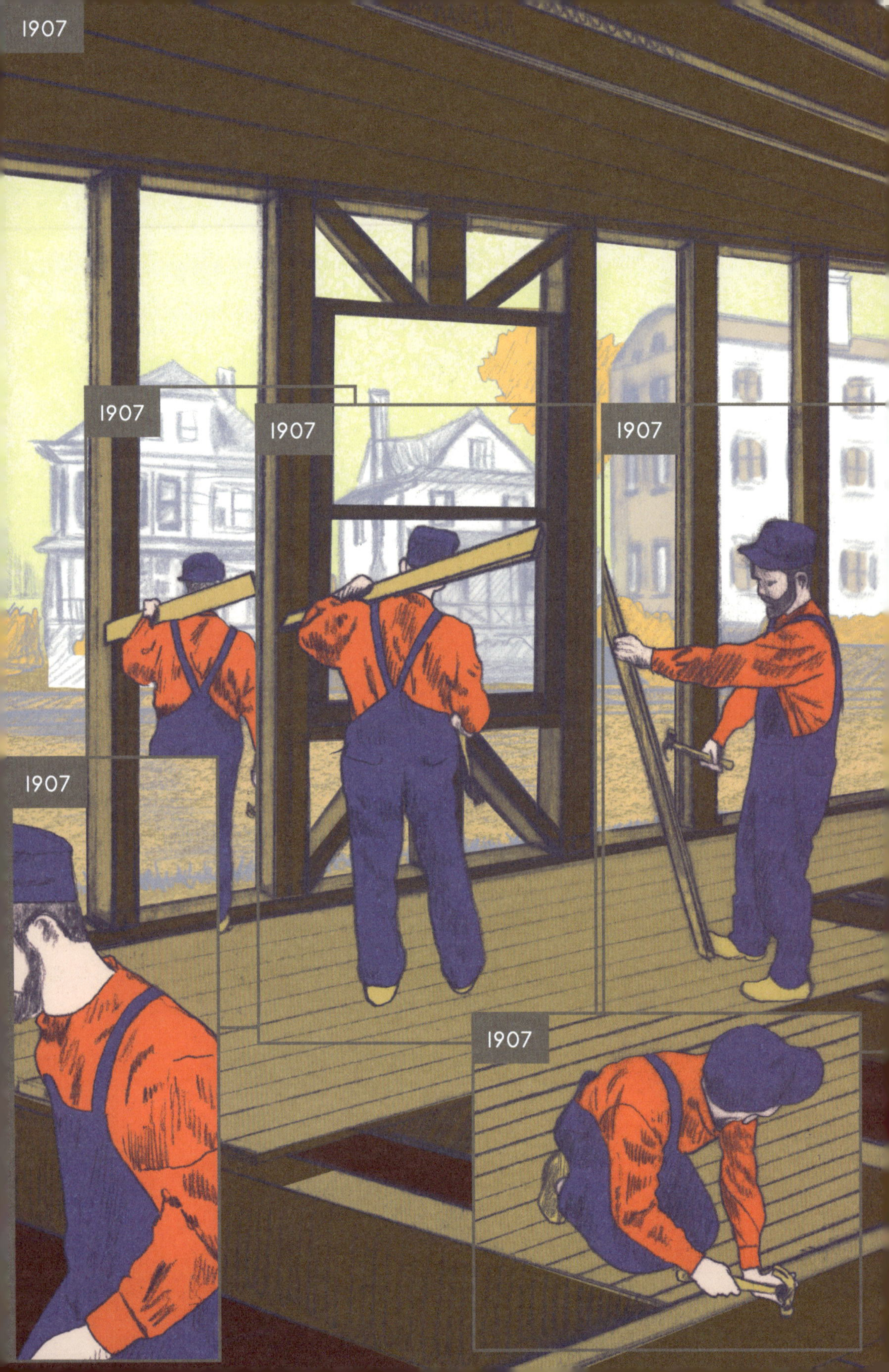
1907
1907
1907
1907
1907
1907

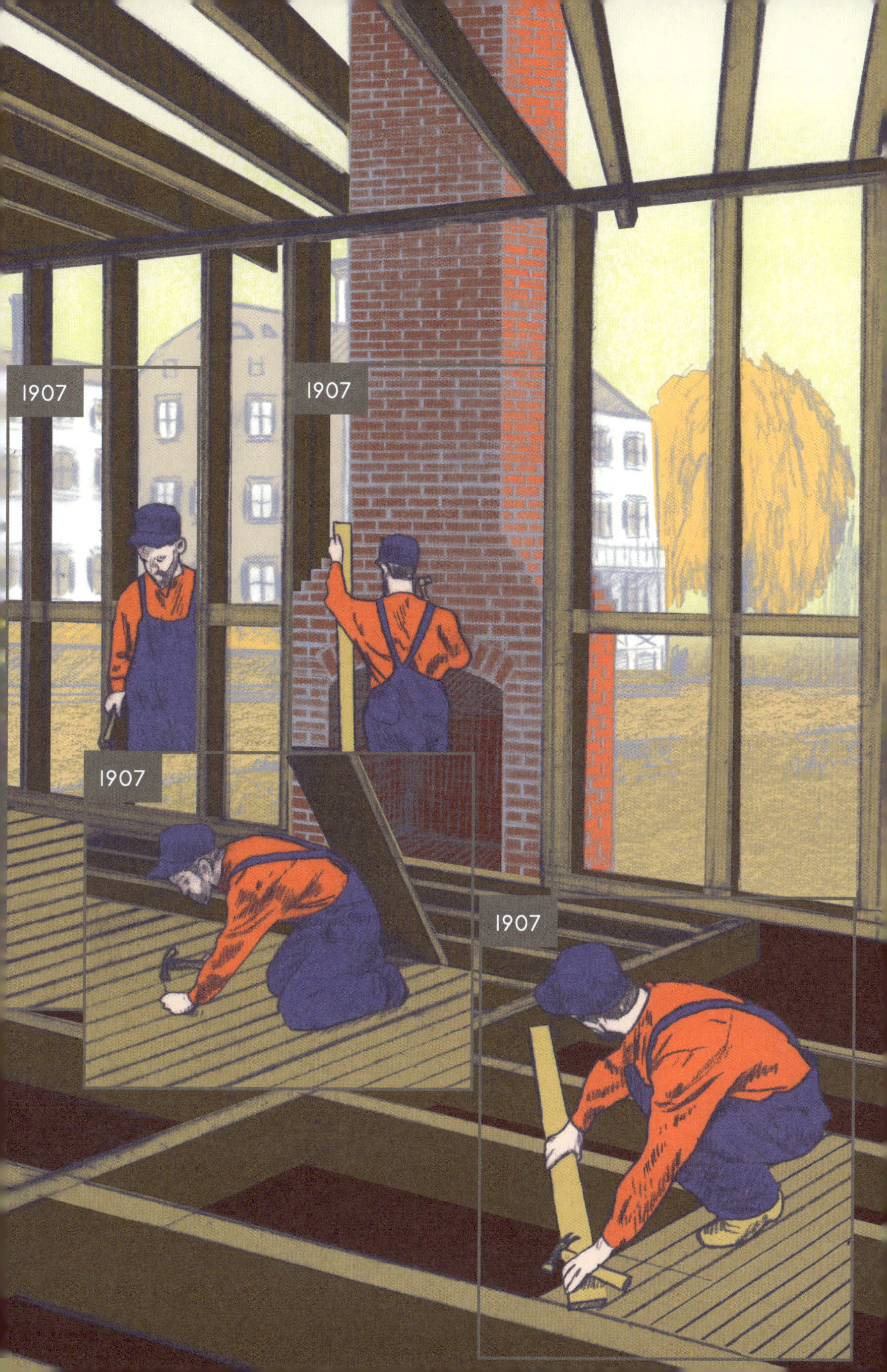
1907
1907
1907
1907

2015
2005
HOLA, SOY YO.
ERA PARA DECIRTE QUE PAPÁ ESTÁ EN EL HOSPITAL. SE HA CAÍDO Y SE HA ROTO LA CADERA.
VERMEER
1989

AL SEMBRAR, CANTABAN AL GRANO DE MAÍZ LOS NOMBRES DE LOS MUERTOS.

2015
2005
HAN DICHO QUE CUANDO LE DEN EL ALTA PASARÁ UN TIEMPO SIN PODER SUBIR Y BAJAR ESCALERAS.
VERMEER
1989

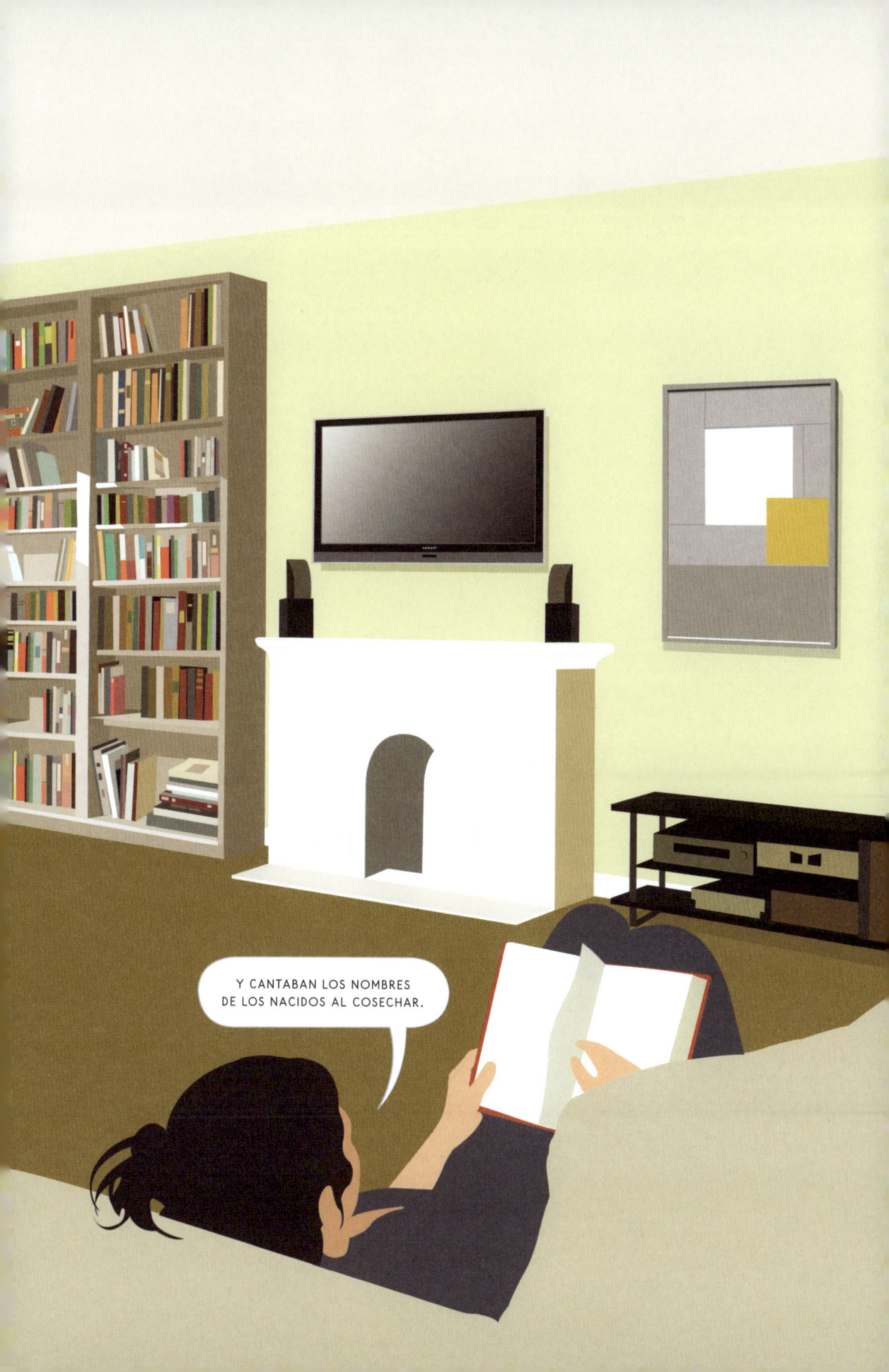
Y CANTABAN LOS NOMBRES DE LOS NACIDOS AL COSECHAR.

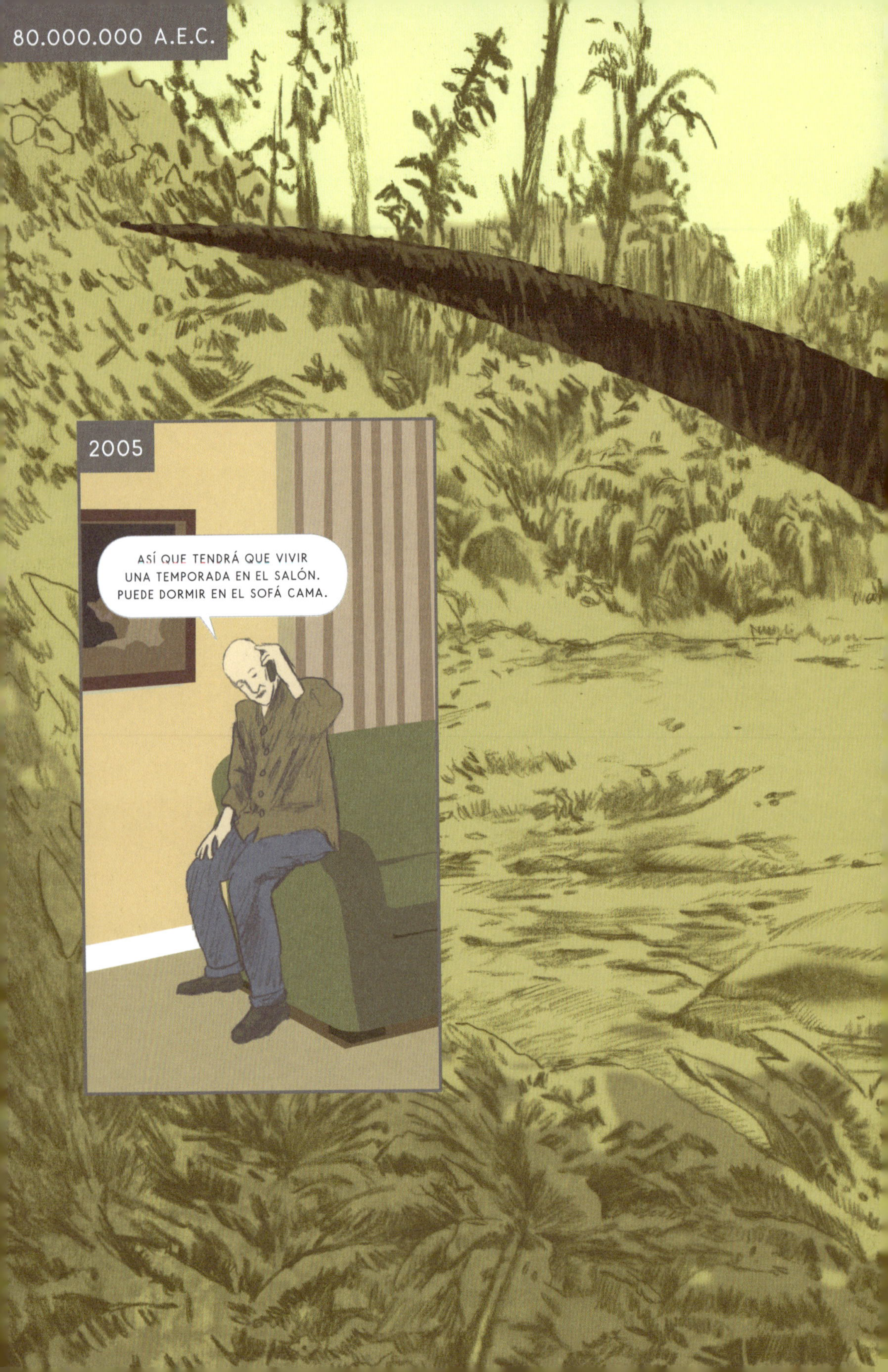
80.000.000 A.E.C.
2005
ASÍ QUE TENDRÁ QUE VIVIR UNA TEMPORADA EN EL SALÓN. PUEDE DORMIR EN EL SOFÁ CAMA.

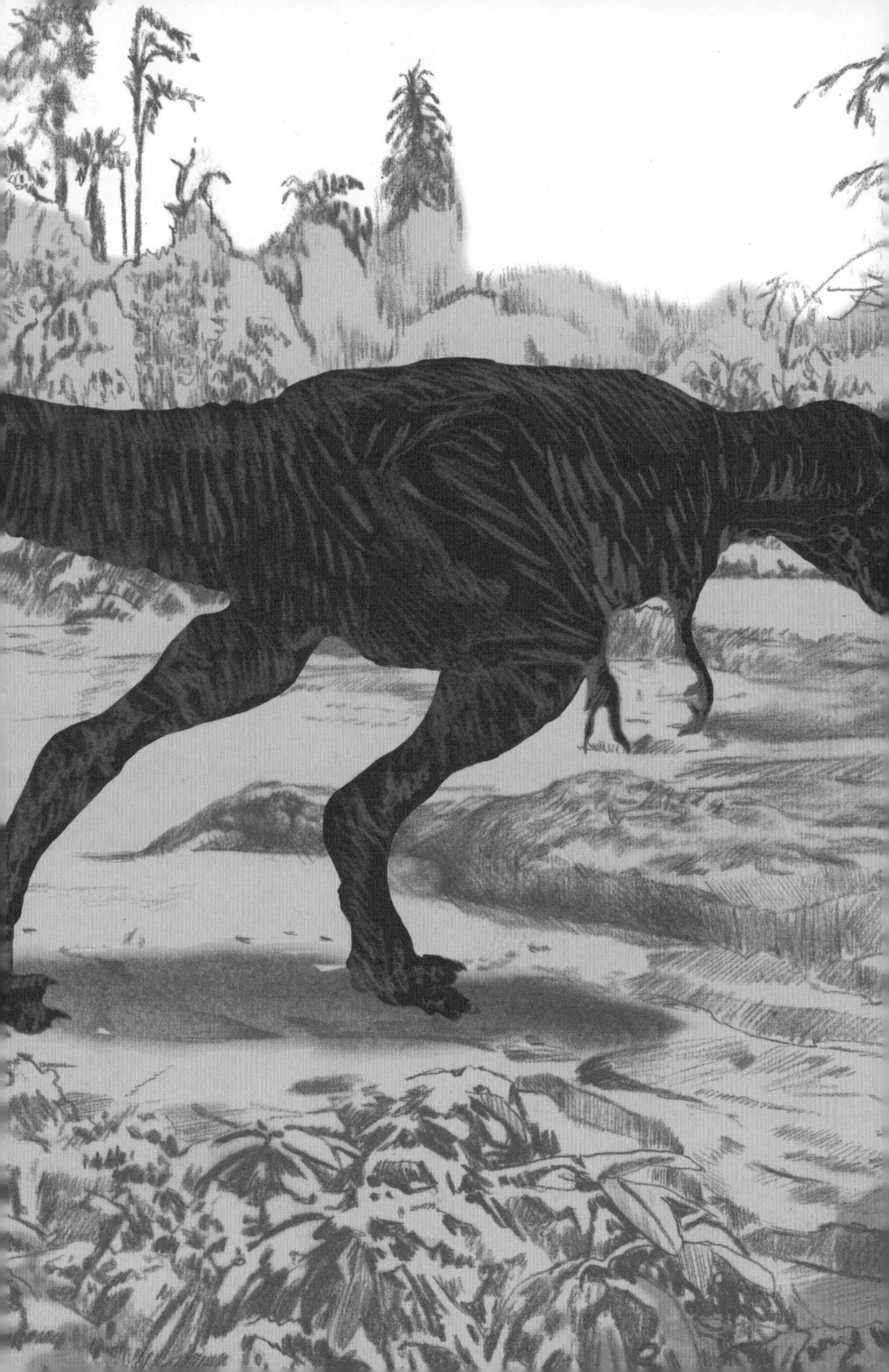

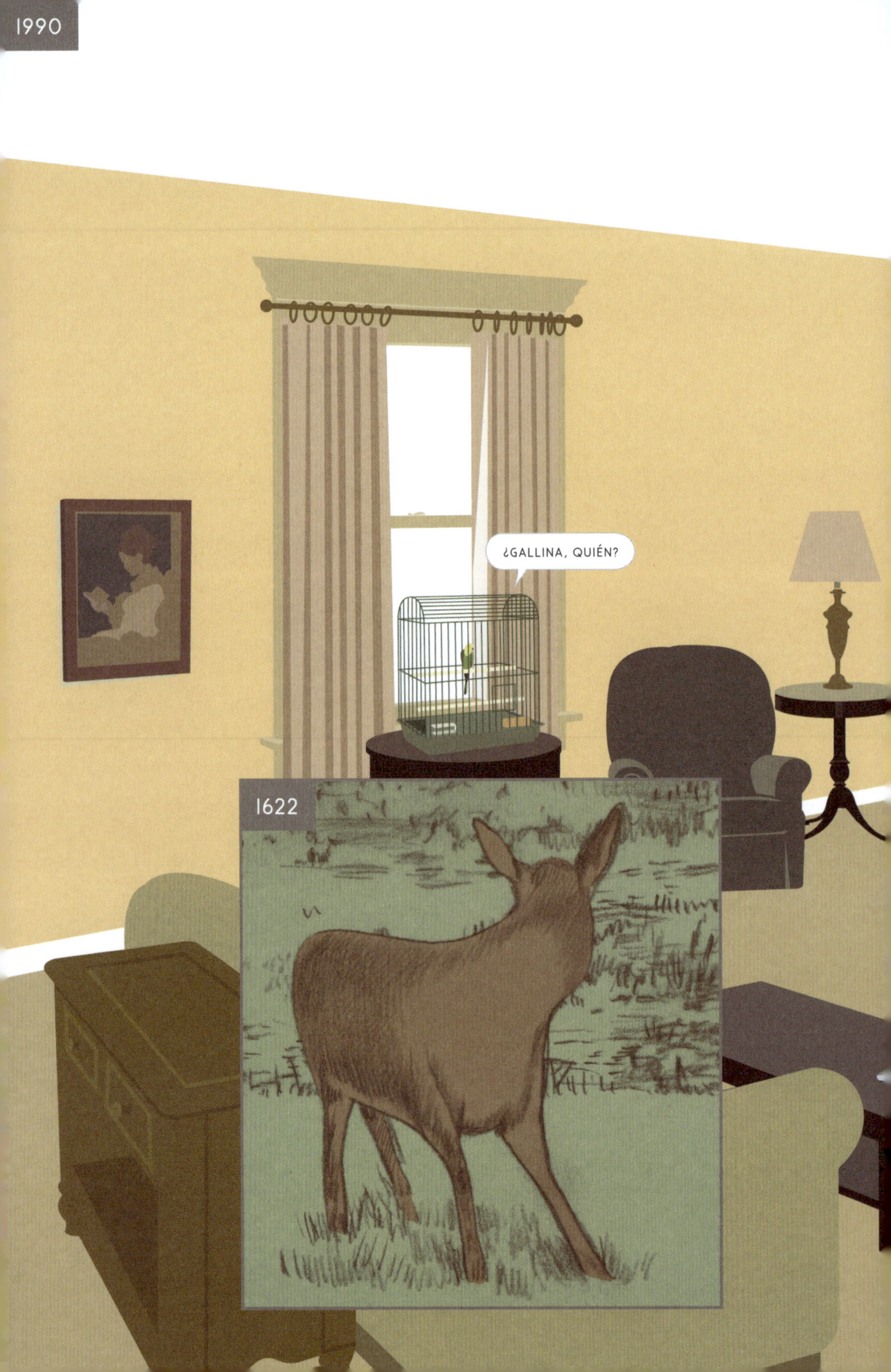
1990
¿GALLINA, QUIÉN?
1622

1930
1910
NADIE DOMINA EL ARTE DE VIVIR. TODO EL MUNDO VA DANDO PALOS DE CIEGO.

2015

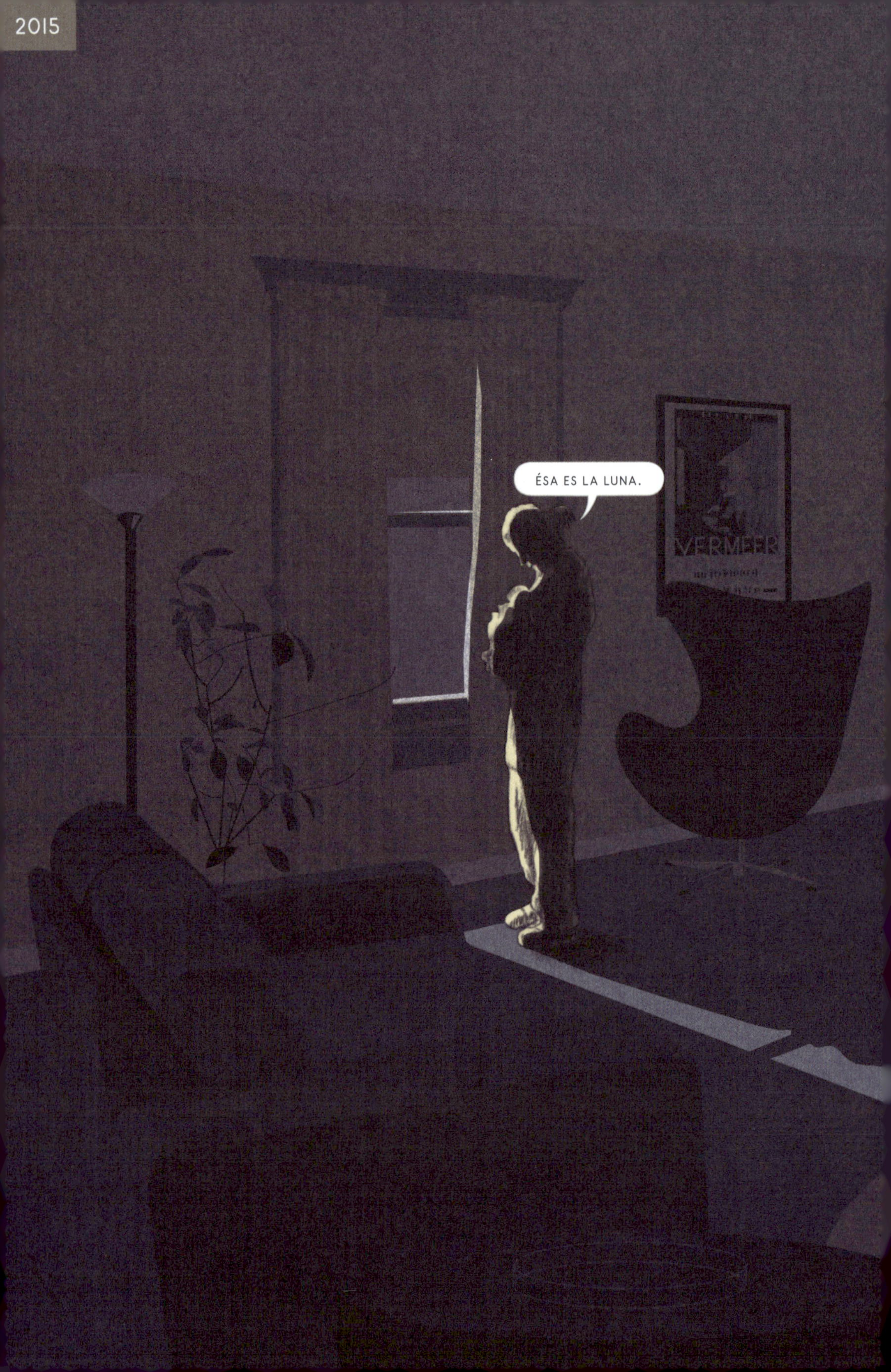
ÉSA ES LA LUNA.
VERMEER

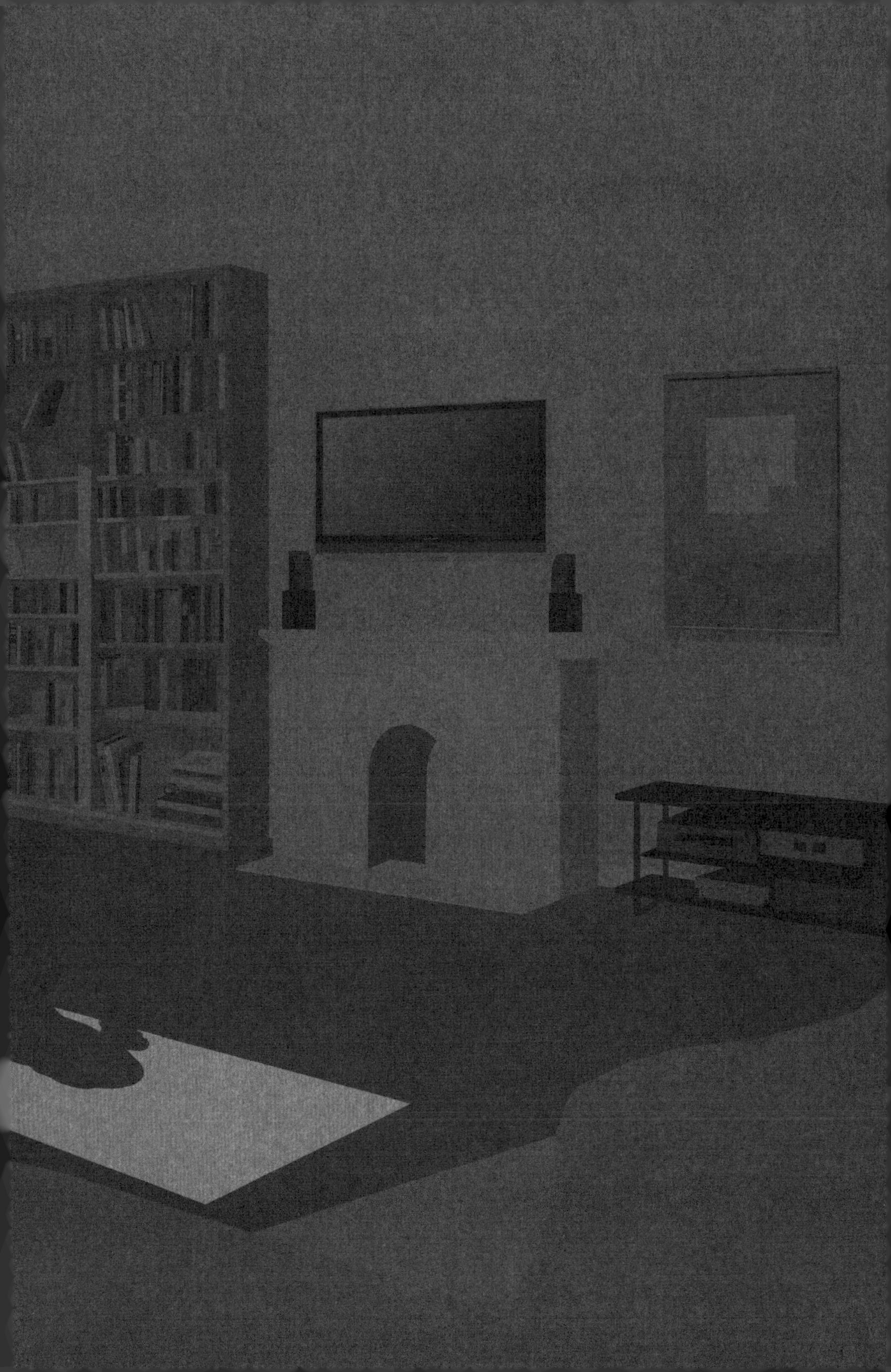

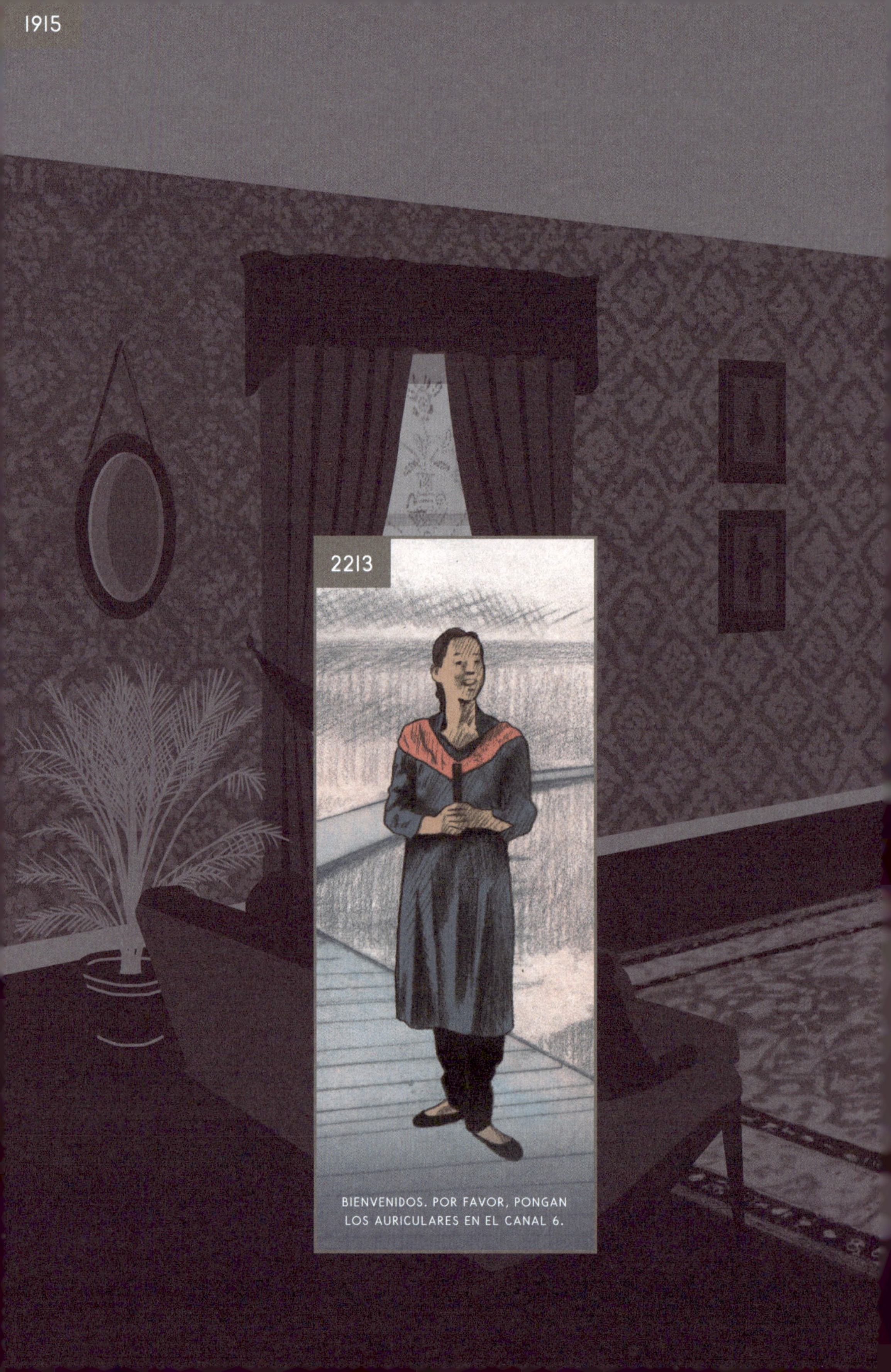
1915
2213
BIENVENIDOS. POR FAVOR, PONGAN LOS AURICULARES EN EL CANAL 6.

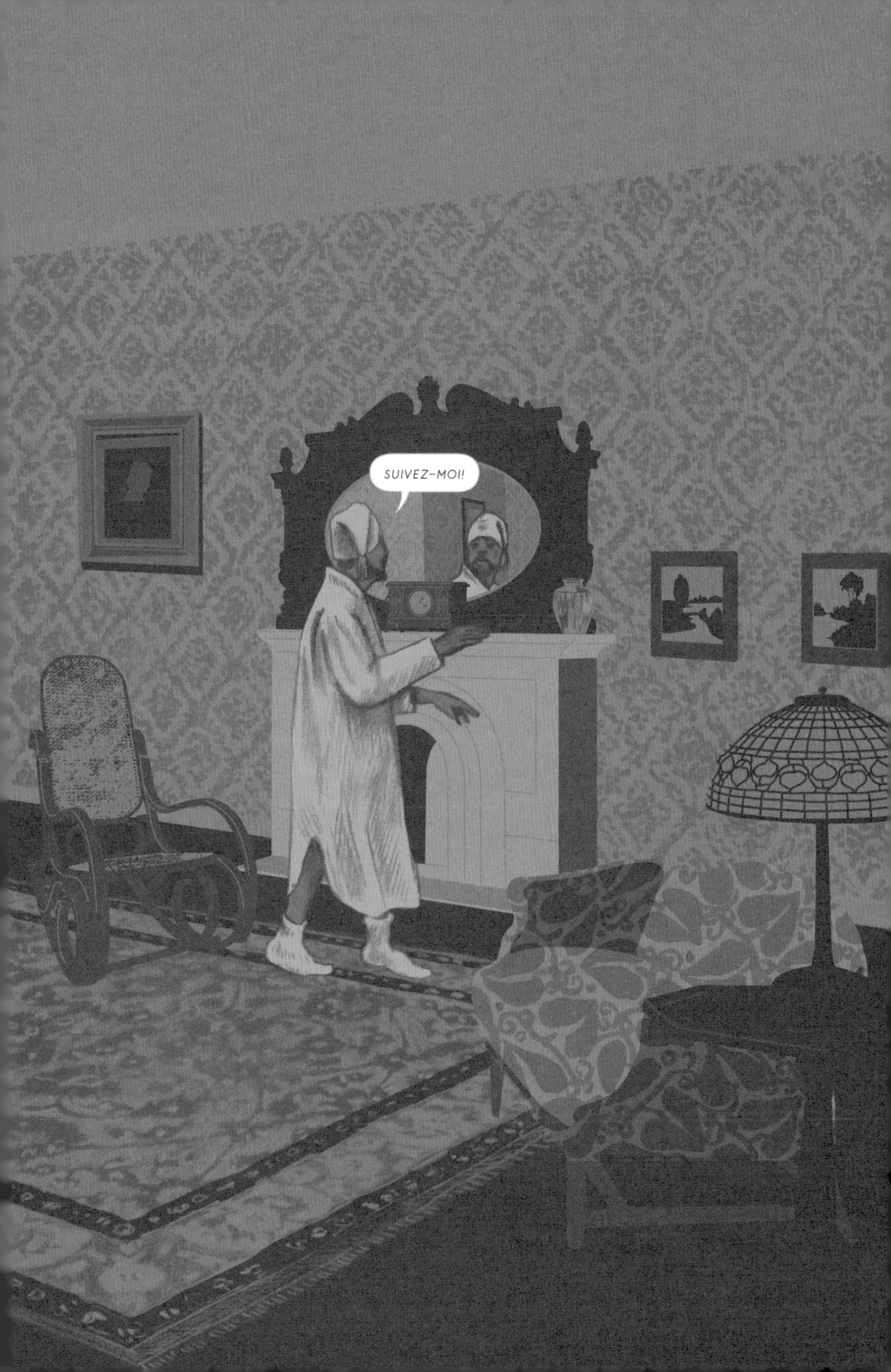
SUIVEZ-MOI!

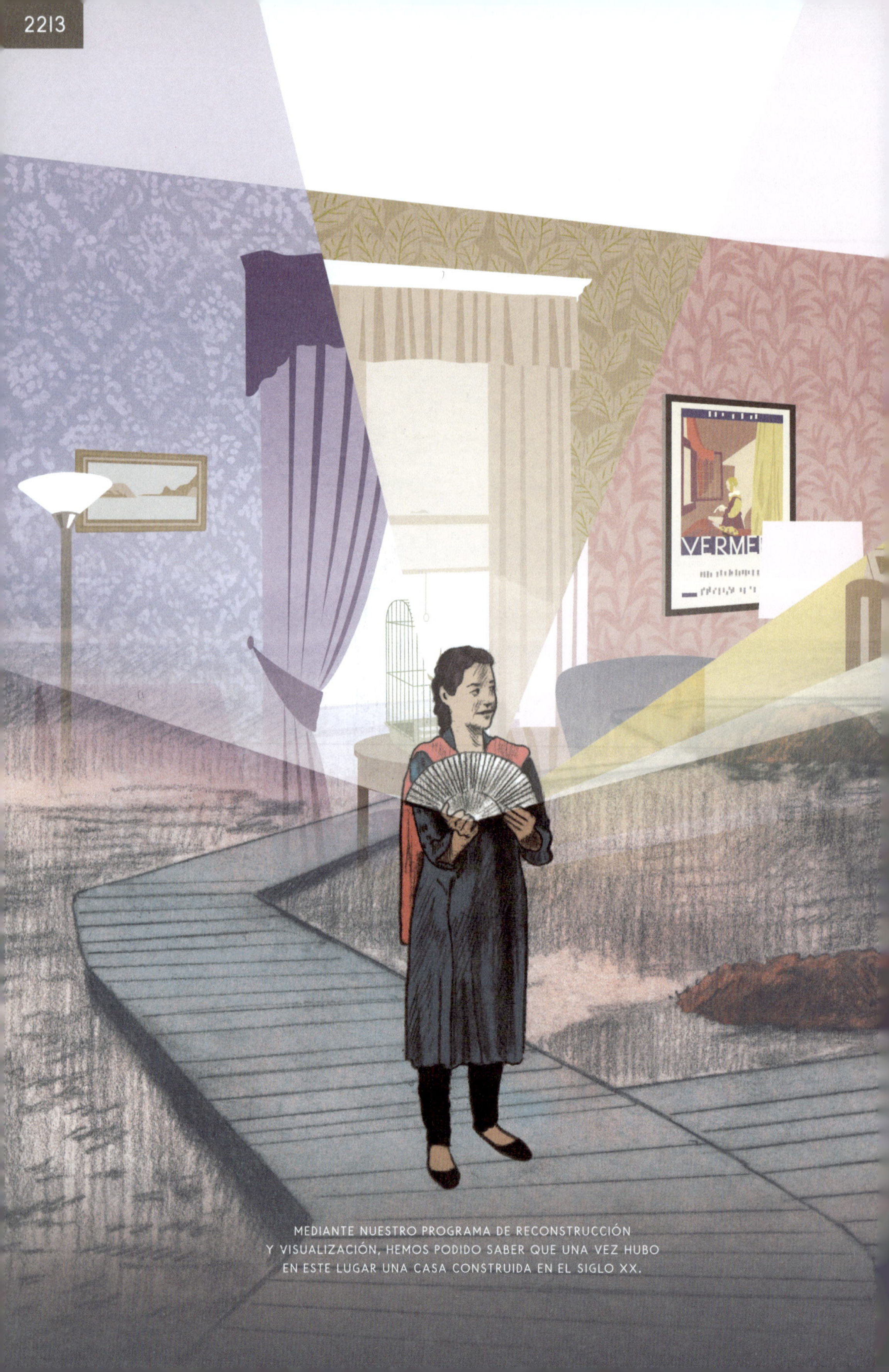
2213
MEDIANTE NUESTRO PROGRAMA DE RECONSTRUCCIÓN
Y VISUALIZACIÓN, HEMOS PODIDO SABER QUE UNA VEZ HUBO
EN ESTE LUGAR UNA CASA CONSTRUIDA EN EL SIGLO XX.

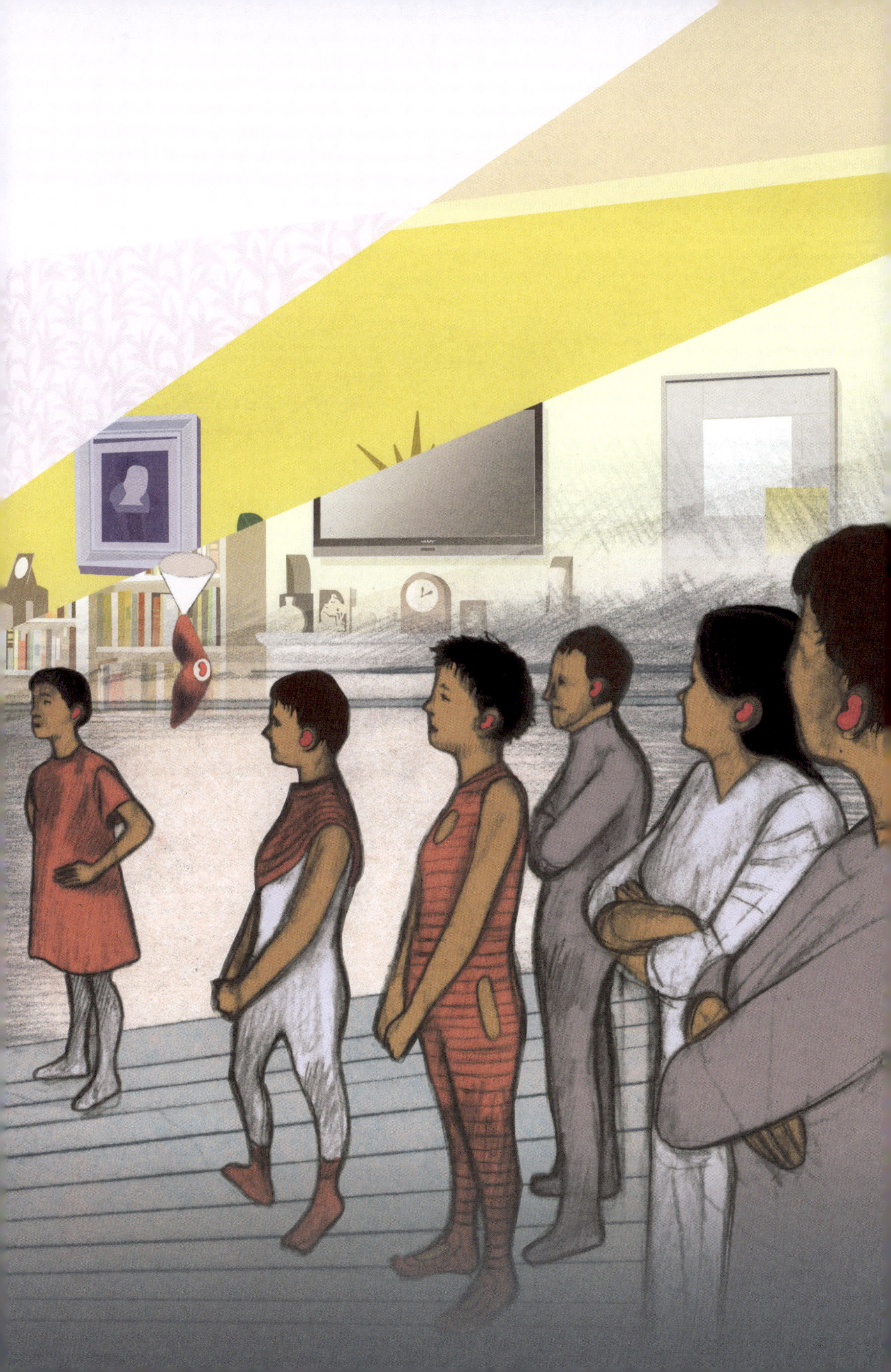

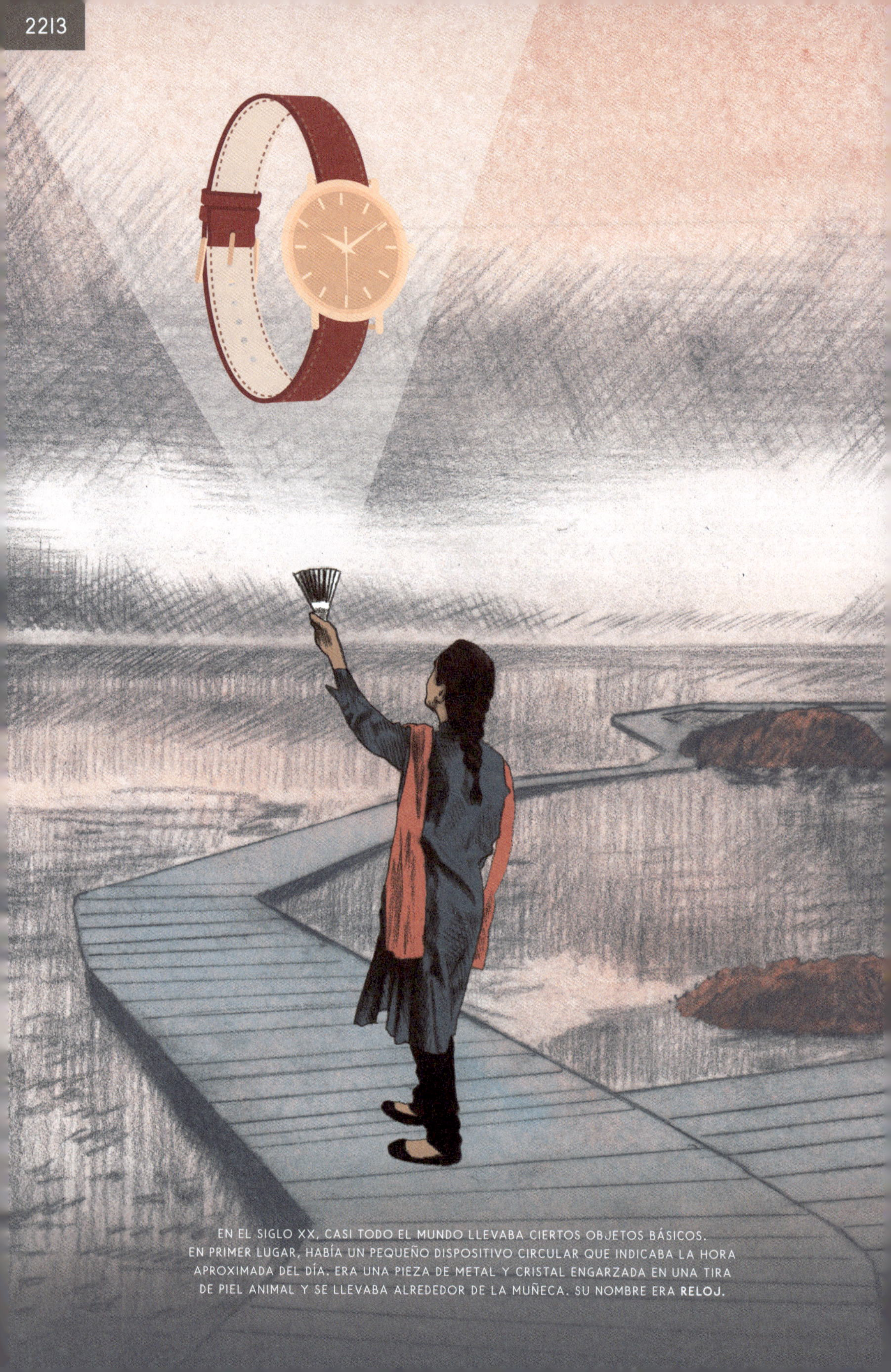

EN EL SIGLO XX, CASI TODO EL MUNDO LLEVABA CIERTOS OBJETOS BÁSICOS. EN PRIMER LUGAR, HABÍA UN PEQUEÑO DISPOSITIVO CIRCULAR QUE INDICABA LA HORA APROXIMADA DEL DÍA. ERA UNA PIEZA DE METAL Y CRISTAL ENGARZADA EN UNA TIRA DE PIEL ANIMAL Y SE LLEVABA ALREDEDOR DE LA MUÑECA. SU NOMBRE ERA **RELOJ.**

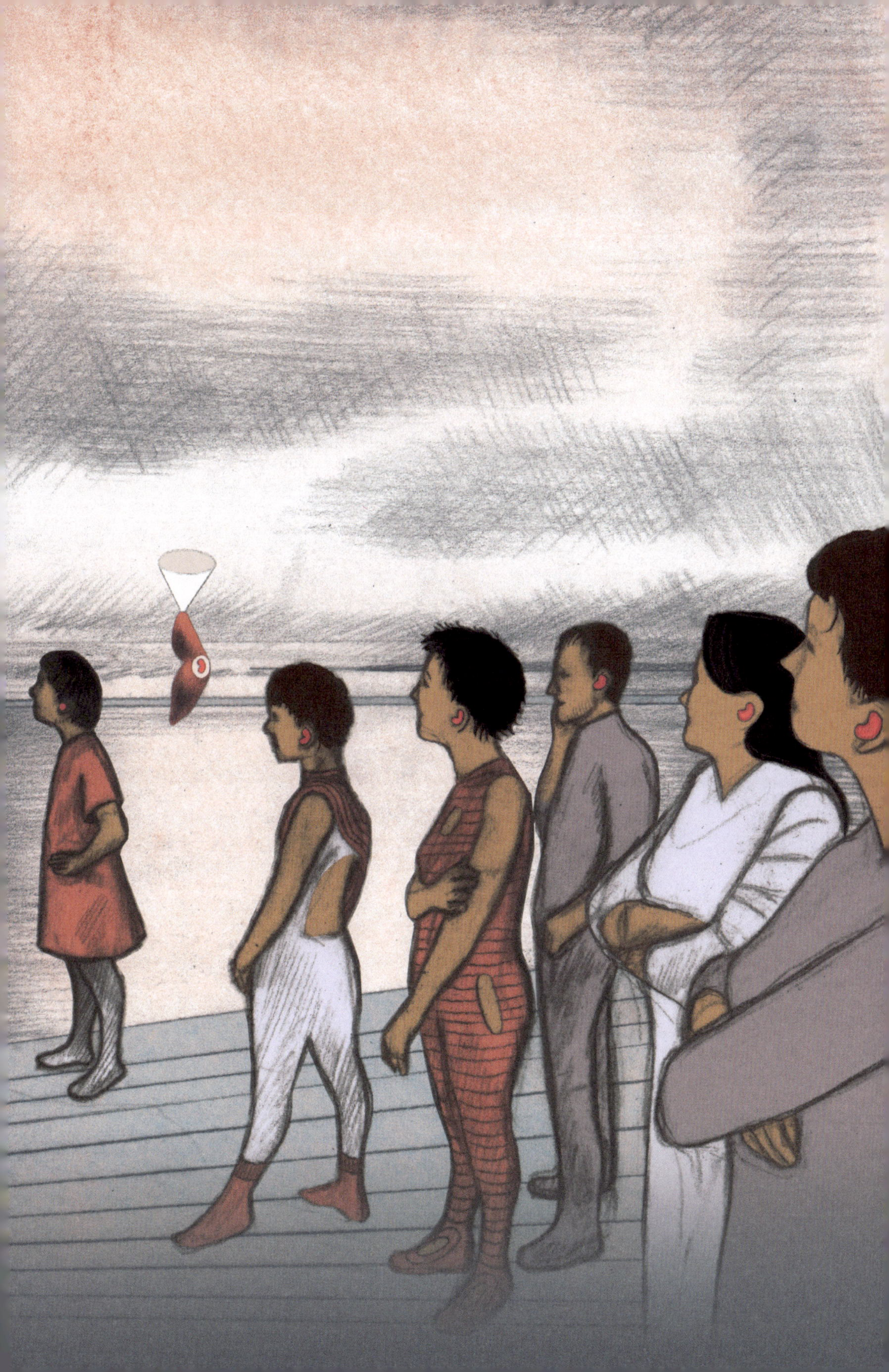

2213

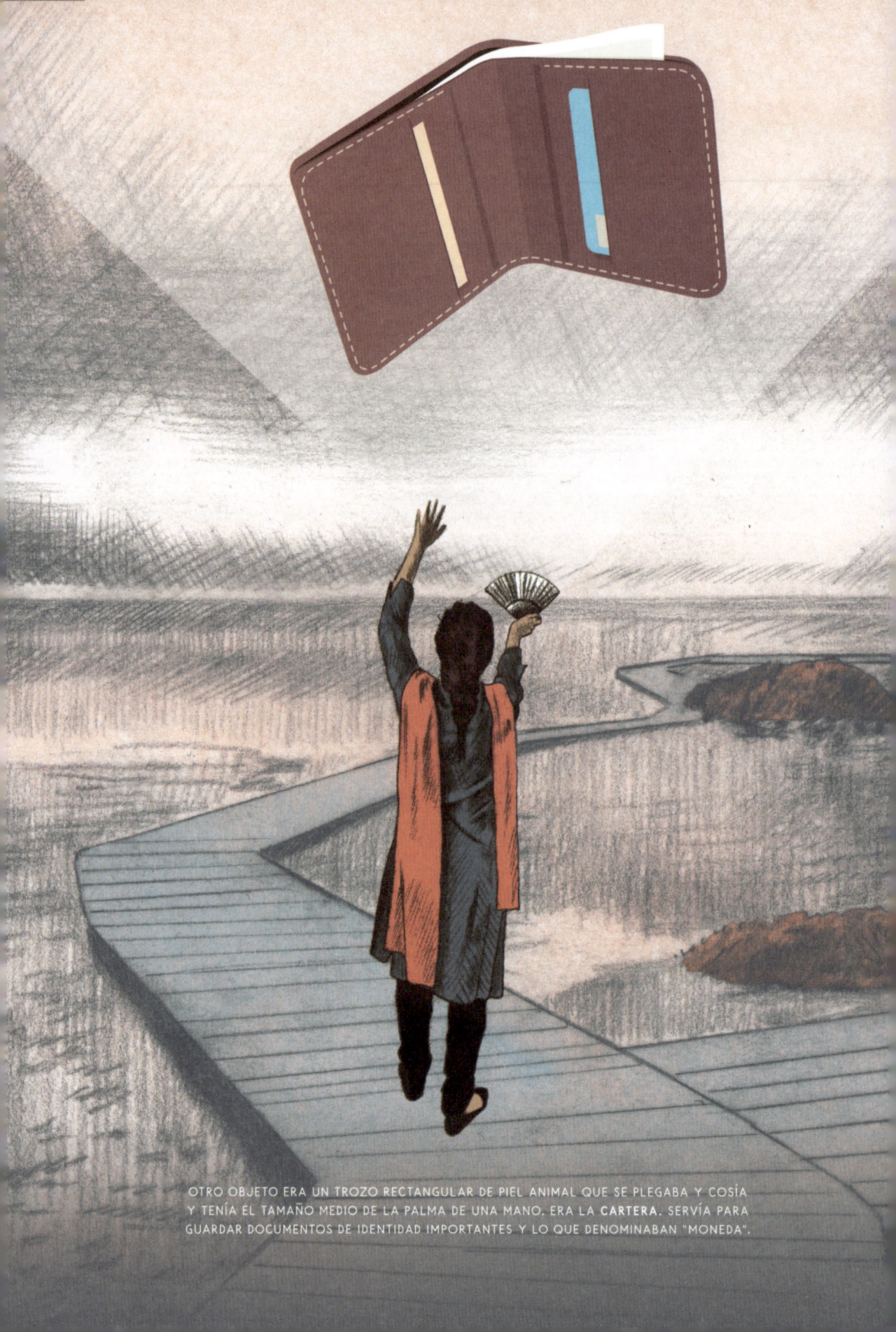

OTRO OBJETO ERA UN TROZO RECTANGULAR DE PIEL ANIMAL QUE SE PLEGABA Y COSÍA Y TENÍA EL TAMAÑO MEDIO DE LA PALMA DE UNA MANO. ERA LA **CARTERA.** SERVÍA PARA GUARDAR DOCUMENTOS DE IDENTIDAD IMPORTANTES Y LO QUE DENOMINABAN "MONEDA".

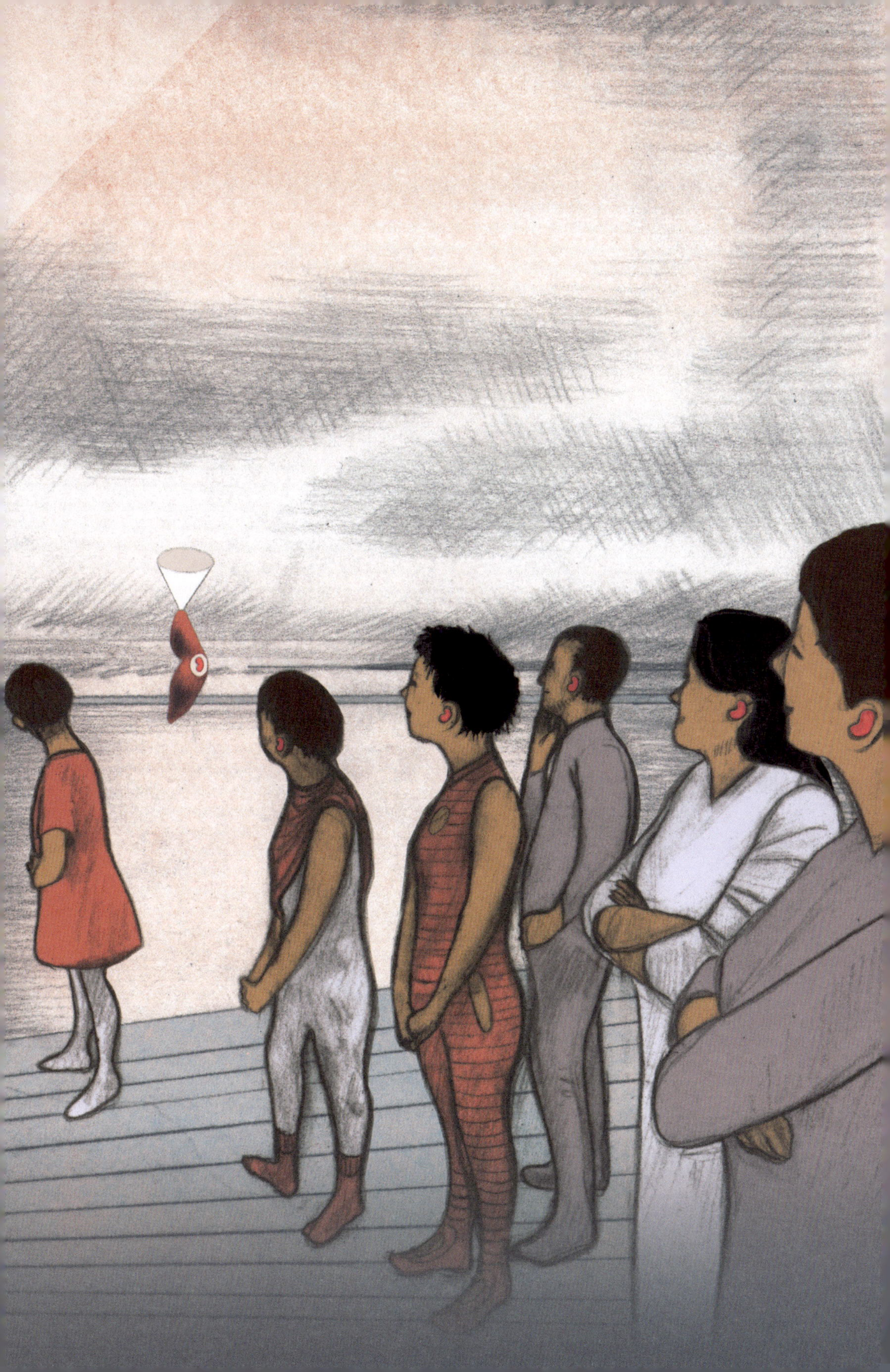

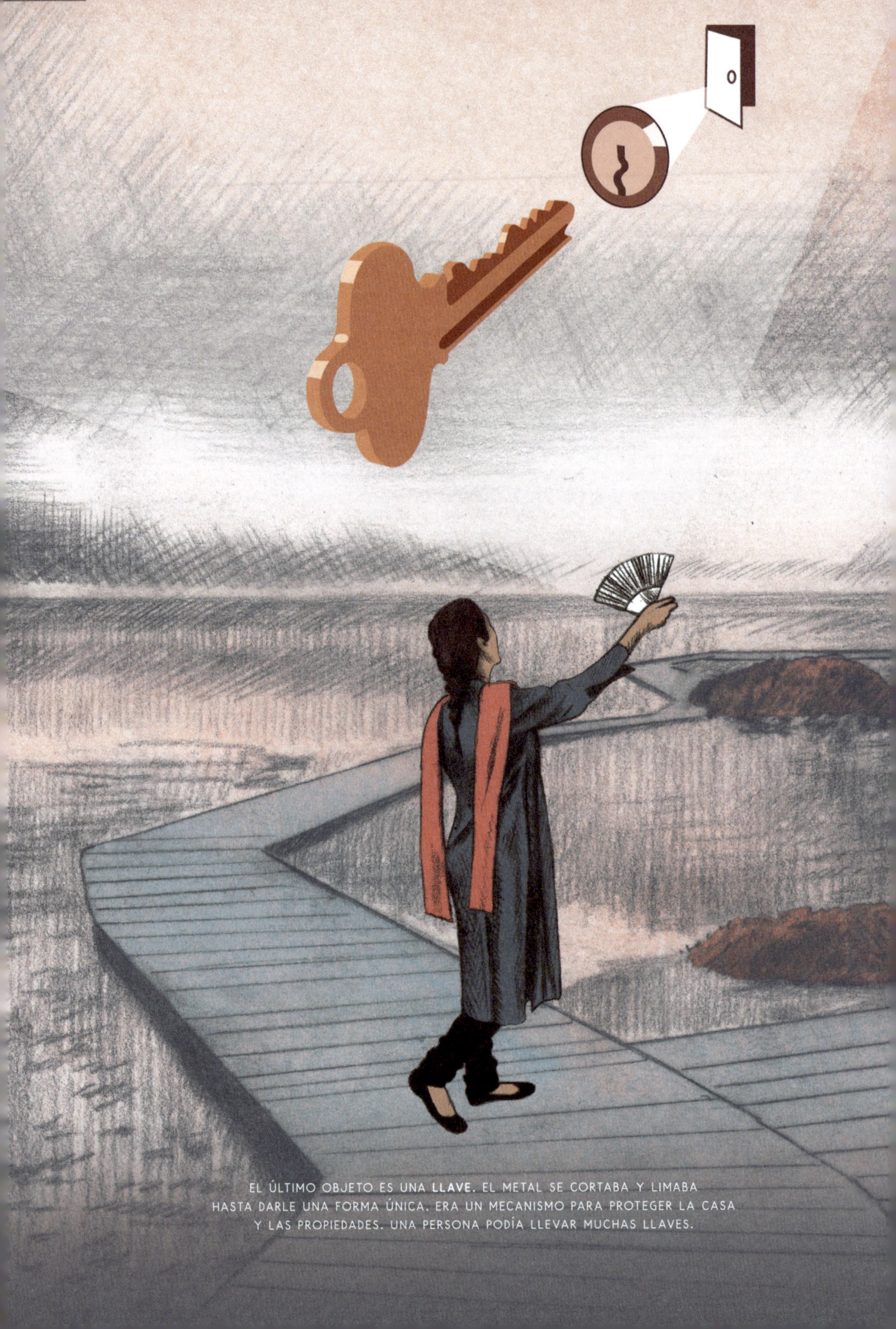

EL ÚLTIMO OBJETO ES UNA **LLAVE**. EL METAL SE CORTABA Y LIMABA HASTA DARLE UNA FORMA ÚNICA. ERA UN MECANISMO PARA PROTEGER LA CASA Y LAS PROPIEDADES. UNA PERSONA PODÍA LLEVAR MUCHAS LLAVES.

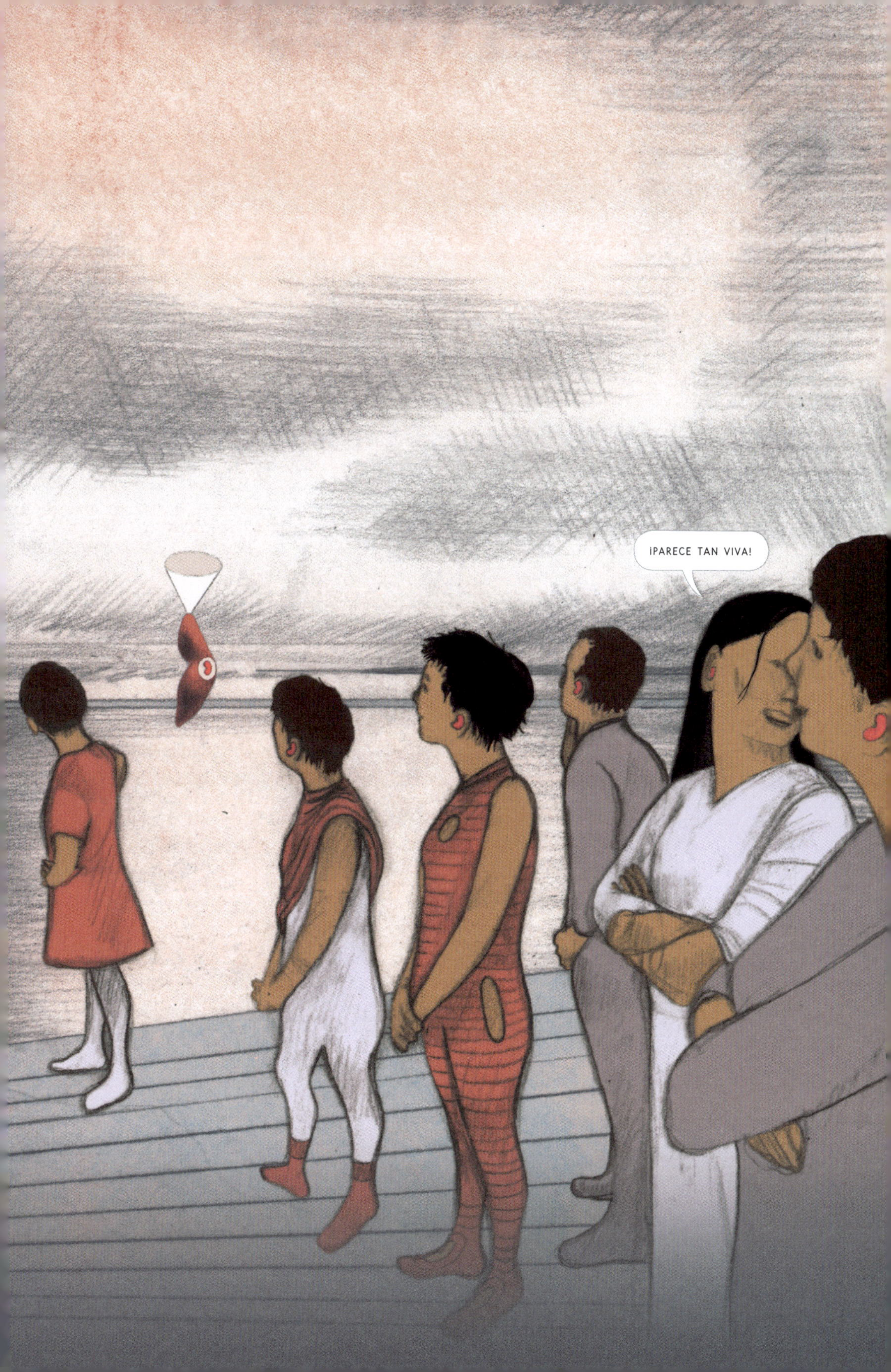
¡PARECE TAN VIVA!

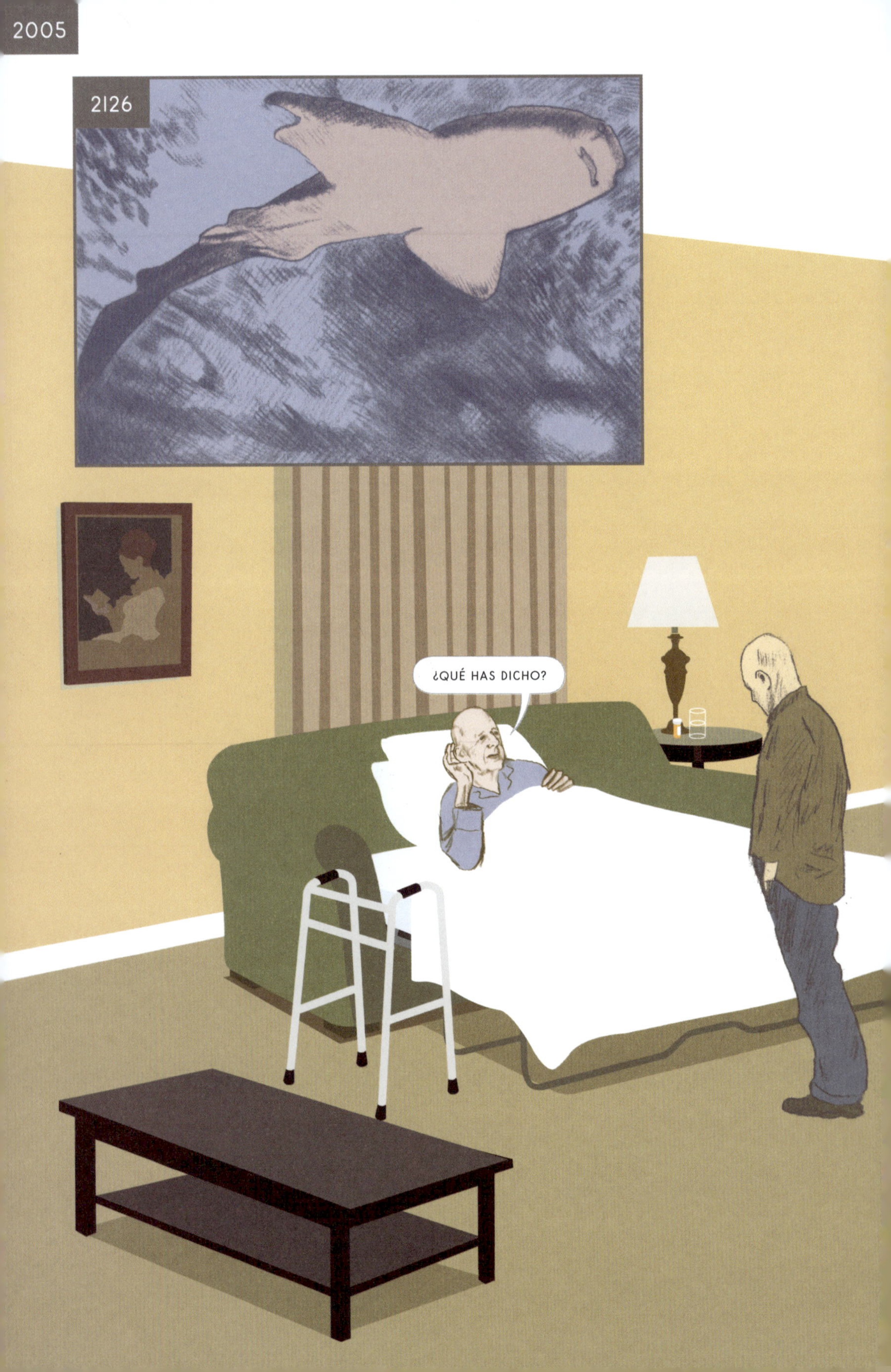
2005
2126
¿QUÉ HAS DICHO?

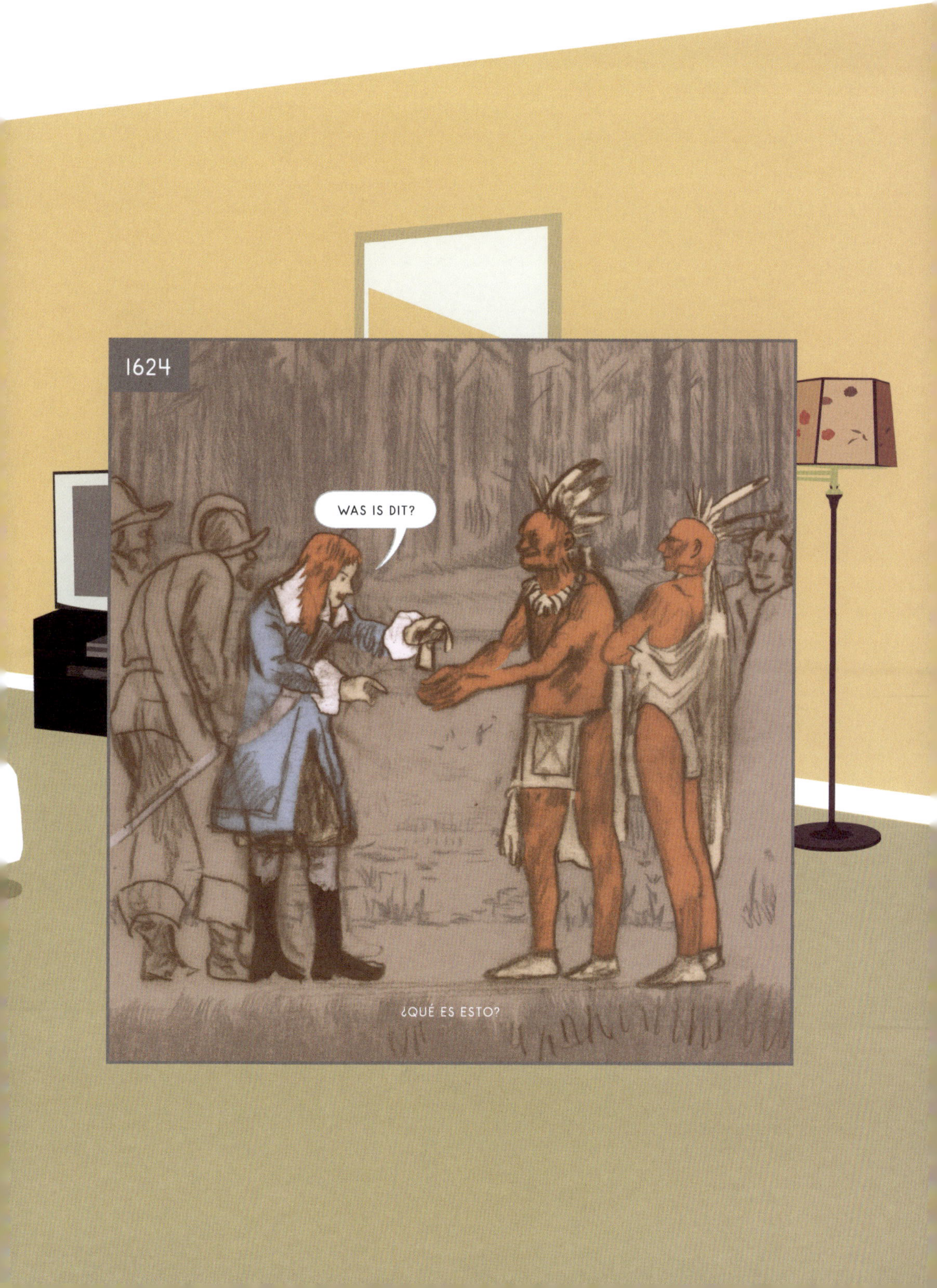
1624
WAS IS DIT?
¿QUÉ ES ESTO?

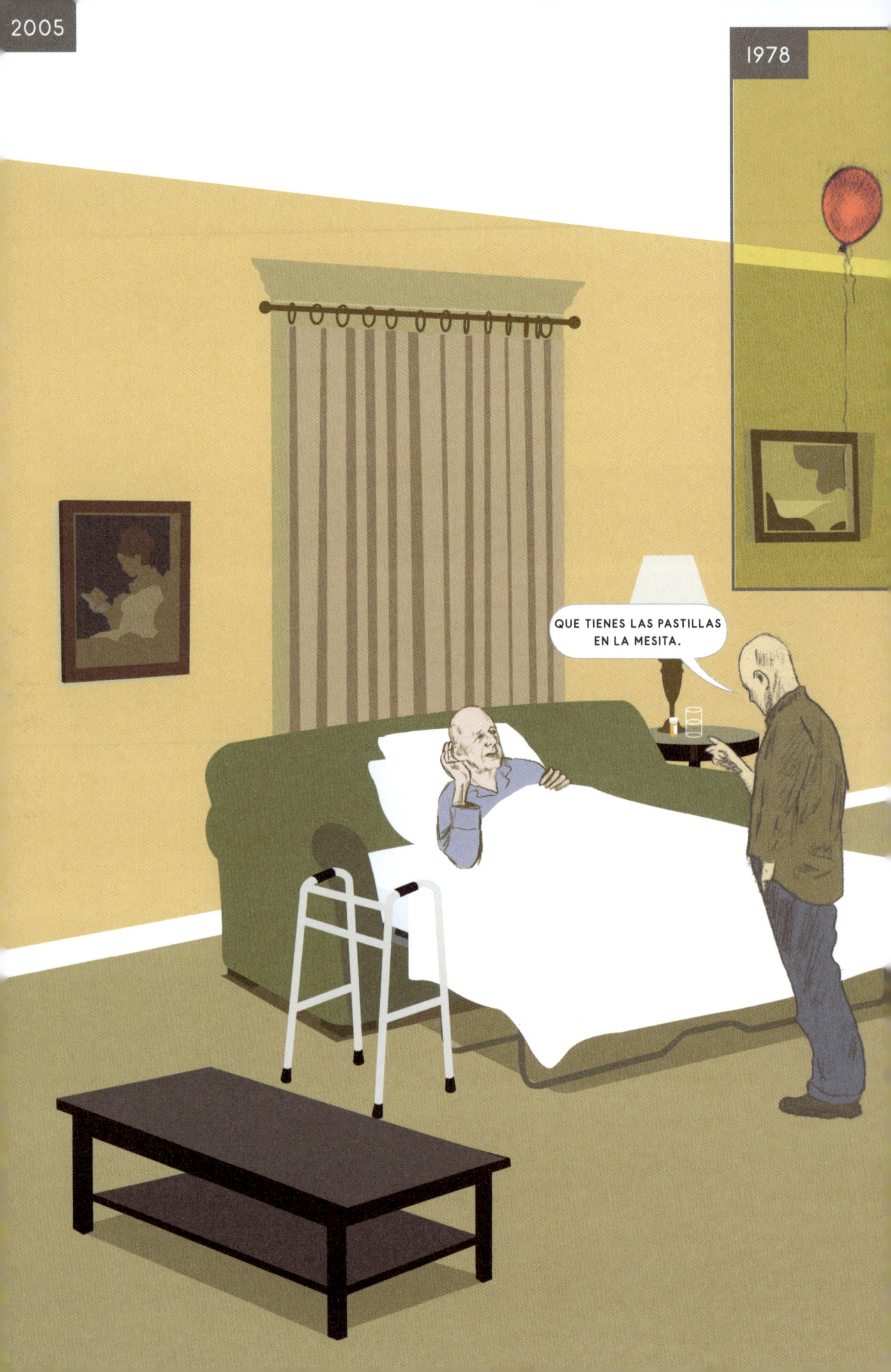
2005
1978
QUE TIENES LAS PASTILLAS EN LA MESITA.

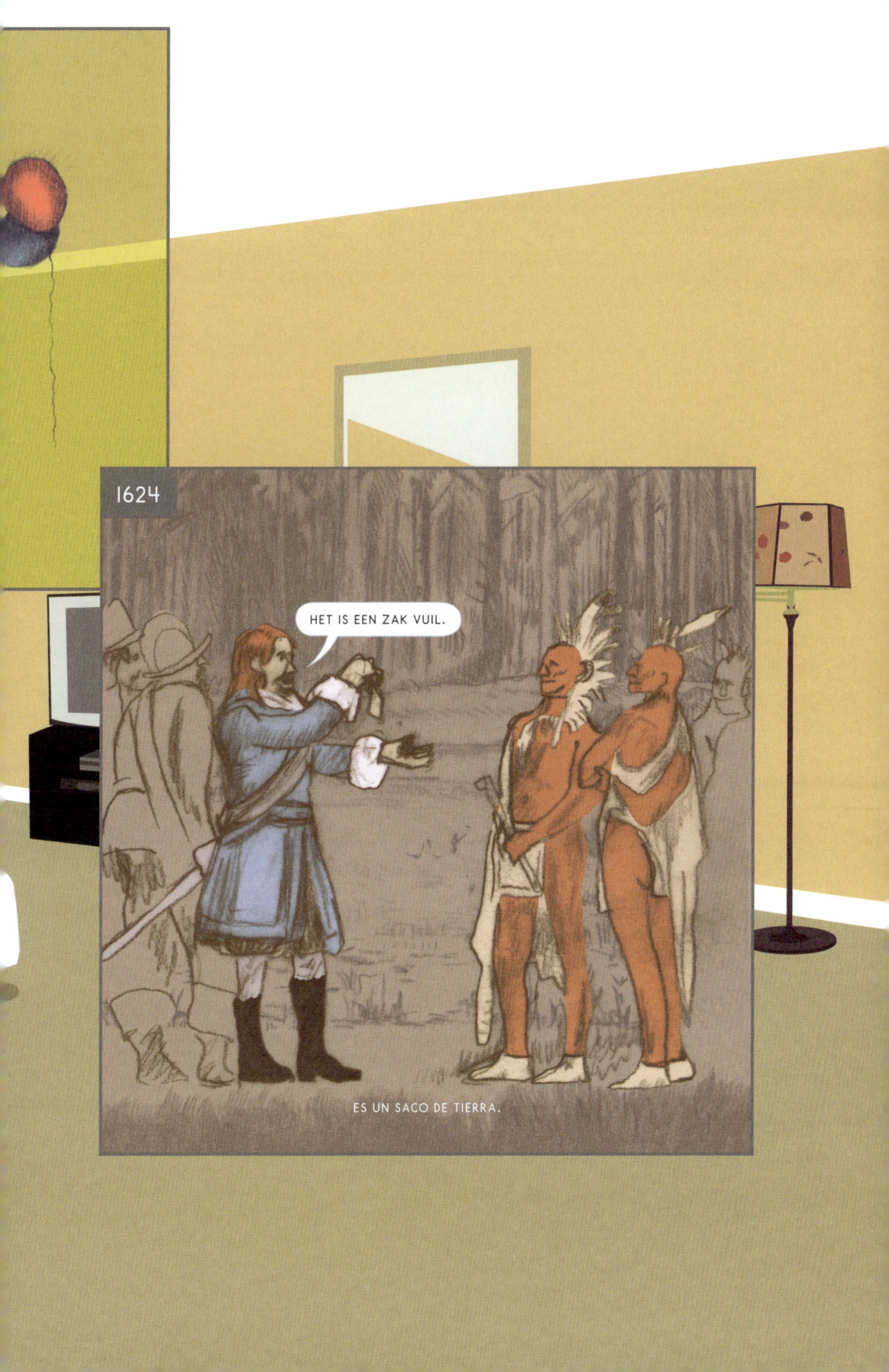
1624
HET IS EEN ZAK VUIL.
ES UN SACO DE TIERRA.

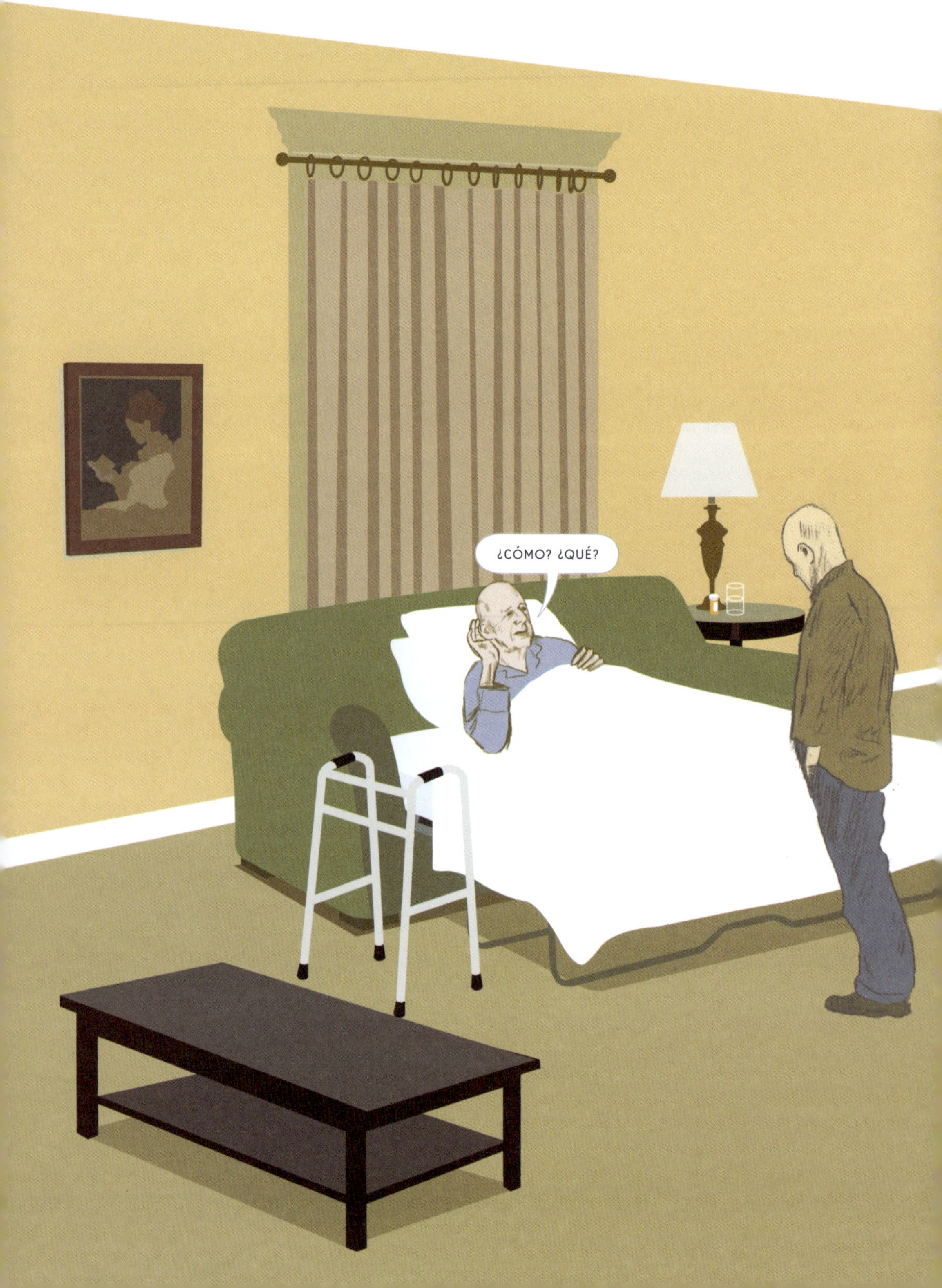
¿CÓMO? ¿QUÉ?

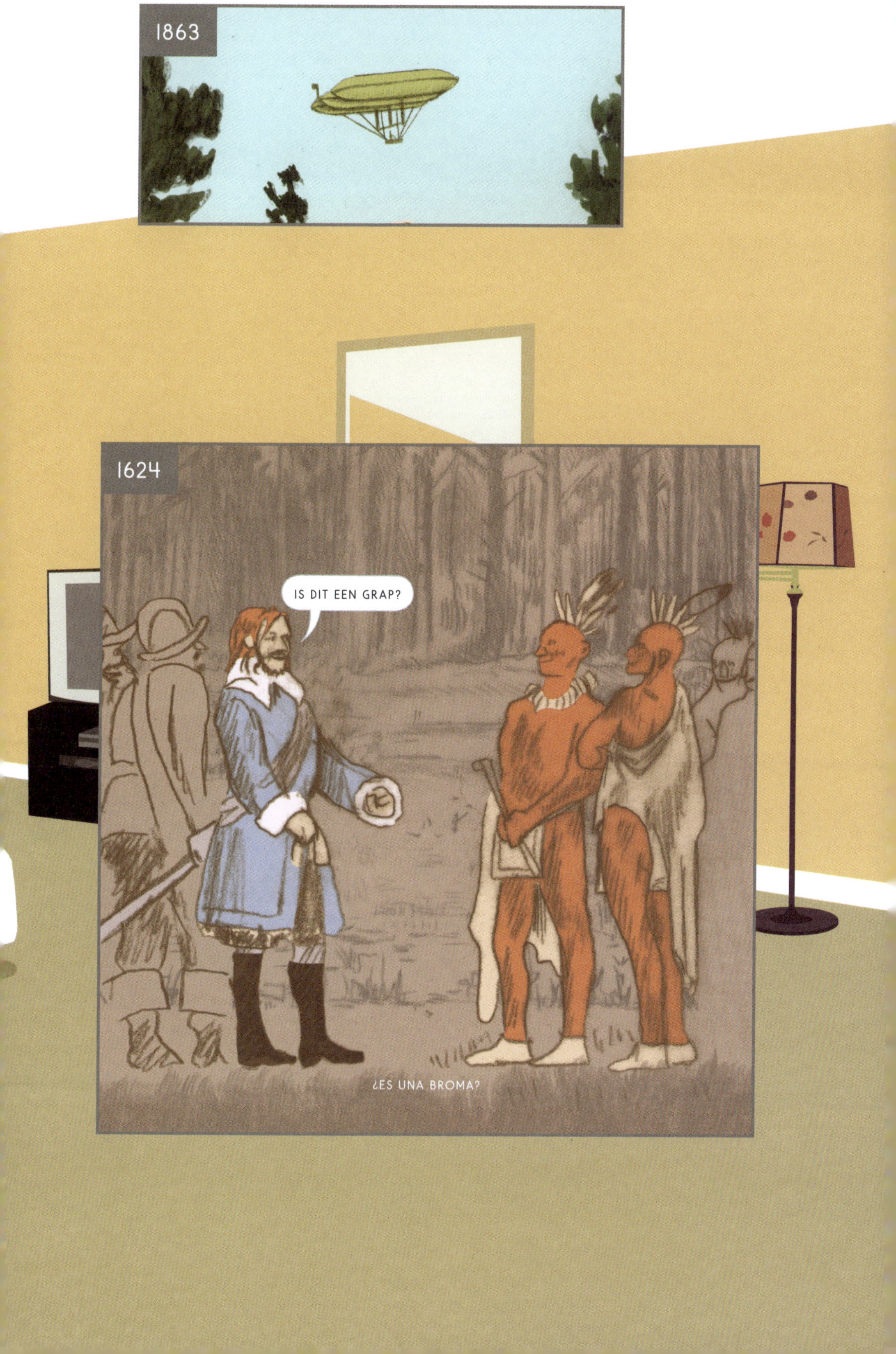
1863
1624
IS DIT EEN GRAP?
¿ES UNA BROMA?

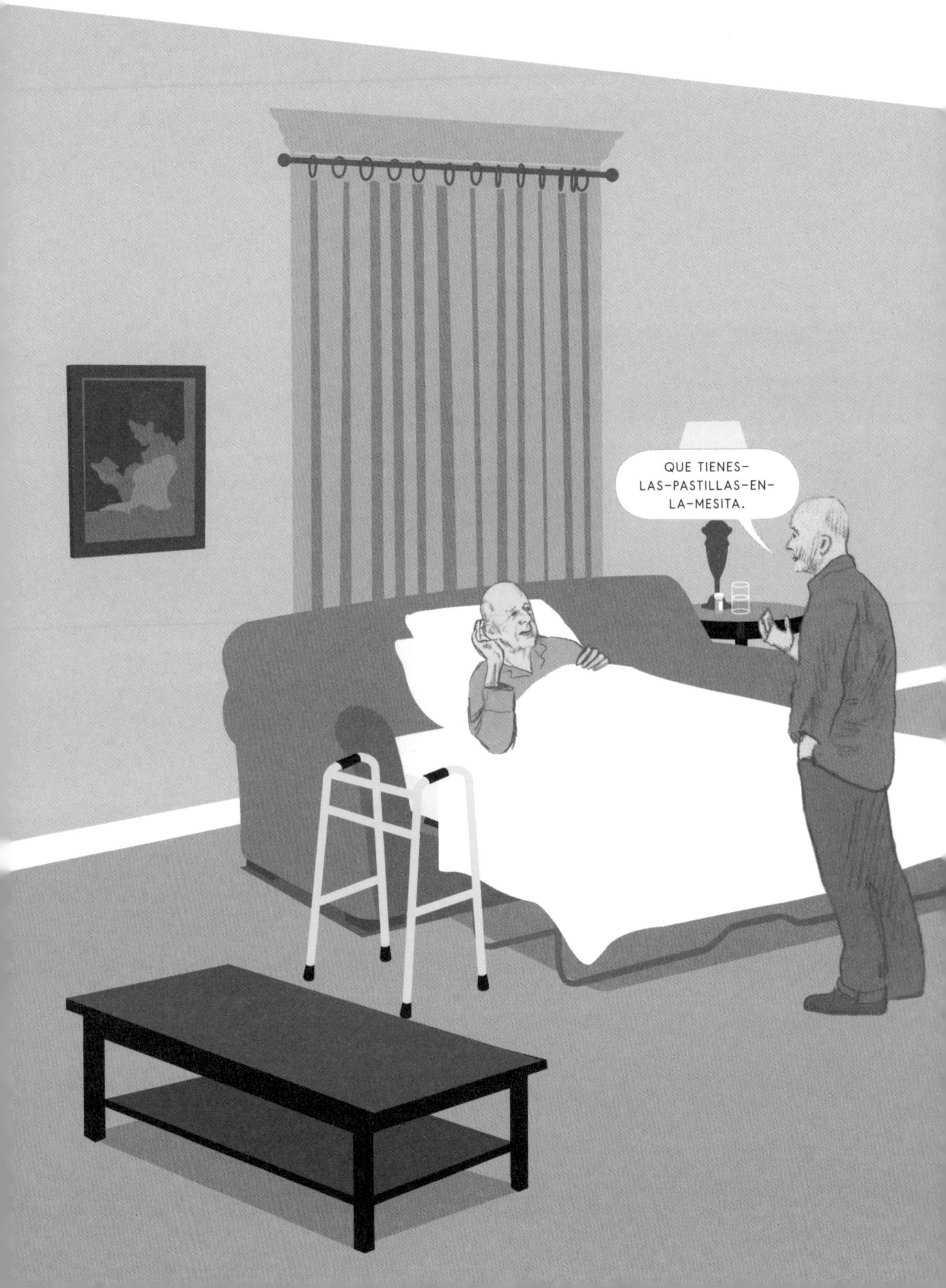
QUE TIENES-
LAS-PASTILLAS-EN-
LA-MESITA.

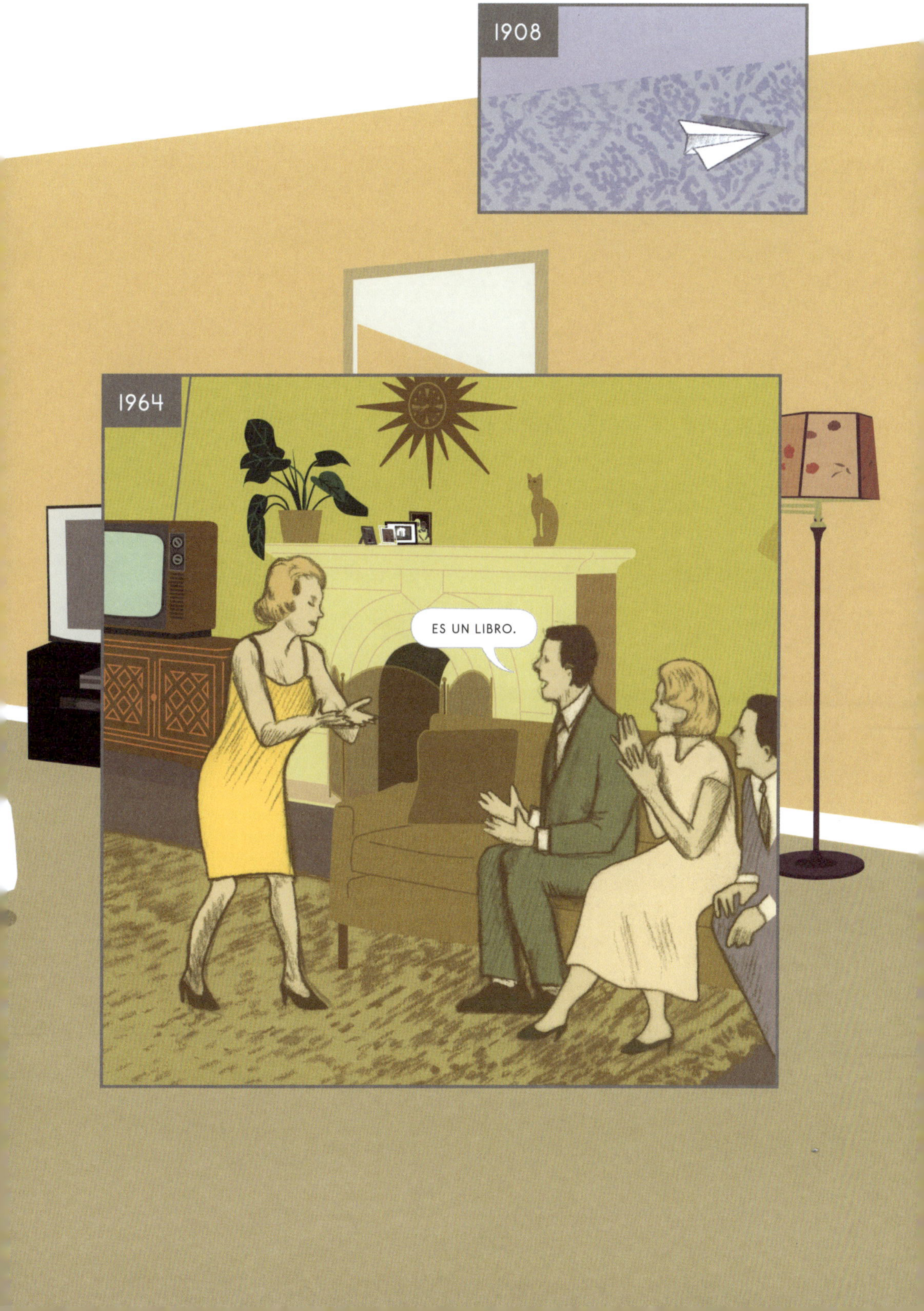
1908
1964
ES UN LIBRO.

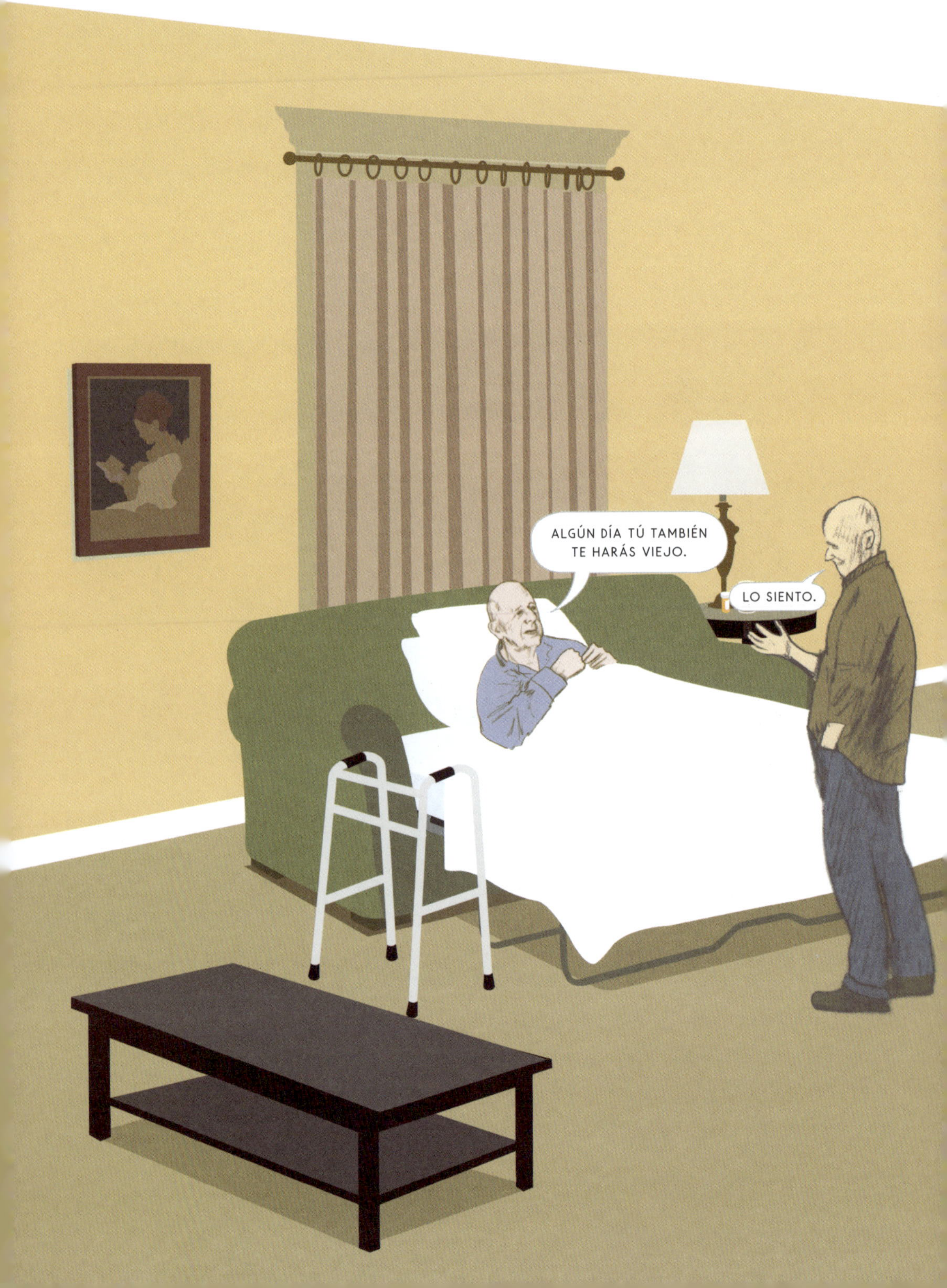
ALGÚN DÍA TÚ TAMBIÉN
TE HARÁS VIEJO.
LO SIENTO.

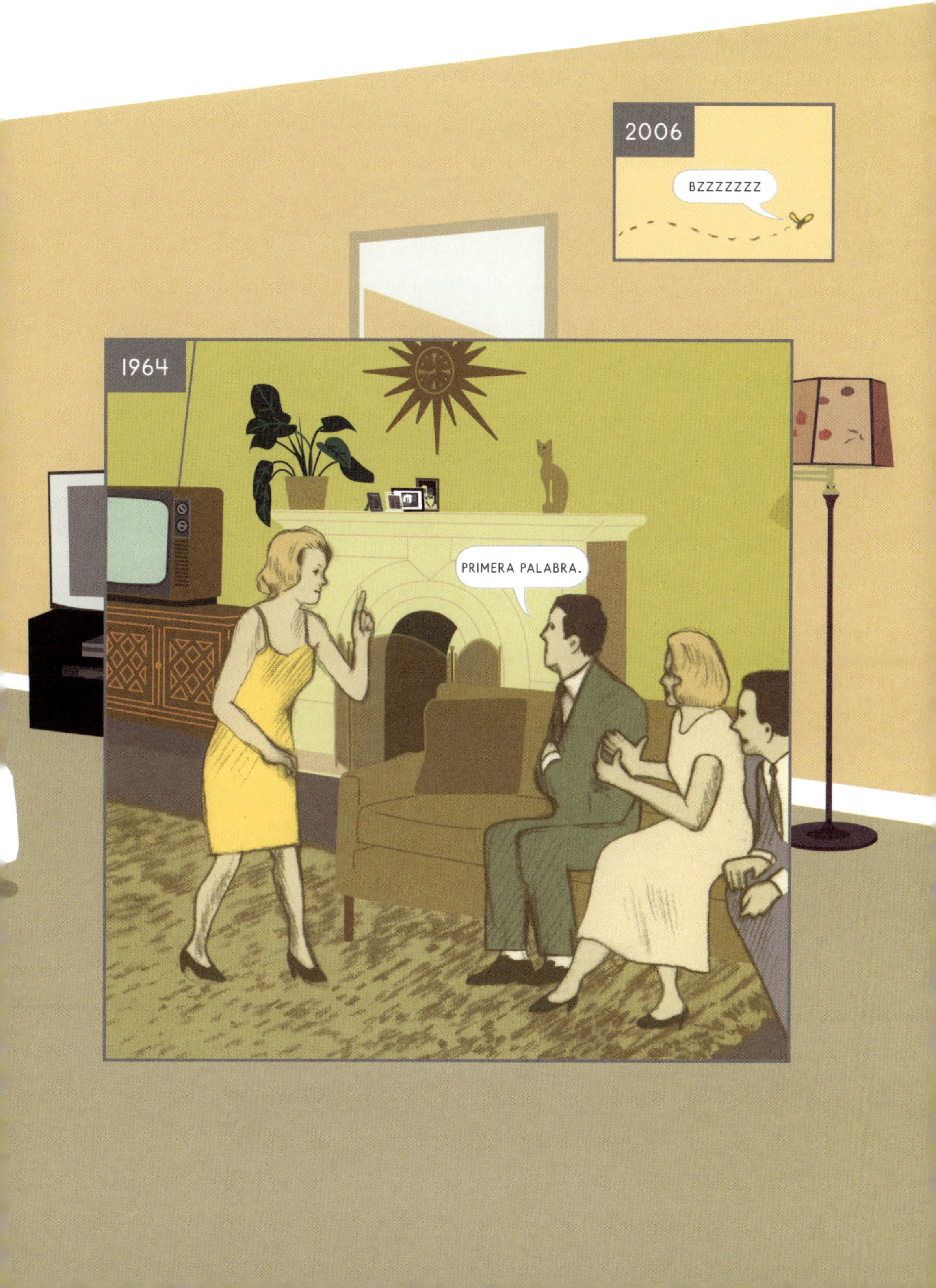
2006
BZZZZZZZ
1964
PRIMERA PALABRA.

2005
LO SIENTO.
¿QUÉ HAS DICHO?
TE HE OÍDO
A LA PRIMERA, SÓLO ESTABA
QUEDÁNDOME CONTIGO.

2111

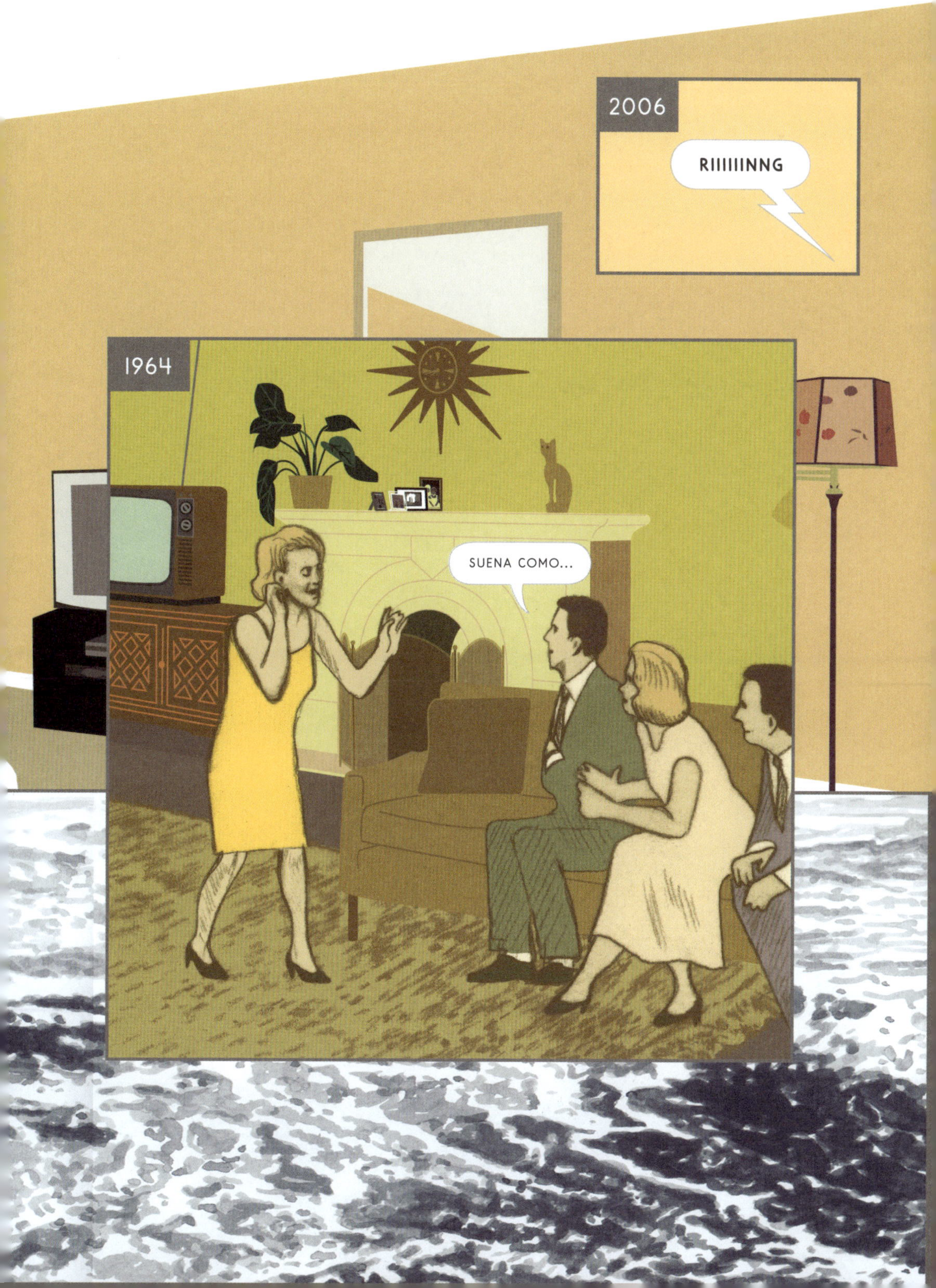
2006
RIIIIIINNG
1964
SUENA COMO...

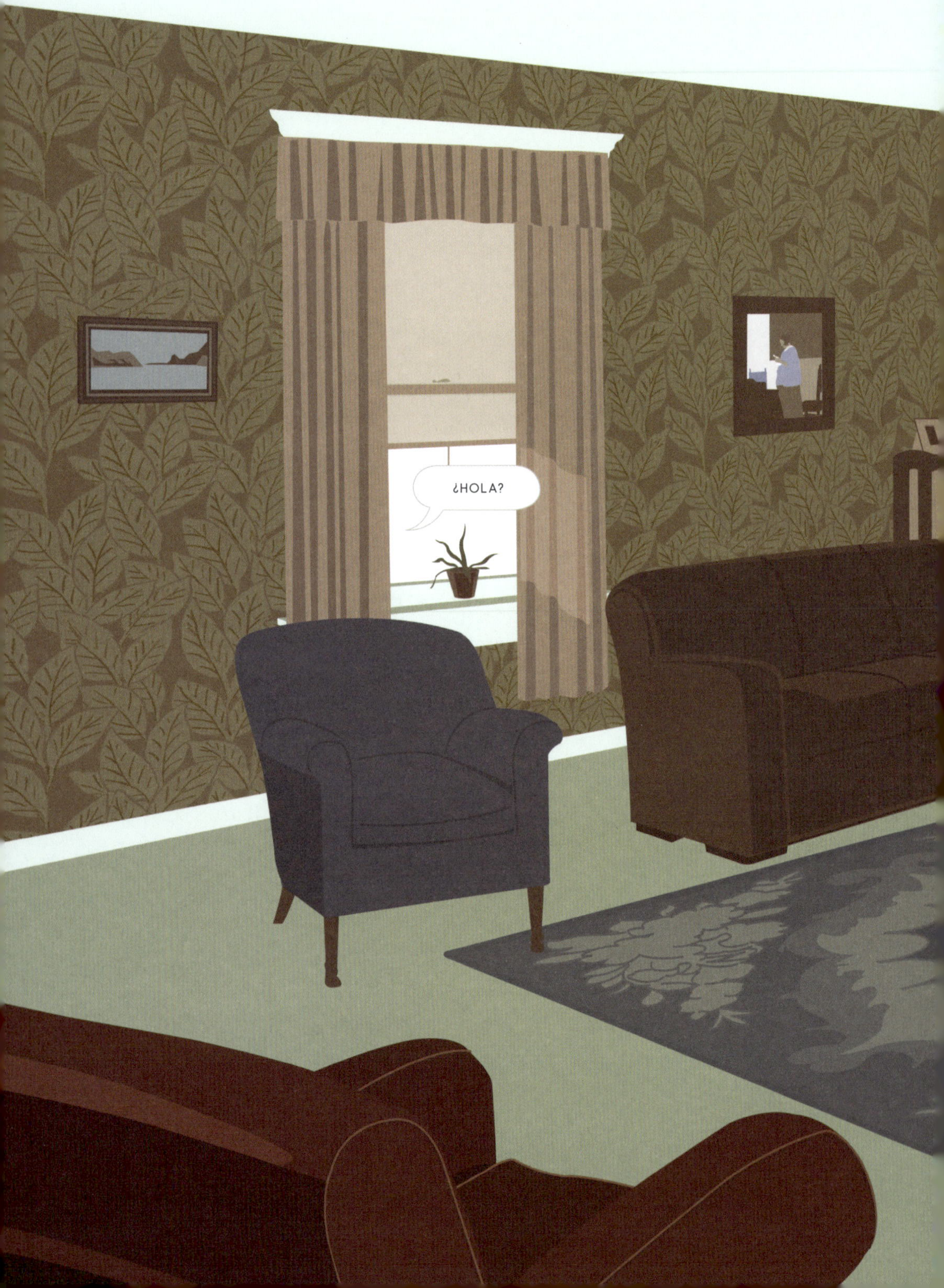
¿HOLA?

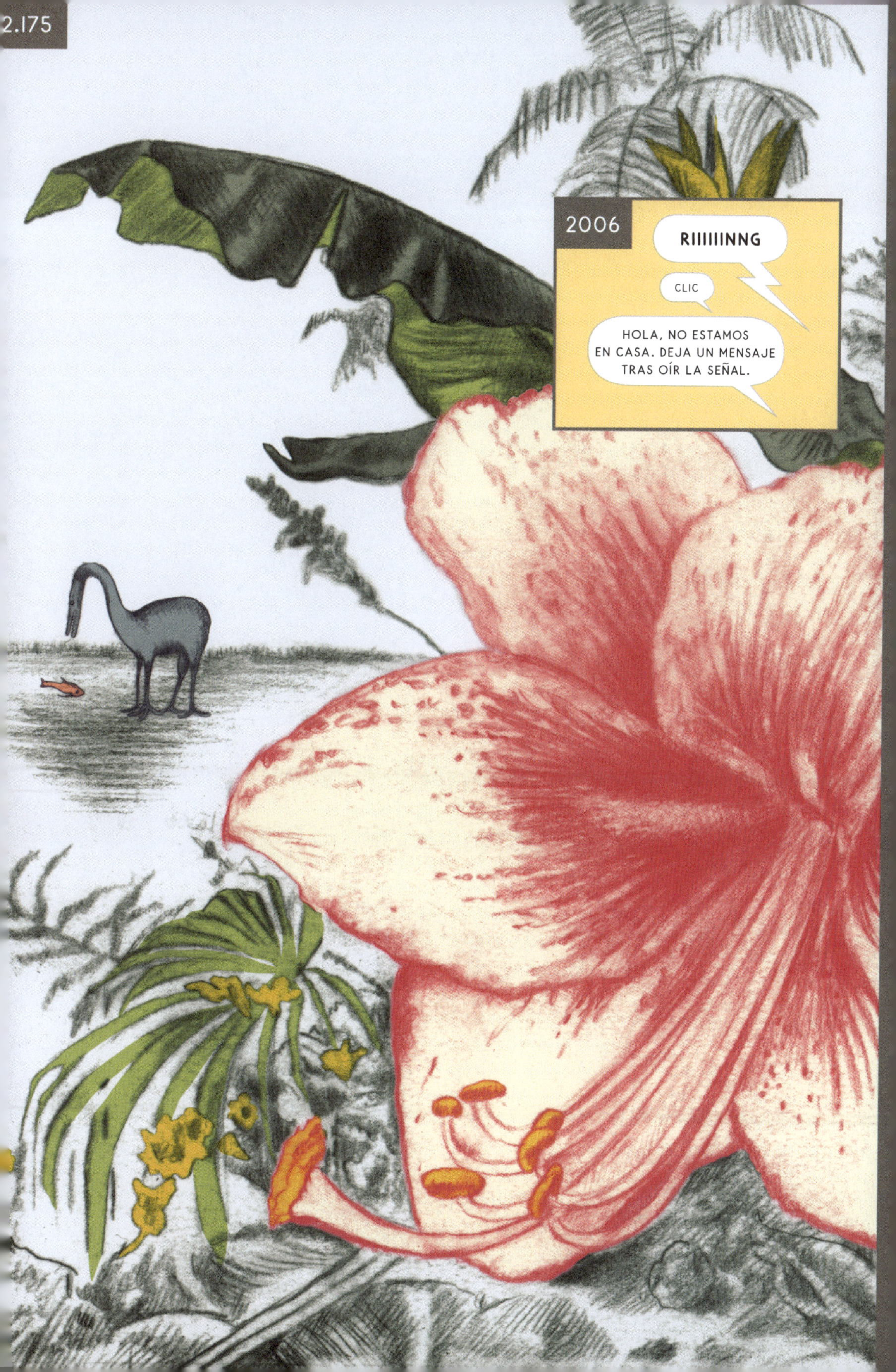
2.175
2006
RIIIIIINNG
CLIC
HOLA, NO ESTAMOS EN CASA. DEJA UN MENSAJE TRAS OÍR LA SEÑAL.

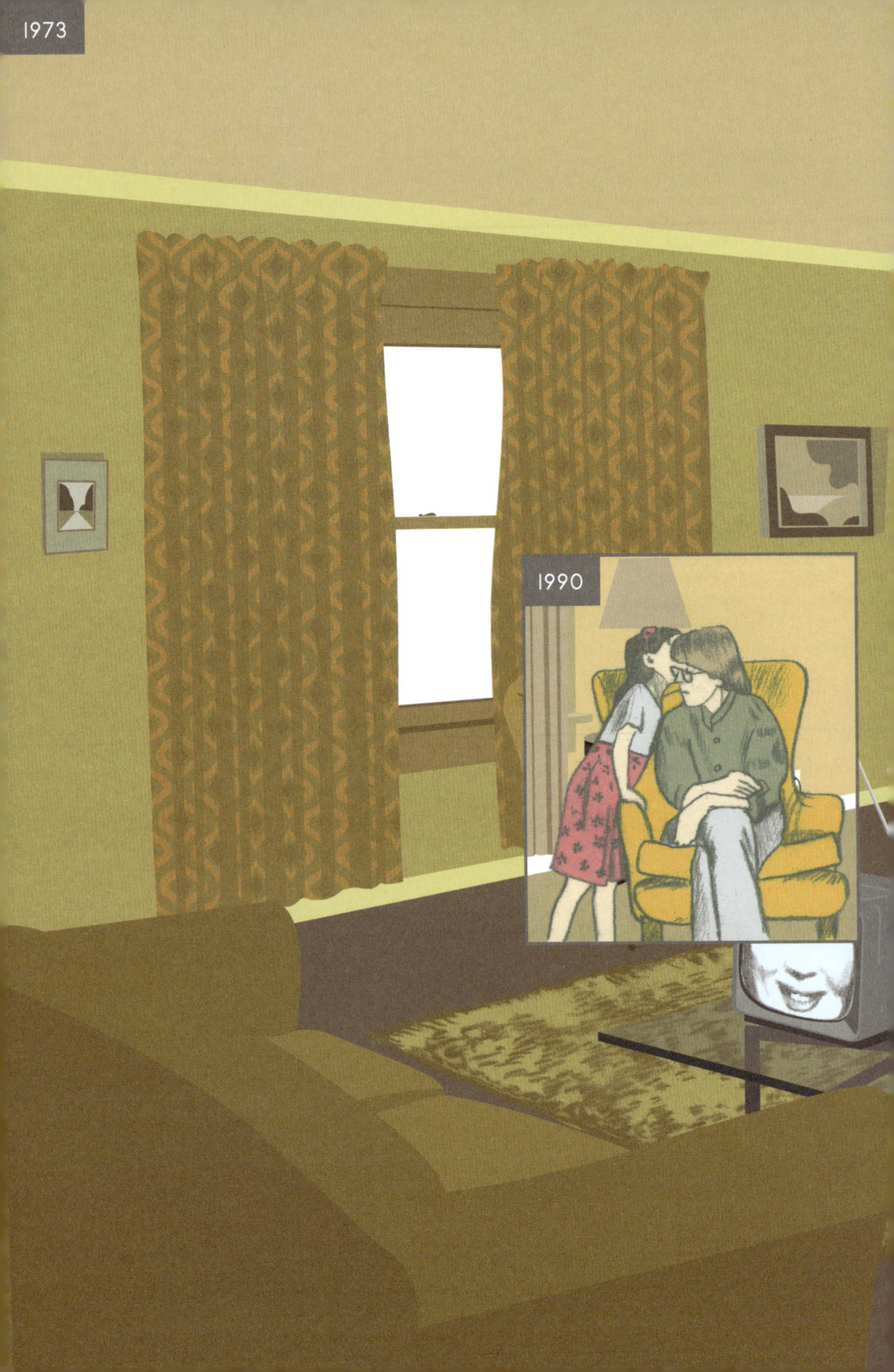
1973
1990

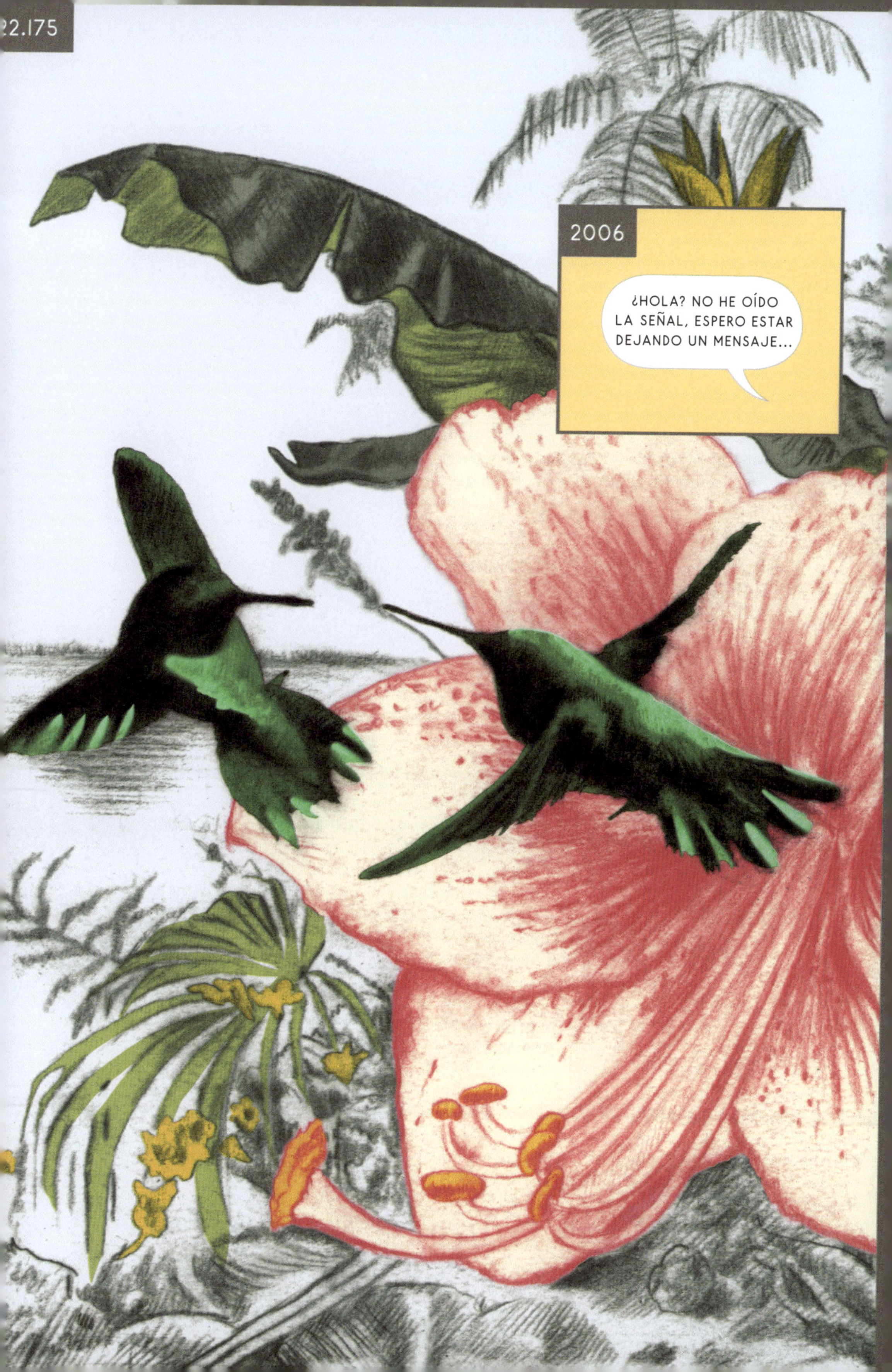
2006
¿HOLA? NO HE OÍDO LA SEÑAL, ESPERO ESTAR DEJANDO UN MENSAJE...

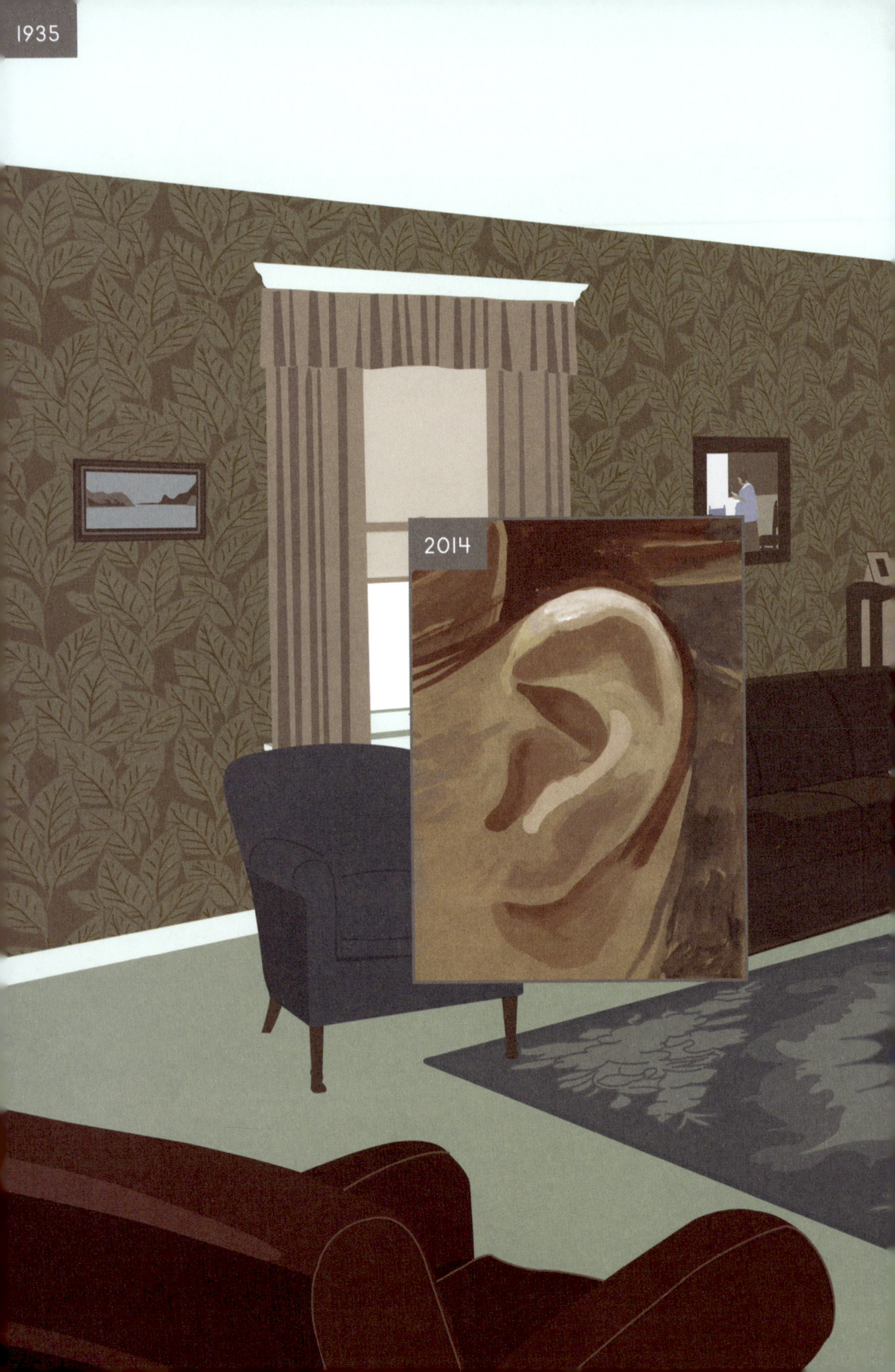
1935
2014

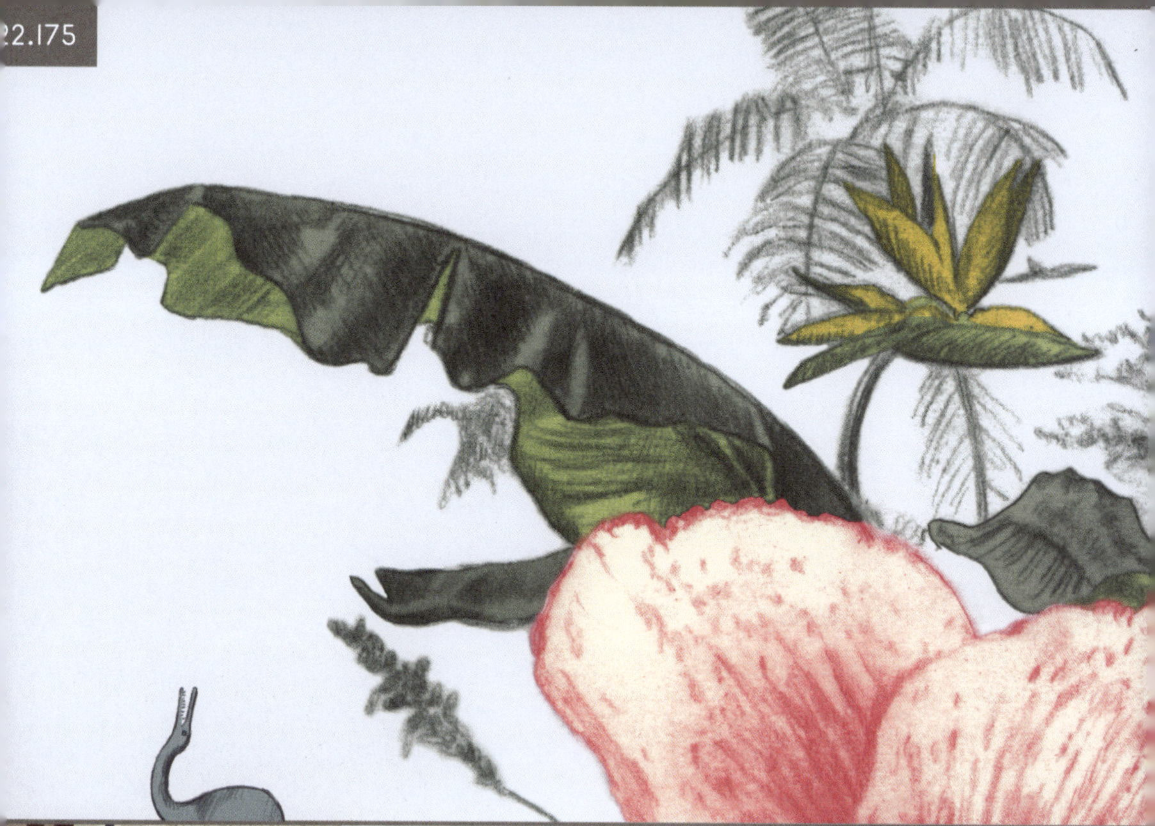
22.175

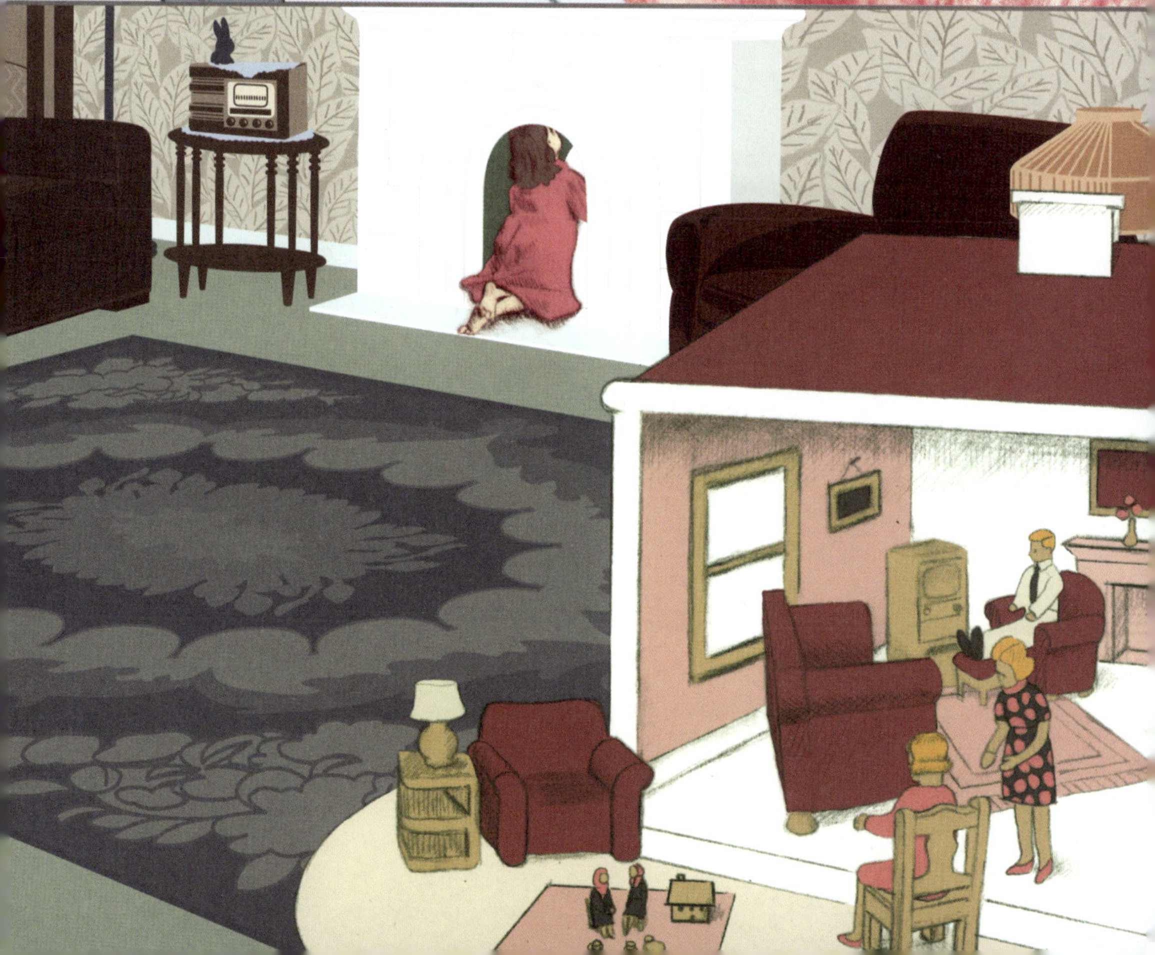

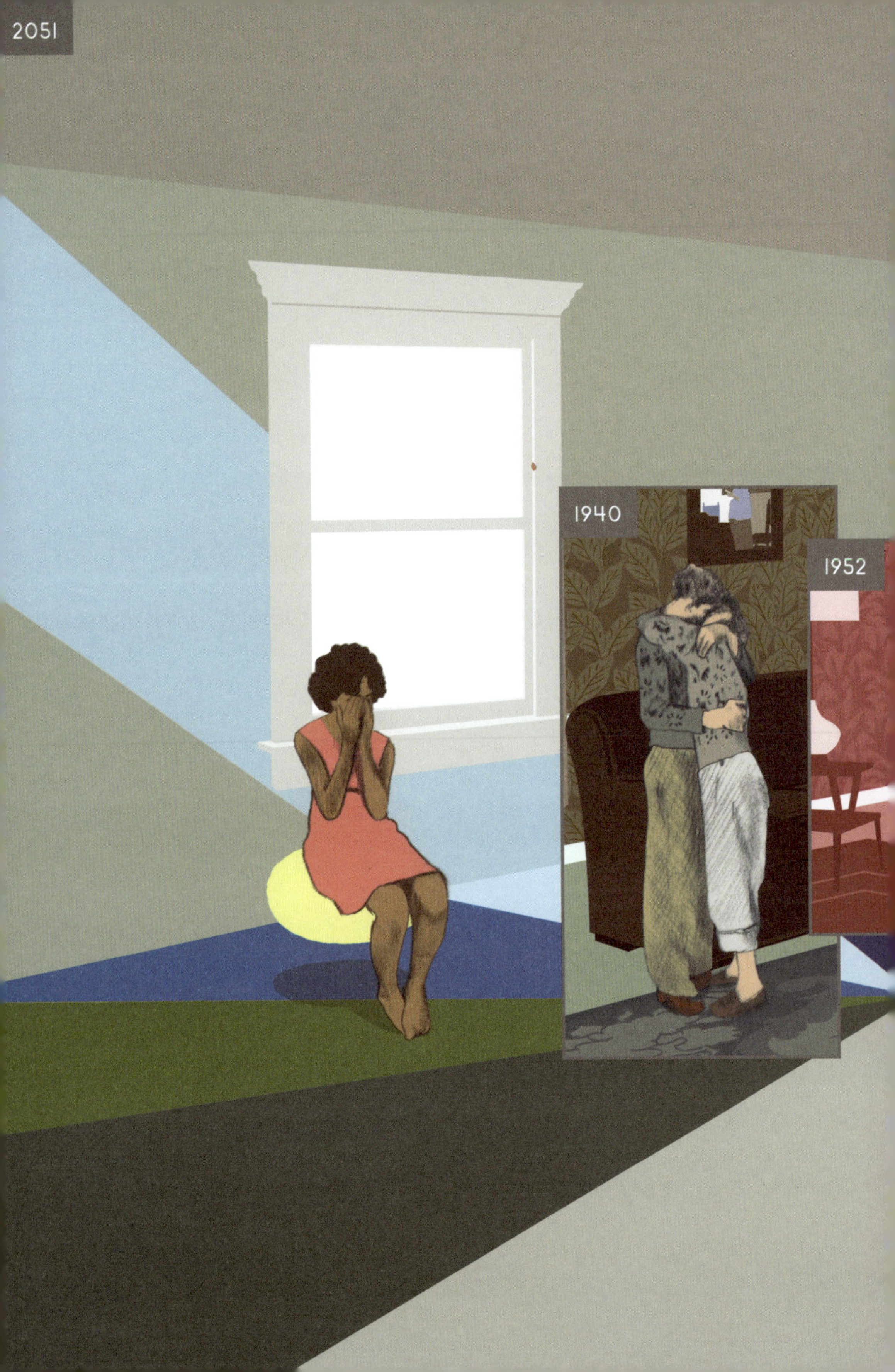
2051
1940
1952

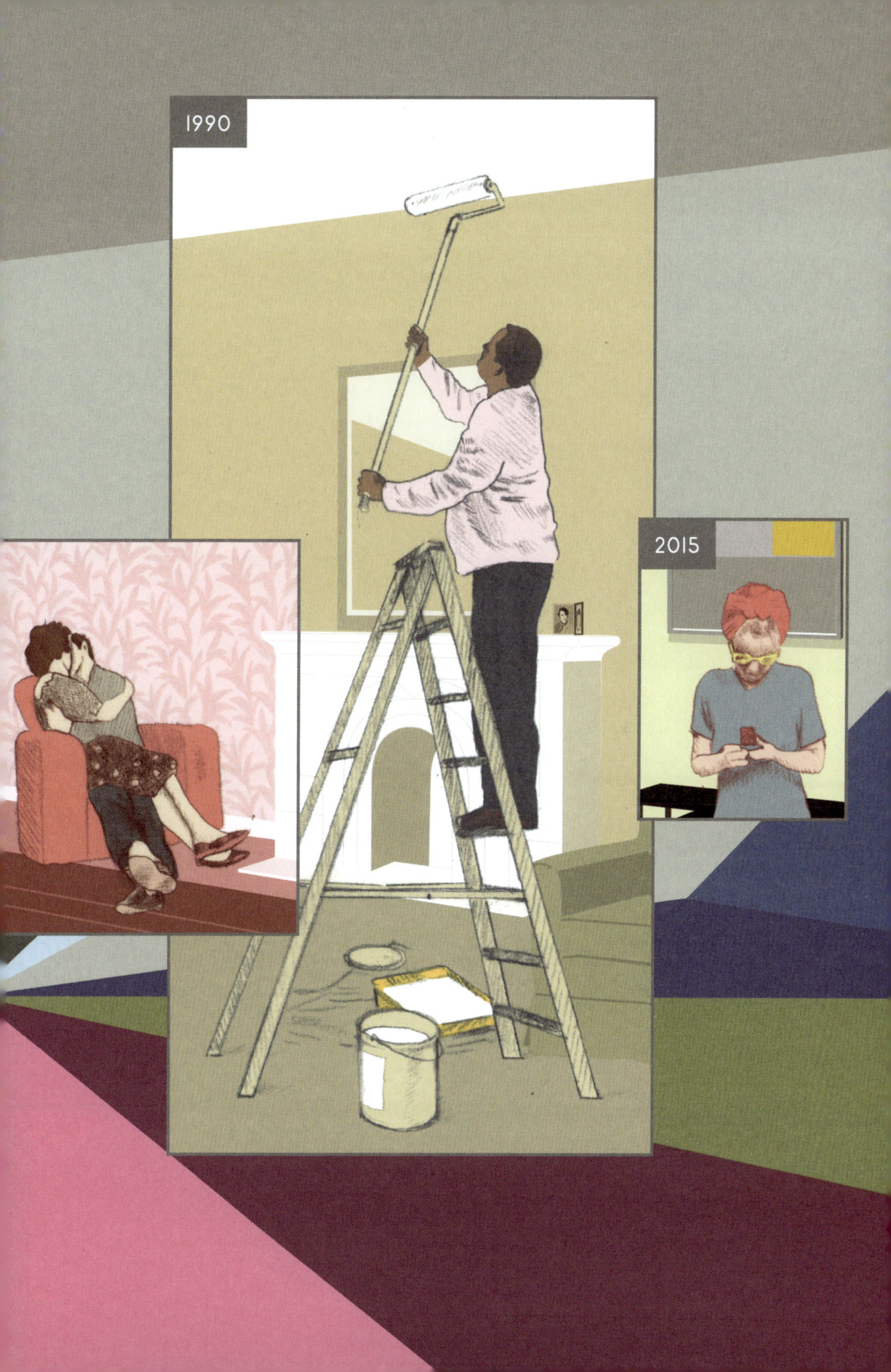
1990
2015

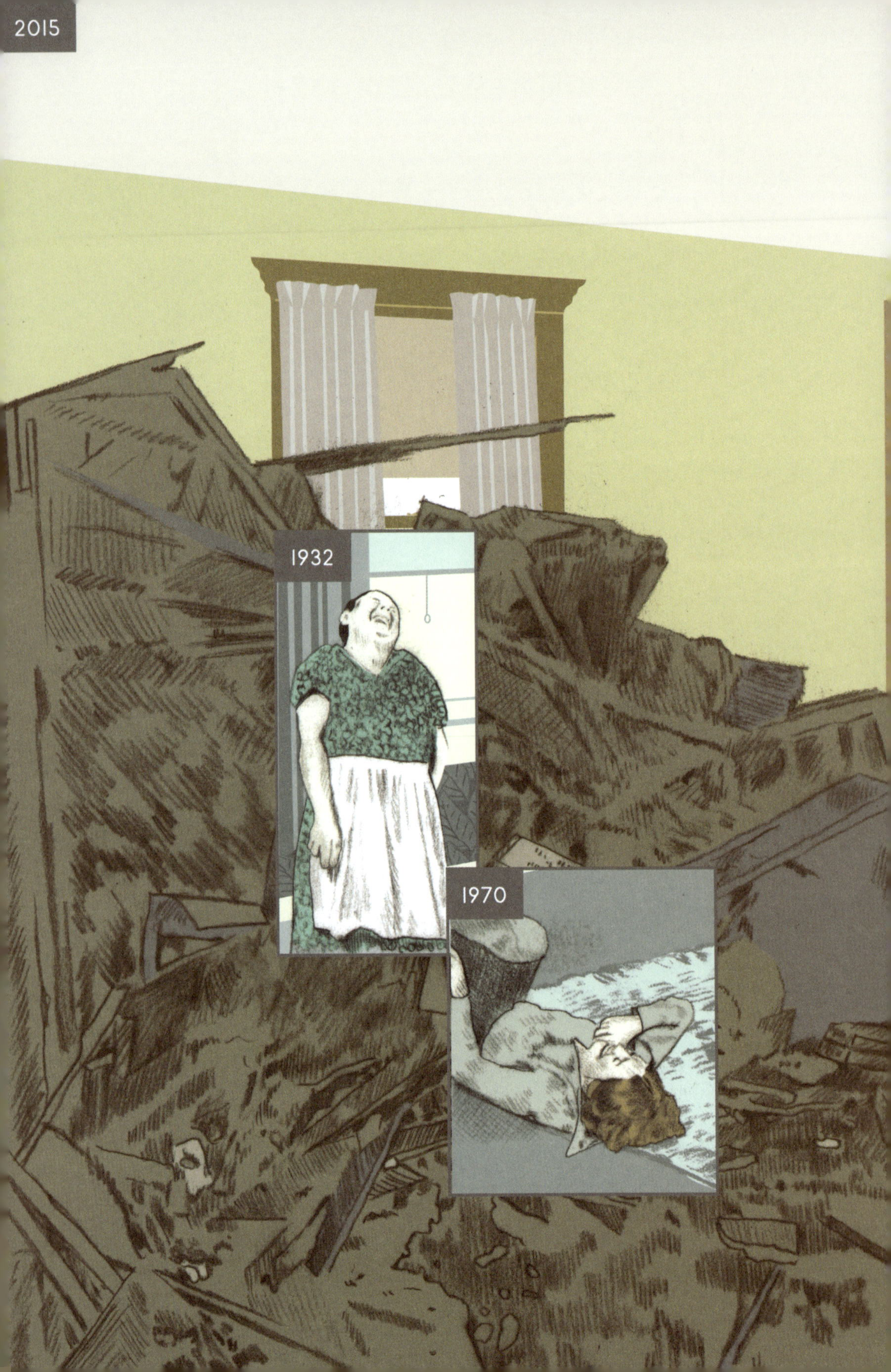
2015
1932
1970

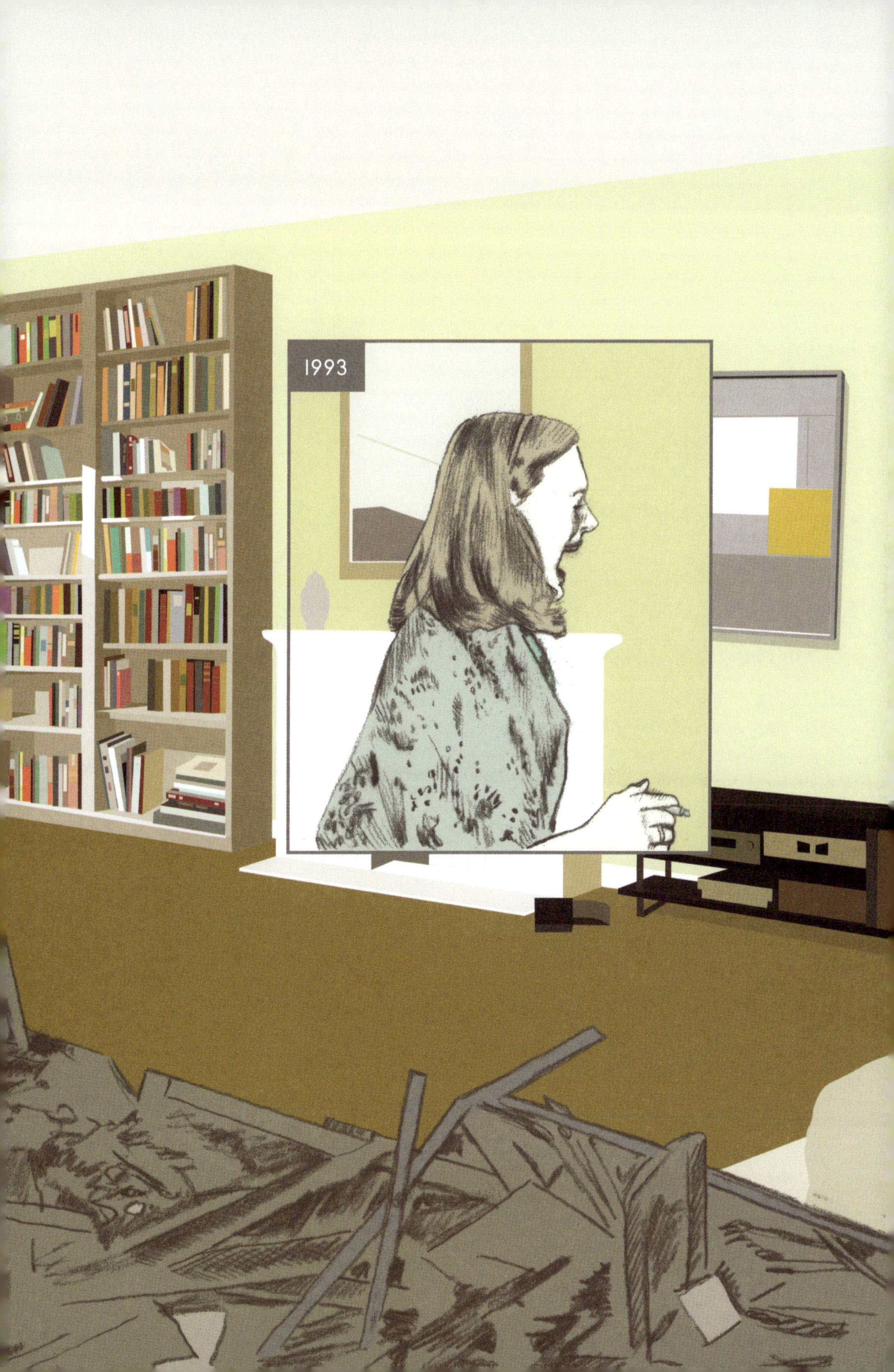
1993

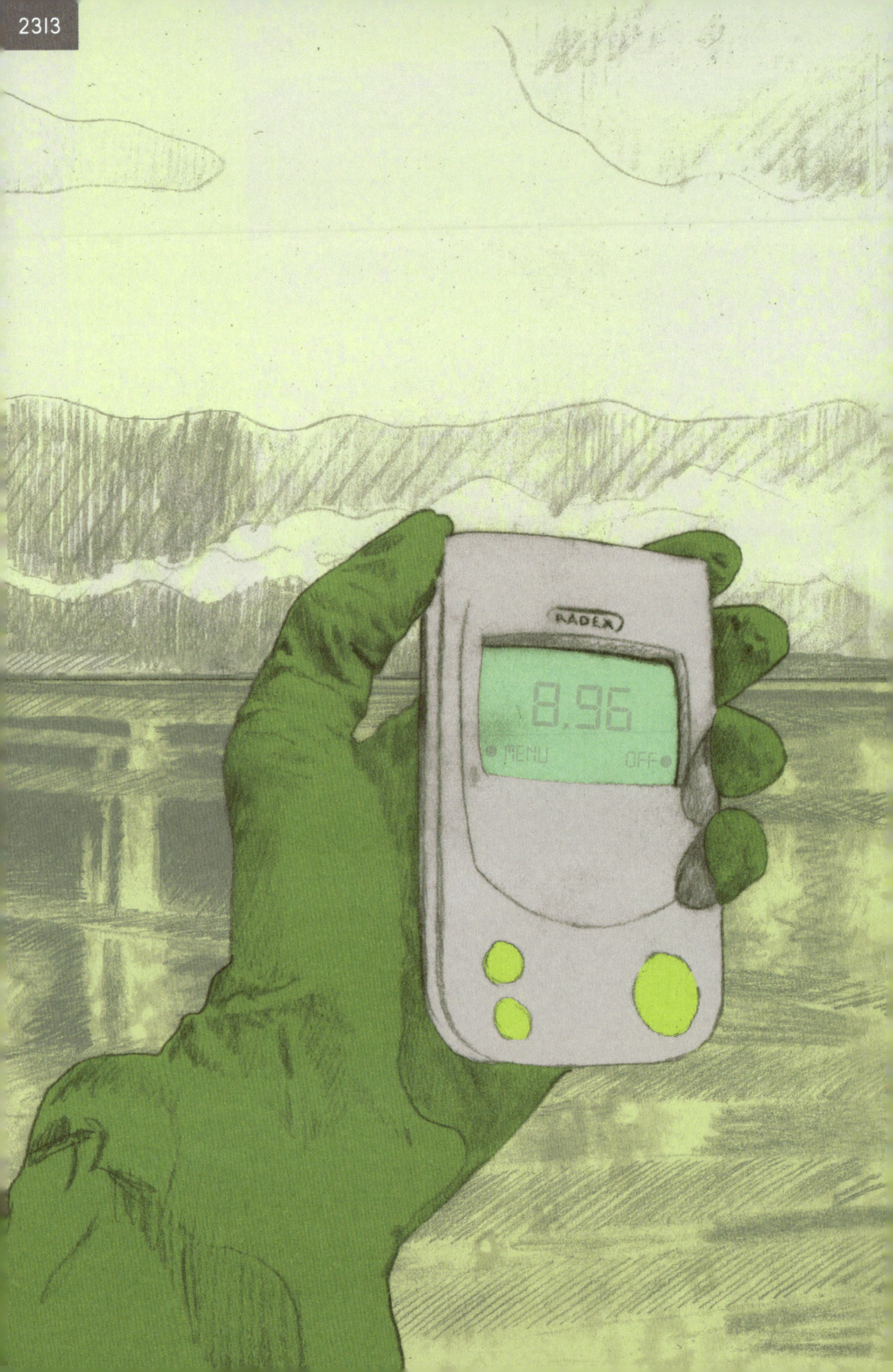
RADEX
8.96
MENU
OFF

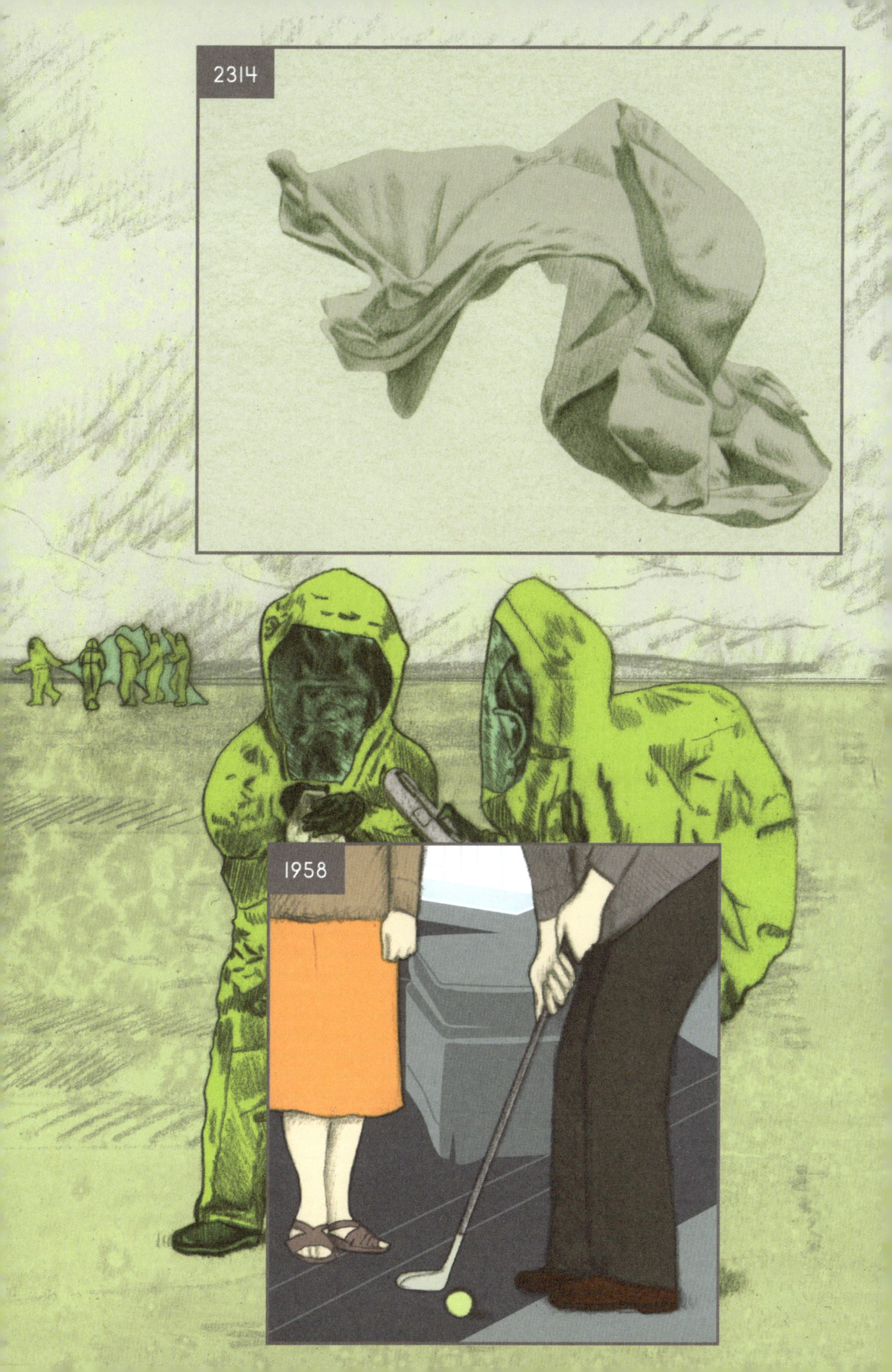
2314
1958

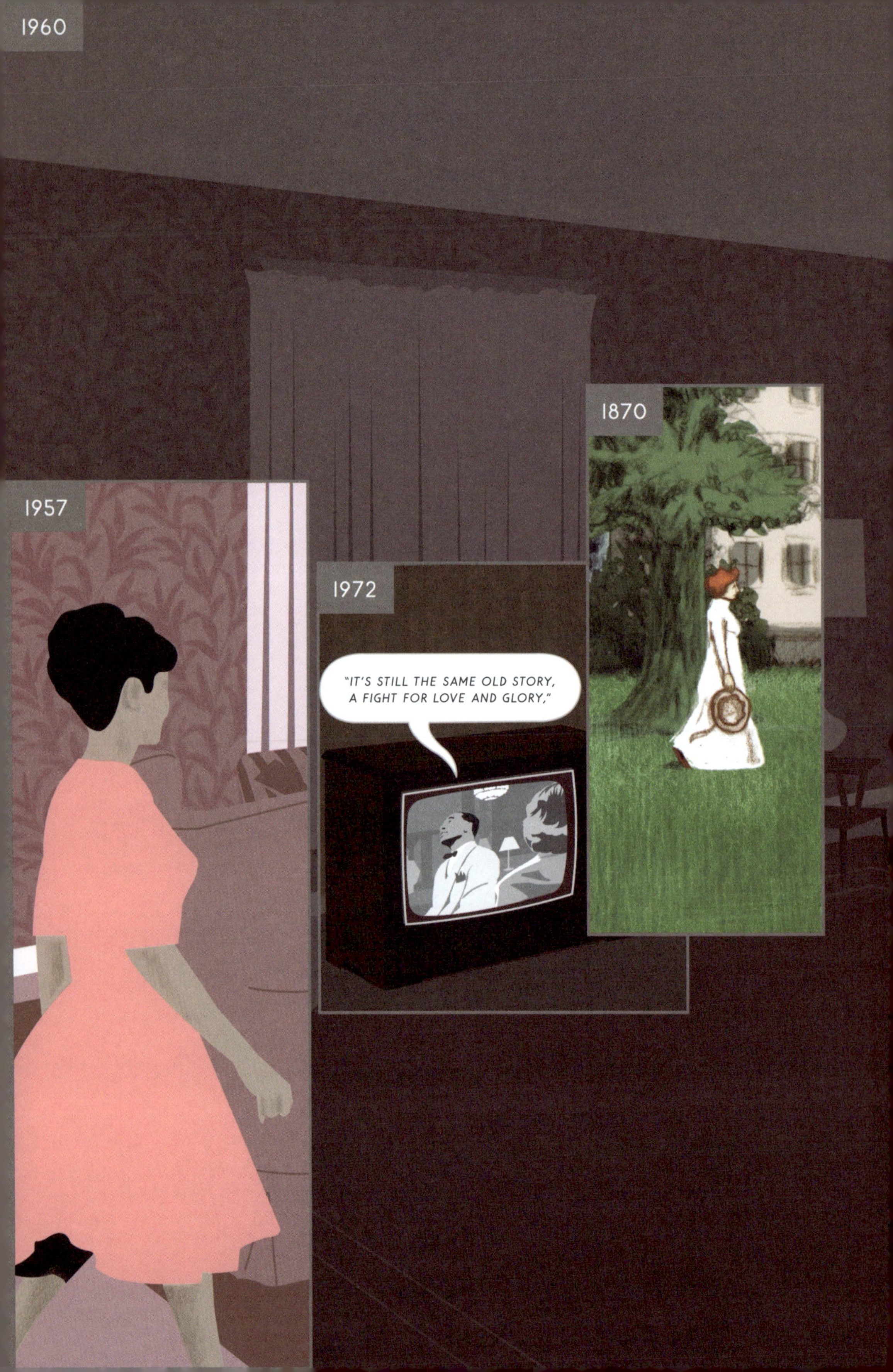
1960
1870
1957
1972
"IT'S STILL THE SAME OLD STORY,
A FIGHT FOR LOVE AND GLORY,"

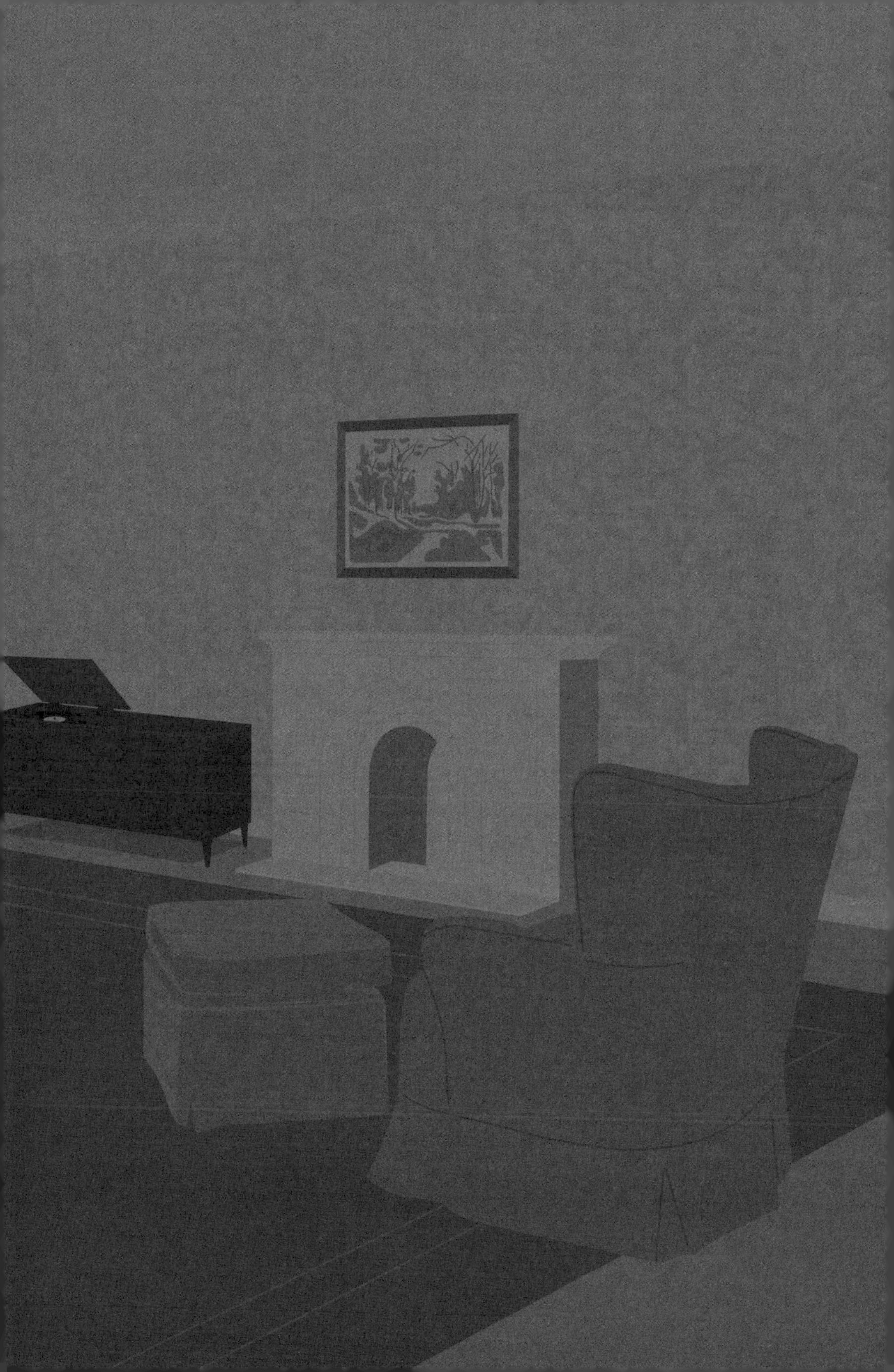

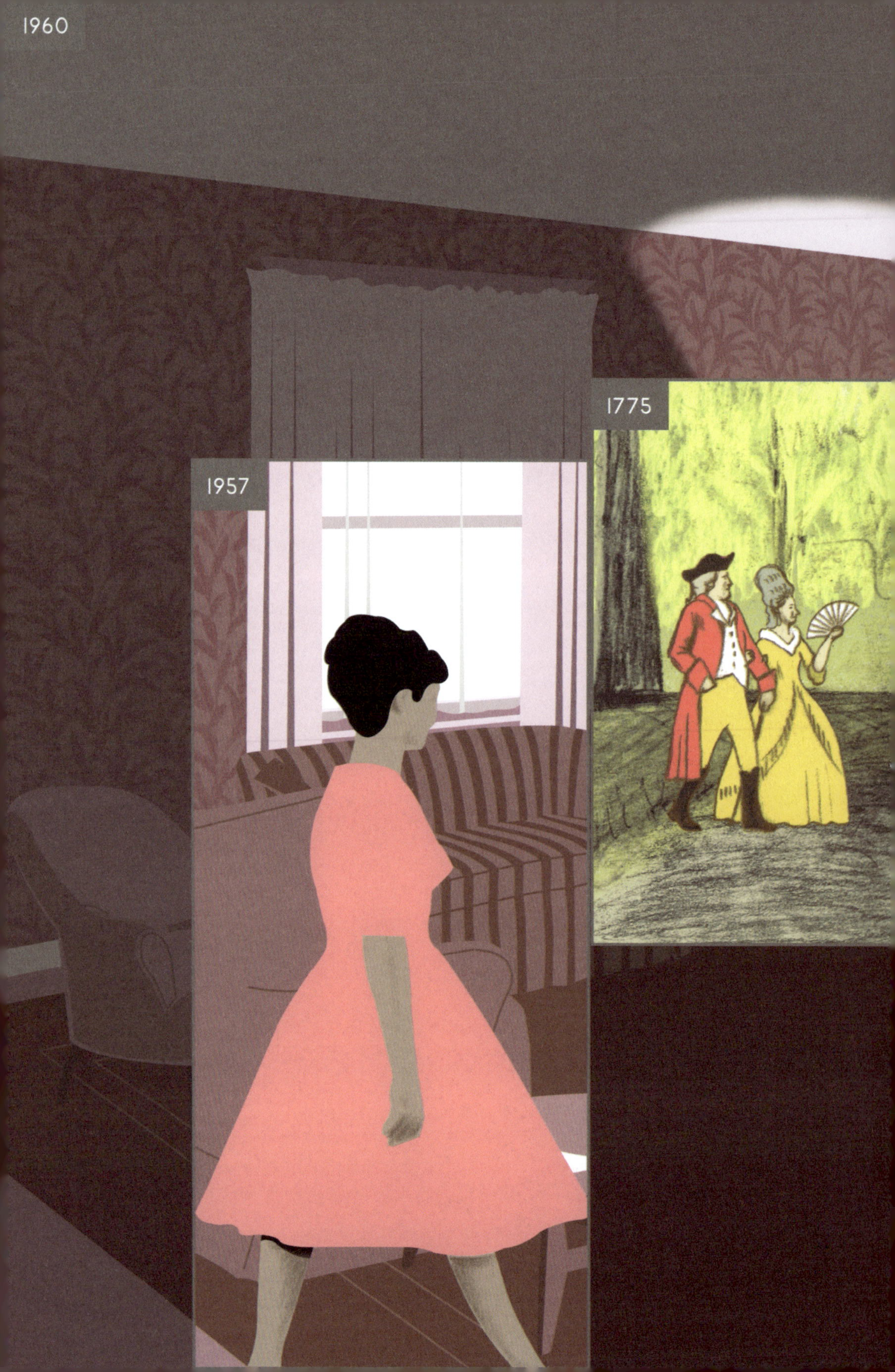
1960
1775
1957

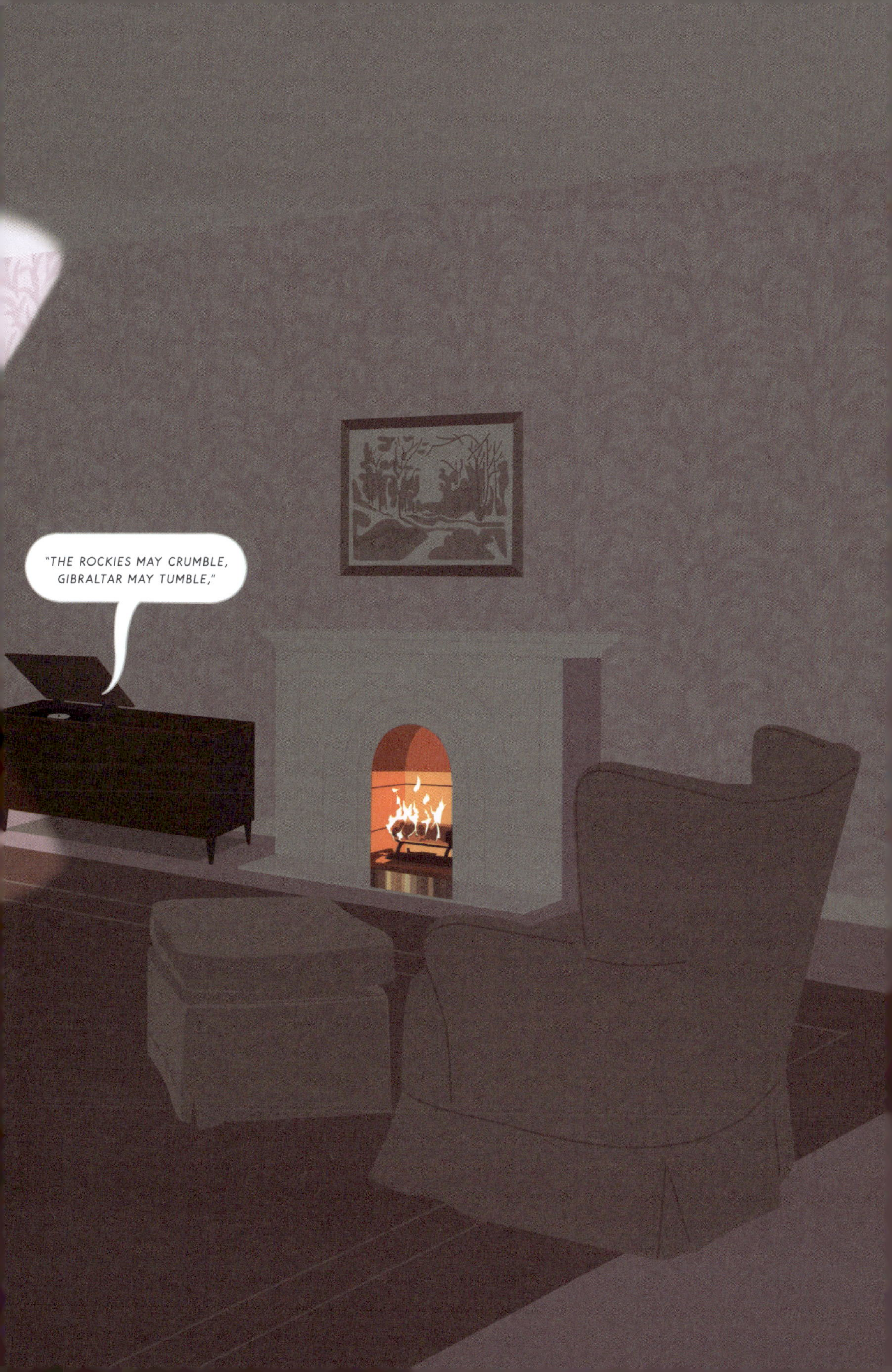
"THE ROCKIES MAY CRUMBLE, GIBRALTAR MAY TUMBLE,"

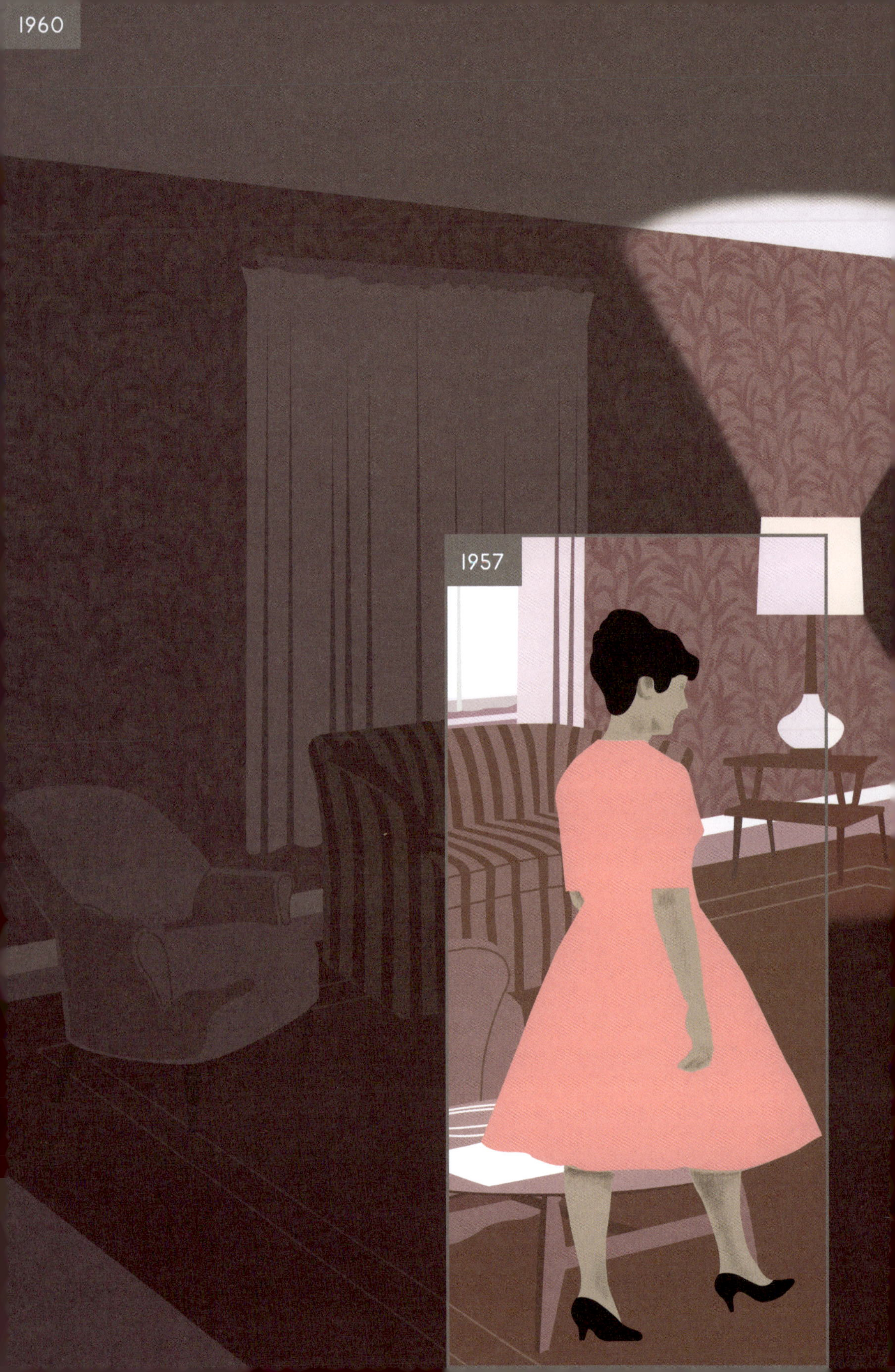
1960
1957

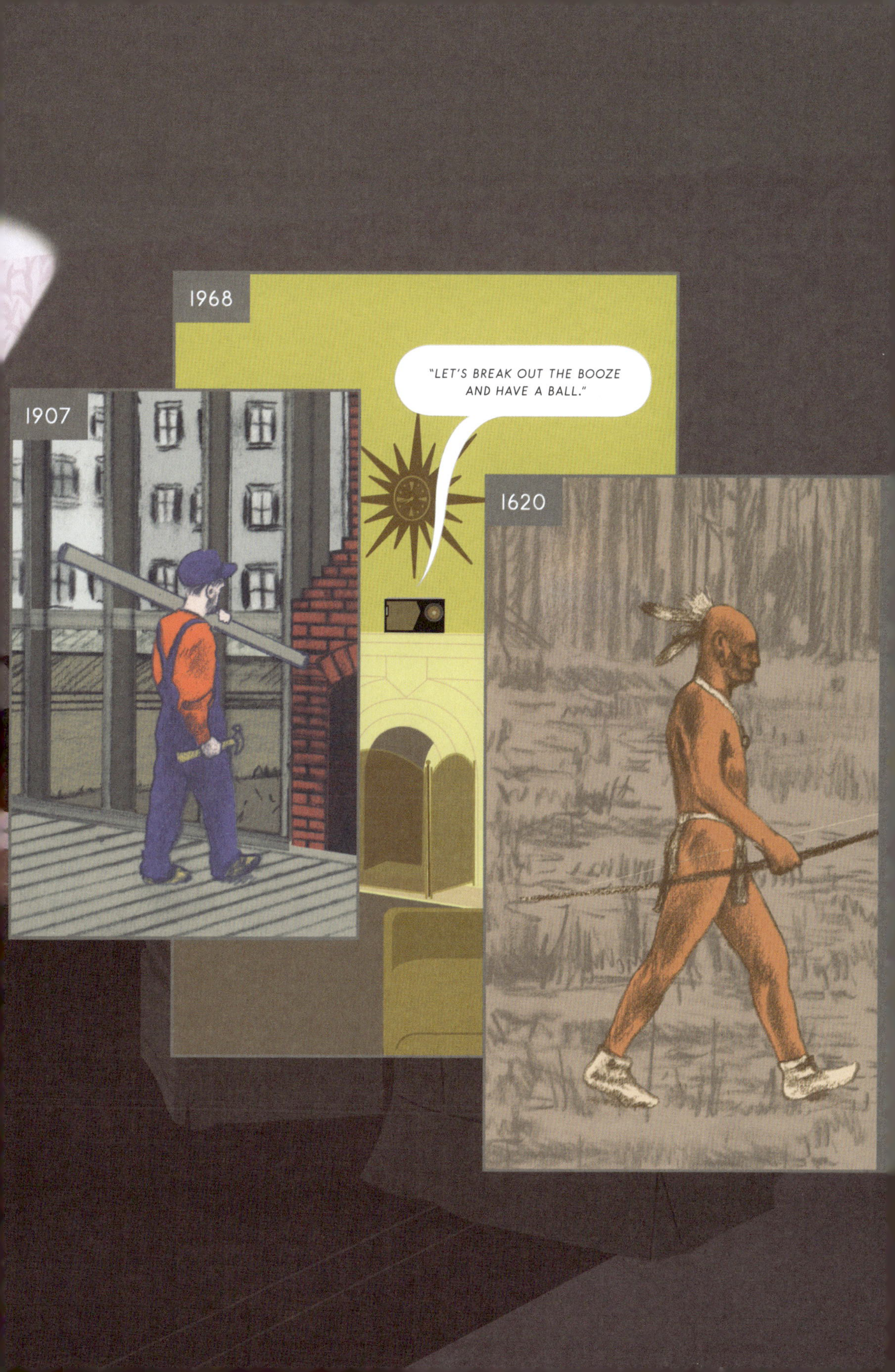
1968
1907
"LET'S BREAK OUT THE BOOZE
AND HAVE A BALL."
1620

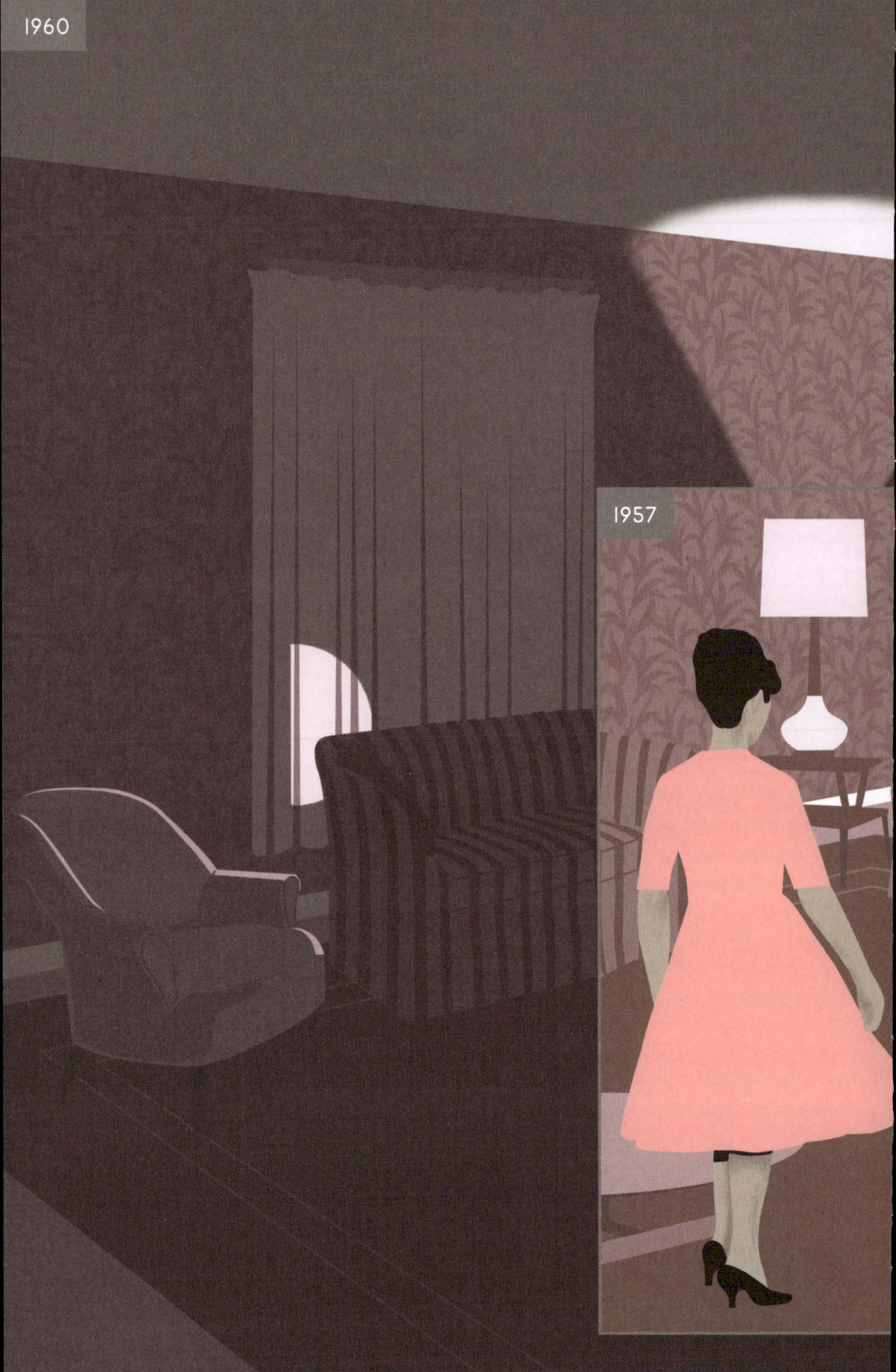
1960
1957

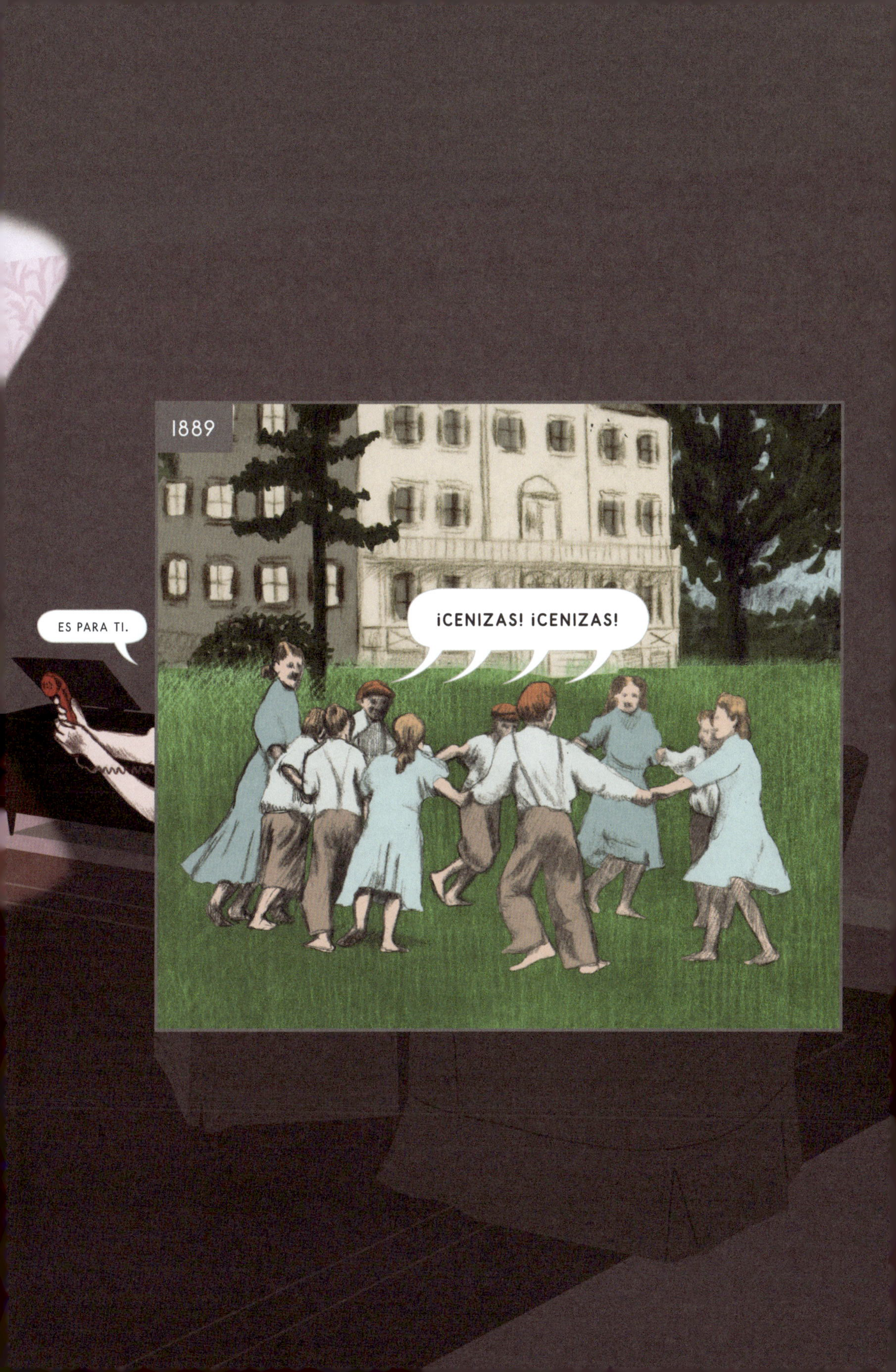
1889
ES PARA TI.
¡CENIZAS! ¡CENIZAS!

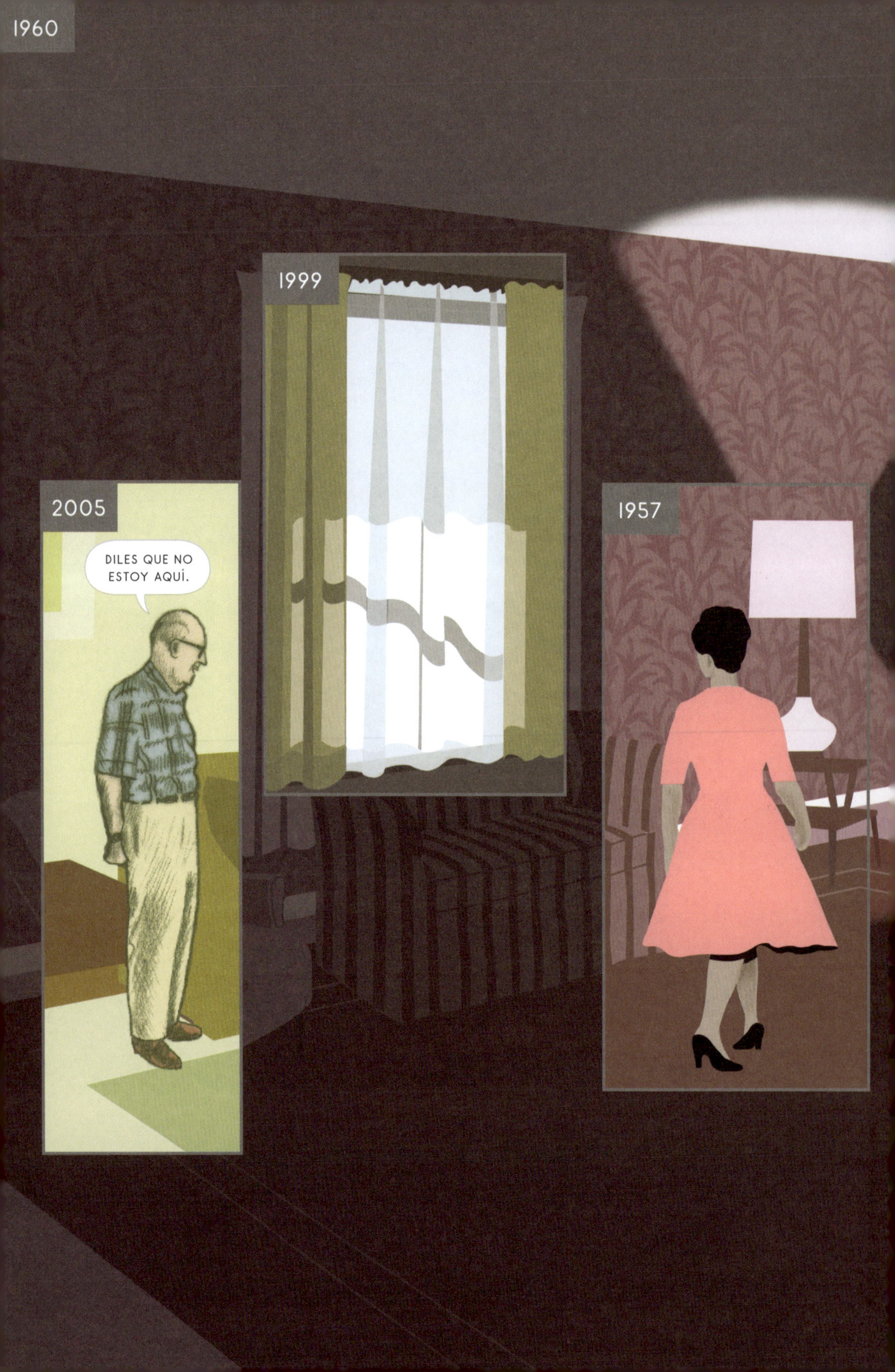
1960
1999
2005
DILES QUE NO ESTOY AQUÍ.
1957

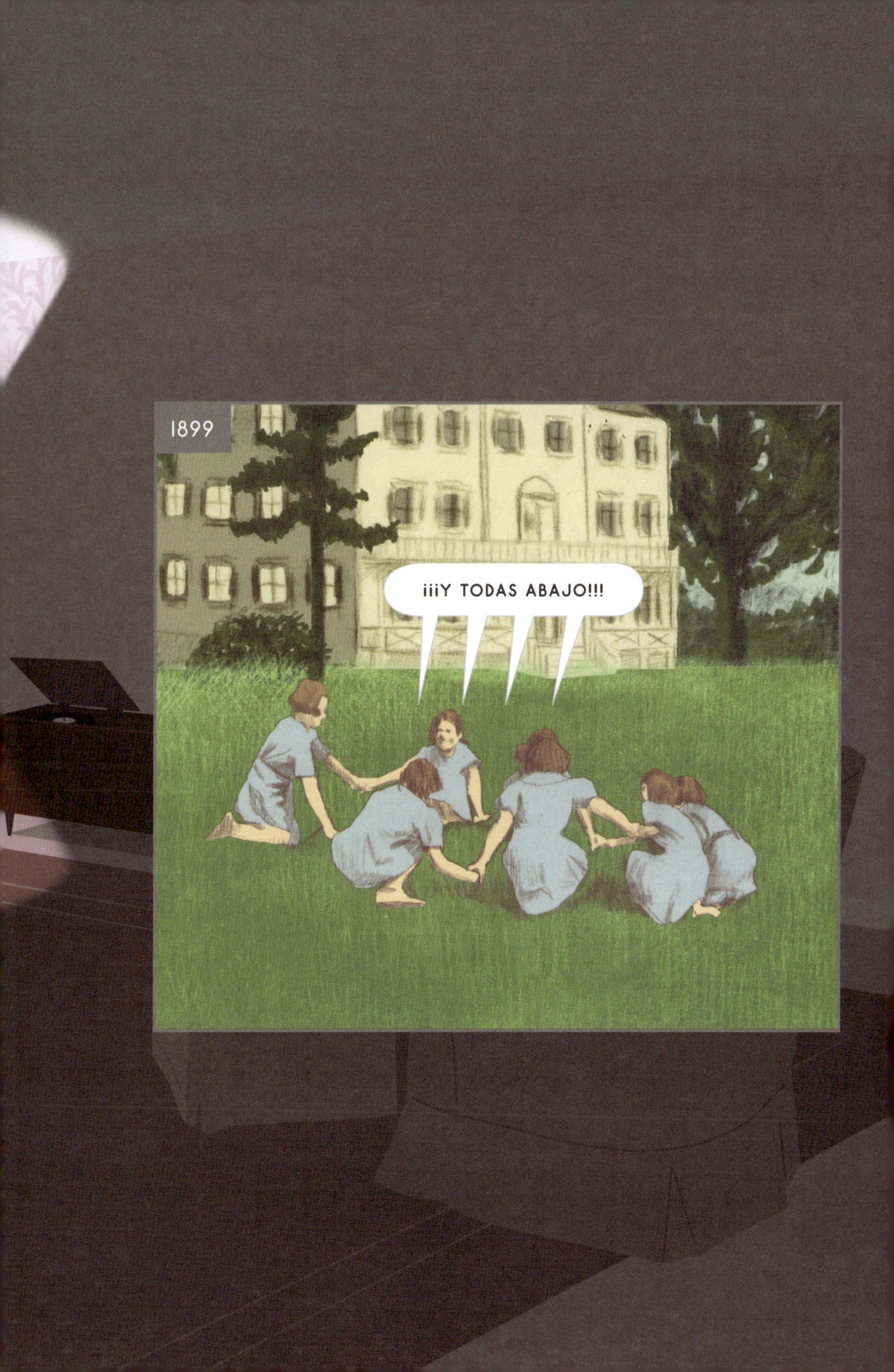
1899
¡¡¡Y TODAS ABAJO!!!

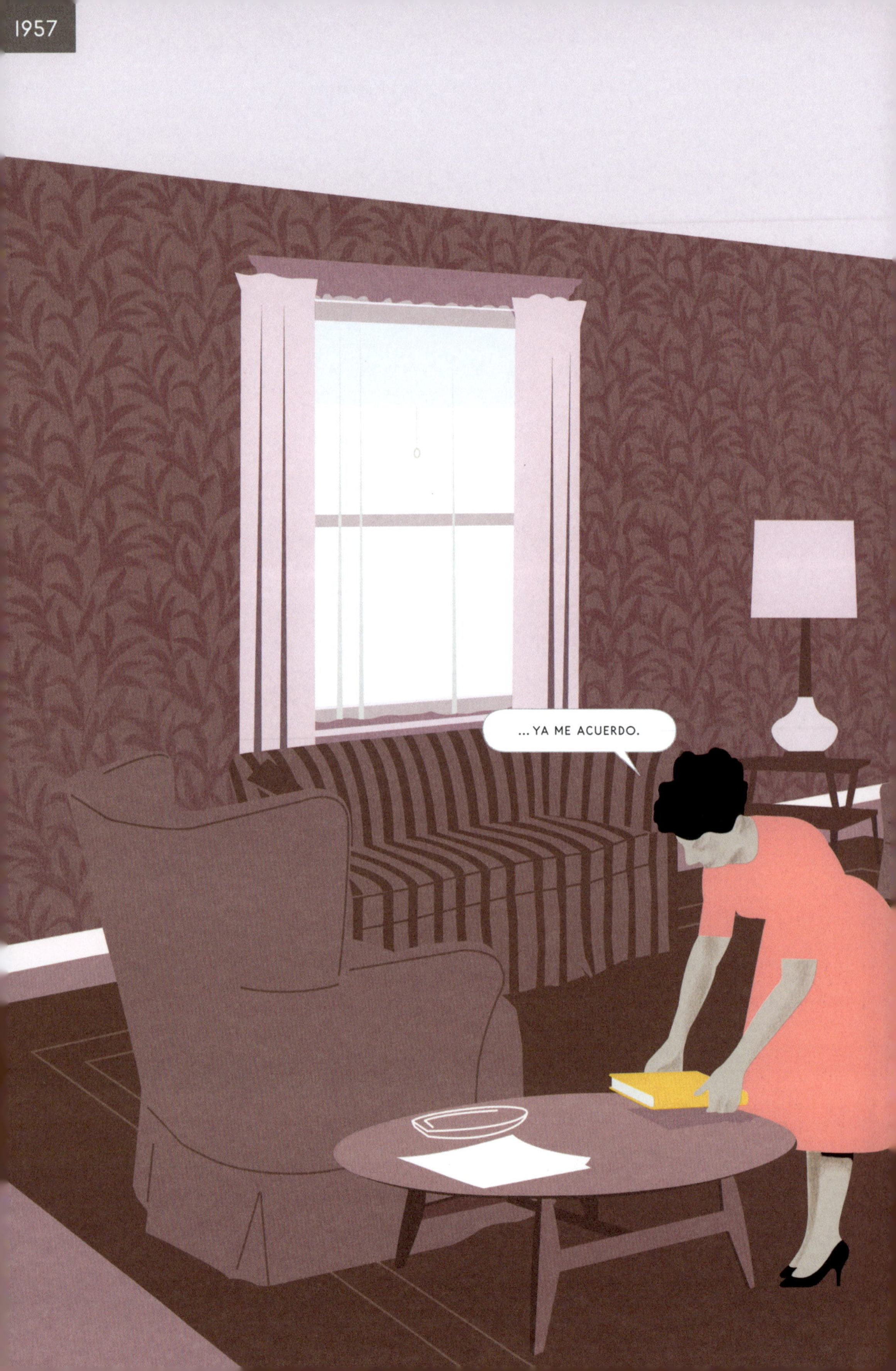
1957
...YA ME ACUERDO.

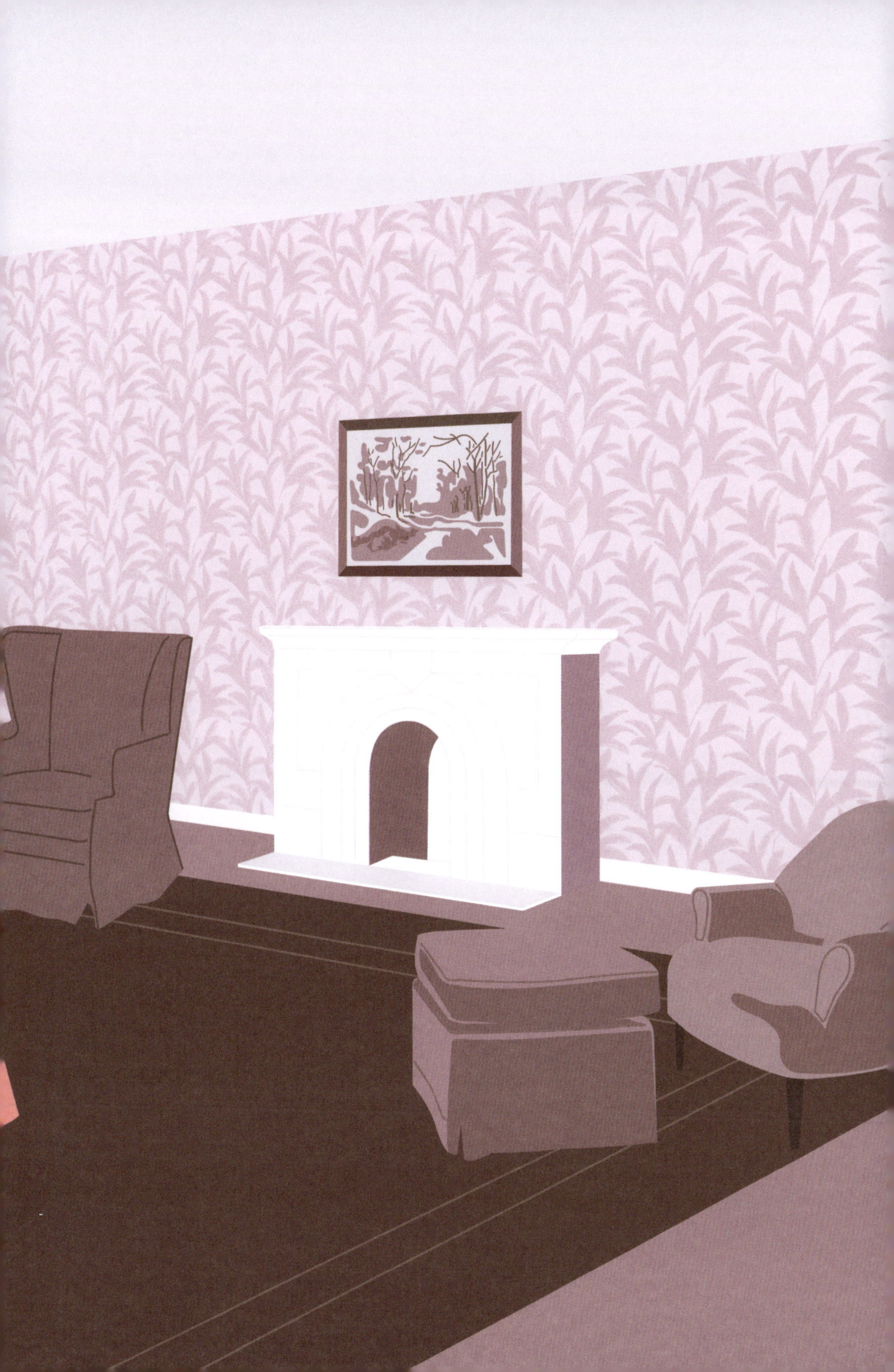

Estas seis páginas originales, publicadas en 1989 en el número 1 del volumen 2 de la revista *Raw*, fueron reconocidas de inmediato como una obra transformadora que ampliaba las posibilidades del cómic. Su influencia sigue siendo patente más de treinta años después de ver la luz.

«Os garantizo que recordaréis exactamente dónde estabais la primera vez que lo leísteis.» **Chris Ware**

1957
CARIÑO, CREO QUE ES LA HORA.
¡¿YA?! ¡VAYA!
1957
SÍ. ES UN NIÑO... DOS KILOS NOVECIENTOS. LE HEMOS PUESTO WILLIAM.
1957
CARIÑO, ¿NECESITAS ALGUNA COSA?
1922
¿CÓMO?
1957
¿PUEDES TRAERME EL BIBERÓN?
1971
TE LLEVO VENTAJA.
¿TENEMOS HIELO?
1957
GRACIAS
1999

1940
¡¡FELIZ AÑO NUEVO!!
1999
1975
FELIZ CUMPLEAÑOS, BILLY
1920
1959
1999
1973
CUANTO MÁS LIMPIO
2000
¡UFFF!
1960
¡¡¡NO OS VAYÁIS, VOLVEMOS ENSEGUIDA!!!
1999
1929
EL DINERO MANDA
1939
¡ES QUE NO SABES ESCUCHAR! ¡¿NO TIENES CEREBRO O QUÉ?!
1988
¡CHIST!
... JUSTO DESPUÉS DE NUESTRO PATROCINADOR.
1978
I'M ITCHIN' LIKE A MAN ON A FUZZY TREE.
1968
1944
1860
1860
1860

1967
2029
LAS 17.30
1971
1902
¿QUÉ HORA?
1869
1990
BUENO, SEIS, SEIS Y MEDIA, ¿QUÉ PASA?
1960
1971
ES SÓLO UN VASO.
1966
1983
CUANTO MÁS LIMPIO...
...DESPEGUE CON ÉXITO
1974
1964
SONRÍE
SONRÍE
1984
SONRÍE
1955
1870
¿GALLINA, QUIÉN?

1988
2030
1965
VEENGAA
¡HABLA!
1999
2028
¡CHIRRIDO!
RRR
100.650.010 A.C.
1986
JA JA JA
1999
GRRRR
2032
1968
¡BILLY! ¡ESO, A SU SITIO!
1968
1984
1956

1989
¿DÓNDE HAS PUESTO EL PERIÓDICO?
LO HE PUESTO EN EL SALÓN.
1974
100.097 A.C.
1901
...Y AQUÍ PONDRÉ LA SALA DE ESTAR.
1963
BUAAA
1985
¿TE ACUERDAS?
1997
¿DÓNDE ESTÁS?
PUES AQUÍ.
1993
CUANTO MÁS
1994
LIMPIO...
1995
...MÁS
1996
...SE ENSUCIA.
1974
¿CÓMO QUEDA?
2033
...UN POCO A LA IZQUIERDA.
1915
LA VIDA ES TRABAJO DURO.
2027
LA ÚLTIMA VEZ QUE VI ESTE SITIO FUE HACE 30 AÑOS.
PUES MIRA TODO LO QUE QUIERAS.

2033
2027
OYE, ¿HAS LEÍDO ESTO?...
2029
2027
¿TE ACUERDAS DEL TIPO QUE VIVÍA ANTES AQUÍ?
1987
1850
1902
2027
AQUÍ SE DICE QUE MURIÓ AYER, MURIÓ MIENTRAS DORMÍA.
2027
CARIÑO...
1750
2030
1986
...Y ENTONCES NOS CONOCIMOS.
500.957.406.073 A.C.
1945
¿CÓMO?
DÉJALO.

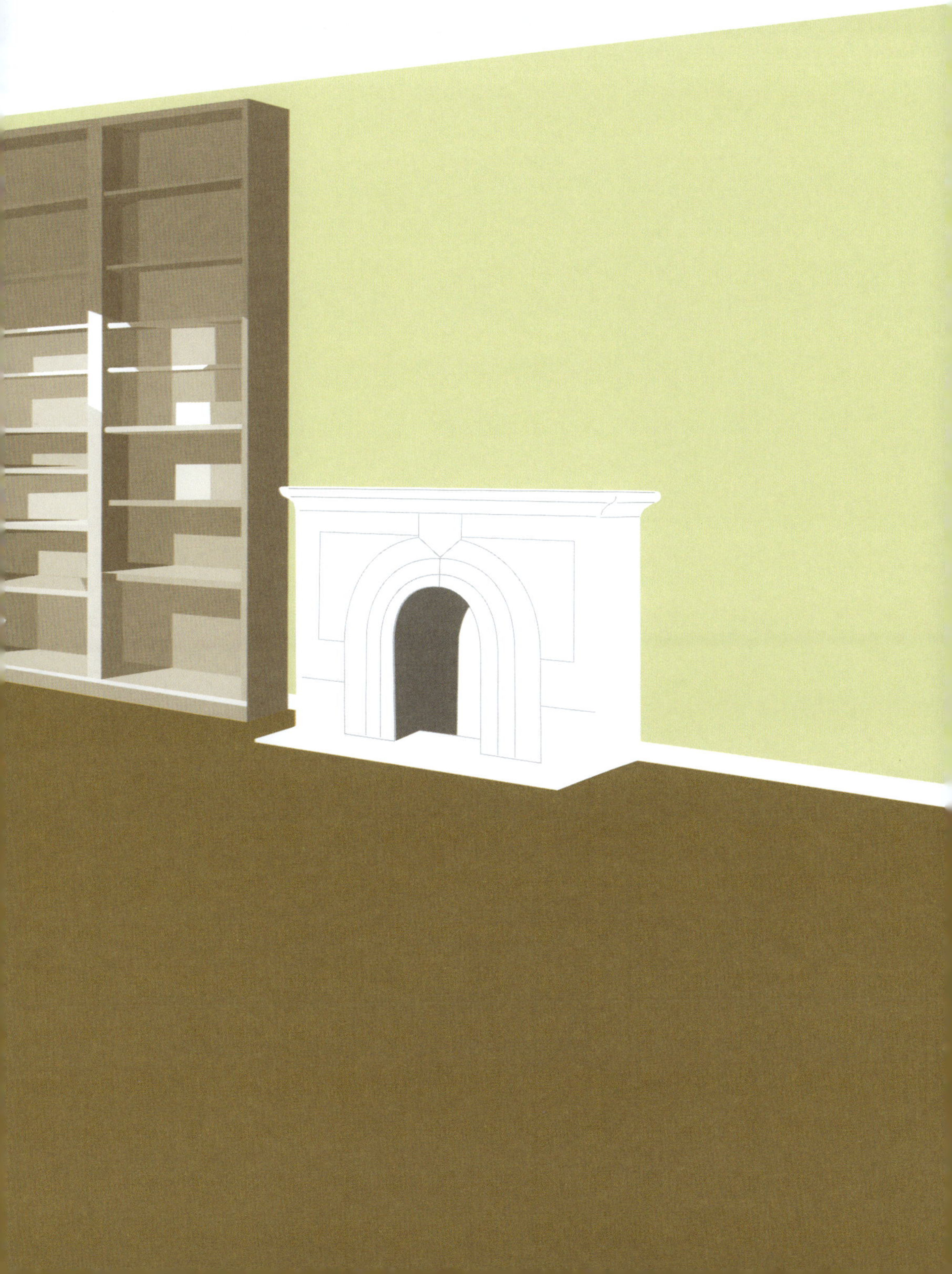